„Nehmen Sie doch schwarze,
Herr Professor,
die sind erotischer…"

Hans-Helmut Decker-Voigt

Hans-Helmut Decker-Voigt

„Nehmen Sie doch schwarze, Herr Professor, die sind erotischer…"

Von Kompressionsstrümpfen – und andere Geschichten aus (m)einer Reha

Shaker Media

Bibliografische Information der Deutschen Nationalbibliothek
Die Deutsche Nationalbibliothek verzeichnet diese Publikation in der Deutschen Nationalbibliografie; detaillierte bibliografische Daten sind im Internet über http://dnb.d-nb.de abrufbar.

Buchsatz: Ramona Schreiber, Shaker Media GmbH
Covergestaltung: Alicia Schaefer, Shaker Media GmbH
Coverbilder: © Ilse Warnecke-Schulz

Printed in Germany.

ISBN 978-3-95631-890-0

Shaker Media GmbH • Am Langen Graben 15a • 52353 Düren
Telefon: 02421 / 99 0 11 - 40 • Telefax: 02421 / 99 0 11 - 49
Internet: www.shaker-media.de • E-Mail: info@shaker-media.de

Inhaltsverzeichnis

Zur Titulage

Nein, es geht nicht um den Titel und dessen Gestaltung auf diesem Buch.

Es geht um meinen.

Die gegenwartbewusste Leserschaft wird sich wundern, warum der „Herr Professor“ im Laufe dieser Geschichten aus (m)einer Reha nicht verschwindet.

Ich wunderte mich auch. Natürlich hatte ich meinen Mitpatienten angeboten, dass sie auf den Titel verzichten könnten. Zumal ich nun in dem ehemals sozialistischen Teil unseres Landes Wochen lebte, dessen Milieuerbe ich unbedingt respektieren wollte.

Sie wollten mich nicht. Ohne Titel. Meine Mitpatienten nicht. Die Schwestern nicht. Die Ärzte sowieso nicht, weil sie mit der Titelanrede ihre Identität als Doktor entwickelt hatten.

Nun, für die Ablehnung meiner Bitte, auf die Titelanrede zu verzichten, gab es in meiner Reha-Klinik noch andere Gründe. Hier nur so viel:

Ich kann also nichts dafür, obwohl ich dagegen war.

Hans-Helmut Decker-Voigt

Einweisung

„Wir haben nur vier von Ihrer Sorte“, sagt die Pflegedienstleiterin bei der Begrüßung in meinem Zimmer. „Ansonsten das Normale: Von den 200 Patienten sind 120 Hüften und Knie, 80 psychisch und eben Sie und drei andere. Zwei werden morgen entlassen. Dann sind Sie nur noch zwei.“ Ich versuche vergeblich herauszuhören, ob das für Frau Masow, so heißt sie, oder für uns kleinste Sorte von Patienten positiv oder belastend gemeint sei.

Ich frage sie danach.

„Nein“, beruhigt sie, „gut ist das. Mal was anderes für uns als immer Orthopädische oder Psychische. Und die Oberärztin freut sich schon, weil sie ja sonst ihre vielen Weiterbildungen für die Behandlung Ihrer Sorte umsonst gemacht hätte.“

Die erste Mahlzeit ist ein Abendessen und in der ersten Fahrstuhlfahrt nach unten ist es rappelvoll. Ich werde stumm beäugt wegen fehlenden Rollators und fehlender Gehhilfen. Und wegen meines schwarzen Huts, Krempe 12 Zentimeter. Und wegen des Handschuhs vom Häuptling mit der schwarzen Hand. So wurde ich von der Enkeltochter getauft, als die mein erstes Handy-Selfie in meinem Reiseoutfit von der Hamburger Spezialklinik in die Reha hier sah. Heute sehen eben alle Karl May, den unsereins noch las.

„Tisch 2 sind Sie, Platz 4“, erfahre ich von der einen der drei Service-Damen, der ich ein Papier entgegenhalte, das ich an der Rezeption erhalten und noch gar nicht gelesen habe. Sie begleitet mich dahin. Tisch 2 war gleich neben der Schwingtür, aus der ihre Kolleginnen mit den vollen Tellern deutlich langsamer kommen als sie mit den leeren Tellern zurück eilen.

Tisch zwei hatte eine Tischfläche, halbiert durch eine durchbrochene Holzbarriere, die weniger Barriere als Einladung zum Durchgucken war. Vier Personen auf jeder Seite. Die drei Personen auf meiner Seite stellen sich mit Kopfnicken vor.

Rita, Ursula, Rainer.

Dann warten Rita, Ursula und Rainer. Auch auf der anderen Barrieren-Seite hören die Seitengespräche auf, weil ich nach Worten suche, anstatt meinen Namen in jenem Tempo zu sagen, das eigentlich für die Vorstellung ausreichen sollte.

Ich brauche immer etwas Zeit, weil ich mir völlig Unbekannte nicht Duzen kann und auch bei Bekannten die allermeisten sieze. Und die mich.

Ich tippe an meinen Hutrand. Das hatte ich noch in Hamburg vor dem Spiegel geübt, weil ich den Hut nicht heben wollte. Noch nicht. Ich war noch nackt darunter. Nur erste spärliche Haare. Und die Narben rechts darunter, die alle in Hamburg ausreichend wunderbar gelungen fanden, um mich reha-reif zu schreiben.

„Du bist eitel", hatte Enkelin Julica nüchtern festgestellt. Und Schwester Ingrid, die in Hamburg - hier würde es auch zwei geben – hatte danebengestanden und ihr gesagt, dass sie meinen Hut verstehe. Mich meinte sie wohl.

Rita also, Ursula, Rainer.

Ich sage meinen Nachnamen, nicke dann jedem zu und nenne nochmal ihren Namen, aber - wie immer, wenn ich vor dem Duzen flüchte - mit Herr oder Frau davor. Guten Abend Frau Rita, Frau Ursula, Herr Rainer. Und ich rede dazu. Offensiv, Wind aus Segel nehmend, überzeugend. Versuchsweise. Hoffentlich.

„Ich tue mich schwer mit Duzen und hoffe, dass Ihnen meine Anrede recht ist?"

Sie nicken im Tutti, lächeln sich an, dann mich. Jedenfalls ging es in Richtung eines Lächelns.

Am Tisch hinter mir höre ich ein Kichern, ein Gnickern, ein „Pscht". Ich bin sicher: Wenn ich mich umgedreht hätte, wären auch Kopfschüttler dabei.

„Den Hut behalte ich nicht auf, weil ich unhöflich bin", sage ich, auch den Satz hatte ich mir vorgenommen für Situationen wie diese, „sondern wegen meiner Narben und ich will keinem das Essen verderben."

Wieder Tutti-Nicken. Herrn Rainers Murmeln transportiert ein „Alles gut" in meine Ohren, das in seiner stimmlichen Klangstruktur sowohl beruhigende als auch tröstliche Anteile beinhaltet.

Die Service-Damen kommen von der Schwingtür zur Küche mit einem Formular zurück, auf dem der jeweilige Neuling für den Rest der Woche unter drei Mahlzeiten mittags wählen konnte. Frühstück und Abendessen wie jetzt gibt es als Buffet. Von meiner Position an Tisch 2, Platz 4, sehe ich die Buffet-Anteile in der Luft. Meine Mitpatienten hoben aus der Tiefe der Behälter mit den Salatkellen Gurke, Tomate, braune Bohnen und am Ende der Schlange Dressingsaucen auf ihre Teller, eine Gehhilfe unter den Arm geklemmt, die zweite schon vor der Zeit in der Schlange in den Köcher an ihrem Platz gesteckt. Es sieht gut aus, was ich an Salat in der Luft und auf Tellern sehe und dann die verschiedenen Brotsorten.

„Bitte ausfüllen", sagt die Service-Kraft und sieht dann meine verbundene rechte Pfote. „Oder soll ich?" Ich zeige meine linke unverbundene Hand und sage, dass ich inzwischen links dies und das kann. Ich sage das frohgemut und der Mut ist Überspielung, weil ich bei Formularen mit Kästchen, Rubriken und Kreisen, die ich nicht selbst entwickelt habe, immer und sofort weiß, wie das ausgeht mit mir und den Formularen.

„Heute ist Mittwoch, nicht Montag", sagt Frau Rita neben mir und tippt mit der Gabel auf das erste Kreuz, das ich in die erste Spalte eingetragen habe. „Sie sind noch im Montag."

Ich streiche das bereits gesetzte Kreuzchen durch und danke Frau Rita. Ich lese mich neu ein und kreuze in der Mittwoch-Spalte Tofu an.

„Nee", sagt Frau Rita, „das war heute Mittag", und zeigte mit dem Messer auf das Formular, „jetzt ist Abendessen und das holt man sich selbst am Buffet. Morgen ist Donnerstag. Hier, für morgen: Königsberger Klopse mit Kapernsauce oder Huhn mit Reis oder Kalbfleisch mit Senfsauce. Die ist sehr scharf, die Sauce, die machen die mit englischem Senf. Mögen Sie scharf? Ich habe vierzig Jahre eine Werkskantine in der LPG geleitet und immer nur deutschen oder russischen Senf genommen."

Meine Bange vor den Formularen, vor Schlangestehen, vor Anreden und Angeredetwerden schleicht ebenso langsam von mir wie Frau Rita spricht. Ostpreußen, denke ich, Frau Rita spricht wie Frau Voss. Die war mit vier Söhnen geflohen und half mit anderen Flüchtlingsfamilien unser Haus mit füllen. Zu ihr kroch ich manchmal ins Bett, wenn Gewitter war und meine Mutter mit Großmutter und dem Hausmädchen durchs Haus hastete, um überall Fenster und Türen zu schließen. „Durchzug zieht den Blitz noch mehr an als die Ulme", sagte auch Frau Voss, wenn sie mich an ihre vielen Weichheiten drückte und die Decke über meinen Kopf legte bei den Blitzen. Ich hatte keine Angst vor Blitz. Aber riesige vor Donner.

Der zeigte mir meine Machtlosigkeit. So wie ich sie vor fremden Formularen hatte.

Frau Ursula, rechts von mir, sagt „Geben Sie mal her", stellt ihren Karottensalat ab und ich gebe ihr das Formular. Ab jetzt geht es flüssig. Frau Ursula liest mehrfach schneller als Frau Rita vor, was es morgen und übermorgen und überübermorgen geben und was ich davon wählen wolle und trägt meine Wahlkreuzchen ein. Akkurat. Fehlerfrei.

Ich schäme mich unauffällig ein weiteres Mal. Ich habe mich schon lange im Verdacht, deshalb immer so früh aufzugeben und Fehler zu machen, um umso schneller Hilfsbedürftigkeit zeigen zu können, die ebenso schnelle Hilfsangebote nach sich ziehen würde.

Oder andersherum: Ich weiche dem Widerstand aus, den ich einem Formular und dessen Ausfüllen gegenüber – ob nötig oder unnötig - in mir wachsen fühle. Ein Formular zwingt in Rubriken, in Einbahnstraßen, in Sackgassen und jeder Zwang löst nun mal in einem gesunden Menschen Widerstand aus. Es ist ein natürlicher Reflex, dieser Widerstand, aber bevor ich anderen gegenüber das alles erklärt habe, flüchte ich lieber in Bedürftigkeit und kriege Hilfe. Ausnahme, wenn ich anderen beim Ausfüllen von Formularen helfen soll. Aber die kenne ich dann, weil ich sie eben selbst entwarf.

„Das geht manchen so mit diesem Formular", sagte Herr Rainer mir gegenüber. Er ist mindestens halb so alt wie Frau Rita und Frau Ursula und ich und nickt mir zu. Solidarisch irgendwie. „Wenn Sie wollen, hole ich Ihnen den Salat – wegen Ihrer Hand." Ich danke und zitiere meinen Wundmanager aus Hamburg. „Alltagsgriffe üben! Wo Sie immer können. Alltagsgriffe. Türklinken, Saucenkellen, Zähneputzen, nicht schonen! Schonen tut Ihre Hand der Kompressionshandschuh."

Ich kann Herrn Reinhard dann doch gut brauchen, weil ich schon in Hamburg Salz und Pfeffer und Zucker in ihren Papierstangen nur mit den Zähnen aufkriegte.

„Geben Sie mal her", sagt Herr Rainer und nimmt mir die an einer Ecke noch nicht ausreichend angebissene Zuckertüte aus dem Zwischenraum zwischen Mund und Hand. Es ist eine win-win-Situation, denn Herr Rainer stellt später, als ich aufstehe, um mich für den Abend zu verabschieden, fest, dass ich ja gar keine Gehhilfen brauche. Für die gibt es an den Barriere-Hälften der Tische Köcher mit der Funktion von Halterungen für Regenschirme, Stöcke und Holzschwerter.

„Darf ich meine Krücken da bei Ihnen parken?", fragt Herr Reinhard und ich nicke froh. Ich liebe es, das dauernde Danke sagen einmal unterbrechen zu können.

„Wenn Rainer nich da is, würde ich den auch für mich gerne mitbenutzen." Frau Rita kann in bestimmten Situationen auch sehr schnell sprechen.

Ich nicke und ein lange vermisstes Gefühl von Großzügigkeit stellt sich in mir ein, als Frau Ursula mit Blick auf meine Puddingschale fragt, ob ich die nicht essen würde.

„Nie", sage ich, „die können Sie immer gerne nehmen und tun mir sogar einen Gefallen."

Irgendwie scheide ich von Tisch 2 Platz 4 mit dem Gefühl von Überraschtheit. Obwohl Überraschung ursprünglich ein militärischer Begriff ist („Überraschungsangriff" war Repertoire der Kavallerie mit ihren Pferden) wuchs in mir eine Art Zugehörigkeit zu dieser Ecke. Einschließlich der Damen vom Service neben der Schwingtür, die mir alle drei zunicken.

Ich bin fast weg, als Frau Rita die Frage nachschiebt, wie das denn passiert sei. Dabei zeigen ihr Zeigefinger und ihre Blickrichtung auf meine Hand. Die im schwarzen Handschuh. „Alkoholikerhandschuh" hatte der Herr vom Sanitätshaus Stolle erklärt. Ein Handschuh mit Kunststoffnoppen an den Fingerseiten, damit man Trinkgläser besser und fester greifen konnte und die einem nicht durch die Lappen gehen, auf dem Boden aufprallen und in tausend Stücke auseinanderbrechen.

„Das da mit Ihrem Kopf und Ihrer Hand, das Verbrennen meine ich", schiebt Frau Rita nach und wieder hören alle meine Mitpatienten im Hörumfeld auf zu sprechen.

„Tannenbaum", sage ich höflich in der Hoffnung, dass meine Unlust für diese Informationsgabe nicht hörbar sei. Ich habe sie in Hamburg auf der Akutstation den Mitpatienten und meinen insgesamt sechs Besuchern - mehr wollte und sollte ich nicht - schon zu oft erzählt, als dass ich noch genießen konnte, wenn dann die Ohs und Ohas und Ohwehs Mitleid, Betroffenheit und

Staunen ausdrückten. Mitgefühl erleben zu dürfen gehört zum sekundären Krankheitsgewinn. Aber mit dem Andauern von stationärem Aufenthalt und dem gleichbleibenden Besuchertrüppchen erlahmt die Freude an diesem Gewinn.

„Die gesunden Teile in uns sind es, die dann den sozialen, den sekundären Krankheitsgewinn auf die Dauer verringern und in das Gegenteil verkehren. Passiert das nicht, werden Menschen zu Hypochondern und Hypochondrie erfordert schleunigst ein zusätzliches Behandlungskonzept. Eines für die Psyche."

War das aus einem Vortrag des Kollegen in Augsburg? Oder hatte ich das selbst geschrieben?

„Tannenbaumbrand", ergänze ich und quetsche dann die Geschichte auf zehn Sekunden. Als kürzeste Fassung geübt. „Dann – Übergriff auf Möbel, Wohnzimmer."

Die erzählerische Fassung im Telegrammstil – etwa eine Minute – würde so gehen: Nicht aufgepasst bei diesem letzten romantischen Stündchen vor dem Baum, letzte, restliche Wachskerzen aufbrauchen, Buch auf den Knien, abgelenkt, dann war`s zu spät. Nordmanntannen haben besonders viel ätherisches Öl in den Nadeln, wirken wie Brandbeschleuniger. Feuersturm im Weihnachtszimmer eben. Mein Versuch mit dem Feuerlöscher aus dem Keller, deren Verschluss ich nicht aufkriegte wegen der Hand und weil mein rechtes Auge schon zuquoll. Das untere und obere Stockwerk durch Rußentwicklung nicht sehr unterscheidbar vom Verbrannten. Etwa so.

In die Langfassung für wortkarge, aber hörbegierige Mitpatienten käme noch, dass der Hubschrauber für 25 Minuten Flug 4800 Euro kriegt, dass ich juristisch trotzdem nicht als grobfahrlässig gelte. Nur als fahrlässig, dies sich aber auf die Feuerversicherung nicht auswirke.

„Wohl dritter Grad, nich?", sagt Frau Rita mehr als dass sie fragt, denn sie nickt und leitet zu Katastrophen über, die bei ihr in der LPG-Kantine immer mal wieder passierten.

„Mit Wasser passierte nichts. Aber wenn wir mit literweise Öl oder viel Fett kochten. Da fielen die verbrühten Kolleginnen dann auch aus. Für Wochen, ach, für Monate!"

Da ich immer noch mit meiner Absicht des Weggehens stehe, sagt sie, dass ich mich doch wieder setzen solle.

Ich ziehe innerlich den ersten Arztbesuch terminlich etwas vor und sage sowas wie „Aufnahmegespräch mit der Ärztin".

„Ach ja, Sie kamen ja erst am Nachmittag", sagt Frau Ursula und ich höre die Absicht heraus, mich in meiner Loslösung zu unterstützen.

Oben im 3. Stock ist die Tür zum Arztzimmer schon weit offen.

Frau Dr.Tschilp, länger als ich, noch schneller in ihren Bewegungen als ich, den blonden Langzopf schon von des Tages Tragkraft etwas wellig im Nacken und mit offenem Arztmantel, steht auf, als ich um die Ecke vom Schwesternzimmer biege.

Ebenso schnell wie sie sich bewegt, entwickelte sie Kommunikation. Anrede, Willkommen, Stuhlangebot.

„Um es jleich zu sagen, ick kann nur berlinerisch und fiehl mich schnell bei solchen aus`m Westen unwohl. Schule berlinerisch, Studium berlinerisch, Praktika und erste Anjestellten-Zeit Charite. Aber ick here so jerne dat hohe Deutsch."

Ich versichere Frau Dr. Tschilp meinen Respekt vor gewachsenen regionalen Sprachen – Dialekte waren ja ein Fehlbegriff - ja, meine Liebe zu unserem heimatlichen Niederdeutsch und dass ich leider, leider selbst nichts anderes könne als Hochdeutsch. Und Latein.

„Latein – ja, das lässt mich Ihnen jleich noch wat sagen, Herr Professor. Wir hatten schon mal zwei Kollejen als Patienten und auch mal Physio- und Ergotherapeuten. Und dat Arbeiten war keen jutes Arbeiten. Redeten uns ständig rein. Ick weeß, Sie sind von der annern Seite, ick meen psychologisch, aber nun sind Se ooch noch Professor und doppelt so alt an Erfahrungen."

Ich unterbreche meine Oberärztin und leiste zwar keinen Unterwerfungsschwur, aber versichere sie meiner respektvollen Kooperation. Respekt vor der medizinischen und persönlichen Kompetenz.

Sie nickt derart, dass ihr lose gebundener Haarschopf hinten noch eine Etage Richtung Schultergürtel rutschte. Frau Dr. Tschilp kann wie ein Mädchen strahlen.

„Sehn Se, dat hab ick erwartet. Ick hab Se nämlich schon mal gegoogelt und wie ein Nörgler sah`n Se nich aus."

Wir scheiden voneinander beschwingt. Jedenfalls ich.

Fahrstuhl-Gespräche

Vor dem Fahrstuhl und darin wird nicht über das bevorstehende oder zurückliegende Essen gesprochen oder über Therapeuten oder über Ärzte, über Besucher oder Entlassungstermine. Wenn gesprochen wird, wird über den Fahrstuhl gesprochen.

„Sie sind noch nicht lange hier, nich?“ Die Frage kommt während einer meiner ersten Fahrten mit dem Fahrstuhl, der ganz allgemein seinen Namenszusatz „Stuhl“ gar nicht mehr führen dürfte. Die Fahrstühle alter Bauarten vor dem 2. Weltkrieg luden wirklich zum Sitzen auf den fest installierten Stühlen ein.

Ich hatte nur gefragt, ob man den vierten Fahrstuhl rechts mit der größeren Tür auch benutzen dürfe. Denn vor dem stand nie eine Schlange und die einzelnen Menschen, die hineinwollten oder herauskamen, mal im Weiß der Behandlerberufe, mal in Zivil und eben auch vereinzelt in Reha-Patientenuniform, also Adidas oder eine andere Hose mit Sweat- oder T-Shirt drüber. Der rechte Fahrstuhl spuckt seine Fahrer aus und schluckt neue und dies mehrfach, während wir vor den anderen Schlange stehen.

Nein, ich bin wirklich noch Neuling, verstehe aber schnell, wieso mich meine Frage als solchen ausweist.

Im besonderen Fall unserer Reha-Fahrstühle - hier ist auch der Begriff des Fahrens mindestens zu diskutieren, weil „Fahren“ meist eine gewisse Durchgängigkeit der Fortbewegung einschließlich der Zurücklegung einer gewissen Raumdistanz assoziiert. Und diese Durchgängigkeit der Fortbewegung ist nicht gegeben. Fahren im Fahrstuhl heißt die Erfahrung von Interrupti. Von Unterbrechungen.

Die drei Fahrstühle vom Erdgeschoss bis zum 5. Stock der Klinik zeigen die gleichen Symptome wie eine normal befahrene Straße morgens und abends zur Rushhour: Sich verdichtender Verkehr, weil wir Patienten vor den Fahrstühlen zu den Zeiten der Mahlzeiten ebenso Schlange stehen wie Autos vor Ampeln.

Warten vor dem Fahrstuhl heißt Stop and Go und wir kommen nur portionsweise dahin, wo wir hinwollen. Autofahrer müssen morgens zur Arbeit, nach der Arbeit abends wollen sie Freiheit. Wir Patienten wollen morgens zum Frühstück und müssen nach dem Abendessen in die Veranstaltungen („Lieder von der Waterkant – mit Akkordeon!", „Platt snacken hören und lernen", „Rudi – einer der erfolgreichsten Komiker"). Oder wir gehen in abendliche Einsamkeit. Oder Zweisamkeiten. Oder mit dem Fernseher gleich ins Bett.

Die Gesprächsthemen in den Fahrstühlen sind aufwärts wie abwärts immer dieselben: Das Warten vor den Fahrstühlen sowie der Computer des Fahrstuhls für die Eingaben derer, die damit fahren wollen.

Der Überraschungsfaktor während der Fahrzeiten ist, dass man nahezu garantiert zunächst da landet, wo man gar nicht hinwill. Kein Knopfdruck führt direkt zum Wunschstockwerk, weil der Fahrstuhlcomputer-Speicher totsicher mehr Rätsel in sich birgt als die Menge sämtlicher Kreuzworträtsel. Jedenfalls tötet der Speicher manchen Vorrat an Geduld.

Einer meiner ersten bescheidenen Beiträge zum Fahrstuhlthema wird durchaus von meinen Mitfahrern gehört. Es sei wie im richtigen Leben, sage ich. Da käme man auch selten zu dem Ziel, das man geplant habe. Aber mein Beitrag geht unter in der Konkurrenz der Erfahrungsberichte.

„Ich wollte mal zu mir – und wurde erst in alle anderen Stockwerke gefahren."

„Und ich von E runter in U und brauchte 13 Minuten, weil ich erst nach ganz oben in die 5 gefahren wurde."

„Ich habe ausgerechnet, dass der Fahrstuhl in seinen Leerzeiten 2 Minuten vom Untergeschoss in die 5 fahren kann, aber dies nur vier Mal macht. Ich hab`s ausprobiert und bin je zweimal zwei Stunden ununterbrochen gefahren."

Letzteres erzählt ein Patient von der 4, der aus dem Fahrstuhlfahren ein kleines Forschungsprojekt gemacht hat. Er fuhr grundsätzlich mit einem Zettelblock und Kuli in den Händen und führte Protokoll über die Zicken des Fahrstuhls. Da er aus der 4 kommt, vermute ich, dass der zwanghafte Anteil seiner Persönlichkeitsstruktur Thema der Behandlung sein dürfte. Angststörung.

„1 und 2 und 3 sind wir. Orthopädische", erklärt die Dame, die sich wegen der jetzigen Wartezeit innerhalb der Fahrstuhlfahrzeit nach dem Abendessen auf den ausklappbaren Sitz an ihrem Rollator gesetzt hatte. Sie hat meinen Blick auf ihr rot-weiß-rotes Gefährt gesehen, das mich an die Absperrbänder der Polizei erinnert.

„Das ist mein privater. Sonderausstattung. Sehen Sie an den Farben und der Reifenprofile. Also weiter: 1 und 2 und 3 sind wir. Orthopädische. 4 und 5 sind die mit hier oben."

Die Dame fährt mit einer Hand zweimal an ihrer Stirn vorbei, vor und zurück. Ich verwerfe meine anfängliche Vermutung, dass sie wegen ihrer Erklärungsfreude und Erklärungsdimension Lehrerin gewesen sein könnte.

„Sie meinen die Abteilung für Psychosomatik", sage ich und gebe meiner Stimme eine Prise korrigierender Strenge, denn ich bin immer wieder über die Jahre in der Psychosomatik. Beruflich, meine ich.

Sie nickt. „Ja, sowas eben. Wir sitzen im Restaurant auch meistens getrennt. Die von der 4 oder 5 sehen auch oft traurig aus. Oder aber richtig aufgedreht glücklich."

Manchmal hält der Fahrstuhl in einem Stockwerk, das keiner der geduldigen Fahrstuhlfahrenden gewählt hatte. Dann hatte jemand von uns zwischenzeitlich die Geduld verloren, war einfach irgendwo ausgestiegen und hatte die Treppe zu seinem Zielort genommen. Ohne uns Fahrenden ein Wort zu sagen, dass damit ja das von ihm gewählte Stockwerk für ihn nichtig, aber uns dafür aufgedrängt wurde.

„Je näher ihr Entlassungstermin kommt, desto mehr nutzen Sie die Treppe – keinen Fahrstuhl. Das trainiert."

Solche, die uns Fahrende ins Leere fahren ließen, waren also die Gehhilfen los, den Rollator sowieso oder eben von der 4 oder 5.

Psychosomatik.

Als offenbarer Neuling wird mein Eintippen auf den Tasten für die Stockwerkwahl von einigen Blicken begleitet. Ich tippe die 3.

„Sie haben ja keine Gehhilfen – und wollen nicht in 4 oder 5?"

Ich bestätige, dass ich nicht in die 4 oder 5 wolle. Trotz fehlender Gehhilfen.

„Wat sind Se denn? Orthopädisch sind Se ja nich."

Ich zeige meine verbundene Hand und tippe auf den Hut wie zu einem Gruß. „Narben", sage ich, „Brandverletzung", und bereue die Zuordnung sofort wegen des nun einsetzenden erwartungsvollen Schweigens. Aber das Positive an unseren Fahrstühlen ist eben, dass sie auf jeden Fall immer irgendwo halten, und ich steige beim nächstbesten Halt aus, um weiteren Fragen zu entfliehen.

Ich hinterlasse eigentlich freundliche Gesichter, als ich bei diesem Ausstieg rückwärtsgewandt noch einen Gruß schicke. Auch wenn ich sicher anschließende Verwirrung stiftete. Denn ich bin auf die 4 geflohen. In die Psychosomatik. Naja, ich hatte genügend Lebens- und Berufsjahre gesammelt, um gelernt zu haben, dass es psychische Gesundheit ohnehin nicht mehr gibt. Was sagte Dietlind immer, unsere klassische Psychoanalytikerin im Institut, indem sie sich an Sigmund Freud hielt „Jeder hat seine Neurose. Du auch. Ich auch."

Ich teile die letztere Meinung nicht, aber das mit der bei jedem Älterwerden schwindenden psychischen Gesundheit teile ich durchaus. Jedenfalls in unseren Gesundheitsberufen. Mindestens in Psycho-Berufen.

Das Thema Fahrstuhl und darin das Kernthema Warten auf den Fahrstuhlplatz, und wenn man diesen hatte, dann das Warten auf das gewünschte Stockwerk, lässt mich bei einer zweiten Oberärztin die Fahrstuhlgeschichte von einer der großen Niederlassungen von IBM erzählen.

IBM hatte in seinem vielstöckigen Büro-Turm einen modernen Fahrstuhl vom untersten bis zum obersten Stockwerk. Mit den Jahren, in denen der Turm und die aberhundert Büros samt Fahrstuhl in die Jahre kamen, wurden die Menschen, die vor den Fahrstühlen warteten, ungeduldiger, weil sie woanders schnellere Fahrstühle und modernere Bürohochhäuser gesehen hatten und zudem insgesamt als Gesellschaft wie als Individuum Wartezeiten als verlorenes Geld ansahen.

Außerdem expandierte IBM wie verrückt und mit verrückter Expansion wird man auch nicht geduldiger. Die Geschäftsführung plante ohnehin einen zweiten Büroturm und der wurde nun gebaut und ein Teil der Belegschaft aus dem alten Turm sowie die neu eingeworbenen Mitarbeiter zogen in den neuen Turm.

Das war – im Blick auf die Fahrstuhlgeschwindigkeit – ein Fehler. Denn nun schwärmten die Umgezogenen denen im Altbau vor, wie toll der Fahrstuhl im Neubau sei und alles andere auch und überhaupt die neue Zeit und man expandiere ja nochmal besser mit dem neuen Tempo. Auch die Toilettenspülungen seien im neuen Bau ähnlich schneller wie der Fahrstuhl, so dass man Zeit spare und eben dabei immer Geld.

Die Mitarbeiter im Altbau protestierten in einer kollektiven Beschwerde, was nichts nützte. Dann drohten sie mit Palastrevolution, wenn nicht mindestens die elenden Wartezeiten am Fahrstuhl beendet würden.

Das half, weil Palastrevolutionen teurer Mitarbeiter auch immer Geld kosten. Die Geschäftsführung beauftragte eine Kommission damit, die Zustände um die Fahrstühle zu verbessern. Der Kommission gehörten an ein Architekt, ein Fahrstuhlbauer und eine Psychologin.

Die Psychologin machte das Rennen, weil sie die beste Lösung anbot. Ihr Lösungsvorschlag war auch der billigste: Man baute rechts und links von den Fahrstuhltüren Spiegel an. Je zwei Meter hoch und anderthalb Meter breit…

Seitdem war Ruhe. Die im Altbau Wartenden warteten zwar weiterhin, aber fühlten das Warten nicht mehr, weil sie mit ihrem Spiegelbild beschäftigt waren. Oder sie schauten unauffällig oder auffällig in bestimmte Gesichter und nahmen so neue Kontakte auf. Und sie fingen an, anders miteinander zu reden, indem sie sich nicht direkt face to face in die Augen sahen, sondern über die Spiegel.

„Der Narzissmus des Menschen ist unergründlich“ titelte damals die Schwäbische Zeitung und führte noch einen Wissenschaftler, einen Psychoanalytiker an, der der Zeitung die Titelzeile gab.

Die Oberärztin im 3. Stock, die nicht meine war, hört mit steigender Aufmerksamkeit zu.

„Ich werde das mal da oben einbringen“, sagt sie und zeigte mit einem Zeigefinger nach unten, weil im Erdgeschoss das Zimmer des Ärztlichen Direktors war. „Der kann bestens mit der Geschäftsführung.“

Vom Du und Sie

„Die Reha is auch nich mehr das, was die gute alte Kur mal war!" Frau Grünwald, unsere Neue am Tisch, sitzt jetzt auf dem Stuhl von Frau Ursula und führt sich ein.

Frau Ursula war nun nach drei Wochen plus verständnisvoller Verlängerung um eine Woche durch Frau Oberärztin, endgültig rehabilitiert. Die Verlängerung wurde von der Oberärztin gewährt einmal naheliegender weise aus medizinischen Gründen, zum anderen aus Gründen außerhalb der Klinik - wegen Frau Ursulas Mann. Der ist 79 und war zuhause noch nicht ganz empfangsbereit für Frau Ursula gewesen. Blasenentzündung aufgrund zu langen Feierns im Bootshaus. „Der Arme, aber Strafe muss sein", meinte Frau Ursula. „Einfach so Party – ohne mich."

Weil ich nach Frau Priester, die eine Woche vor mir „anjeliefert" worden war, nun der zweitdienstälteste Patient bin, aber „een Mann, der reden kann", übertrug mir Frau Priester vor ihrem Abschied die Aufgabe, die Neue am Tisch zu begrüßen. Eben Frau Grünwald. Die brauchte aber keinerlei Begrüßung, weil sie die selbst in den Mund nahm.

„Tach zusammen, ihr Lieben", fließt es aus ihrem plakativ geschminkten Mund, gegen den Frau Pflaumsteins Mundfarbton höchstens der einer der wenigen dezent geschminkten Therapeutinnen, Sozialpädagoginnen und Pastorinnen war, die ich kenne. „An Eurem Tisch fehlte ich noch, nich? Jetzt bin ich da. Uschi", dabei nickt sie strahlend einmal rum in unsere durch Frau Ursulas Weggang durchlöcherte Runde. „Uschi – Uschi Grünwald. Grünwald, Uschi."

Immerhin, denke ich, die erste, die sich mit Vornamen und Nachnamen einbringt.

Danach stößt Grünwald, Uschi gleich in Medias res der Gegenwart vor.

„Die Reha ist nicht mehr, was die Kur früher war", wiederholt Frau Grünwald. „In Marienbad, da war ich zweimal, erst Hüfte, dann Nerven. Da ging`n wa am Morgen zum Fango und abends zum Tango. Das is hier auch nich mehr. Oder?"

Wir verneinen durch kollektives Kopfnicken. „So isses“, „Jaja, früher“ oder durch Kurzlachen.

Frau Grünwald, jetzt wegen rechtem Knie da, das linke komme in zwei Jahren, berichtet, dass ihr Mann Werner heißt und sie beide deshalb in ihrem Stockwerk in einer guten, alten Platte – „wir bleiben ihr treu, der Platte“ mit Wernesgrüner angeredet werde.

„Ja, wie das Bier. Eines der besten früher – bevor die Konkurrenz aus dem Westen kam. Bayern besonders.“

In ihrem Wesen ist Frau Grünwald, die ehrlich darauf beharrt, auch auf Frau Wernesgrüner zu hören, das, was man nett und harmlos nennt. Wenn nur nicht dieses Sprechtempo wäre. Ein Tempo, bei dem ich mich schon bei meinen Patienten, die an Logorrhoe, also krankhafter Vielrednerei litten, umsonst gemüht hatte, die Pausen für ihr nötigstes Atemholen herauszuhören. Dabei komme ich selbst aus einer Rednerfamilie. Noch dazu einer mit Temperament, was auch oft auffiel.

Wie wenn Frau Grünwald meine Gedanken lesen könnte, beruhigt sie uns. Jedenfalls mich, der ich aus meiner Unsicherheit leicht in Diagnosen derer fliehe, die mich unsicher fühlen lassen.

Ganz von sich aus beruhigt Frau Grünwald.

„Ich rede gerne und viel. Hören Se ja. War immer schon so und fiel immer schon auf. Aber ich kann auch die Klappe halten und höre gerne Geschichten von anderen. Nur wenn die nichts sagen, dann lege ich los. Schweigen is nich meins.“

Gut funktionierende Selbstwahrnehmung, denke ich und offenbar nicht nur ich. Denn Frau Pflaumstein sagt ebenso trocken wie präzise in eine der doch bei Frau Grünwald vorhandenen Atemholpausen hinein: „Dann is ja gut, wenn Du das auch kannst. Zuhören mein ich.“

Frau Grünwald richtet ihren Blick auf meine rechte Hand im roten Kompressionshandschuh. Den unauffälligeren schwarzen hatte Christine nach Hause zur Intensivwäsche mitgenommen. Genauer: Eigentlich richtet Frau Grünwald ihren Blick nicht auf etwas, sondern heftet ihren Blick an etwas. Jetzt eben an meinen Handschuh.

„Du bist auch noch nich voll fit, nich?“

Ich beeile mich zu nicken und vermeide Worte, indem ich einen Bissen Gurkensalat zum Munde führe. Im großen Esslöffel. Von allem anderen fällt mir alles noch herunter.

„Das ist unser Professor", sagt Herr Rainer neben mir und ich glaube eine Prise Mahnung an Frau Grünwald herauszuhören.

Frau Grünwald zieht ihren Blick von meinem Handschuh ab und heftet ihn an mein Gesicht, umkreist es. Dann lacht sie. Ziemlich schallend.

„So einen hatten wir auch in der Klasse. Den haben wir auch alle Professor genannt. Aber der hatte eine richtige Brille, so mit dickem Rand und dickem Glas. Nich so durchsichtig wie deine Brille."

„Der ist wirklich ein Professor", setzt Herr Rainer nach und Frau Pflaumstein nickt sehr ernst dazu. „Ein richtiger. Wenn auch ein verbrannter, jedenfalls in Teilen."

Frau Grünwalds Selbstwahrnehmung stimmt. Sie kann durchaus die Klappe halten. Jedenfalls kurz. So wie jetzt.

„Oh", sagt sie nach den Einlassungen der anderen und holt umgehend auf. „Und wie heißt du nun?"

Ich halte mit dem nächsten Esslöffel Gurkensalat inne und sage meinen Nachnamen. Ohne Titel natürlich. Wir leben ja schließlich in einer Gesellschaft der Egalisierung. Außerdem bin ich hier unter ehemaligen Genossinnen und Genossen.

„Ich meine deinen Namen, deinen Vornamen, Professor."

Ich kaue länger auf dem Gurkensalat als je zuvor in meinem Leben und überlege angestrengt, was ich machen soll. Da rettet Herr Rainer.

„Das kann er nich", sagt Herr Rainer und nimmt meinen Teller mit den zwei Brotscheiben und dem einen eingewickelten Margarine-Stück zu sich rüber, um wie immer seit einer Woche das Brot zu schmieren. Die ersten Tage hatten das immer die Damen vom Service gemacht, an die ich mich mit dem vollen Teller wandte. Als mein Tisch das begriff, hatte er das übernommen. Meist Herr Rainer. Wenn der noch oder nicht mehr da war, übernahm Frau Pflaumstein. In Vertretung dieser dann unser schweigender Mönch, Herr Richard, auf dem Stuhl an der Wand. „An der Wand hab ich auch schon mal gestanden, im Kriech."

Während mein Teller in Herrn Rainers Hand in der Luft schwebt, wird der Luftraum verletzt durch Frau Grünwalds Hand am rechten Arm, den sie jetzt ausstreckt.

„Aber ich", sagt Frau Grünwald und greift an den Rand meines Tellers, um ihn Herrn Rainer abzunehmen, „kann das doch machen. Ist doch Frauensache."

„Nein!" Herrn Rainers Stimme nähert sich der Schärfe seines Schweizer Offiziersmesser, mit dessen kleiner Klinge er Sehnen bei den wenigen Fleischspeisen durchtrennt. „Das mach ich weiter, lass man los. Und was ich eben meinte is, dass der Professor das nich kann. Mit Vornamen und so. Nur mit Herr und Frau kann er anreden."

„Dann sagst du", Frau Grünwald lässt von meinem Teller und Herrn Rainer ab und fixiert wieder mich, "dann sagst du `Frau Grünwald` zu mir?"

Sie wirkt wirklich nur neugierig, gar nicht – wie ich befürchtet hatte – gereizt.

„Frau Uschi", wird er zu dir sagen, sagt Frau Pflaumstein und ich nicke zweimal. Einmal dankbar zu Frau Pflaumstein, dann bestätigend zu Frau Grünwald.

„Ist das okay für Sie, Frau Uschi?", frage ich und beginne das, was ich mit der rechten Hand schon kann. Die Salami-Scheiben auf das fertig geschmierte Brot legen. Pinzettengriff mit der Gabel.

Frau Uschi Grünwald nickt und strahlt mich an.

„Dann sind Sie der erste Mann in meinem Leben", sagt sie und macht eine der seltenen längeren Atempausen, „der sowas is. Professor. Ich kenn euch sonst nur aus`m Film und aus der Feuerzangenbowle."

Dann lässt sie ihren Blick in der Runde kreisen. „Und wenn sie alle mal nicht da sind und ich mit dem Professor allein – dann kann ich ja auch beim Füttern helfen."

„Du meinst vielleicht – - - Speisehilfe?", fragt Frau Pflaumstein freundlich. Sie war schließlich lange Pädagogin. „Aber der Professor kann alleine essen - mit Löffel. Nur schneiden muss man bei ihm. Und schmieren."

„Gerne", sagt Frau Grünwald und ich sage „Danke, sehr freundlich." Dabei bin ich froh, dass man mir nicht ansieht, wenn ich schwindele. Denn ich würde, wenn ich beim Betreten des Speisesaals Frau Grünwald an unserem Tisch allein entdecken würde, wohl eher flüchten.

Frau Priester

Frau Priester ist 84 Jahre alt und war davon 35 Jahre lang Köchin. „Jawohl ja, Kantinenchefin war ich jewesn. Bei einer LPG. Einer der größten." Ein bisschen schwingt die Sprache ihrer Kindheit noch mit. Ostpreußen. Und zusätzlich etwas Berlinerisches, weil sie einen Mann von dort hat. „Einen diamantenen Mann. Goldhochzeit war schon. Er hat mich hergefahren und holt mich Mittwoch ab. Nächsten Mittwoch. Dann sind drei Wochen um." Heute ist Freitag.

Erneut schwingt etwas mit. Kein bisschen, sondern viel. Stolz.

„Jawohl ja, ein solider ist meiner. Ik hab ihn mir ein bisken erzogen! Nur kochen tut er nich. Kann er nich."

Keineswegs ein „bisken", sondern vielmehr deutlicher als Ostpreußens und Berlins Laute schwingt sie ihre Hüften. „Die zweite is nu auch neu. Jeht alles wieder ... das Jehen. Jawohl ja."

Noch weniger als ein bisken, nämlich fast immer schwingt in ihrem Gesicht mit, was ganz früher mal „Verschmitztheit" hieß und für das es kein neues Ersatzwort gibt.

„Wir haben alle in der Familie Pfannkuchenköppe, hatten Pfannkuchenköppe mein ich, ich bin ja nur noch übrich" – Verschmitztheit, verheiratet mit Gutmütigkeit. Besonders aus den Augen strahlt diese. Wenn diese nicht geschlossen sind, weil Frau Priester auch beim Essen manchmal kurz einnickt.

Frau Priesters und mein Zimmer liegen nebeneinander. 107 ich und 108 sie. Den Balkon, nicht zur Ostsee raus, aber auch nicht in den Innenhof, sondern in den Terrassengarten, teilen wir mit 25 anderen Patienten. Ein Teil übt dort mit den Therapeuten zwischen neun und 17 Uhr die Stufen rauf und runter. Ein anderer Teil hat frei und guckt vom Balkon aus zu. Vor 107 steht sie und hält mir rosarote Papiere entgegen. Zwei Seiten DINA4.

„Sowas können Se doch, nich wohr? Als Professor und so, nich? Solche Anträge. Hat mir die Schwester vorhin gegeben."

Ich schließe mein Zimmer auf und bitte sie in den einzigen Stuhl. Alle Zimmer haben nur einen Stuhl.

„Das fehlte noch. Dass ich Ihne Platz wechnehme", sagt Frau Priester und setzt sich auf die Kante meines Bettes, bevor ich den Duschhocker aus dem Badezimmer holen kann.

Ich setze mich nicht auf den Stuhl, sondern neben Frau Priester, weil es nötig ist, dass wir beide den Antrag ausfüllen. Zwei Seiten mit den 30 Fragen, die kurz vor der Entlassung jeder beantworten soll. Zwei Seiten mit je 15 Kästchen wie beim Schiffe-Versenken.

„Ich lese Ihnen die Fragen vor – und Sie machen dann das Kreuz in das Kästchen." Frau Priester sieht auf meine rechte Hand, die jetzt durch den Verbandswechsel eine Pranke ist. Nichts zum Schreiben. Nicht mal Kreuzchen. Und die linke Hand zittert noch ein bisschen. Zu unberechenbar für die kleinen Kästchen.

Sie nickt und warnt. „Ich verstehe ja kein Wort. Nur janz wenige".

Ich verstehe Frau Priester gut, denn nach den Zeilen ohne Kästchen für Namen, Vornamen, Geburtsdatum und so weiter kommt als zweite Frage: „Wie schätzen Sie Ihre Extensionsfähigkeit ein?" Dann hinter 25 % ein erstes Kästchen, das zweite hinter 50 %...

Ich erkläre Frau Priester, was Extension ist und klappe meine Arme seitlich hoch. In Etagen. Dann weitere extensionsbegabte Glieder.

„Ach so, dat meinen se", sagt Frau Priester und schwenkt auch die Arme aus. „Jut, nich?"

Da ihre Arme etwas über 45 % in der Luft schweben und dann absinken, schlage ich das Kreuz hinter 45 % vor und Frau Priester sagt, dass ich das ja wissen müsse, nicht sie.

Am Ende des zweiten Bogens schiebt Frau Priester ihre Umhängetasche nach vorne und holt ein Portemonnaie heraus.

„Und wat darf ich Ihnen nun jeben dafir?" Sie guckt auf die kleine runde Uhr, die sie an einer Kette um den Hals trägt. „Halbe Stunde – wie viel?"

Ich protestiere mit allen Ausdrucksmöglichkeiten und Frau Priester lässt sich mühsam überzeugen, dass ich beleidigt sein würde.

„Dann tu ich Ihnen auch einen Jefallen. Warten Se ab. Ich werde ja erst Mittwoch entlassen."

Beim Abendessen im Speisesaal bleibe ich mit zwei Fingern der linken Hand an der Serviette hängen. Zuhause bringt mich das an den Rand eines Affektdurchbruchs bzw. zum Maniküreset. Das habe ich zwar mit, aber es kommt wegen Einhändigkeit nicht zum Tragen. Hier muss ich mich beherrschen. Wegen Frau Priester, Frau Pflaumstein und Herrn Rainer. Die beherrschen sich gar nicht erst, weil sie gegenüber allem Misslichen fatalistische Ergebenheit zeigen.

Natürlich habe ich zuerst Schwester Kerstin gebeten, die sowieso am Ende ihrer Tagesschicht meine Verbände wechselt und fragte, was noch sei, wo sie helfen könne. Ob sie mir die Nägel ... ? Sie winkt vor dem Satzende ab.

„Dürfen wir gar nicht mehr. Ist untersagt. Das war im vorletzten Gesetzespaket aufgelistet, was wir nicht mehr dürfen – weil es anderen Berufen was klaut."

Schwester Kerstin und ich ärgern uns kurz noch zusammen. Diese vielen alten Menschen, die sich nicht mal mehr die Senkel schnüren oder Kompressionsstrümpfe ausziehen können - und dann selbst die Nägel organisieren! Allein schon wie man in die Stadt kommt. Taxi, ach Gott, diese Gesetzesflut und dieser Futterneid. Sprich Kundenfang für Finger- und Fußnägel.

„Zehn Tage kein Nägelschneiden", hatte ich ein bisschen mehr gejammert. Vielleicht macht Schwester Kerstin ja eine Ausnahme. Schließlich nur eine Hand, fünf Finger. Ich schiebe ein Argument nach: Auf Akut in Boberg kam die Podologin von selbst mit ihrem silbernen Köfferchen und Geräteaufwand wie in der Chirurgie. Eingeplant. Obwohl wir doch alle jünger waren. Außer mir jedenfalls. Unfallopfer aber alle. Und da haben die Schwestern und Pfleger manchmal – wenn die Podologin überlastet war – ausgeholfen. Jedenfalls geholfen.

Schwester Kerstins Gesicht wird bei „Nein" noch herzlicher als ohnehin. Mit einer Prise Mittrauer. „Ich darf es nicht, Herr Professor, glauben Sie mir. Kann ich Ihnen noch etwas anderes Gutes tun?" Ich danke. Die Lymphdrainage war schon nachmittags und erinnert mich nicht nur an Streicheln, das ist Streicheln. Davon hätte ich gerne mehr, aber das dürfen die Schwestern auch wieder nicht.

Ich frage meine drei Mitesser, wie das hier in der Reha mit der Podologin sei. Auf der Unfallstation hätte die auch gleich Maniküre mitgemacht, die Podologin.

„Die – was?", fragt Herr Rainer neben mir und Frau Priester erwacht wieder aus dem Nickerchen zwischen ihrem gemischten Salat und der warmen Bockwurst, die es einmal wöchentlich abends gibt. „Die was?“, fragt Frau Priester etwas hinterher und Frau Pflaumstein erklärt es ihnen und ich nicke.

„Sowas gibt’s hier gar nicht“, erklärt Frau Pflaumstein weiter, diesmal mir. „Hier raus aus der Stadt kommt keine mehr – lohnt sich nicht. Da müssen Sie in die Innenstadt. Da gibt’s mehrere Kosmetikstudios. Die schneiden Ihnen vielleicht die Nägel. Jedenfalls Fußnägel.“

„Das kann ich Ihnen mache“, sagt Frau Priester und lächelt ihre Verschmitztheit. „Mach ich gerne. Dann sind wir auch quitt.“

Ich sage Danke, bin heilfroh und warte den Nachtisch ab, auf den Frau Priester immer wartet und meinen dann mit isst, wenn Frau Pflaumstein nicht schon vorher darum bat.

„Nun kommen Se rein“, sagt Frau Priester, nachdem sie oben aufgeschlossen hat. 108. „Wie letztes Mal– nun nur auf meinem Bett.“ Sie kichert und wird dann preußisch. „Sie rechts von mir, damit ich Ihre Linke bearbeiten kann.“

Sie bereitet eine OP vor, denke ich gerührt. Brille suchen, aufsetzen, geraderücken, ihre Nagelschere, Feile, Handtuch auf meinem Schoß. Ihr Handtuch.

„Privat ist das, mein Handtuch, fein gerippeltes Frottee, kein Reibeisen. Nein, Sie bleiben hier!“, ihr Ton wird amtlich, als ich aufstehen will, um mein Handtuch von nebenan zu holen. Wegen der strengen Hygiene-Plakate und auch persönlich.

Außerdem erschien mir die Nagelschere ein bisschen wie die Klinikhandtücher. Gröber als meine und ich wollte mein Set holen.

„Ich hab doch alles“, sagt Frau Priester, und ich gehorche, weil ich verstehe, dass sie ihre Kompetenz und ihr eigenes Werkzeug jetzt ebenso zeigen können muss wie ich meine angesichts der Extensionsprozente auf dem Formular.

Sie setzt die Brille nochmal ab, haucht die Gläser an, reibt sie mit dem Zipfel ihres privat-feinen Frottierhandtuchs trocken.

„Jetzt geben Sie mir man Ihre Hand.“ Dazu komme ich aber nicht, weil sie schon zugegriffen hat, fest und zielsicher. Sie kichert wieder und spricht aus, was mir gerade durch den Kopf geht. Wie lustig es sei, wenn jetzt jemand in ihr Zimmer käme und uns so sieht: Von hinten, „dichte bi“ und irgendwas mit den Händen machen. Nur dass ich die Vorstellung nicht so lustig finde, sondern erklärungsbedürftig. Aber es kommt ja keiner.

„Möchten Sie`n Keks? Aus der Bäckerei. Nich Aldi!“ Ich nehme einen, einen runden, beiße hinein und denke an den heimatlichen Leibniz-Keks aus hannoverscher Heimat. Frau Priester denkt auch was.

„Ach wissen Se, Nägelschneiden – das hab ich zuletzt bei den Enkelkindern jemacht, Lisa war das letzte, der ich Nägel schnitt, und jetzt studiert sie auf Lehrer.“ Frau Priesters Erinnerung kocht sie ein bisschen weich, aber nicht meine Fingernägel.

Beim ersten Finger, den sie sich vornimmt und „ganz locker!“ befiehlt – es ist mein Daumen – begreife ich, dass es sich nicht um Maniküre handeln würde, sondern um das Abenteuer des erträglichen Überlebens der heilen Fingernägel meiner gegenwärtig einzig brauchbaren Hand.

„Die Ecken sind das Gefährlichste, die wachsen inne Hand rein“, sagt Frau Priester und setzt dann die Schere derart tief an, dass das Folgende die Halbierung des Nagels bedeuten würde. Ich sage es ihr, woraufhin sie kopfschüttelnd die Schere um 3 Millimeter nach oben wandern lässt.

Beim Zeigefinger bleibt sie gleich oben, aber die Brille rutscht abwärts und Frau Priesters Schere gleich mit. Schräg zur Seite Richtung Daumen zurück. Aus einem kleinen Ritz am Daumensattelgelenk tritt ein Tropfen Blut.

„Oh – da heißt´s tapfer sein“, sagte Frau Priester erschrocken und meint offenbar nicht mich allein, sondern auch sich, denn sie presst die Lippen zu einem Strich und beugt sich beim Ringfinger derart runter und über den Finger, dass ich befürchte, das könne sie noch weniger sehen.

„Nehmen Se nen Keks“, sagte Frau Priester, sich aufrichtend und hält mir einen vor den Mund, weil auch meine Lippen gepresst sind. Ich nehme den Keks in der Funktion eines Sedativums. Zur Verstärkung der Ablenkung – schließlich der allererste Kleinstschritt in jeder Therapie - denke ich dabei an eine Oblate beim Abendmahl oder wenn Julica in ihrer Puppenküche Rätselhaftes gebacken hat. Kauend versichert ich Frau Priester, dass es auszuhalten sei. Dann sehe ich zu, wie ein Zipfel von Frau Priesters persönlichem Frottierhandtuch als Tupfer und Kompresse eingesetzt werden. Weiter sagt ich nichts, trau mich nicht, gib mir Durchhalteparolen, weil Frau Priester allen Ehrgeiz ihres derzeitigen und des früheren Lebens vor den riesigen Kochtöpfen ihrer Kantine der Groß-LPG in die Behandlung meiner Finger investiert und offenbar im jetzigen Tun frühere Verantwortungsfreude reaktiviert.

Keine Probleme beim Mittelfinger.

„Der jing aber jut!", sagt Frau Priester hochzufrieden und setzt beim Ringfinger so an, dass sie mit dem Fingernagel ein Stückchen Haut über dem Obergelenk mitnimmt. Mein Reflex zuckt die Hand in Richtung Schutzraum auf meinen äußeren Oberschenkel.

„Tschuldigung", höre ich mich sagen, reiche ihr meine Hand zurück und höre die Stimme meiner Großmutter in mir, wenn nach dem Mittagessen beim Abwaschen in der Küche die Hausmädchen über den neuen Vikar lästerten, der unbedingt den Tisch mit decken wollte und dabei einen Suppenteller und ein Wasserglas auf dem Kachelboden fallen ließ.

„Der Trampel denkt schon an Polterabend", kicherten die Mädchen und Großmutter sagte ihren Standardsatz: „Aber er meinte es ganz gewiss nur gut!"

Frau Priester zeigt sie ja, alle Signale vom Gutmeinen mit mir und ich fluche dem Altruismus in mir, aber gehorche, sonst wäre es kein Altruismus.

Der kleine Finger sei nicht nötig, schwindele ich, weil ich auf das neue Nagelfeilenset ohne Schere drüben in meinem 107er Schutzraum hoffe, das es noch gar nicht gibt. Der afghanische Stationsarzt wollte mir das bei einem Einkauf in der Innenstadt erst übermorgen mitbringen.

„Das machen wir jetzt zu Ende", entscheidet Frau Priester und hält mir wie zum Trost oder zum Mutmachen die Untertasse mit den restlichen zwei Keksen hin. Ich nehme alle beide in der gesteigerten Funktion als Anästhetikum.

„So - jetzt sind wir quitt", sagt Frau Priester noch vor dem Ende des zweiten Kekses. „Was nich heißt, dass ich Ihnen auch jerne wieder einen Jefallen tue. Bis Mittwoch bin ich ja da."

Schwester Ursula sieht beim Antritt des Nachtdienstes die drei Pflaster an der linken Hand und hält die Hand vor den Mund.

„O Gott, was haben Sie denn da gemacht?" Ich rede drum herum. Die Wahrheit würde auf der Station und im Speisesaal auch herum gehen und Frau Priester hat es schließlich nur gut gemeint.

Anmachen

Frau Lichtenberg massiert in der Lymphdrainage meine Gesichtslandschaft von den Ohren abwärts Richtung Hals. Frau Lichtenberg färbt ihr Haar, dachte ich anfangs, wie die meisten. Aber als ihr Kopf im Rahmen der Behandlung meinem Kopf nahekommt, sehe ich, dass sie wirklich naturblond ist, weil die dunklen Haaransätze völlig fehlen. Ihr Haar geht direkt von der Kopfhaut in die helle Haarkonsistenz über und ist farbstabil bis zum Ende ihres Pferdeschwanzes. Frau Lichtenberg sei eine Hübsche, hörte ich schon vor meiner ersten Therapie. Beim Begrüßen zieht sie ihre Lippen zurück und zeigt dies winzige Auseinanderstehen ihrer Schneidezähne vorne, die mich an das Lispeln erinnert, welches ebenfalls durchaus zu Attraktoren bei manchen Frauen gehören kann.

„Wie finden Sie das, Sie wissen doch sowas aus Ihrem Beruf", sagt Frau Lichtenberg, meint aber nicht ihr professionelles Handeln an meinen Lymphbahnen, wie ich zuerst denke, sondern meint einen Herrn Menge.

„Der ist gestern entlassen worden, der Menge, kommt einfach nochmal hier herein, drückt mir so einen Frosch aus Porzellan oder Ton in die Hand und sagt, er hoffe darauf, mich wiedersehen zu dürfen. Und", Frau Lichtenbergs Stimme bebt, „der Mann ist 75! Oder so. Wie finden Sie das – das ist doch ein Übergriff?"

Ich bin noch in Gedanken bei den 75, weil sie in meinen Ohren vorwurfsvoll klangen, ich in drei Wochen 74 werde und deshalb verzögert antworte.

„Naja – eigentlich nicht, Frau Lichtenberg, jedenfalls nicht sofort und direkt. Letztes Mal sagten Sie ja, Sie und alle hier könnten Süßwarengeschäfte aufmachen mit all den Pralinenkästen und Keksdosen, die Ihnen zum Abschied geschenkt werden. Da ist doch dieser Frosch …"

„Nein", Frau Lichtenbergs Stimme unterbricht mich, ihre Stimme bebt noch mehr, ihre Hände, jetzt an meiner rückwärtigen Halswirbelsäule, sind nicht von ihrer Erregung betroffen.

„Der Frosch ist es nicht. Aber die Handynummer von diesem Mann. Die hat er auf ein Pflaster geschrieben und unter den Frosch geklebt. Wie finden

Sie das? Auch noch die Handynummer! `Ich bin immer erreichbar, sagt der Mensch noch`. Handynummern sind doch intim!".

Ich sage sicherheitshalber erst einmal, womit ich laut Großvaters Erziehung nie einen Satz anfangen darf, solange ich seinen Namen trage. Das Wort war und ist: Also.

„Also – ich kann Ihre – Ihren Ärger, Ihr Verwundern verstehen. Von Schwester Uschi auf Station 3 hörte ich, dass auch auf den Pralinenkästen manchmal Adressen vermerkt sind."

Meine Befriedungsabsicht geht fehl. Als Therapeut wäre ich ja auch nie so rumgeeiert. Ich hätte mich differenzierter nach Frau Lichtenbergs Affektaushalt erkundigt gegenüber diesem Patientengeschenk bzw. gegenüber Herrn Menge. Aber mich hat etwas Verstehen für Herrn Menge beschlichen. Lymphdrainage bedeutet ja durchaus eine Nähe zu Streicheleinheiten.

„Der hat meine Behandlung missverstanden, der alte Mann, und sie als Streicheleinheiten gedeutet, sage ich Ihnen", sagt Frau Lichtenberg.

Ich zucke zusammen, fühle mich ertappt, weil ich mich auch auf die Lymphdrainage bei Frau Lichtenberg jeweils freue. Dann denke ich an die Welt der spiegelneuronalen Aktivitäten, in der ein Mensch das gleiche erlebt, fühlt, denkt, wie der andere. Psychoanalytisch wäre das in Richtung konkordanter Gegenübertragung zu sehen, denke ich noch rechtzeitig, bevor Frau Lichtenberg ihrem Erleben und meinem weitere Dramatik gibt.

„Der Frosch sitzt aber nicht wie andere Gartenfrösche oder steht. Er liegt! Hingeflezt, sage ich Ihnen. In eindeutiger obszöner Haltung. Das ist doch übergriffig, oder nicht? Ihr Beruf weiß doch genau über sowas Bescheid, Herr Professor, nicht?"

Ich fühle, dass Frau Lichtenberg mich eigentlich gerne gedrängt und gesagt hätte, ich solle doch nun mal endlich was dazu sagen. Aber dann fällt mir ein, wie schnell dem Menschen am anderen etwas auffällt, was nur in ihm ist.

„Ja", sage ich lahm und genieße die Hände von Frau Lichtenberg um meinen Hals kreisen, dann auf den Schultergürtel wandern. „Ja, da kommt allerlei zusammen ..." Dabei denke ich an das Märchenbuch meiner Kindheit, in dem ein wunderschönes Bild vom Froschkönig ist, der in seiner Haltung und Mimik die ganze spätere Zärtlichkeit mutigen Prinzessinnen gegenüber bereits als Disposition ausdrückt.

Ob der liegende Frosch von diesem Herrn Menge wohl eine Krone trägt, frage ich mich und genieße das Bild solange, bis Frau Lichtenberg dann von sich aus die Geschichte umlenkt, indem sie sagt, sie habe dieses schreckliche Geschenk ihrer Schwiegermutter geschenkt.

„Die sammelt sowas auf dem Kaminsims – und meinem Mann sagte ich schon gleich zu Anfang, dass ich diesen furchtbaren Geschmack nicht teile, geschweige übernehme. Er hat auch so eine Schwäche für Kitsch geerbt, zwar keine Gartenzwerge und rosa Reiher im Vorgarten, aber er sammelt diese kleinen grünen Männchen aus Plastik. Die waren vor Jahren mal im ZEIT-Magazin. Abitur hat er ja, mein Mann."

Ich erfahre, dass Frau Lichtenberg nach der Heirat – sie hat auf einen landwirtschaftlichen Betrieb geheiratet, 60 Hektar, Kartoffeln und zwangsweise Mais, weil Getreide zu klimaempfindlich ist – von vornherein abgelehnt hat, da im Betrieb mitzuarbeiten.

„Deshalb arbeite ich ja hier", sagt Frau Lichtenberg „und Sie wären gar nicht hier, Herr Professor, hier bei mir. Und nun sagen Sie mal was – wir sind auch gleich am Ende für heute – sagen Sie mal was zu dem Frosch. Das ist doch Symbolik, nicht?"

Ich nicke und rette mich in die Geschichte von Schwester Inge aus der Akutstation in der Unfallklinik auf dem Boberg.

„Wissen Sie, Frau Lichtenberg", beginne ich und weiß, dass der Beginn mit diesen beiden Wörtern „Wissen Sie" in der Regel eine kleine Distanz für die Autoritätsschaffung oder Autoritätswiederherstellung bewirken kann, „wissen Sie, das Thema ist ja wirklich nicht nur heikel und derzeit all überall, sondern auch sehr komplex: das Thema der richtigen Nähe und Distanz. Schwester Inge, meine Stationschefin in Hamburg, löst für sich dies Problem der Übergriffe meist männlicher Patienten so, indem sie ..."

Bei meiner Verallgemeinerung zieht Frau Lichtenberg ihre Augenbrauen über der kleinen Nase zusammen und bei der Erwähnung des Namens einer Schwester Inge presst sie ihre auch ohne jeden Lippenstift rotleuchtenden Lippen über der niedlichen Lücke zwischen den Schneidezähnen zusammen. Ich beeile mich, ihr persönliches Problem wieder zu einem absolut singulären zu machen.

„Frau Lichtenberg – alle im Gesundheitswesen Tätigen, die den Herrn Menges dieser Welt in ihren Nöten begegnen, erleben, dass sich die meisten ihrer Patienten in sie verlieben. Und sind sie auch noch jung und attraktiv…", Frau Lichtenbergs Stirn glättet sich im Verlauf meines längeren Satzes, ihre Lippen stülpen sich wieder nach vorn, „dann ist das nur zu verstehen."

„Na, so jung bin ich auch nicht mehr, Herr Professor", sagt Frau Lichtenberg irgendwie versöhnt, zeigt aber keinerlei Interesse mehr an meiner Geschichte von Schwester Inge im weit entfernten Hamburg.

Ich erzähle sie dafür beim Abendessen meinen Mitpatienten. Obwohl kein mittel- oder gar unmittelbarer Anlass für das Thema Nähe und Distanz oder gar sexueller Übergriff bestand, kam Schwester Inge hervorragend an. Alle lachten. Sogar Herr Richard kicherte etwas, so dass wieder Blicke von den Nachbartischen flogen, an denen gerade überwiegend geschwiegen wurde.

Denn Schwester Inge in Hamburg ist sehr erfahren beim Umgang mit männlichen Umwerbungen. Sie kommt bei den ersten Annäherungsversuchen von Patienten den zweiten und dritten zuvor.

„Wissen Sie, Herr Professor, das mache ich ganz direkt. Ich sage dem Mann, dass ich schon einmal mit einem Patienten ins Bett ging. Sogar bei mir zuhause. Dann sind die Patienten geradezu erschrocken, manchmal sogar entsetzt über die Direktheit. Sie hören spätestens auf mit dem Gockeln, wenn ich sage, dass dieser Mann bis heute bei mir zuhause ist und auf mich wartet, wenn ich von der Schicht nachhause komme. Ich habe ihn geheiratet."

Fango – ja, Tango – nein

„Am Raucherpavillon ist es manchmal sogar lustig“, sagt Herr Kowalski.

Herr Kowalski raucht eigentlich gar nicht. Was heißt „eigentlich“. Er raucht nie. Aber neuerdings ist er drüben. Bei den Rauchern.

Sein Problem, das er draußen nicht hat, hat er eben drinnen. Im Speisesaal, in der Cafeteria, im Foyer, auf den Gängen mit den Wartestuhlreihen vor den Anwendungen und Therapien kann er zwar überall in Gesellschaft sitzen, sich in Gesellschaft umsehen, in Gesellschaft nach Gesellschaft Ausschau halten –aber nur mit allerkleinsten Redebeiträgen. Denn Herr Kowalski lacht immer nach seinen ersten Worten. Er lacht schnell und vor allem laut. Sehr laut. Um nicht zu sagen unanständig laut.

Wenn er lacht, dann drehen sich auch an den weiter entfernten Tischen oder auf den Stühlen die Menschen um. Es sind immer einige dabei, die den Kopf schütteln.

Das alles sieht Herr Kowalski sehr wohl. Herr Kowalski leidet darunter, denn er kann nicht anders. Sonst wäre er nicht in der Psychosomatik.

Er redete nach seinen ersten Tagen am übernächsten Tisch im Speisesaal immer weniger, der Herr Kowalski. Inzwischen ist er innerhalb der Räume verstummt.

Ich leide mit ihm, weil ich ihn vom Singen her kenne, kannte. Denn da geht er auch nicht mehr hin. Zugegeben – er singt eben nicht. Er posaunt. Auch bei „Abendstille überall“.

Obwohl die darin vorkommenden Nachtigallen übrigens auch nur für die romantisch sind, die noch nie Nachtigallen hörten. Wir hörten sie. Christine und ich. Wir sind solange und so oft gestört worden, weil die direkt vor unserem Fenster sangen, nein, ihre Töne eben schlugen, dass wir zwei Nächte opferten, in denen wir dem Schreihals auflauerten: in der Dämmerung und am frühen Morgen. Immer, wenn sie zu schlagen anfingen, schlugen wir zurück. Mit Rufen, auch mit meinem Jagdhorn. Wir leben eben auf dem Dorf, unter fünf Landwirten und mehreren Nachtigallen.

Irgendwie denke ich eben bei Herrn Kowalski auch an die Nachtigall. Beide können einfach nicht anders. Und werden ausgegrenzt.

„Bei den Rauchern draußen wird gelacht, laut gelacht", schwärmt Herr Kowalski auf dem Weg Richtung Hauptausgang und macht mich neidisch, weil ich auf dem Weg in die Tiefenentspannung bin, in der kein Mucks erlaubt ist.

Er hat Recht, Herr Kowalski. Ich höre sogar um die Gebäudeecke herum auf meinem Balkon die lauten Lacher vom Raucher-Pavillon. Lauter kleinere und einige laute Lacher. Da draußen gegenüber vom Klinikgebäude geht es vergnügt zu. Das hört der gute Hörer schon von ferne an der nach oben und unten ausschlagenden Amplitude der Stimmen.

Der Großteil der Raucher steht vor dem Pavillon, der eigentlich gegen Regen ist. Aber auch bei Regen stehen die meisten Raucher außerhalb ihres Pavillons, weil es ihnen innen zu verräuchert ist. Sie müssen bei zu langem Aufenthalt im Pavillon außerdem ihre Klamotten oben in den Zimmern zum Lüften auf den Balkon raushängen, weil die Menschheit um sie herum sonst die Augen verdreht. Besonders die Ärzte und Schwestern und die von der Psychosomatik, weil die in den Therapien grundsätzlich alle gegen Genüsse gebürstet werden, die schädlich sind, weil sie zur Gewöhnung führen können. Von der Gewöhnung dann zur Abhängigkeit und von der zur Sucht. Erstes Semester, wenn es um Medikamenten- und Alkoholabhängigkeit geht. Und überhaupt um Drogen.

Ach ja, Professor Wulffs Grundvorlesung fällt mir ein: „Meine Damen und Herren! Der Körper genießt Ihren Genuss bald nach dem Anfang schon mit."

Oder: „Alles kann uns süchtig machen: Tee, Kaffee, Zahnpasta, Sex..."

Ich stelle mich zu den Rauchern, weil Herr Kowalski auch da steht und ja auch kein Raucher ist. Außerdem mag ich Herrn Kowalski, weil der mich mag und extra eingeladen hat zu den Rauchern. Weil da eben laut gelacht wird. Jedenfalls manchmal. Außerdem studiere ich nichts lieber als Kommunikationen dort, wo ich mich sonst nicht aufhalte.

Es geht gerade um den Unterschied zwischen Kuren und Rehas.

„Kur war mal, Reha ist heute. Kur machte richtig Spaß und Reha ist fast wieder Krankenhaus."

Ich denke an Tante Sigrid, die eigentlich gar nicht meine Tante, sondern meine Cousine ist, aber als sie konfirmiert wurde, größten Wert auf ihr Erwachsenwerden legte. Sie hieße ab jetzt Tante Sigrid, sagte sie zu mir. Da war ich fünf. Tante Sigrid also schrieb mir später, als sie sich als Justizinspektorin im Braunschweiger Amtsgericht, Abt. Insolvenzen, regelmäßig überarbeitet hatte, Postkarten. Aus ihrer Kur.

Von hier ab beteilige ich mich an der Unterhaltung dadurch, dass ich wegen Tante Sigrid mitreden konnte. Jedenfalls wird gelacht, als ich kurz von Tante Sigrid und ihren Kuren berichte. Im Gegensatz zu unserer heutigen Reha.

Und auf die Dauer muss man hier schon mitreden, sonst wird man angesprochen und geduzt und gefragt. Passiv verwickelt. Ich steuere lieber vorher. Wie der Leutnant, der deshalb besonders tapfer ist und nach vorne stürmt, weil er am meisten Angst vor dem Fremden hat.

Es wirkt hier draußen eine andere Kultur. Eine Subkultur. Durchaus mehr in Richtung sichtbaren Untergrunds, weil man ja die Raucher von allen Zimmern der Gebäudefront und vom Haupteingang her sehen kann und Rauchen nicht gefördert wird.

„Willste?" Jemand hält mir einen Flachmann hin und ich schüttele dankend den Kopf. Er geht rum, der Flachmann. Die einen heben das undurchsichtige Fläschchen hoch, trinken einen Schluck, wischen den Kopf des Flachmanns wie beim Abendmahl vor dem Altar sauber und geben weiter.

„Klarer, ja?", frage ich und schiebe nach, dass der ja nicht riecht. Von wegen drüben.

„Willste vielleicht doch einen?" Ich schüttele nochmal den Kopf.

„Du kennst Dich ja aus, was?", fragt der, bei dem der Flachmann gerade wieder geputzt wird.

Herr Kowalski eilt mir zur Hilfe wie anfangs Herr Rainer im Speisesaal.

„Du, der ist Professor", tönt Herr Kowalski. „Und einer für eben sowas. Sucht, Alkohol und so, nicht?" Er schaut mich aufmunternd an. Ich mach es trotzdem kurz.

„Ja, schon, Psychotherapie ist aber nicht nur für Suchtkranke."

Herr Kowalski hat Recht. Es ist hier wirklich anders als in der Klinik drüben. Dort schwingen mehr Distanzen als Nähen. Jedenfalls schwingen dort weit geringere Dezibel als die hier draußen bei den Rauchern. Hier wird nicht geflüstert (um die 40 Dezibel), sondern kräftig gesprochen (55 Dz). Ab Windstärke 4 bis 5 eben laut gerufen (70).

Denn Raucher, überhaupt die Verzehrer von Genussmitteln, halten aus und behalten bei. Sie halten Unbill, in diesem Fall Wetter mit Windstärke 5, aus und behalten ihre Treue zum Genussmittel bei.

Ich wende wieder meine Methode an und steuere vor, um weg vom Professor und den Süchten zu kommen.

„Jetzt sind Sie mal dran –Ihre Erfahrungen mit Kur damals und Reha heute. Fango – Tango..."

„Nee", sagt einer, „weiter mit Tante Sigrid. Machen Sie weiter mit Ihrer Tante."

Ich denke kurz an die Maus Frederic, die im Sommer faul ist, aber im Winter dafür gefeiert wird, dass sie den Hunger der Mitmäuse dadurch stillt, dass sie Geschichten erzählt.

Ich lasse Tante Sigrid - Gott hab sie selig bzw. die himmlischen Gerichte haben sie in ihren Ehrensälen für den mittleren und gehobenen Dienst, denn sie starb vor zehn Jahren - für die Raucher wieder auferstehen. Jedenfalls instrumentalisiere ich Tante Sigrid zugunsten meines Standings hier in dieser Außenkommunikation, zu der mich Herr Kowalski eingeladen hat.

Herr Kowalski beteiligt sich übrigens. Er redet kurz, lacht, fährt fort mit dem Satzteil, lacht – und genießt keine Zigarette aber das Zuhören der anderen.

Alle zwei Jahre war Tante Sigrid in Kur. Wie hier und in allen Rehas, die viel und schnell den minimal geforderten Umsatz verdienen wollen, kurte sie wegen Hüften, später Knie.

Vor der Wiedervereinigung und bevor sie ein eigenes Auto fuhr, kurte sie in Bad Harzburg, gleich nebenan von Wolfenbüttel, wo sie wohnte.

Auf den Postkarten stand, dass sie oft Nachbarn aus Wolfenbüttel zu Besuch einlade und ich auch kommen solle. Ruhig mit Braut. Auf der Rückseite war ein großes Jahrhundertwendenhaus mit Wintergärten-Anbauten an drei Seiten zu sehen. Zierlicher Jugendstil. Tante Sigrid war kompakt. In den Heiratsannoncen, die sie las und mir zur Begutachtung vorlegte, hieß das vollschlank.

In meiner Wahrnehmung gehörte Tante Sigrid eher nach Bayreuth als zum Jugendstil Bad Harzburgs. Aber Gegensätze ziehen sich nicht nur unter den Menschen an. Die Menschen fühlen sich auch von Architekturen angezogen, die das Gegenteil ihrer Körperdimension sind. Die Tante Sigrids dieser Welt bevorzugen Enge wegen der Gemütlichkeit. Berufsjockeys und Bass-Sänger große Flächen oder Kirchen.

Nach der Wiedervereinigung fuhr sie alle zwei Jahre nach Marienbad und auf den Postkarten lud sie nicht mehr zum Besuch ein, weil das zu weit weg in der Tschechei liegt. Aber die Rückseite zeigte ein Schloss, größer als diese Landschlösser der Heide wie Schloss Holdenstedt oder in Mecklenburg Schloss Bellin oder Passow oder die Witwenschlösser der welfischen Herzöge in Lüneburg oder Harburg.

Die Raucher nicken an Stellen des erbetenen Berichts über Tante Sigrid, die ich gar nicht verstehe, aber im Türrahmen drängelt es sich jetzt. Die, die drin waren, sind jetzt auch draußen.

„Ja, das war noch die gute alte Kur, als wir noch richtig Geld dafür hatten." Die Dame, die das mit Wehmut sagt, hält ihre Marlboro-Packung wie eine Tasse Tee. Mit zwei Fingern.

„Ja, tagsüber Fango, abends Tango, haha!". Der, der das mit seinem Haha abschließt, greift immer mal zur Lucky-Strike-Packung, die in einer Brusttasche am Trainingsanzug steckt.

„Ja, heute ist das alles medizinisch und nicht mehr Kurlaub und das ist gut so." Der das sagt, ist eine die und raucht gar nicht, weil sie sich auf der Bank sitzend Tabak aus einer Dose in Zigarettenpapier wickelt.

Ich denke darüber nach, was für eine Funktion das „Ja" hat, mit dem alle bisherigen Beiträge begonnen haben. Positive Verstärkung des Vorgesagten? Bejahende Erinnerung, die allen diesen „Ja-Beginnern" gemeinsam ist?

Es folgen die Themen Kurschatten. Mit denen haben nicht alle Kur-Kenner Erfahrung. Die, die sie hatten, geben ihrer Kompetenz in diesem Bereich überwiegend lautlichen Erstausdruck, dem Kurzaussagen folgen.

„Oja – da gab es großen Hunger nach Kurschatten." Das sagt eine Frau, die sich mit einer anderen eine Zigarette teilt. Die Zigarette steckt in einem längeren ausziehbaren Mundstück und wird hin und her gereicht. Ein Zug die eine, den zweiten Zug die zweite. Marke Gauloises. Sie passt mit dem Kurzhaarschnitt der einen Raucherin und dem Mundstück, den sich beide teilen zu den inneren Bildern von Frankreich. Ein Hauch von Paris hier im Ostseewind im März.

„Das waren noch Zeiten: Von der Krankenkasse bezahlte Kontaktanbahnung!" Das kommt von einem Mann, den ich vom Radfahren kenne. Er tritt schon mit 80 Watt die Pedale Richtung Erdmitte. Ich bin noch bei 50. Er raucht immer eine halbe Zigarette, Camel, wirft die weg, zündet die nächste an. Sein Oberteil des Trainingsanzugs hat zwei Brusttaschen und aus beiden schauen die nächsten Camel-Packungen heraus.

„Die Männer waren in der Minderzahl. So schlimm umschwärmt von uns Schmetterlingen am Tag und den Nachfaltern nach dem Abendessen. Manchmal kniffen sie, die Männer." Das sagt eine Frau mit elektrischer Zigarette. Die mit dem langen Mundstück wie in den 20 er Jahren. Sie hält auch sonst auf sich, weil sie einen dieser neuen Rundschals trägt, den man mehrfach um den Hals wickelt. Als sei man vergrippt. Oder am Hals mit Liebesbissen oder Ausschlägen behaftet.

„Nana – das kenne ich auch andersrum." Das ist ein Mann, der seinen Worten nachwiehert wie ein Hengst. Klein, zierlich. Ein Jockey. Er raucht auch nicht, lässt seine flinken Augen aber flitzen von Sprechenden zu Nichtsprechenden. Meistens von Frau zu Frau.

In diesem Teilthema kommt das Thema „Tango" wieder auf. Und mit diesem ein Manko hier in der Klinik an der Ostsee.

„Kein Tanztee hier - wie früher in den Kuren".

„Es gibt ja auch keine Reha-Schatten." Das ist wieder die Frau, die elektrisch raucht und der nur die echte Federboa um den Hals fehlt, um wirklich echte Konkurrenz zu den Mundstückraucherinnen zu sein.

Ich sage das laut. Das mit der Federboa. Die Folgen zeitigen einen Erfolg, den ich gar nicht wollte. Ehrlich nicht.

„Oh, ein Kompliment?"; fragt die Elektro-Raucherin.

„Hörst du doch. Der Professor traut dir großen Auftritt zu."

Ich suche ein Mauseloch und finde es weiter weg beim Herrn Dr. rer. nat. Förster, dem Chemiker, der mit seiner Depression hier in der Psychosomatik einen so klugen Umgang mit den Schüben seiner Depression übt, dass er mindestens in Teilzeit in den Beruf zurück will. Nach zwei Jahren Berufspause. Heute schiebt ihn nur Windstärke 4 von der Seeseite.

Er kommt vom Hauptausgang der Klinik auf uns zu, die wir vor dem Pavillon wie festgewachsen stehen.

Ich löse meine Füße aus dem Sog der Gravität unserer Mutter Erde und aus dem sozialen Sog, den die lockeren Raucher produzieren. Ich gehe Dr. Förster entgegen, winke der Rauchergruppe im Gehen zu und werde nie mehr was zu einer Frau über ihre Eignung zu Federboas sagen.

„Sie rauchen?", fragt Herr Dr. Förster. Ich schüttele den Kopf. Dann nicke ich.

„Ja – nein. Doch. Aber nicht hier bei den Rauchern."

Ich ziehe ihn am Ärmel weg und er lässt sich ziehen. Im Haus, stehend im Ankommensbereich, erzähle ich ihm, dass ich nur Zigarillos rauche. Brasil. Früher kleine, zigarettenlange, die meine Mutter mir ins Studium schickte, wenn sie mir eine Sonderfreude machen wollte. Heute größere. Ganz manchmal, an Festtagen, eine Zigarre. Immer Brasil. Seit über fünfzig Jahren.

Ich rede zu Herrn Dr. Förster wie zu einem Priester im Beichtstuhl, als ob es was zu beichten gebe. Ich rauche, beeile ich mich zu sagen, an Arbeitstagen in der Hochschule oder der Klinik nie. Erst zuhause, wenn ich alleine bin. Und immer nur in Verbindung mit einem Bier. Kleines Zigarillos bei 0,3l, eine kleine Zigarre bei 0,5l. Und dies meistens weit nach Mitternacht, wenn der Laptop beiseitegeschoben ist.

„Ich rauche immer nur ein Bier oder trinke nur ein Zigarillo. Und nur mit Bernsteinspitze oder Meerschaum. Ritual als Belohnung nach des Tages und des Abends Arbeit."

Ich rede das und viel, was ich da drüben nicht erzählen wollte, denn ich zähle mich nicht zu den Rauchern. Mein Hausarzt zuhause auch nicht. Und meine Oberärztin winkte auch ab. „Na – das ist ja nichts. Da rauche ich ja mehr und bin auch keine Raucherin."

„Das dauert aber, nich?", fragt Dr. Förster und ich verstehe ihn nicht.

„Das Rauchen eines Bieres mit Zigarre, meine ich."

„Dreißig Minuten das Zigarillo, ein und eine viertel Stunde die kleine Zigarre."

„Das würd ich gerne mal sehen, wenn Sie ein Bier rauchen oder ein Zigarillo trinken – so mit Bernstein und so?" Er lacht. „Ich war früher auch Genussraucher. Ein, zwei Zigaretten am Urlaubstag. Bis ich heiratete. Meine Frau ist militante Nichtraucherin."

Ich erzähle Herrn Dr. Förster beim Drehen der zweiten Runde um den Raucherpavillon herum, in Sichtweite immer meinen Mitpatienten und Herrn

Kowalski zuwinkend - Kommunikationsbrücke halten, Kommunikationsbrücke halten - dass meine Frau und die Töchter mir am Tag, als das Nichtraucherschutzgesetz durchkam, eine wunderschöne lederne Doctors Bag geschenkt hatten. Für die Raucherutensilien. Als Dank dafür, dass ich an den Ferientagen, an denen ich auch mittags ein Bier rauchte, immer gefragt und mich weiter weg gesetzt hatte.

Obwohl sie das Nichtraucherschutzgesetz gar nicht brauchten. Sie lieben den Rauch meiner Zigarillos.

„Weil sie Sie lieben", sagt Dr. Förster, mit einem Fuß auf einer oberen Treppenstufe und mit dem zweiten schon unten. „Meine Frau wehrte meine kleine Freude ab, weil sie mich abwehrte. Das verstand ich alles erst, als es zu spät war."

Ich nicke und denke, dass die Gruppenarbeit und die Einzeltherapien in der Psychosomatik gut anschlagen bei ihm. Gute Symbolik zwischen Rauchgenuss und Liebe.

Dr. Förster hält mir eine Hand entgegen, weil es hier kein Geländer gibt, das Halt geben könnte. Es ist keine Übungstreppe der Klinik für die Hüften und Knie-Patienten. Es ist die Treppe runter zum Parkplatz, Richtung Wäldchen am Uferstreifen.

Ich hangele mich mit Hilfe Dr. Försters die Treppe runter und bin bewegt über seinen Gedanken vom Zusammenhang zwischen Zigarillo-Rauch und der Liebe meiner Töchter zu mir. Zum Rauch. Und dann das Verständnis einer liebenden Ehefrau gegenüber dem Laster ihres Mannes.

Raucherkultur ohne Rauchen

Wir stehen an meinem Wagen und ich zeige Dr. Förster auf dem Rücksitz die Ledertasche. Mit Messingschloss.

Und ich zeige Dr. Förster den Inhalt der Doctors Bag. Dann verabreden wir uns an einem der nächsten Sonnentage, nicht mittags in der Klinik zu essen, sondern in einem der Hafenrestaurants. Da haben einige schon die Stühle draußen.

Ich bereue diesen Ausflug um 7.30 Uhr am Morgen nach dem Restaurantbesuch. Da bin ich immer dran bei meiner Oberärztin und es geht fünf Minuten um mich und die weiteren fünfundzwanzig Minuten um Gott und die Welt und besonders die Kümmernisse einer Oberärztin in der Reha. Nach dieser morgendlichen halben Stunde kommt dann der nächste Mitpatient.

Heute geht es nicht um die Kümmernisse einer Chirurgin, die sich wegen Kindererziehung zu einer familienfreundlichen Reha gezwungen sah und auf das schnelle Älterwerden der Kinder hoffte.

Was ich denn da für ein Tamtam um mein Rauchen mache, fragt sie und grinst.

„Kleiner Perserteppich als Unterlage für silbernen Aschenbecher aus dem 18.Jahrhundert, silbernes Pfeifenfeuerzeug, silberner Trinkbecher. Sind Sie süchtig?“, fragt sie. „Ich meine nicht Nikotin, ich meine nach Silberkram?“

„Und auch den Schnaps trinken Sie aus Silber.“ Sie sagt das gar nicht vorwurfsvoll und das „Tamtam“ verzeihe ich ihr. Sie betont ja die Berliner Jöre in sich. Dafür frage ich, ob Dr. Förster gepetzt habe.

„Nein, der nicht. Aber Mitpatienten von Ihnen, die waren auch einen trinken im Hafen und suchten einen Stuhl für den Raucherplatz an der Sonne. Tja, nichts bleibt geheim.“

Ich bedanke mich bei ihr mit dem Kurzbericht darüber, wie ich zum Zigarillo kam. Denn am Vorabend meines sechzehnten Geburtstages rief mich mein Großvater, der ja Vaterstelle an mir vertrat, in sein Amtszimmer, das im ersten Stock des Pfarrhauses am Ende der breiten Treppe lag. Das hieß immer was Ernstes.

„Du wirst morgen 16 Jahre alt, mein Junge, und dürftest rauchen, wenn du wolltest."

Ich sagte „Mm" und dachte an die Zigaretten, die wir zu zweit, zu dritt drüben im Heuschuppen geraucht hatten. Ich mit Ernst, Sohn des Amtsgerichtsdirektors und Friedemann, Sohn des Regionalbischofs.

„Ich zahle dir jetzt und sofort 50 Mark aus, wenn Du mir etwas versprichst: dass du ab morgen für ein Jahr keine Zigarette anrührst."

Ich willigte ein und rauchte ab dem nächsten Morgen wirklich keine einzige Zigarette mehr. Nur Zigarillos.

Meine Oberärztin ist impulsiv. Sie schlägt sich auf den weißbehosten Oberschenkel und ruft dieselben Worte, die Großvater damals als Befürchtung ausrief. Und um seinem Zorn einen Kanal zu schaffen.

„Alle Wetter! Se hätten Jurist werden solln. Anwalt. Oder Jesuit."

Meine Oberärztin kann hinreißend lachen. Ich kann mir gut vorstellen, dass es eine kleine Schlange von Männern war, die der Vater ihrer Kinder werden wollten. Nur wegen dieses Lachens, das den Mann wegriss, umhaute, den Boden wegzog.

Ab dem Abendessen ist mir das Lachen vergangen. Die Geschichten haben die Runde gemacht. Mein Rauchen mit Meerschaum und Silberbesteck und wie ich zum Rauchen kam.

Was sag ich, die Runde...die Runden.

Im Schwesternzimmer gibt es dieselbe Einladung wie drüben am Raucherpavillon und im Kreis um Herrn Kowalski und im Kreis der Mitpatienten von Dr. Förster aus der Psychosomatik.

Ob ich das nicht mal für sie vormachen könnte. Das mit dem Ein-Mann-Theater-Stück um das Rauchen. Gegen das Konsumrauchen.

Auch zwei der Therapeuten seien sehr gesprächsinteressiert. Von wegen Umgang mit Drogen und so. Genuss als Gegenmittel zur Abhängigkeit, zur der folgenden Sucht und so.

Ich habe die Interessierten eingeladen auf mein Zimmer bzw. auf den Balkon. In Raten, weil es zu viel waren. Erst die Gruppe von drei, dann vier Personen. Ich stelle die Doctors Bag meiner Frauen auf den Plastik-Tisch am Balkongeländer und packe aus - langsam. Ich im Sitzen auf dem einzigen Stuhl. Die anderen stehend. Wie auf einer Messe. Oder wie bei bestimmten Restaurants, bei denen hinter dem Gast 3 bis 4 Service-Kräfte stehen.

Stück für Stück packe ich aus. 21 Stücke sind es, Pfeifenreiniger für die drei Mundstücke nicht mitgerechnet. Mundstücke aus Bruyere-Holz, aus Silber und aus Bernstein.

Und ich halte gehorsamst sowas wie eine Mini-Kurzvorlesung. Thema: Wie Ritualisierung den Genuss verstärkt – und die Sucht verhindert.

Und ich zeige die gepflegte Art des Anzündens einer Zigarre: Wenn der andere sein Mundstück gefeuchtet hat, dann erst zündet man das Streichholz an. Ein Langstreichholz. Man zündet es nicht, um es an den eigenen Tabak zu halten, sondern das Streichholz dem Gegenüber – nein, nicht an den Tabak zu halten – man reicht es dem anderen, damit der das Feuer dann an meinen Tabak hält.

Mit Zeit zum Durchglühen des Zigarrenkopfes rundum.

Für die Zündung des eigenen Tabaks zündet dann mein Gegenüber ein weiteres Streichholz, reicht es mir, damit ich damit ihn zünde. Genau so sorgfältig wie er bei mir.

Der Grund für die Umständlichkeit, referiere ich, ist nicht allein das Ritual, das nach Sigmund Freud grundsätzlich das Bewusstsein für das Handeln schärft. Es ist äußerst praktisch, das Ritual. Denn nur der andere kann sehen, ob der Kopf der Zigarre des Gegenübers gut durchgeglüht ist.

Ich mache einen kleinen Schlenker zur allgemeinen Gesellschaftspolitik. Dass dies Tabaksritual ein gutes Ziel für alles andere auch außerhalb vom Tabakrauchen ist: Dem anderen Hilfe zu geben, Hilfe für mehr Wahrnehmung bei der Vorbereitung des Genießens. Und so.

Man könne solch Ritual natürlich weiter fassen und bei Tisch den Nachbarn z.B. in der Familie, z.B. am Tisch im Speisesaal der Reha, z.B. im festlichem Restaurant auch helfen, bloßes Essen zum Speisen zu erheben.

Fast hätte ich noch die Gestaltung des Liebesaktes erwähnt, der auch leicht zu qualifizieren wäre durch bewusstere Ritualisierung. Aber in der zweiten Kleingruppe meiner Balkon-Einladung steht Frau Gering. Frau Gerings Stimme war am Nachbartisch heute Mittag etwas zittrig geworden, als es während des

Nachtischs – Pflaumenkompott mit Schlagsahnehäubchen – um die Frage ging, wie man seinen Mann, seine Frau kennengelernt habe.

Frau Gerlings Mann war nämlich vor einem halben Jahr gestorben und sie sah mit 76 keine Chance, ihre Einsamkeit aufzuweichen.

Nein, wegen Frau Gerling verzichtete ich auf das sich anbietende Thema „Ritual und Sexualität".

Ich rauche natürlich nicht wirklich da auf dem Balkon. Ich tue immer nur so, als ob und es wird jedes Mal gelacht wie bei der Torte im Film der 20 Jahre – der 20er des letzten Jahrhunderts –, die immer wieder in die Gesichter geklatscht wurde und das Lachen konditionierte.

Nach dem Abendessen muss ich alles nochmal aufbauen. Drüben am Pavillon, diesmal drinnen. Und wiederhole eine Art Tabakskolloquium, wie es Friedrich Wilhelm, der König noch in Preußen, der Vater von Friedrich dem Großen, König dann von Preußen, veranstaltete.

Die anderen rauchen deshalb ein kleineres Quantum ihrer Zigaretten, weil sie mit der Beobachtung meines Rauchens beschäftigt sind.

Ich rauche allerdings ausnahmsweise und wegen des Lehrdemonstrationscharakters zwei kleine Zigarren. Eine Bernstein. Eine Bruyere.

„Ich übrigens", meine Oberärztin flüstert am nächsten frühen Morgen, obwohl die Tür zum Gang mit den wartenden Patienten noch geschlossen ist, „ich übrigens werde mir jetzt auch so eine Spitze suchen, von der mir Ihre Mitpatienten erzählt haben. Eine aus Silber. Auch wenn ich nur am Wochenende und unter Freunden rauche. Aber die Ästhetik einer solchen Spitze überlagert einfach das Ungesunde. Dieses Rauchen mit Spitze ist einfach spitze."

Illegale Behandlung

„Oh!“, höre ich Schwester Dörte von der Tür her sagen. Schwester Dörte hat Nachtdienst und will, wie meist zu dieser Zeit, noch die Thrombose-Spritze bei mir loswerden. Schwester Dörte ist temperamentvoll und bei ihr fällt das Anklopfen an den Türen der Patientenzimmer synchron zusammen mit dem Hereinstürmen.

Die Thrombose-Spritze heute Abend ist ein Irrtum. Nicht ihrer. Im Tagesprotokoll stand einfach noch nicht, was morgens nach der Visite feststand: keine Thrombose-Spritzen mehr. Bei mir. Ich hatte die Nase voll bzw. die tagesabschließenden Nadeln über. Meine folgsame Oberärztin folgte mir, weil ich ihr ja auch sonst folge.

Jetzt zuckt Schwester Dörtes Kopf zurück aus dem Türrahmen auf den Flur und mir fällt diese Spinne ein, die Tarantel.

„Wenn man von der gebissen wird – dann zuckt der ganze Körper“, fiel mir ein. Meine Großmutter, diejenige mütterlicherseits, kam immer mit der Tarantel, wenn sie sich selbst oder ein anderer erschrak. Dann tröstete sie mit der Tarantelgeschichte: Es gäbe eben noch Schlimmeres als den des eigenen Schreckens eben.

Schwester Dörte jagt noch ein „Verzeihung“ hinter dem „Oh“ her, was zeigt, dass sie keine Taranteln sieht, sondern mich und Frau Cerny. Taranteln bittet man nicht um Verzeihung.

Die Tarantelnähe stellen wir dar: Ich auf dem Bettrand und Frau Cerny mir gegenüber auf dem Stuhl. Händchenhaltend. Genauer: Frau Cerny hält nicht meine Hände - Mehrzahl - und ich nicht ihre. Sie hält nur meine rechte Hand und ist tätig bei einer von den Gruppen der 39 Muskeln um die 36 Gelenke herum mit insgesamt 27 Knochen, die jede gesunde Hand hat. Plus zugehörigen Nerven, Sehnen, Faszien.

Wenn Schwester Dörte hereinstürmt oder die anderen Nachtschwestern das „Herein“ nach dem Anklopfen abwarten, tun sie das in der naheliegenden Vermutung, dass der Patient allein im Zimmer sei.

„Besuche auf den Zimmern sind ab 22 Uhr nicht mehr gern gesehen." Dieser Satz mit dem vagen Verbotscharakter, mindestens Gebotscharakter, Empfehlung wäre zu wenig, stand auf S. 4 der Broschüre, die die Möglichkeiten und Unmöglichkeiten im Miteinander der Klinik regelt. Alle Neuen kriegen diese Broschüre gleich mit auf das Zimmer. Unabhängig von Alter oder Gebrechlichkeit.

Noch ist die Tür einen Spalt offen und dahinter weiß ich eine schockierte Schwester Dörte. Ich entziehe Frau Cerny meine Hand in ungefähr derselben Geschwindigkeit, wie Schwester Dörte ihren Kopf zurückgezogen und „Oh" und „Verzeihung" ausgestoßen hat.

In ähnlicher Geschwindigkeit rufe ich jetzt in Richtung der sich schließenden Tür Schwester Dörtes Namen.

Ich lege in meine Stimme alle Souveränität, Ruhe und natürliche Autorität, die ich sonst nur in meinem Institut bei Stimmungs-Krisen im Institutsrat oder bei meinen Patienten in der Klinik einsetze, wenn ich etwas Bestimmtes deshalb will, weil sich Unbestimmtes, Unsicheres breitmacht. Wenn Chaos sich zeigt, folgt die Zeit auch für neue Struktur. Mittels Stimme. Stimme ist mein Hauptinstrument, mein wichtigstes Transportmittel für Argumente. Manchmal meine Waffe. Und der Klang der Stimme macht mehr als manches Argument.

„Schwester Dörte, Sie irren sich – lassen Sie mich erklären", rufe ich und schiebe, als der letzte Rest von Türspalt noch die Chance bietet, um eine Spaltung durch ungeheure Gerüchte in letzter Sekunde zu vermeiden, ein „Bitte!" nach.

Ein wirklich bittendes Bitte. Unsere Hände, die beiden von Frau Cerny und meine rechte lassen wir nun auf dem Handtuch liegen, das wiederum auf Frau Cernys jeansbehostem Oberschenkel liegt. Schließlich bin ich frisch gesalbt. Meine Hand, meine ich.

Die Tür öffnet sich und Schwester Dörte kommt unnatürlich langsam herein. Sehe ich jetzt den Wechsel in ihrem Gesicht vom Schreck zum Vorwurf? Oder mischt sich auch Neugier hinein?

„Das ist Frau Cerny, Schwester Dörte. Dritter Stock über uns. Frau Cerny ist Ergotherapeutin, spezialisiert auf Handverletzungen!" Eigentlich müsste Schwester Dörte an der Distanz unserer drei Hände zueinander ablesen, dass wir keinerlei Schuld auf uns geladen haben, sondern uns in einem durch sie unterbrochenen Behandlungsprozess befinden. Wenngleich natürlich ein solcher um kurz vor 23 Uhr und auf einem Patientenzimmer erklärungsbedürftig ist.

Schwester Dörte tut, was sie selten tut. Sie schweigt und lässt ihren Blick, den sie bisher auf unsere ergotherapeutisch verknoteten Hände geheftet hatte, auf mein Gesicht und von meinem Gesicht auf das von Frau Cerny und wieder zurück wandern. Sie wartet auf mehr.

Frau Cerny ist professionell. Sie ist cool und wird deshalb nicht rot. Ich nur innerlich, weshalb ich mich äußerlich glaubhaft aufraffe zur Sachlichkeit.

„Sie, Frau Cerny, hat festgestellt, dass die Grundgelenke meiner Hand und die Obergelenke von Zeigefinger und Mittelfinger längst weiter in Richtung Faustschluss gehen müssten", erläutere ich, versuchsweise im Stimmton, wie wenn ich Visite abhalte.

Frau Cerny ist – ich wiederhole - professionell und cool. „Sie wissen ja, dass die Klinik keine spezialisierte Handtherapeutin hat, nicht wahr? Und das, obwohl neben Orthopädie und Psychosomatik auf dem Briefkopf ausdrücklich die Kompetenz für Brandverletzte Patienten steht, nicht wahr? Und der Patient hier muss sie dringend haben." Frau Cerny piekt mit dem Zeigefinger auf mich. Ich nicke und Schwester Dörte auch.

Ich fühle, dass Schwester Dörte Verstärkung braucht und sage, dass – zugegeben – die Uhrzeit jetzt sehr missverständlich sei. Und dass ich – der Patient – zugegeben – statt heimlicher Therapie jetzt um 22, 55 Uhr das ganze offiziell machen sollte. Und dass ich das gleich morgen früh bei der Oberärztin anmelden würde ... und dass ich bedauern müsste, wenn unser Vertrauensverhältnis ... ich meine, das zwischen Ihnen, Schwester Dörte und mir... nicht das zwischen Frau Cerny und mir ... ach, Sie wissen schon ... belastet bliebe.

Scheiße, denke ich. Mein letztes Wort im letztgesagten Satz war „belastet". Ich hatte in der Hypnosetherapie-Ausbildung „die Macht des letzten Wortes" kennengelernt. „Pass auf, dass Du nicht stolperst!"

Was ist das letzte Wort? Was macht der, dem man diese Warnung zuruft? Der Jemand stolpert natürlich.

„Pass auf bei Großmamas Geschirr über dem Kachelboden. Wenn das runterfällt, ist es hin!"

Was macht der, dem man das sagt? Was ist das letzte Wort?

Eben.

Mein letztes Wort war „belastet".

Ich wedele eine einladende Bewegung zur zweiten Bettkante und lächele Schwester Dörte an. „Setzen Sie sich doch."

Schwester Dörte lächelt auch, aber bleibt stehen.

„Das dürfen wir nicht. Grundsätzlich. Nicht mal, wenn der Stuhl frei wäre. Geschweige Bettkante."

Immerhin, sie bleibt stehen, was auf Kommunikationsbereitschaft schließen lässt. Auf Entspannung. Ich fühle das Bedürfnis, Schwester Dörte die Bedeutung von Frau Cerny zu verdeutlichen, damit wir aus dieser mehrdeutigen Situation in eine eindeutige gelangen. Eindeutig sachliche, meine ich.

„Frau Cerny ist ja nicht nur Ergotherapeutin. Sie hatte bis zur eigenen Erkrankung und Arbeitsunfähigkeit eine große Praxis in der Landeshauptstadt, ist bis heute LVKV, Landesverbandskommissionsvorstandsmitglied der Egotherapeutinnen und Ergotherapeuten und", ich lege eine bedeutsame Pause ein, weil ich das bedeutend gefunden habe, „kandidierte für ihre Partei auf Kommunalebene, dann für den Landtag, zuletzt für den Bundestag ..."

Frau Cerny verschränkt jetzt nicht nur ihre Arme. Auch ihr Gesicht. „Ich kann mich selbst vorstellen, wenn ich es für nötig halte", murrt sie. Murren ist im Gegensatz zum Nuscheln immer noch sehr artikuliert.

Schwester Dörte zeigt zwar Interesse an meinen Worten und switcht mit ihren Augen dabei zwischen mir und Frau Cerny hin und her, aber sie zeigt auch, dass meine Worte nur Interesse hervorrufen. Keine Überzeugtheit.

Schwester Dörte hat ihre schwarzen, dichten Augenbrauen unter dem superblonden Haar hochgezogen. „Egal wie prominent der Mensch ist - das hindert ihn doch nicht daran, all das zu machen ..."

„Was zu machen?", Frau Cerny kneift die schmalen Menschenkenner-Augen hinter ihrem Franz-Schubert-Kneifer noch enger zusammen. Frau Cerny hat einen Stimmklang, dem man ihre Anweisungen an Patienten und die Wahlkampfreden abhören kann. „Was zu machen, Schwester? Was meinen Sie?"

Ich finde nicht gut, dass Frau Cerny den Namen Dörte weglässt. Schwester Dörte findet das auch nicht.

„Dörte, Schwester Dörte. Ich meine das alles, was hier so passiert im Zusammenhang mit Bettgeschichten. Wir haben hier schon alles erlebt. Das letzte Mal oberhalb von 85 und 90 ..."

Sie grinst und wird ganz plötzlich lockerer, obwohl sie weiter stehen bleibt. Schwester Dörte erzählt gerne und von diesem Thema offenhörbar besonders. Nachtschicht hat auch nicht denselben Druck wie Tagschicht.

„Die waren so laut, dass die beiden Zimmernachbarn fast zeitgleich im Schwesternzimmer anriefen und wir einschreiten mussten. Nach Mitternacht war das. Und es war nicht der Ehemann, der seine Frau besuchte und auf dem Zimmer geblieben war, das ist erlaubt bei Doppelzimmern. Es war auch ein Mitpatient."

Frau Cerny und mich verlassen die Lockerheit und wir heben die Köpfe gleichzeitig.

„Auch?", frage ich. „Wieso a u c h?"

Schwester Dörte holt Luft, nickt und sagt dann einen erlösenden Satz. Jedenfalls mich erlöst er. „Ich glaube Ihnen ja, dass Sie hier – hier – nur helfen wollen", dabei sieht sie Frau Cerny an.

Dann mich. „Sich helfen lassen wollen. Aber trotzdem geht das nicht. Patientin therapiert Patient auf dessen Zimmer."

Mit der frischen Erlöstheit in der Stimme wiederhole ich mich.

„Ja, stimmt, Sie haben völlig Recht und ich bitte um Entschuldigung, dass ich Ihnen das zumute. Eben weil ich weiß, dass das gar nicht geht."

Eigentlich, denke ich, kann sich Frau Cerny an dem Schuldeingeständnis irgendwie beteiligen. Auf meinen nicht ausgesprochenen Gedanken hin passiert das auch. Frau Cerny nickt. Unklar, ob sie mir damit zustimmt. Oder eine Teilschuld übernimmt.

Und was heißt „Schuld" eigentlich? Wenn wir hier in unserer Republik nicht so rigorose Regeln im stationären Gesundheitsunwesen hätten, welche nur das Gegenteil der Regeln hervorrufen, würden sich Patienten viel mehr untereinander helfen. Einsparhilfen wären das und eine völlig andere Gruppendynamik...

Ich verlasse meine Revolutionsidee und fahre mit natürlicher Autorität fort.

„Ich werde morgen bei der Oberärztin gleich früh offiziell darum bitten, dass Frau Cerny mich behandeln kann. Ich habe sowieso einen Frühtermin um 7,30 Uhr. Ich werde Frau Cerny als einzige Handtherapeutin im Hause vorstellen. Okay?"

Wir nicken alle meinen Worten hinterher und Schwester Dörte sagt „Na dann.“ Sie wendet sich Richtung Tür und wie professionell Frau Cerny ist, sehe ich daran, dass sie sofort aufsteht und Schwester Dörte folgt.

Dreimal wechseln Gute-Nacht-Wünsche. Einmal Wünsche für einen möglichst störungsarmen Nachtdienst.

Um 7,30 Uhr am nächsten Morgen erlebe ich eine Überraschung bei meiner Oberärztin. Sie geht noch schneller in medias res, als wenn es um meine Verbandstermine, Medikationen oder ihre Studienjahre und den Wunsch geht, eigentlich lieber wieder operieren zu wollen. Statt hier in der Reha Kugeln zu schieben.

„Also gut“, sagt sie, „machen Sie das weiter mit Frau Cerny. Sie kann ja nun mal, was wir hier nicht so können. Aber das geht nicht weiter in die Patientenschaft, klar? Zu keinem, klar? Schon gar nicht zu meinen ärztlichen Kollegen, klar? Ich sage nachher im Schwesternzimmer Bescheid und das reicht.“

Tagsüber verlor die Spreizschiene aus Silikon, die man mir in der Ergotherapie noch im Unfallkrankenhaus in Hamburg angepasst hatte, den Rest ihrer Fassung und behinderte mehr als dass sie meine Rehabilitation unterstützte.

Frau Cerny kommt abends wieder und sieht die Bescherung.

„Das kann ich umformen und neu anpassen, aber nur, wenn die Schiene vorher in sehr heißem Wasser gelegen hat und das haben wir hier nicht“, sagt Frau Cerny und dreht den Heißwasserhahn in meinem Bad wieder zu, „außerdem haben wir keine Schale oder einen Topf.“

Ich erwähne, dass das Schwesternzimmer ja Bescheid weiß und so kommt es, dass Schwester Dörte – gerade bei der Übergabe vom Abenddienst – nur nickt und in die Teeküche der Schwestern weist. „Da ist alles. Eimerchen und Wasserkocher.“

Wir sind im spätabendlichen leeren Schwesternzimmer. Frau Cerny knetet die Spreizschiene zurecht, dann die Gelenkkapseln meiner Finger und zuletzt alle Gelenke, die am wenigsten können, was sie sollen. Gelenkig sein.

Frau Cernys Behandlung ist die brutalste, die ich bisher hatte. Frau Cerny lässt sich auch durch die Verkrümmungen meines Oberkörpers oder die Schmerzverzerrungen im Gesicht nicht beeindrucken.

Aber sie wirkt, ihre Behandlung. Sehr erfolgreich. Meine offizielle Ergotherapeutin unten im Keller wundert sich zwei Tage später, wie flexibilisiert meine Finger bereits zu ihr kommen. Dann wundert sie sich nicht mehr. Am Mittag des zweiten Tages war die Geschichte von meiner nächtlichen Privattherapie auch bei ihr angekommen.

Vom Singen I

An der Pinnwand vor dem Speisesaal und gegenüber den Fahrstühlen hängt sie, die Einladung:

„SINGEN IST GESUND"

Eindrucksvolle Großbuchstaben auf der Mitte zwischen Times New Roman und spätbarocken Schrift-Ungetümen. Ohne Großbuchstaben steht darunter, aber dafür mit Ausrufungszeichen: „Keine Notenkenntnisse erforderlich!"

Das Ganze war umschlungen von den berühmten fünf Notenlinien mit Violinschlüsseln an sinnvollen und anderen Orten und den berüchtigten kleinen schwarzen Punkten auf und zwischen den Linien, die den meisten Erwachsenen die Knie weich und die peristaltische Umgebung hart werden lassen.

Es gibt immer die Kinder in uns Erwachsenen, die früher ahnungslos zum Schulchor kamen und die traumatische Auftrittserfahrung machten, wie es ist, für die Zensurengebung aus dem Schutz der Sängergruppe herauszutreten und mit ausgerechnet der Stimme den schwarzen Pünktchen den Linien folgend eine Art Melodie zu produzieren. Blattsingen. Knapp ausreichend oder gleich mangelhaft. Ausgerechnet, Stimme und erst recht Singstimme ist verräterischer Indikator für die Stimmung.

Auf der beruhigenden Einladung zum Singen - 5. Stock, oberhalb der Psychosomatik – stand ganz unten, wer einlädt. Und siehe da: Einer der Psychologen ist es! Kein Musikpädagoge von der nahen Musikschule oder gar ein ausgebildeter Musiktherapeut. Vielleicht hatte die Klinikleitung gelesen, wie wichtig Singen auch für ihre Patienten sei: Stabilisierung von Herz-Kreislauf, Atmung, Tonus und eben auch nachweislich nicht schädlich für die Seele und all das, was mit der zusammenhinge.

Auch hatten die Mediziner in einem schlauen Aufsatz die Warnung gelesen, dass menschliche Stimme ein hochempfindsames Instrument des Ichs ist, welches in der Schule oft traumanahen Situationen ausgesetzt gewesen sei.

Wer weiß, wieviel von den Psychosomatik-Patienten auch von der Schulzeit und dem Singen darin her zwangsläufig Psychosomatik-Patienten wurden.

Nicht vielleicht, sondern wahrscheinlich waren auch etliche Mediziner unserer Reha damals traumatisiert worden, weswegen sie dieses Singen in ihrem Krankenhaus aus Sicherheitsgründen gleich von einem Diplom-Psychologen anbieten lassen. Wegen möglicherweise nötiger Krisenintervention und so.

Singen, fängt man erstmal damit an, macht schließlich die Seele weit und offen, und eben deshalb kommen dann oft genug auch Tränen und mit ihnen viele Dinge mehr an die Oberfläche.

Dinge ohne Notenkenntnisse, dafür mit einem Psychologen.

Ich warte mit fünf Frauen vor dem Saal im 5. Stock und höre von meiner Nachbarin, dass sie dem Singen noch eine letzte Chance gebe.

„Da kommt ja keiner mit und letztes Mal waren wir drei", und mit einem Seitenblick auf mich fügt sie hinzu, „und dann ganz ohne Mann. Ich meine Männerstimme. So richtig schön laut wurde es einfach nie!"

Sie schüttelt den Kopf und schüttelt den auch weiter, als der Fahrstuhl hinter uns nochmal seine Türen mit dem Pfff-Geräusch ausweichender Fahrradreifenluft öffnet und wieder schließt.

Ein junger Mann ist vom Fahrstuhl ausgespuckt worden und geht auf uns zu. Jung jedenfalls im Vergleich zu mir. Mit einem Paket Noten unter dem rechten Arm, über der linken Schulter baumelt ein rotweißes Akkordeon.

Ich finde ihn noch sympathischer als bei dem ersten Kurztreff unten auf dem Flur, freundliche Ausstrahlung. Ein bisschen schüchtern fürs Dirigieren und im Moment sehr belastet.

Er hatte mich gleich am zweiten Tag auf dem Flur unten angesprochen. Leise Stimme. Er kenne mich von einer eintägigen Fortbildung in meiner Heide her. „Musik und die Psyche des Menschen". Er habe meinen Namen unter den Neuaufnahmen gelesen. Aber ich würde mich wohl nicht an ihn erinnern können.

Ich hatte ihm dies bestätigt und um Verständnis geworben. So viele Menschen in meinem Leben – wie ja in seinem wohl auch. Und dann nur einen Tag in der Heide.

Jetzt nickt er ein Nicken zu den Frauen, ein zweites zu mir.

„Oh – heute mit Männerstimmen, fein!", sagt er weniger zu uns als mehr zur Glastür, die er mit der rechten Hand aufschließt. Mit dem linken Arm jongliert er den Stapel Noten, der die Gravitationskraft für einen Ausflug nutzt und ein Rutschen in Richtung Erdmitte beginnt.

Drinnen im Gruppenraum stehen die Stühle wie im alten Klassenverband: in Reihen und angekettet an einer Metallschiene. Ich setzt mich dorthin, wo ich es aus alten Chorzeiten gewohnt bin: erste Reihe links. Bass.

Die nächste Dame sitzt drei Reihen hinter mir, die zwei weiteren nochmal zwei Reihen weiter. Die vierte Dame – Altstimme schätze ich, es war die, die die fehlenden Männerstimmen und mangelnde Lautstärke kritisiert hatte sowie unserem Leiter nur noch eine Chance geben wollte – ist im Türrahmen stehengeblieben. Stumm und etwas starr, nur dass sie mit den Händen ihren langen Schal an seinen herunterhängenden Spitzen knetet wie Knetgummi in der Ergotherapie.

Ich zerfließe vor Mitgefühl. Mit allen. Auch mit mir. Ich hatte eine größere und vor allem vorfreudig plappernde Gruppe erwartet. Wie früher. Ich beschließe, unserem Leiter zu assistieren, damit ich eine weniger stressreiche Zeit haben würde als die gegenwärtigen Momente der Verlorenheit im Saal und unter Menschen.

Während der psychologische Singleiter die heruntergeglittenen Noten aufliest, klappere ich die Damen ab und bitte sie in die erste Reihe. Halblaut, verschwörerisch, solidarisierend. Ja nicht direktiv oder auch nur lenkend. Hauptsache dafür werbend, dass es klappt und die letzte Chance bei der kritischen Dame vertan und neue Chancen bei vielleicht neuen Sangesfreudigen blockiert würden.

„Kommen Sie doch bitte nach vorne – wir sind so einsam da vorne, wir beiden Männer."

„Es hilft und macht mehr Spaß, wenn wir uns gegenseitig hören, und das geht so doch nicht."

„Wir Männer da vorne beißen doch nicht."

Meine Bitte gerät zur Bettelei und sackt von Satz zu Satz im Niveau ab. Mein Gott, habe ich lange nicht mehr für eine Musikveranstaltung geworben. Das kommt davon, wenn man woanders bei den Kollegen von der Musik ähnliche

Warteschlangen bei Singangeboten sieht wie bei den Kollegen von der Psychologie und Psychotherapie bei Workshops auf Kongressen.

Trotz meines Niveau-Verlustes in der Werbung habe ich Erfolg. Nur die Dame im Türrahmen zögert länger, und ich brauche ein paar mehr Wörter. „Bitte – Sie sprechen so klar, so singen Sie doch sicher auch", sage ich. Sowas eben. Sie folgt mir dann buchstäblich auf dem Fuße und setzt sich neben mich.

Währenddessen hat sich eine weitere Dame zur Assistentin aufgeschwungen und hebt die Stühle der ersten Reihe aus dem Korsett der sie alle starr verbindenden Metallschiene und baut ein Halbrund. Offenbar Erfahrungen im Gruppenleben.

Unser Leiter, sein Name war als Psychologe wie als Leiter für das Singen ohne Noten Herr Kahn, stellt den zusammen gesammelten Notenberg auf einem Seitentisch vor dem Halbrund auf, lässt das Akkordeon neben sich zu Boden gleiten und wendet uns den Rücken zu. Er öffnet die Fenster, eins nach dem anderen. Durch diese schwingt sich ein Schwall des Baulärms von gegenüber in unseren Raum. Dort entstehen reihenweise Privathäuser, deren ganz sicher nur über Beziehung erlangte Baugenehmigungen immer neu aufflackerndes Thema im Speisesaal ist, wenn neue Patienten kommen und fragen.

Herr Kahn setzt sich und lächelt in die kleine Runde, räuspert sich und sagt leise „Kleine Vorstellung – bitte. Name bitte. Bitte was zu Ihrer Beziehung zum Singen und – bitte – kurz, damit wir bald zum Singen kommen."

„Bisschen viel bitte", sagt die Dame, die sich auf meine andere Seite gesetzt und vorher um das Stühle-Rund verdient gemacht hat. Sie sagt es leise und laut sagt sie: „Na gut, dann fange ich mal an, irgendjemand muss ja …"

Sie wirkt dabei tapfer und siegreich zugleich. „Ella. Ella Krützfeld. Hüfte. Schon drei Wochen hier, aber Verlängerung." Deshalb sei sie beim Singen. „Mit irgendwas muss man ja die Abende rumkriegen, nich?" Sie guckt sich um, und alle nicken. Ich auch, was mich sofort ärgert. Ich habe zwar genug Arbeit in meinem Patientenzimmer, aber eben der Herr Kahn und das Singen. Und wo er mich doch schon kannte und ohne ein Wort nachdrücklich zum Mitsingen eingeladen hatte.

Die zweite Dame ist auch Hüfte, aber ohne Verlängerung. Frau Tischbein. „Ich heiße wirklich so. Und ich singe alles, ganz egal was. Ich singe mit. Nur keine Choräle bitte …"

Herr Kahn tut, was Psychologen und Psychologinnen oft tun: er spiegelt. „Nur keine Choräle…" wiederholt er leise und nickt, und es war nicht zu sehen, ob es zustimmendes oder bedauerndes Nicken ist. Herr Kahn nickt professionell.

Dies Spiegeln der Wörter machen wir oft. Meistens, um dem Sprechenden noch bewusster zu machen, was er da sagte. Z.B. fluchte einmal ein Patient, der mit seiner Frau und den beiden Kindern im Haus der Schwiegermutter wohnte, laut in der Therapie, und der Fluch endete mit einer heftigen Schleuderbewegung in Richtung Wand. „Ich könnte meine Schwiegermutter manchmal an diese Wand da klatschen…"

Ich machte es wie Herr Kahn beim Choral. Ich spiegelte, worauf der Patient sofort zurückzog und beteuerte, dass er das natürlich nur im Affekt meine…

Ich hatte damals seinen Rückzug von der Mordlust gebremst und ihn eingeladen, dieses Klatschen seiner Schwiegermutter an die Wand mit dieser Schleuderbewegung auf die große Pauke zu übertragen. Er hörte lange nicht auf mit dem Spiel.

Frau Tischbein, die mit der Hüfte und dem Ausschluss-Wunsch von Chorälen bitte, fühlt sich durch Herrn Kahn gleich verstanden.

Frau Werner und Frau Passow sind auch der Knie wegen hier und Frau Passow kennt Singen vom Fernsehen. Festivals. Die mit den Feuerzeugen in der Luft. „Da summe ich immer mit, auch wenn ich die Musik gar nicht kenne. Sowas hier", sie guckt in die Runde, „mach ich zum ersten Mal." Wieder nicken alle. Außer mir. Ich singe gerne und viel und auch kräftig und auch Choräle.

Herr Kahn stellt zuerst sein Akkordeon vor. „Das ist Dorothea", sagt er, eine Spur noch leiser als eben noch, „und wir beide werden mit Ihnen jetzt singen. Zunächst singen wir uns ein. Bitte aufstehen."

Die letzten beiden Wörter waren auch leise, aber bestimmt geformt. Ich beruhige mich und hänge meine Assistentenrolle an dem inneren Nagel in meiner Seele auf, der für Spannung, Verspannung und überhaupt Unangenehmes zuständig ist, aber gegenwärtig nicht gebraucht wird.

Jetzt läuft es.

Wie klingt Nachtschwester?

Mittwochmittag. „Kriejen Se auch in der Woche Familje zu Besuch?“, fragt mich Frau Priester von nebenan. „Bei mich kommt Sybille, meine Enkeltochter.“

„Nein, Familie nicht. Ja, ein Kollege kommt heute.“

„Son Therapieprofessor, so Psycho wie Sie?“

„Ein Psychiater ist das. Ein Kollege von der ärztlichen Seite.“

Den „Kollegen“ betone ich, damit die anderen nicht denken, ich hätte mir einen Psycho-Arzt aufgrund Eigenbedarfs von außen erbeten.

Denn wenn der Mensch in einer Klinik liegt und plötzlich auswärtige Ärzte oder Therapeuten gerufen werden, bedeutet das meist Schlimmeres, mindestens noch Spezielleres. Weswegen eben Spezialisten von außen nötig sind.

Solch Schlimmeres passiert meist am Wochenende, wenn mal kein Besuch da ist und viele Mitpatienten weg.

Noch schlimmer ist es, wenn man Zahnschmerzen hat, die nicht mal bei Ibuprofen 800 weggehen. Oder wenn man – wie die Frau Morsch drei Zimmer weiter von mir – ein Gebiss hat, das bei einem Hähnchenfilet (fehlerhafterweise mit Knochen) bricht. Zwar schmerzlos, aber knackend. Dann kommt das Taxi und holt einen ab.

Am schlimmsten ist, wenn bei jemandem plötzlich die Sprache aussetzt und aus seinem Mund nur noch Dyslalien kommen. Jenes Lallen, Lautieren und verzweifelte Ringen nach den Zungen- und Lippenmuskeln, die doch zum Teufel nochmal jedes gewünschte Wort bis eben noch klar in die Welt geboren haben.

Das kann auch in der Reha passieren und dabei sind nicht die Zungen- und Lippenmuskeln schuld, wie dem Patienten in seiner Panik erklärt wird, sondern neuronale Hirnschaltungen. Hirnblutung. Draußen vor der Reha wartet der Notarztwagen. Mit Blaulicht. Verdacht auf Herzinfarkt.

Deshalb also betone ich „Kollege auf Besuch“.

„Hierher? Kommt Ihr Kolleje hierher? Runter? Ich bin mit meiner Sybille nämlich auch hier unten. Cafeteria“, sagt Frau Priester.

„Mein Kollege kommt zum Kaffeetrinken zu mir auf das Zimmer. Ein bisschen dienstlich“, sage ich. „Er interessiert sich für Sound-Scaping und ich mich für ihn. Den Kaffee holen wir uns hoch“.

„Der Kolleje interessiert sich - für wat? Wie heißt det?“, fragt Frau Priester, die gerade von hinten rechts das Tellergericht Nr. Zwei - Kartoffeln, Fisch, Zwiebelsauce - auf den Tisch gestellt bekommt.

Hinten rechts ist nicht die serviertechnisch korrekte Richtung, aber praktischer, realitätsangemessener. Denn von hinten links ragen die Oberarmschalen der Gehhilfen in die Luft und blockieren die korrekte Servierrichtung von links.

„Sound-Scaping“, wiederhole ich und ärgere mich, dass ich solch Unverständliches auch noch wiederhole, statt es deutsch zu sagen. Obwohl die deutsche Übersetzung zunächst auch nichts bringt. „Klanglandschaft“, füge ich zaghaft hinzu.

„Weswegen? Weswegen kommt er, Ihr Mann?“, fragt Herr Ferdinand und will bei der Verstehensvermittlung helfen.

Seit er hier am Tisch wegen des Themas „Gott“ und wegen seiner in religiösen Wahn gefallenen Mutter vorgestern auf mein Zimmer mitgekommen war, ist er gesprächiger denn je. Und er interessiert sich für Gott und die Welt. Aktuell mehr für die Welt.

„Sound-Scaping meint eine Art neues Hören. Es ist eine Musikrichtung, die die Reizquellen der jeweiligen Umgebung einbezieht. “

Noch schlimmer. Meine Erklärung wirft nur noch mehr Fragen auf.

Herr Ferdinand und Frau Priester bleiben aber interessiert. Jetzt auch die Küchenfee, die Frau Priester den Fisch bringt. Sie bleibt stehen und eilt nicht wie sonst sofort zur Küche zurück. „Bertram, Bärbel“ stand auf dem Plastikschild über dem Herzen. Um nicht von ihrer Brust oder ihrem Busen zu sprechen, weil das schon Thema bei Herrn Rainer mir gegenüber und einem Herrn hinter mir am Nachbartisch war. Über meinen Kopf hinweg.

„Reizquellen?“, funkt Frau Bertram, Bärbel, interessiert hinein. „Musik aus der Umgebung? Wir ham ne Menge Reizquellen in der Küche. Dat hab ick schon mal jehört, dass damit Musik jemacht wird. Topf- und Pfannenmusik. So wat?“

Herr Ferdinand nickt. „Mein Sohn nimmt sowas auch auf – auf seinem neuen Handy. In seiner Werkstatt machen die Wettbewerbe. Die haben feine

Ohren. Motoren von Vierzylindern klingen total anders als Sechszylinder und die können mit den Ohren feststellen, ob die Reifen durch sind oder noch genug Profil haben."

Frau Priester isst jetzt den Fisch und gibt kleine Schmatzlaute von sich, weil sie gleichzeitig redet. „Jawoll – in meiner Kantine gab`s dat ooch. Topfmusik. Die Lehrlinge ha`m richtije Musik drauf gespielt. Rhythmus..."

Frau Priester spricht das Wort Rhythmus am Ende wie Mus bei Pflaumenmus aus. Die Jahrzehnte in ihrer Kantine prägen lebenslang.

„Und Tisch- und Essgeräusche sind auch hörbar", flicht Frau Pflaumstein ein und begleitet ihre Wörter mit einem längeren Blick auf Frau Priester. Etwas spitz klingt ihre Stimme. So wie meine Großmutter, wenn sie bei ihren sieben Kindern unauffällig erzieherische Maßnahmen bei Tisch in Gegenwart von Gästen traf. Leisere Stimme zwar, aber eben spitz.

„Wie – Umgebungen klingen? Wat soll denn hier klingen, inner Reha? Außer oben im 5.Stock die Gesangsgruppe."

Die Frage trägt Frau Werner bei, meine neue übernächste Nachbarin, Direktnachbarin von Frau Pflaumstein.

Bertram, Bärbel, war zwischendurch weg und ist wieder da. Jetzt mit meinem Teller, auch Fisch. Ich lasse ihn stehen, weil ich Chaos wittere und dann meine zwanghafte Seite des ordnen Wollens merke.

„Dieses neue Hören von Umweltklängen hat ein Komponist namens Schafer 1970 entwickelt aus einer Not heraus: Er hatte die Schnauze voll von den lauten Lärmkulissen in der Stadt."

„Eigentlich die Ohren voll, nicht die Schnauze", sagt Herr Ferdinand und ich applaudiere mit meinen Pfoten, während die anderen sich freuen. Dass der Schafer mit vollem Namen R. Murray Schafer heißt, unterschlage ich erstmal, weil das die Sache unnötig komplizierter machen würde.

„Genau! Eine Art akustische Ökologie entstand daraus und allein schon die Geräusche und Klänge, die verschiedene Schuhe machen, hat der Schafer gesammelt."

„Wat denn – Klänge der Schuhe?"

Frau Priester ist außer an ihrem Fisch ehrlich an akustischer Ökologie interessiert, was sie gleich begründet. „Sybille, meine Enkelin, verkauft nämlich Schuhe bei Deichmann."

„Ihr Fisch wird kalt", sagt Frau Werner hinter Frau Pflaumsteins Hochsteckfrisur zu mir und zu den anderen, sich vorbeugend, „der Mann kommt ja sonst zu nichts, wenn dauernd gefragt wird."

Ich beteuere, dass ich gerne rede, was nichts nützt, weil Herr Ferdinand die Regie übernommen hat.

„Das interessiert doch hier, dies Klingen von Sachen. Aber jetzt essen Sie wirklich erstmal und dann geht's weiter damit. Ich warte gerne." Die anderen nicken. Auch Frau Priester, obwohl die jetzt schon beim Nachtisch ist.

„Sybille wird dat och wiss`n woll`n, dat mit den Schuh`n."

Ich esse eilig und dann zitiere ich R. Murray Schafer – jetzt mit vollem Namen – mit seiner Klangsammlung von Schuhwerk.

„Sandalengeklapper, also Klappern auf der Straße in Nigeria. Dann wildes Getrappel genagelter, holzbesohlter Schuhe im ländlichen Frankreich. Dann das Klack-Klack hochhackiger Schuhe auf Asphalt in allen Städten …"

„Die trage ich auch gerne", wirft Frau Pflaumstein ein und Frau Priester ist diesmal ähnlich schnell. „Sybille trägt die ooch. Scheen laut, damit de Mannsleut sich dreh`n nach ihr."

Ich fahre fort mit den wattierten Sohlen, die den Schnee unter Russlands Schuhwerk dennoch knirschen lassen und mache mich dann auch über meinen Nachtisch her.

„Die Holzschuhe, die holländischen Meisjes mit den Holzschuhen fehlen." Frau Werner erinnert mich an eine Lehrerin, die ständig fehlerzentriert zuhört, aber ich nicke trotzdem.

„Genau", sage ich, „jetzt sind Sie schon in der Forschungsrichtung, die das Ganze dann nahm. Das Sammeln mit den Ohren, wie Umgebung klingt. Da gibt es ortsgebundene Klänge wie unsere Heizungen, wenn sie alt genug sind und knacken. Dann Kirchenglocken. Dagegen gibt's bewegliche Klänge: Den Verkehrslärm vor Ampeln, wenn diese umschalten für die Fahrzeuge von Rot auf Grün … dann unsere selbst gemachten Klänge. Unsere Stimmen. Und eben unsere eigenen Schrittrhythmen."

„Ich schnarche und höre nie was, nur meine Frau".

Das kommt vom Nebentisch, da ist jener Mann sitzengeblieben, der sich manchmal mit Herrn Rainer über meinen Kopf hinweg austauscht. Außerdem noch zwei, die längst gegessen haben, aber rüberhören, weil unser Tisch nun mal öfter eifrig redet und wohl auch mit manchmal fremden Wörtern.

Während ich meinen Nachtisch zu Ende löffele, ich brauche nun mal mehr Zeit fürs Essen als die anderen, die dafür mehr Zeit beim Laufen mit den Gehhilfen, sammelt die Runde mehr als R. Murray Schäfer sammelte. Jedenfalls in dem Buch, das ich von ihm habe.

„Schwester Ingeborg, unsere Nachtschwester, klackert auch zurzeit."

Frau Werner sagt das und Herr Rainer bezweifelt das. „Die Schwestern und Ärzte tragen doch keine Stöckelschuhe!"

Bis morgen wolle man die Klinik aushorchen. Ortsfeste Klänge wie die Fahrstühle sie von sich geben. Bewegliche Klänge wie das Rollen des kleinen Wagens abends bei der letzten Medikamentenausgabe und die eigenen Geräusche im Waschraum bei der Kosmetik.

„Aja - Kosmetik klingt auch. Ich benutze zwei Haarsprays", sagt Frau Pflaumstein und überhört den Kommentar von Frau Werner, dass man das rieche.

„Und die beiden Haarsprays machen ganz unterschiedliche Pfütts-Pfütts." Frau Pflaumstein bemüht sich, uns die Haarspray-Klänge nahe zu bringen.

„Also los!" Herrn Rainers Vater war Leutnant in der Volksarmee gewesen und das klang eben noch ganz manchmal durch. Stimmlich.

„Mich interessieren die Stimmen hier, wie die klingen."

Frau Werner hebt einen Zeigefinger hoch wie in der Schule zur Meldung. „Unsere Oberärztin ist klar Sopran, die Oberschwester Tenor…"

„Und den Chefarzt hört man nie", sagt Frau Pflaumstein in dem ähnlichen Ton, wie sie vorhin Frau Priesters Schmatzlaute umschrieb, was diese gar nicht gehört hatte. „Weil man ihn nie sieht. Nich mal als Privatpatient."

Als die Runde sie kurz anstarrt, weil das Wort vom Privatpatienten hier am Tisch noch nie hörbar war, ergänzt sie, „Ich meine, nicht mal als Privatversicherte sieht man den Professor. Ich meine den von der Klinik. Na, wir haben unseren eigenen, nich?" Dabei sieht sie mich an und ich will erröten, aber weiß, dass das schon lange nicht mehr geht.

Frau Priester schaukelt sich hoch vom Platz und zieht sich wieder die Gehhilfen an.

„Dann grüßen Se man Ihren Kollejen und sachen Se ihm, dass det sehr wichtig auch für uns ist, seine neue Hörschule. Für uns Patienten isset damit weniger langweilij hier. Und für Sybille wird's auch spannend."

Ich verzichte auf die Klärung, dass nicht R.M. Schafer zu mir kommt, sondern ein Kollege von der Psychiatrie, der sich ja erst erkundigen will, wozu das gut ist.

Um 7.30Uhr am nächsten Morgen bin ich wie immer bei meiner temperamentvollen Oberärztin, die eigentlich nach den fünf Minuten Kontrollfragen an mich und meine Befindlichkeit zu den Minuten über sich übergeht, heute nicht.

„Was haben Sie denn da angerichtet, Professor?", fragt sie. „Bei der Übergabe heute Morgen hat die Nachtschwester berichtet, dass sie bei zwei Patienten nach ihren Schuhtypen befragt wurde. Frau Priester wollte sie sogar sehen. Zeigt her eure Schuhe? Was soll das? Und Kunst soll das auch noch sein?"

Ich berichte meiner Oberärztin kurz, was der Anlass für die neuen Hörspiele bei einigen Patienten ist, und als ich den Psychiater von Eppendorfs Uni-Klinik nenne, der extra für die Vorbereitung einer Vorlesung über sound scape, über akustische Ökologie gekommen sei, nickt sie.

„Naja, so stell ich mir das auch manchmal vor bei Euch Profs: Ihr sucht das Unmöglichste, um es zu erforschen."

Ich sehe mich noch vor dem Mittagessen genötigt, bei allerlei Stellen Erklärungen abzugeben. Denn meine Tischgenossen haben nicht nur selbst mit der Forschung begonnen, sondern das anderen Patienten anderer Stationen mitgeteilt.

Die Küche ist dank Bertram, Bärbel, einmal kurz Ort der Erforschung, dann die Fahrradergometer, die Rezeption, die vorfahrenden Taxis, die kleinen und das Sammeltaxi.

„Allet dat klingt ja wirklich und is spannender als die Singgruppe." Frau Werners Meinung, die mir für den Psychologen, der die Singgruppe leitet, Leid tut, war die eine.

Die andere kommt von einem übernächsten Tisch von einem Patienten, der bereits mit Handy aufnehmen will: Die Stimmen der Ärzte mit Migrationshintergrund.

Erotische Optionen zeigen sich – angeblich – auch. Wenigstens Phantasien. Denn da waren nach 22Uhr zweimal Doppelschritte auf Station III. Ein Paar Frauenschuhe und ein Paar, ganz klar, Männerschluffen. Beide ohne jede Begleitgeräusche von Gehhilfen. Und die Nachtschwester war auch schon durch.

„Kein Wort ham die gesagt, die beiden", berichtet Frau Hils vom Nachbartisch, die ohnehin immer Erotisches entdeckt. „Das is doch unnormal, den ganzen langen Gang lang und dann plötzlich Stille. Kein Schuh mehr. Die sind zusammen in ein Zimmer weg. Obwohl die III nur Einzelzimmer hat!"

Ich erkläre nach der Mahnung meiner Oberärztin noch weiter hier und da, was da getrieben worden ist. Es gibt bei meinen erklärenden Entschuldigungen oder entschuldigenden Erklärungen auch neue neugierige Häupter dabei. Sogar von der Rezeption, obwohl die nachts gar nicht Dienst haben. Reha eben.

Aber ich muss auch überall versichern, dass mit dem Aushorchen der Klinik Schluss sein müsse.

Im Speisesaal oder in der Cafeteria oder um die Rezeption herum sei ja tagsüber auch genug zu hören.

Und nicht in der Mittagspause. Auch nicht nach 22 Uhr.

Die Klang-Sammler – wenn sie sich auf den Fluren träfen – seien zu laut.

Bettgeschichten

„Also – bitte! Ja! Geschichten, die auf Intensiv- oder Akutstation passieren, sind immer Bettgeschichten. Schließlich dreht sich immer alles bei uns um Bett oder Aufstehen, Gehen oder Liegen!"

Unsere Pflegedienstleitung regt sich immer auf, wenn sie dies Wort hört. Es ist ein Trigger für sie. Bettgeschichten.

„Oder redet Ihr hier von uns? Pflegekräfte, Ärzteschaft?"

Das Thema war vorhin aufgekommen. Am Nebentisch. Und schwappt über auf unseren Tisch wie meine Suppe auf das Kunststofftischtuch, als ich den Teller am Buffet zu voll mache.

Es ist die Rede von Bettgeschichten um Ärzteschaft und Pflegekräfte herum. Ausgelöst durch die Bewertung des Nachbartisches von Fernsehserien wie „In aller Freundschaft", „Die jungen Ärzte". Schlimme Bewertung. Geradezu verächtlich.

„Die gute alte Schwarzwaldklinik mit Professor Brinkmann und sowas – die waren viel spannender. Das war nicht gleich eine neue Bettgeschichte, sondern war echte Liebe - war das."

Wer das hinter meinem Rücken am Nebentisch sagt, muss meine Generation sein. Wer kennt unter 60 noch die „Schwarzwaldklinik". Sogar meine Mutter sah sie. So mal halt, ab und an, sagte sie. Aber doch so häufig, dass sie sich bei einer Begegnung in einem tunesischen Fahrstuhl ein Autogramm erbat und beim Abendessen bekam.

Frau Grünwald an unserem Tisch erweist sich als die große Brückenbauerin zwischen uns und den anderen Tischen. Bei diesem Thema jedenfalls.

„Is doch egal ob früher oder jetzt. Wenn Ihr mich fragt, ich finde Bettgeschichten spannender bei denen, die nicht in den Betten liegen, sondern rumlaufen. Wir kriegten auf Akutstation mal einen Urinkellner und der wurde wie alle diese Armen erstmal von den Schwestern gemobbt…" Frau Grünwald holt Luft, weil die Geschichte offenbar erst anfängt.

Ich bitte Herrn Rainer flüsternd um Nachhilfe, was das sei, ein - Urinkellner. Es geht mir nicht um Bettgeschichten aber solche mir unbekannten Sprachphänomene. Wann komme ich schon mal an sowas ran außerhalb des elaborierten Codes.

Herr Rainer will auch antworten, aber Frau Grünwald hat, obwohl sie ja frisch eingeatmet hat zwecks Fortsetzung ihrer Geschichte, das Flüstern gehört.

„Praktikant, Prof, das sind Praktikanten. Die werden erstmal zum Flaschenausleeren morgens eingesetzt. Oder zum Flaschenbringen. Und zum Beckenschieben bei denen, die noch nicht aufstehen dürfen. Wie ne Flasche aussieht, wissen Se?"

Ich nicke und lerne gleich weiter.

„Unser neuer Urinkellner war auch einer dieser armen Kerle, die Praktikum brauchten, um den Studienplatz fürs Doktorwerden zu kriegen. Und solche Praktikanten, also eigentlich die künftigen Chefs, wurden besonders heftig rangekriegt von den Schwestern. Also der hat sich in eine Ärztin verschossen. Rettungslos, sag ich, r-e-t-t-u-n-g-s-l-o-s. Solange bis diese Uroma ihn krallte. Mit Geld."

Ich höre nicht so fleißig zu wie meine Tischnachbarn, weil ich nun mal mehr zu tun habe mit Löffel und Gabel und kriege deshalb nicht mit, wie lang oder kurz die Rettungslosigkeit dieses Praktikanten andauerte. Was schade ist, denn es muss einen interessanten Übergang zu einem wirklich interessanten Thema gegeben haben. Jung und Alt – natürlich auf Liebe bezogen. Nein, diesmal direkt aufs Bett.

„Reich ist der geworden, der Kerl, sag ich euch, reich! Und er musste ja nur für die Reha-Dauer abends Gesellschaft leisten. Nachts, meine ich. Wenn die Nachtschicht durch war. Ich bitte Euch, über 80 war die. Aber eben reich. Mindestens wohlhabend, mehr als nur Rente. Is was?"

Frau Grünwald stoppt und starrt Frau Pflaumstein gegenüber an, die den Kopf geschüttelt hat, verbunden mit einem ganz schnellen Seitenblick auf mich, den sie zurückzieht, als ich aufblicke. Mich interessiert immer, wenn jemand den Sprechfluss abrupt unterbricht.

„Solche Geschichten sind ja wirklich nicht jedermanns Geschmack…". Normalerweise hat Frau Pflaumstein, studierte Lehrerin in Leipzig und nach der Wende noch den Rest in Hamburg, eine ungewöhnlich klare Artikulation. Aber ihre Worte jetzt hat sie genuschelt.

Ich verstehe. Ich soll geschützt werden. Mindestens abgegrenzt. Ich gehöre bei bestimmten Themen nicht dazu. Ich beschließe zu investieren, um die Ausgrenzung rückgängig zu machen. Ich kann auch provozieren. Wenn ich will.

„Das mit dem Sex von Alt und Jung wird schon im Alten Testament empfohlen", sage ich. Ich glaube, dass ich diesen Stimmklang auch in der Vorlesung habe. Nüchtern, ruhig, Triggerwörter ebenso aussprechend wie die Differenzierung von Burnout in die verschiedenen Depressionsprofile.

Die Runde schaut auf. Frau Grünwalds Mund öffnet sich, will aber nichts sagen, weil sie einatmet. Auch eines der Gespräche am Tisch hinter meinem Rücken hat gestoppt und dort breitet sich jetzt die gleiche Aufmerksamkeit aus wie an unserem Tisch, als die nebenan vorhin anfingen. Mit dem Triggerwort. Mit Bettgeschichten.

„Gar nicht so sehr wegen der Sexualität, sondern wegen der Sexualität als Aufbaumedikation in einer Depression", referiere ich weiter und genieße das Staunen hier ebenso wie im Seminar, wenn ich die Entstehungsgeschichte des Begriffs „Fuck" erläutere.

Ich erzähle nun mal gern.

„Dem alternden König David wurde ganz offiziell ärztlicherseits ein junges Mädchen in das Bett gelegt – und siehe: Er genas sehr schnell. Ein frischer Testosteron-Schub wirkt eben. Nicht als Wunder. Sondern natürlich. Vorausgesetzt ist natürlich ein Rest von libidinöser Reizbarkeit. Sowas wird Ihre alte Dame", ich wende mich zu Frau Grünwald, die den Mund wieder zu hat, „auch gespürt haben, als sie den jungen Mann da, den Praktikanten, in Dienst nahm. Oder unter ihre Fittiche. "

„Heiße Story", sagt Herr Rainer, „wo steht das genau? Steht da Genaueres?"

Ich muss passen. Ich bin kein Geistlicher. Ich müsse erst nachgucken oben in meinem Smartphone. Da habe ich eine Bibel gespeichert. Aber sehr viel Genaueres stünde wohl nicht drin. Dann schon wesentlich mehr in jedem besseren Gesundheitslexikon. Am besten gleich Medizinisches Wörterbuch. `Sexualität im dritten und vierten Lebensabschnitt` und so.

Das Gespräch nimmt eine ernste Kurve, weil sich Frau Werhan vom Nachbartisch in meinem Rücken einmischt. Wir trafen uns oben im Chörchen beim Psychologen und seitdem grüßt sie zurück, wenn ich grüße.

„Das mit dem Verjüngen geht auch anders", sagt sie und wir drehen uns allesamt herum, soweit es die Wirbelsäulen und Halswirbelsäulen zulassen, deren Bandscheiben schließlich bei uns allen Jahr für Jahr abflachen.

Dann berichtet sie – ganz ohne Übergang – von dem Autotod in ihrer Nachbarschaft. Junges Ehepaar. Zwei kleine Kinder. Vier und sieben Jahre alt. Das heißt, nein, das tödlich verunfallte Paar – die Frau ist die Tochter eben der Nachbarn von Frau Werhan, in Halle wohnen sie, wohnten sie – hatte die Kinder vor der Fahrt bei Oma und Opa abgegeben, ihren Nachbarn.

„Und bei Oma und Opa leben sie nun schon ein Jahr", sagt Frau Werhan, „und was glaubt ihr wie jung die Alten geworden sind. Dagegen sind mein Mann und ich uralt. Die sehen jünger aus, die verhalten sich jünger. Das ist jetzt zwei Jahre her und beim Spielplatz sitzen die beiden Alten wie ein Pärchen und gucken auf ihre Enkel, die jetzt ihre Kinder sind."

„Gibt's nich was, was nich so traurig is?" Jemand am Tisch hinter meinem Rücken wirft das rüber wie eine Beschwerde. Es ist nicht Frau Werhan aus dem Chörchen, denn die hat jetzt zeitgleich zu der traurigen Geschichte einen Hustenanfall.

Im Chörchen hatte der Psychologe mit uns „Greensleeves" gesungen und anlässlich davon hatte Frau Werhan auch gehustet. Um einem Weinen oder gar Schluchzen zuvorzukommen.

„Hab ich gelernt im Maschinenbau. Da wird nie geheult. Nur gehustet oder wegen Schnupfen geschnupft."

Ich bin schon allein beruflich mehr mit Traurigem, mit Nöten, mit Not beschäftigt. Deshalb vermeide ich das hier. Jedenfalls bei den Mahlzeiten.

„Da war doch was mit - mit Fuck"? Herr Rainer hat immer ein gutes Gedächtnis für Gesprächsverläufe und Vergessenes darin. „Das müsste doch wieder lustig sein?"

Also schiebe ich die Herkunft vom „Fuck" nach. Erstmals nachzulesen bei Shakespeare und als ich den Namen sage, sehe ich Ernüchterung in allen Gesichtern an unserem Tisch und hinter meinem Rücken ein „Ach sooo was".

„Warten Sie, warten Sie", ich mache Reklame für meine zukünftige Information, weil ich auch Leichtigkeit für sinnvoll nach der Autounfalltragödie sehe.

„Der englische König zu Shakespeares Zeiten lud regelmäßig eine Runde allerengster Freunde zu sich ein. Geheimste Männerrunde. Dort sollte jeder alles sagen, was ihn im Königreich, am Hof, in der Auslandsdiplomatie bedrückt. Ungestraft sollte das sein, völlig ohne Folgen. Auch wenn der König selbst kritisiert werden sollte. Die Männerrunde hatte folgenden Namen:

F – U – C – K. Freedom under the control of the king. Freiheit unter der Kontrolle des Königs. Fuck eben.

Später hat sich wohl in der Folge der Treffen und unter dem nachfolgenden König die Sitte gelockert und die Freiheit drastisch zugenommen. Freiheit in jeder Hinsicht."

Hinter mir am Tisch höre ich „besonders in einer Hinsicht, nich?" und an meinem Tisch sehe ich in zufriedene Gesichter. Herrn Rainers grinst sogar.

Die Geschichte, die noch überprüfbarer ist, hebe ich mir auf für den Fall des Neuaufkommens vom Thema Bettgeschichte.

Es ist die unseres alternden Dackels Butzemann. Dessen Tod fürchteten wir zuhause alle derart, dass wir ihm eine junge Dackelhündin an die Seite gegeben hatten, um die Nachfolge zu sichern. Butzemann blühte auf, glühte durch und durch in Liebe wie einst König David. Einzelheiten eben später bei diesem heißen Thema.

Datenschutz

oder

„Machen Sie sich nichts draus…"

Natürlich haben wir überall Datenschutz im deutschen Land. West wie Ost. Hier im Osten ist der Datenschutz manchmal - nur manchmal - ein bisschen wie zuhause im Ostzipfel der Lüneburger Heide: etwas familiär. Man weiß, mindestens vermutet man im Wartezimmer meines Hausarztes ebenso wie in der Familie, was dieser oder jener hat. Oder nicht mehr hat. Oder ungenügend hat.

Zuhause, beim Hausarzt - er ist schon der Sohn meines alten und wenn ich noch älter werde, wird es der Enkel sein - werde ich jedenfalls im Wartezimmer aufgerufen mit den Informationen gleich für die Mitwartenden mit. „Zur Spritze bitte – und zum Blutabnehmen!" Sie wissen alle, wozu das gemacht werden soll. Sie hören es. Ich keuche eben bei Pollenflug und ringe nach Luft durch die Nase, durch den Mund… Allergie und zugehörige Asthmarückfälle.

Jetzt liege ich in einem der Behandlungsräume in der Physiotherapie der Reha. Meiner Reha.

Der Raum besteht dadurch aus mehreren Räumen, dass Vorhänge ihn unterteilen. Solche Vorhänge unterteilten bei uns zuhause nach dem Krieg den Archivraum mit den Aktenregalen in zwei kleinere Räume, in denen Kalks aus Gumbinnen(Ostpreußen) unterkamen, Vater, Mutter, drei Söhne. Im ersten Stock schufen diese Vorhänge im Jungenszimmer ebenfalls zwei Zimmerchen. Dort wohnten Mutter Gaupp mit invalide aus Russland zurückgekehrtem Sohn. Sie Pastorenfrau aus Schlesien. Oben auf dem Boden war die größte

Flüchtlingsfamilie untergebracht, Maltzahns. Von Maltzahns. Mutter, invalider Bruder, drei Töchter. Die Vorhänge waren noch richtige. Aus richtigem Stoff, nicht Plastik, nicht Kunststoff, also nicht aus Öl.

Die Vorhänge damals waren schwer und guter Sichtschutz, sogar ein bisschen Geräuschschutz. Lauteres Reden, Pupsen und Schnarchen ließen sie durch, weswegen die Menschen versuchten, besonders leise zu sein. Dies macht bekanntlich alles Hörbare noch hörbarer.

Die alten Seh-Bilder und Hör-Bilder aus der Kindheit mischen sich jetzt mit den aktuellen in der Physiotherapie meiner Reha. Ich liege und genieße die weisen Hände einer meiner Lieblingstherapeutinnen in der Lymphdrainage. Gegenwärtig streichen sie die Augenbrauen ab, die Nase herunter, gleich werden sie sich breiter um meinen Mund teilen und in Richtung Halswirbelsäule wieder vereinigen. In solchen Behandlungssentenzen können Reha-Kliniken an das Paradies erinnern, wie es von all denen geschildert wird, die nie da waren.

Jenseits des Vorhangs weiß ich den kleinen Schreibtisch mit Stuhl ohne Lehne und dahinter die Eingangstür.

Die schwingt jetzt fühlbar auf, weil die Vorhangseite links von mir mitschwingt.

Jetzt schwingt eine Männerstimme. Ich höre meinen Stationsarzt. Er ist es, weil eben dieser arabische Sound mitschwingt. Bei Dr. Sahoni war ich gleich nach dem Morgengespräch bei meiner Oberärztin mit Berliner Schnauze.

„Se sind zwar hier wegen Ihrer verbrannten Pfote, aber am meisten verstehn wa wat von Orthopädie hier. Ik hab Se anjemeldet beim Kollejen. Alljemener Check von Ihrem Jestell, mit dem Se lofen. Kann nich schaden. Könnse zuhause sparen."

Also wanderte ich zwischen zwei Therapien zu Dr. Sahoni wegen meines Jestells. Es kam mir entgegen, dies Interesse für den richtigen Lauf meiner Füße und all dem, was sich meinen Füßen anschließt einschließlich WS und HWS. Zuletzt hatte mich ein Arzt in der Notaufnahme vor Jahrenden in unserem Kreiskrankenhaus untersucht, als Shandor, ein junger Wallach polnischer Abstammung, mit dem rechten Vorderlauf auf einer langen Wiese in ein Kaninchenloch getreten und gestürzt war und ich mit ihm. Schlüsselbeinbruch. Nichts Dolleres, aber eben Orthopädie.

Bevor Dr. Sahoni mich selbst anfasste, ging es zum Messen meiner Maße.

Wie groß ich sei, fragt mich die Praktikantin und Schwester Gerda, die eine junge Dame im Kittel einer Raumpflegekolonne im Praktikum begleitet, korrigiert sie.

„Man fragt nicht nach der Größe, sondern nach der Länge. Groß war Napoleon und trotzdem kurz."

Die Praktikantin sagt „Tschuldijung" und ich beruhige sie, dass ich nicht Napoleon sei. Weder d e r Napoleon, noch sonst irgendein Napoleon.

Ich stehe an einer Messlatte an der Wand. So einer alten, seriösen, einer mit Handbetrieb. Das heißt, man reckt sich erst, soll dann wieder absinken zur normalen Körperlänge. Derjenige, der einen misst, legt ein Lineal auf die Schädeldecke. Derzeit auf meine.

„So – jetzt treten Sie bitte mal raus", sagt Schwester Gerda und ich denke zunächst an Toiletten, aber weiß natürlich, dass sie die Räumlichkeit zwischen mir und dem Lineal meint, das die Praktikantin festhält.

Ich trete also raus aus dem Raum zwischen Lineal und fußbodenbeheiztem Holzboden, auf dem ich barfuß stehe. Schwester Gerda nähert sich der Praktikantin, die das Lineal jetzt mit zwei Händen festhält, als ob sie`s bezahlt bekäme. Bekommt sie aber nicht, wie sie vorhin in der Cafeteria erzählt hatte, aus der sie mich abgeholt hat.

Ich bin wieder in dem Plastikverschlag mit meiner Lieblingstherapeutin und höre auch hier die Stimme von vorhin. Von Dr. Sahoni.

Dr. med. Sahoni kommt aus dem Iran, früher Persien. 1001 Nacht, denke ich und genieße weiter meine Lieblingstherapeutin bzw. deren Hände.

Persien. Mit all den sagenhaften, wunderbaren Ärzten, die schon welche waren, als unsere hier noch beim Patienten heilsame Sprüche oder krankheitsbedrohende Flüche murmelten. Oder schon als Bader Blutegel gegen fast alle Beschwerden ansetzten.

„Kann ich hier mal diktieren? Oben werden alle Ärztezimmer heute neu geweißt und im Schreibbüro warten die neuen Patienten."

Ich höre mit einem Ohr von irgendjemandem aus unserem vorhanguntertelten Mehrstübchen-Raum Zustimmung und begleite die Hände der Therapeutin unterhalb meiner Schlüsselbeine Richtung Brustbein. Ich denke abwechselnd an Shandor und die Hände meiner Lieblingstherapeutin.

Ich verstehe seit der ersten Lymphdrainage, die ich als Patient erlebe, warum ich in meiner Klinik die meisten Patienten mit diesem abwesenden Gesichtsausdruck herauskommen sehe. Auf dem Gesicht diese Mischung von Andacht, Trancestufe 1, Verzückung oder meditativ gewonnener Heilserfahrung. Ganz gleich, mit welcher Beschädigung sie hineingegangen und auch wieder herausgekommen waren.

Die Lymphdrainage hat weniger direkten Einfluss auf kaputte Hüften, Splitterbrüche oder Verbranntes. Mehr Einfluss hat sie auf die Probleme der Darmtätigkeit, auf den Verdauungsapparat, auf die Peristaltik des Körpers. Auch auf die Verdauungsfähigkeit der Seele hat sie durchaus Einfluss. Und natürlich, wenn sich irgendwo Wasser ansammelt, die Thrombose mit dem Zeigefinger droht. Irgendwo also doch wieder Lymphdrainage für alle.

Das lerne ich hier alles in dieser kurzen Zeit. Von einer meiner Lieblingstherapeutinnen.

Dr. Sahonis Stimme neben mir räuspert sich durch den Vorhang und legt los.

„Hochgradige Osteochondrose und Spondylarthrose HWK5 und HWK 6. Impigement-Symptomatik rechte Schulter und Supraspinatus-Tendinitis."

„Die müssen schon was studiert haben, unsere Ärzte, nicht?" Meine aktuelle Lieblingstherapeutin flüstert diese bewundernden Wörter an meinem dem Vorhang abgewandten Ohr. Ihre Hände drücken jetzt kräftiger am Brustbein entlang und treten, wieder Sanftheit in den Druck legend, den Rückweg an.

Ich nicke undeutlich, weil ich ja mit einem Bein noch im Paradies bin, das unter anderem im Großgebiet Persiens vermutet wird, und murmele ein „Ja, Medizin und Psychologie sind schon eigene Sprachen."

Mich ärgert nicht die Bewunderung der Ärzte und ihres Könnens, das sich in der Sprache und erst recht in der diktierten Sprache der Gutachten, der Diagnosen, der Protokolle spiegelt. Die teile ich völlig, diese Bewunderung.

Mich ärgert die einseitige Bewunderung. Als ob wir in der klinischen Psychologie und all unseren Psychotherapien nicht auch was zu bieten hätten. Wenn wir erst loslegen würden, wie Dr. Sahoni es jetzt vor einer Minute tat, dann würden die Mediziner wenig verstehen und meine Lieblingstherapeutinnen erst recht nicht. Und aus diesem Grunde uns Psychos auch bewundern. Genauer: Meine Lieblingstherapeutin würde mich bewundern.

Ich beschließe, bei der nächsten Fachfrage an mich – und meine Therapeutinnen und Ärztinnen und Ärzte fragen viel, nur Frau Pietsch, meine Psychologin, fragt nie was – etwas mehr Termini technici, etwas mehr aus meinem Gebiet einzuschleusen. Begriffe, die für uns Fachsprache und für meine Lieblingstherapeutinnen Fremdwörter sind. So wie die von Dr. Sahoni.

„Spinalkanalstenose HWK 5/6 und HWK 6/7, höre ich nebenan und dann „Multiple Wirbelksäulendysfunktionen."

„Entspannen", höre ich die Stimme der Therapeutin. Sie switcht prosodisch mit ihrer leisen und doch klaren Stimme zwischen Alt und Tenor, wunderbar matriarchesk begabt. Der Patient assoziiert Mütterliches und anderes Frauliches, Mädchenhaftes bei solcher Stimmlage.

Aber Entspannung ist nicht. Im Gegenteil. Meine Konzentration ist total auf Dr. Sahonis Stimme focussiert, denn die zuletzt diktierte multiple Wirbelsäulendysfunktion lässt mich Teile des vorher Diktierten erinnern und mit jenem seelischen Schlag verbinden, den wir auch bei schlagartiger Erkenntnis fühlen: Dr. Sahoni diktiert gerade meine aktuellen Diagnosen! Natürlich! HWK 5/6 und 6/7! Und bei den Neuroforamenstenosen rechtsbetont auch 4/5!

Ich verstehe nicht alle Begriffe inhaltlich. Aber ich habe ein gutes Gedächtnis und dieses lässt mich meinen früheren Orthopäden mit seiner Stentorstimme wieder auferstehen. Gott hab ihn selig, obwohl er mich in Bad Bevensen damals auf den baldigen Rollstuhl vorbereiten wollte.

Eben durch die Erklärung seiner damaligen Diagnosen, mit denen ich glücklich wurde, weil sie nicht zutreffen sollten.

Etliche von diesen damaligen Diagnosen dringen jetzt wieder durch den Vorhang in mein Ohr und beschäftigen meine Hirnareale.

„Bandscheibenprotrusion und Spondylolisthese HWK 7/BWK 1 Grad 1 nach Meyerding."

Dr. Sahonis Stimme tönt in einer ganz engen Amplitude, fast Richtung monoton gehend. Wie die Tuben beim frühen gregorianischen Choral.

„Dr. Sahoni?" Ich vergesse die Hände meiner Therapeutin, die auf dem Rückweg jetzt wieder am Hals angelangt sind und sofort Abstand vom Hals nehmen, als ich mit normal lauter Stimme den Namen ausspreche. Irgendwie erschrocken wirken die Hände auf mich.

Noch erschrockener höre ich Dr. Sahonis Stimme. „Professor? Sind Sie das?"

Ich höre, wie er auf seiner Seite des Vorhangs aufsteht. Ich fühle die sich entfernenden paradiesischen Händen und sehe, wie meine aktuelle Lieblingstherapeutin sich straff aufrichtet.

„Ja, bin ich. Und das bin ich, nicht? Was Sie da diktieren?"

Dr. Sahoni fragt „darf ich?" und zieht den Vorhang beiseite. Klopfen kann man schlecht an Vorhängen.

„Das ist mir unangenehm", sagt er und verdüstert sein Gesicht. So jung es ist, wirkt es verknittert. Es ist ihm unangenehm zumute.

„Es ist mir auch unangenehm", sage ich, „dass meine Diagnosen nun – nun – sozusagen öffentlich sind."

Ich versuche mich zu erinnern. Waren es zwei oder drei Patienten, die vorhin mit mir den mehrräumigen Raum zur Physiotherapie betreten hatten. Aber die sind mir eigentlich gleichgültig. Dass eine meiner Lieblingstherapeutinnen diesen meinen wahren Zustand erfährt, ist mir unangenehm. Nein, es ist viel mehr. Peinlich ist mir das.

„Das klingt, als wenn Sie gleich meinen baldigen Exitus anschließen würden", sage ich. Vorsichtig. Dr. Sahoni ist sehr sensibel.

„Ja, ja, verstehe", sagt Dr. Sahoni hilflos und tangiert etwas mein Mitgefühl hinsichtlich seines Versagens dem Datenschutz gegenüber. „Aber Ihre Impingementsymptomatik ist schon rückläufig geworden hier bei uns. Das käme ja jetzt im Diktat. Und auch, dass der neurologische Befund bei Ihnen ja unauffällig ist."

Und dann sagt er den Satz, der mich tatsächlich tröstet.

„Außerdem, Professor, von alledem sieht man ja von außen nichts. Sie halten sich ja gut. Außerdem – der neurologische Befund ist doch bestens. Ich meine negativ."

Meine Therapeutin nickt Dr. Sahoni zu. Dann mir.

„Nein wirklich, das stimmt. Man sieht ja nichts von außen."

Dann errötet sie leicht, was mich freut.

„Außerdem – es gibt doch immer noch ein Leben vor dem Tode, nich?"

Ich nicke. Mit dem zornigen Empfinden darüber, dass meine Defizite, Insuffizienzen, Dysbalancen, Arthrosen und meine aktuelle Daumensattelarthritis nun mindestens drei Mit-Patienten bekannt geworden sind.

Mein zurückgehaltener Zorn schwächt sich ab, als mir später meine Oberärztin auf dem Flur entgegenfliegt. Sie flieht die Berührung mit dem Boden, was wie Fliegen aussieht. „Na, wie geht's uns? Alles gut, nicht?"

Ich nicke und nehme sie als Beispiel dafür, wie wenig man von meinen orthopädischen Insuffizienzen sieht, wenn man nicht Sahoni heißt.

Aber mein Ärger darüber bleibt, dass meine Lieblingstherapeutin mir meine äußere Vitalität im bisherigen Maße nicht mehr so abnehmen würde.

Schuld ist das Datenleck hier. Und das nur, weil die Ärztezimmer oben gerade geweißt werden müssen und das Schreibbüro belagert ist. Ich ziehe mit überwiegend schwarzer Seele von dannen. Der Abstand zu der ganz schwarzen Seele besteht darin, dass Christine zuhause von diesem meinem wahren Zustand der Morbidität ja nichts erfahren wird.

Zuhause herrscht Datenschutz. Weil ich diese Papiere der Klinik nur direkt an Hans, unseren Hausarzt, schicken lassen werde. Nicht nachhause. Christine, die beiden Töchter und ein paar Kolleginnen, besonders Almuth und Sabine, meine Bürochefin – sie sollen das Bild gar nicht erst sehen, das ich inwendig abgebe.

Gott sei Dank nicht außen. Da sieht man nichts, hat der Doktor gesagt. Und meine Therapeutin hat es bestätigt. Sogar mit Vehemenz.

Glaube ich.

„Nehmen Sie doch schwarze, Herr Professor…"

„Ick sach Ihnen, Professor, ick beneide Ihnen in der Psychotherapie - dieser Dokumentationsmist macht uns in der Medizin noch alle kapott. Jedes Thrombose-Spritzchen, jede Pflastergrößenänderung, jedes Zäpfchen, jede zusätzliche Kompresse muss protokolliert werden und das alles verewigt im PC. Ick sach Ihnen. Ick bin nich für die Reha geboren und promoviert worden. Wenn die Kinder aus dem Haus sind, geh ick sofort zurück an den Tisch"

Dr. Tschilp berlinert so schnell, dass ihr sehr lose gebundener Haarzopf den Bewegungen mühsam nachkommt. Bücken – Haarzopf oben. Aufrichten – Haarzopf unten. Beim Kopfschütteln wie jetzt - der Zopf bleibt gleich in der Luft.

„Ik kann nischt anders, ik bin so ufjewachsen und hab och so studiert, Se müssen einfach wechhören." Meine Oberärztin tastet, während sie redet, meine Fußgelenke ab. Ich hadere etwas mit Dr. Tschilps ungerechter Verniedlichung der Thrombose-„Spritzchen", die uns Patienten jedes Tagesende eintrüben.

„Ick bin für den Tisch inner Chirurgie geboren, nich für Reha", wiederholt meine Oberärztin und sieht mich an. „Ihnen als Kolleje von der Psychischen kann ick so wat ja beichten, nich?" Dabei arbeiten sich ihre tastenden Finger vom einen Fußgelenk langsam nach oben Richtung Knie.

Ich fühle mich trotz des Bedauerns meiner Ärztin, mich und andere in der Reha begleiten zu müssen, solange ihre Gören im Haus seien, medizinisch und menschlich weiter gut aufgehoben bei ihr und sage ihr das: „Ihre Sehnsucht nach dem Operieren ist aber Gott sei Dank in Ihrer Compliance zu uns Reha-Patienten nicht zu merken."

Frau Dr. Tschilp nimmt sich das andere Bein vor. „Ach ja – die Compliance", sagt sie und während ich mich vorbereite, mit ihr auf die Unterschiede zwischen Compliance und Coping zu kommen, sagt sie: „Sie haben Wasser in den Beinen, Herr Professor."

Ich weiß, was das für Patienten heißt, die gerade mal vor zwei Wochen aus den OP-Serien einer Unfallstation entlassen sind. Erhöhte Thrombose-Gefahr, nicht nur abends Spritzchen, sondern auch morgens, Kompressionsbinden um die Beine und so weiter. Und ich weiß, dass Frau Dr. Tschilp weiß, dass ich das alles weiß. Trotzdem sagt sie: „Wir werden uns jetzt Kompressionsverbände leisten. Tagsüber. Abends nehmen wir Diprogenta – Salbe, und nachts legen wir die Beine hoch."

Meine Phantasie ist nur mikrosekundenlang mit diesem „uns" und „wir" beschäftigt. Damit, mir nicht nur mich, sondern auch Frau Dr. Tschilp mit Kompressionsbinden an den Beinen vorzustellen und mit nachts hochgestelltem Unterkörper. Nach diesen Mikrosekunden seufze ich und Frau Dr. Tschilp tröstet sofort damit, dass es ja jetzt im März noch nicht Sommer und heiß sei und deshalb kein Problem. Außerdem wickelten die Schwestern sehr gut, nicht zu stramm und dennoch wirksam.

Die Schwestern der Abendschicht wickeln unterschiedlich. Schwester Elli wickelt das Wickeln zügig ab, wünscht gute Nacht und eilt weiter. Schwester Renate bringt Zeit mit und braucht die auch für ihre Fragen. Eine war einmal nach den Gründen, warum Hunde – Schwester Renate lebt nach einer „furchtbar langweiligen" Ehe mit einem temperamentvollen Cocker-Spaniel – eine so viel engere Beziehung zum Menschen haben als z.B. Pferde. Schwester Renate reitet auch, ist beteiligt an Besitz und Unterhalt an „Pronto". Der Wallach heißt eigentlich Bacchus der Vierte nach einem berühmten Vorfahren („aber ich bin leidenschaftliche Anti-Alkoholikerin"). Sie hat ihn umgetauft und bei ihren Mitbesitzern durchgesetzt.

Ich erwähne kurz etwas aus der Evolutionsgeschichte von Hund und Mensch und - da das Schwester Renate nicht ausreichend zu sein scheint - aus meiner Beziehung zu unseren Dackeln zuhause. Das kürze ich ab, weil mich die Wassermenge interessiert, die sich den Tag über in meinen Beinen ansammelt. Schließlich bin ich hier in der Reha hauptberuflich Patient und nur außerhalb mit der menschlichen Psyche anderer beschäftigt. Nicht mit Hunden.

Aber Schwester Renate beharrt auf Hund und Mensch und erinnert mich, dass die Leitende Psychotherapeutin hier im Hause für die Patienten der Psychosomatik einen Hund habe. Irish Setter. „Sagt Ihnen das nicht etwas? Sie sind doch auch dauernd mit sowas beschäftigt - oder?"

Ich versuche nochmal, so herzlich wie ich kann, das Gespräch zu beenden, indem ich vorschlage, die Kompressionsbinden selbst zu wickeln. Ich hätte das ja nun lange genug beobachtet und meine Auffrischungskurse in Erster Hilfe seien auch nicht zu lange her. Aber Schwester Renate liebt das abendliche Gespräch.

„Das Gespräch mit Patienten ist ja so wichtig! Es ist Bestandteil der Behandlung und beeinflusst die Rehabilitation, die Rekonvaleszenz, wirkt bis in die Genesung hinein. Gerade bei älteren und einsamen Patienten."

Schwester Renate muss das mit meinem Angebot der Selbstwicklung im Schwesternzimmer erzählt haben. Jedenfalls kommt in der nächsten Schicht die ohnehin wortärmere Schwester Elli, reicht mir einen Karton mit den Kompressions-Verbänden, dann zwei Stangen Kompressen, die darunter kommen und Klebeband.

„Ich hörte, dass Sie das selbst machen wollen. Sehr zeitsparend für uns, sehr entlastend!", sagt Schwester Elli und rauscht wieder ab. Soviel Wörter in solch kurzer Zeit hatte sie noch nie formuliert.

„Ich habe Sie mal gegoogelt. Mannomann. Leute wie Sie schreiben ja, was das Zeuch hält, nicht? Ich werde mal nachsehen, ob die Klinikbibliothek Sie führt und ich lese Sie mal", hat Schwester Dora am Anfang in Aussicht gestellt und ich hatte ihr leider die Chance als gering schildern müssen, dass Sie mich unten in den zwei Bücherschränken mit Paperback Schinken finden würde, deren Umschlagränder auszufransen beginnen. Rosamunde Pilcher, Anatomie-Atlas, Mankell-Krimis, Die Wende 1989 aus Sicht der neuen Bundesbürger. Sowas eben. Mit der Wende 1989 hatte ich mich zurückgezogen und so anfressen lassen, dass ich es zu Ende lesen wollte ohne reale oder eingebildete Fingerabdrücke vieler anderer. Amazon machte es möglich. Gebraucht acht Euro. Sogar als Hardcover.

„Sie sind ja auch nicht gerade billig, Herr Professor. Das preiswerteste Buch 16,90", hat Schwester Dora eingeflochten und wechselt von meinem rechten Bein, das länger Zeit zum Wickeln braucht wegen der Wunde, zum linken.

Ich erwäge auch wegen Schwester Doras Leseinteresse Christine zu bitten, mir ein oder zwei Bändchen aus meiner Feder von zuhause mitzubringen. Meine „Einseitigen Liebesgeschichten"? Oh Gott, wie mehrdeutig. Besser mein Elternratgeber über Musik und ihre Wirkung in der Schwangerschaft und frühester Kindheit? Oder etwas vom Verlag als Stiftung offiziell an die Klinik senden lassen? Bücherspende für die Klinikbibliothek?

„Is was", fragte Schwester Dora, als sie mit dem Wickeln ebenso wie dem Thema der Preise meiner Bücher fertig war.

„Wieso?" Ich war noch mit den Gedanken beschäftigt, wie ich das so deutlich geäußerte Leserinteresse von Schwester Dora ohne Komplikationen bedienen könnte

„Naja – ist was mit dem Verband – oder sonst was, was Sie brauchen?"

Schwester Dora wartete auf meine Antwort auf ihre Variation zu „Is was?".

Aber ich traue mich nicht Schwester Dora eins meiner Bücher zu vermitteln, geschweige zu schenken. Das Risiko, angesiedelt zu werden zwischen Angeberei oder Anmache von anderen im Pflegepersonal, die nicht lasen und auf Pralinen und Kekse setzten oder von Mitpatienten, war zu groß. Nur einmal hatte ich auf der Akutstation vor der Reha einen Praktikanten beschenkt, der nächsten Monat sein Medizinstudium beginnen würde. Dem hatte ich das einbändige „Handbuch Rehabilitation" – abwaschbar – geschenkt. Angeberei konnte das nicht sein, weil mein Beitrag von den knapp 350 Seiten nur drei Seiten betrug und mein Name auch nur vorne im Block mit 30 anderen Autoren stand.12 Punkt, schon recht klein.

28 Verbandswechsel später, davon mehr als die Hälfte nun als Selbstwickler, beugt sich Dr.Tschilp in der Frühvisite mit ihren blauen Lupenaugen über meine Beine und schüttelt den Kopf.

„Das kriegen wir hier zwar mit den Kompressionsverbänden hin, die Ihnen die Schwestern anlegen, aber nach der Entlassung kriegen Sie Kompressionsstrümpfe."

Ich unterdrücke meinen Schreckensruf, weil Dr. Tschilp sich schon hinsetzt, die langen weißbehosten Beine übereinanderschlägt, was meist den Beginn eines neuen Gesprächsthemas ankündigt. „Hierarchie", sagte sie, „sagen Sie mal was zur Hierarchie. Wie Sie damit in den alten Bundesländern umgehen. Hier duzen wir uns ..."

Ich war nicht gut an diesem Morgen. Im Reden nicht gut, weil ich nicht zuhörte. Kompressionsstrümpfe ... ich und Kompressionsstrümpfe! Großmutter erschien vor meinem inneren Auge, wenn sie die Kompressionsstrümpfe bis über die Knie zerrte. Fleischfarben, dicker Stoff. Bei Hundstagen vom 23. Juli bis 23. August ebenso zu tragen wie in der Adventszeit oder zum Schlittschuhlaufen im Februar.

„Großmutter hat noch sechs Kinder geboren – nach mir", hatte Mutter mir erklärt, als ich sie fragte, wieso sie keine solchen langen Strümpfe trüge wie Großmutter, deren Anziehen so viel Zeit brauchte.

Meine Frage damals war völlig unabhängig vom Wissen, was schön und unschön, ästhetisch und weniger war. Völlig unabhängig von Kompressionsstrümpfen war auch meine Liebe zu Großmutter. Ich war nur voller Mitgefühl für sie, weil sie beim Anziehen schimpfte über die viele Zeit und Geduld, die dieses Kleidungsstück aufbrauche.

Das Thema Kompressionsstrümpfe war auch ewiges Thema bei zwei der Damen an unserem Tisch im Klinikrestaurant, aber die Ewigkeit wurde immer unterbrochen, wenn ich oder Herr Reinhard uns dem Tisch näherten. Dann wurde in der Weise das Sprechen abgebrochen, welches auf Intimdinge hinwies, die Männer nichts angingen. Ausreichende Reste der Wörter zum Thema Kompressionsstrümpfe schwangen aber noch durch die Ecke.

„Fleischfarben liegt am besten an." Oder „Rot ist was für Jüngere." Oder „Nur für den eigenen Mann", so dass uns Zeit bleibt, den Schritt zu verlangsamen.

Als Frau Dr. Tschilp nach der Morgenrunde zum Thema Hierarchie, zum Duzen und Siezen in Kliniken in Ost und West offenbar zufriedener aus meinem Zimmer eilt, als ich es sein konnte mit meinen inneren Schreckensbildern, kam Schwester Renate wegen eines zusätzlichen Therapietermins in der Narbenmassage.

„Sowas haben wir eben nur selten hier und müssen zusehen, wer das hier kann", sagt sie. Schwester Renate hat einen Blick für Veränderungen am Patienten, den nicht alle haben. Jedenfalls Frau Dr. Tschilp an diesem Morgen mir gegenüber nicht, weil das Duzen und Siezen sie ganz ausgefüllt hatte.

„Ist was?", fragt Schwester Renate und durchforscht mein Gesicht. Ich erzähle ihr freimütig, wie düster ich in die Zukunft schaue. Kompressionsstrümpfe. Fleischfarben oder rot.

„Wieso denn fleischfarben oder rot? Nehmen Sie doch schwarze, Herr Professor, die sind erotischer. Die stehen Ihnen gut."

Ich denke fast täglich an Schwester Renate. Wenn ich morgens die schwarzen Kompressionsstrümpfe anziehe, die wirklich nicht unterscheidbar sind von denen, die ich zu den Anzügen oder – immer seltener werdend – zum Smoking und ganz, ganz früher zum Frack trug. Damals, als ich und andere dachten, ich würde Dirigent bleiben und keiner dachte, dass es danach beruflich in sowas mit Psyche ging, wie sich Frau Dr. Tschilp ausdrückte. Ihr Herz schlug eben in der Chirurgie und dort schaut man auf Psychisches wie auf eine undefinierbare, mehrmals aufgekochte Verschnitt-Suppe.

Schwester Renate hatte Recht. Wenn ich die Beine übereinanderschlage, wirke ich unten jünglingshaft schlank und auf ästhetische Weise muskulös.

„Mann, ist das heiß", sagt Christine, als sie mich am Wochenende wieder besucht und meine schwarzen Strümpfe sieht.

Das erzähle ich später Schwester Renate, die als Reaktion nur einen Faustschluss macht und den Daumen nach oben abspreizt.

Frau Palitzsch`s Ähnlichkeit

„Die Palitzsch ist einfach wahnsinnig nett", sagt Herr Rainer und unterbricht sein Kauen des ersten Salatblatts beim Abendessen. Sein Blick wandert durch das Holzgitter auf die sich elektronisch öffnende und schließende Küchentür, hinter der gerade Frau Palitzsch verschwunden ist.

„Sie erinnert mich an Uschi."

Uschi ist außerhalb der Klinik seine derzeit führende Lebensabschnittsgefährtin und Frau Palitzsch ist hier in der Klinik eine der führenden Köchinnen. Außerdem ist sie Ernährungsberaterin und hält auch die Vorträge über gesunde Ernährung oben im Gemeinschaftsraum im 5. Stock, die Herr Rainer alle besuchte, obwohl man in den drei Wochen Reha nur einen Vortrag musste. Frau Palitzsch hat drei Vortragsthemen drauf, und Herr Rainer hat sie alle drei schon zweimal besucht. Sechsmal Frau Palitzsch.

Herr Rainer kannte alle Power Point-Folien aller drei Palitzsch`en Vorträge. Viele Folien mit Reis und Gemüse, etliche mit Rohkost, wenige mit Fleisch und unter dem wenigen Fleisch war wieder meist Rind gemeint, kaum Schwein, und kaum Ei. Ich kannte nur einen Vortrag und fand Frau Palitzsch auch nett, nur nicht wahnsinnig nett, weil sie mich ja auch nicht an meine seit 47 Jahren angetraute Lebensgefährtin erinnerte.

Ich denke beim Thema der Ähnlichkeit von Herrn Rainers Uschi mit Frau Palitzsch auch an die Ähnlichkeit von Frau Pietsch, der Psychologin, mit Tine, meiner Frau.

„Übertragungsbeziehung", murmele ich, auch am Salat tätig.

„Übertrag? Was für`ne Beziehung?" Mir fällt ein, dass Herr Rainer mit Buchhaltung zu tun hat, in der ja „Übertrag" häufiger vorkommt als Übertragung.

Herr Rainer hat runtergeschluckt und sein Blick wandert vom Holzgitter mit der Küchenschwingtür dahinter zu mir, dann zurück, um das nächste Erscheinen von Frau Palitzsch aus der Küchenschwingtür nicht zu verpassen.

„Reden Sie bitte weiter – ich höre doch gern bei sowas zu." Auch die Blicke der beiden Frauen rechts an der zweiten Tischhälfte heften sich an meine Lippen. „Eine Was-Beziehung?", echot Frau Rita.

Ich schlucke meinen Möhrensalat runter und denke wieder an Frau Pietsch.

„Übertragungsbeziehung", wiederhole ich brav und beschließe dann die rasche Abspaltung des Themas von unserem Tisch.

„Übertragungsbeziehung gilt nicht für Sie, Herr Rainer, für Sie und Frau Palitzsch. Übertragungsbeziehung ist eine Spezialität zwischen Patient und Psychotherapeutin."

Ich beschließe angesichts der nach wie vor interessierten Gesichter, noch zügiger umzulenken. Die Definition von Übertragungsbeziehung und zugehöriger Gegenübertragung war schon in der Hochschule ständiges Denkprojekt der Studierenden und nicht einfach zwischen Möhrensalat und Früchtetee zu absolvieren.

Es war zu spät.

„Spezialität in der Beziehung zwischen Patienten und Therapeuten? Das interessiert mich auch sehr. Reden Sie weiter", sagt Frau Pflaumstein und Frau Rita nickt verstärkend.

Ich beschließe zu kneifen. Ich vertröste, sage, dazu müsste ich eine Beispiel-Geschichte aus meiner Klinik erzählen und die dauere zu lange. Heute Abend jedenfalls. Das Thema sei kompliziert und nochmal: Was Herr Rainer über seine Gefühle zu Frau Palitzsch gesagt habe, hinge eben nicht mit Übertragungsbeziehung zusammen.

„Aber wie kamen Sie denn auf diese Überbeziehung? Sie reden doch sonst im Zusammenhang mit dem, was hier gerade geredet wurde." Es kommt mir so vor, als ob Frau Pflaumstein mich irgendwie ermutigend, mindestens aufmunternd anschaut. Oder ist eine Portion Kritik in ihrem Blick? Frau Pflaumstein ist durchaus eine energiegeladene Persönlichkeit.

Ich denke wieder an die sanfte Frau Pietsch, die Psychologin. Außerdem staune ich ein weiteres Mal darüber, wie eben auch ich so unendlich viel mehr vom Unbewussten gesteuert bin als vom Bewussten. Sonst wäre mir dieses Wort von der Übertragungsbeziehung nicht so rausgerutscht – verdammt nochmal – als Herr Rainer seine Zuneigung gegenüber Frau Palitzsch in der

Küchenschwingtür äußerte. Und ich mich meiner Zuneigung zu Frau Pietsch dabei erinnerte.

„Es nützt nichts, wenn ich einfach beim Abendessen definiere, was eine Übertragungsbeziehung ist." Auch ich lege eine gewisse Energie in den Klang meiner Stimme, um gegen Frau Pflaumstein anzukommen. „Das braucht Zeit und Beispiele."

„Na, dann machen Sie es eben kurz und definieren Sie. Nur zur Probe. Und als Einstimmung für später. Sind doch praktisch, so Definitionen. Sparten mir im Studium auch viel Zeit."

Frau Pflaumstein zeigt immer mal wieder gerne, dass sie studiert hat. Vor der Wende in Leipzig und danach in Hamburg.

„Gibt se doch sicher, eine Definition von dieser Spezialität in unseren Beziehungen zu unseren Therapeuten. Definitionen sind kurz und bündig und immerhin etwas."

Ich denke nach und Herr Rainer, Frau Pflaumstein und Frau Rita warten nicht nur. Sie warten voller Energie.

„Es wird uns nichts nützen", warne ich. „Jetzt und hier. Aber gut. Eine Kurzdefinition ist - z.B. - diese: In der Übertragungsbeziehung in einer Therapie wird diese Beziehung zwischen zwei Personen verzerrt, indem der Patient unbewusste und unerledigte Konflikte mit früheren Bezugspersonen und die daraus resultierenden Gefühle, Wünsche und Rollenerwartungen auf sein Gegenüber, die Therapeutin, den Therapeuten, eben `überträgt`. Okay?"

Schweigen.

„Donnerwetter", sagt Herr Rainer und Frau Rita sagt „O ha!".

Frau Pflaumstein holt tief Luft.

„Das klingt wirklich spannend. Hartes Brot, diese Übertragungsbeziehung, aber wirklich spannend. Das machen wir morgen Abend weiter", sagt sie dann und wirkt zufrieden.

Einen weiteren Versuch der Abschreckung füge ich hinzu, indem ich referiere, dass die eben genannte Definition nur eine Definition einer einzigen Richtung der Psychologie sei, zumal einer in Teilen veralteten Richtung. Der der Psychoanalyse. Andere Psychologien definierten anders.

Frau Rita sagt daraufhin, sie brächte Schreibzeug mit. „Davon kann ich sicher was auch zuhause bei meinem Hausarzt brauchen. Hausärzte sind doch auch Therapeuten?"

Ich gebe auf und greife nach der Notbremse, die ich schon in Boberg einmal gezogen habe, als mir die unglückliche Liebe eines Praktikanten zu sehr auf die Pelle rückte. Denn der wollte sein Glück mit meiner Hilfe wieder zurück haben. Mal soeben eine kleine Paarberatung – und dann nur mit einer Hälfte des Paares – das ging nicht und mit mir als Patienten schon gar nicht.

Ich sage jetzt dasselbe wie zu ihm vor fünf Wochen.

„Bitte, nicht vergessen. Ich bin als Patient hier. Wie Sie. Und nicht als Psychologie-Lehrer, geschweige denn als Therapeut."

„Aber es geht doch nur um Information", sagt Frau Pflaumstein. „Gestern haben Sie mich und die anderen auch ausgequetscht wie einen Schwamm, als es um Gehälter und Einkommen von Lehrern in unserer alten DDR ging, um Weiterbeschäftigung von StaSi-Mitgliedern und Studienverbot für Akademikerkinder. Und wir haben Ihnen alles erzählt. Wir wollen ebenso nur Infos über diese Beziehung, diese Spezialität, mehr nicht."

Zu Frau Pietsch war ich durch Frau Dr. Tschilp gekommen.

„Jeder Schwerbrandverletzte hat ein Trauma", bestimmte meine erste Oberärztin schon in der Einweisung und bei „Trauma" hatte sie mit ihrer rechten Hand sowohl an ihre Stirn getippt als auch den Bereich zwischen ihrem Herz und Magen eingekreist.

„Ich empfehle Ihnen, eine unserer psychologischen Beratungen in Anspruch zu nehmen. Auch wenn Sie selbst beruflich zu diesem Psycho-Laden - gehören. Verzeihung beim Psycho-Laden. Ich habe schon großen Respekt vor all diesen Psychoberufen. Aber eben wenig Ahnung."

Ich nickte und merkte an, dass gerade in unseren Psycho-Läden eine Eigentherapie-Erfahrung besonders wichtig sei bei eigener Verletzung mit Traumafolge. Bereits in der Ausbildung hätten wir ja Lehrtherapie und Lehranalyse und später ständig Kontroll-Supervision.

„Ich empfehle Ihnen Frau Pietsch, Herr Professor. Die kennt sich mit Bränden und sowas aus."

Frau Pietsch erinnert mich schon im Türrahmen an Tine, meine Frau, die nie so genannt werden will. Zierlich, dunkelblond, offene Haare bis zu den Schultern, große graue Augen. Pulli und Rock in dezenten Farben. Mein Typ. Sonst hätte ich nicht um sie geworben, als sie neunzehn war. Die Tine, meine ich.

An eben die nun in Frau Pietsch Türrahmen beginnende Beziehung zu meiner Psychologin hatte ich gedacht, als Herr Rainer mit Blick auf die Küchenschwingtür von der Ähnlichkeit zwischen Frau Palitzsch und seiner Uschi sprach. Denn für meine Beziehung zu Frau Pietsch und mich galt sie nun. Die Übertragungsbeziehung.

Und für Frau Pietsch galt die zugehörige Gegenübertragung. Das ist zunächst das Gesamtempfinden, das eine Therapeutin, ein Therapeut dem Gegenüber empfindet. Und dann sortiert. Dann geht es um Verzerrungen in der Wahrnehmung des Patienten. Bei Frau Pietsch würde es um meine Verzerrungen in der Wahrnehmung gehen.

Nein, ich würde damit nicht bei meinem Tisch weitermachen. Auf keinen Fall. Auf gar keinen Fall. Ich werde das reduzieren auf die simple Form von wörtlicher Übersetzung des Begriffs Übertragung. Eben wenn jemand wie Herr Rainer sich anlässlich von Frau Palitzsch in der Küche an seine Uschi erinnert. Dann überträgt er die Gefühle, die er Uschi gegenüber hat, auf Frau Palitzsch.

Gute Gefühle. Vielleicht zu gute.

Es geht natürlich auch umgekehrt. Mit unguten Gefühlen. Hat man jemand auf dem Kieker und erinnert sich an den anlässlich eines ganz anderen – dann hat der oder die es schwer. Aber diese simple Definition ist eben nicht tiefenpsychologisch.

Nein, ich werde einen Teufel tun, da hineinzuführen. Mit der reinen Tiefenpsychologie oder der reinen Psychoanalyse verbinde ich inzwischen – um einen bedeutenden Kollegen aus den USA zu zitieren – einen Sumpf, Sümpfe. In denen man aufgehen kann vor Leidenschaft – aber eben auch untergehen. Immer ist die Kindheit schuld, beziehungsweise die Mütter und Väter.

Und das wollte ich ebenso wenig wie der Kollege in USA. Ab 30 sollte der Mensch schließlich reif genug sein, um für seine Macken allein verantwortlich zu zeichnen.

Ich war in diesem Sumpf jahrelang leidenschaftlich herumgewatet – aber war eben manchmal fast auch darin ausgerutscht.

Nein, auch bei dieser jungen Frau Kollegin Pietsch würde ich nicht ausrutschen.

Fürst Pückler und die AfD

Herr Walter an unserem Tisch ist jetzt eine Woche da und hat bisher dem zugehört, was unser offener Kernclub redete. Manchmal nickte er dazu. Meistens schwieg er.

Herr Walter lädt mich ein nach einem Mittagessen, wo er einen Platz aufgerückt war. Zur Wand hin, wo an Wochentagen Herr Rainer und ich sitzen. Herr Rainer hat jetzt zum Wochenende als Patient dienstfrei genommen. Herr Walter hat von seiner Frau dienstfrei genommen.

„Wir haben beide Autos", sagt Herr Walter. „Sie besucht jetzt am Wochenende ihre Schwester im Westen. Meine Karre steht hier auf dem Parkplatz. Ich kann raus, wann ich will."

Herr Walter wartet ein bisschen. Weil ich nichts sofort sage, fügt er eilig hinzu: „Wenn Sie wollen, dann fahren wir spazieren."

Ich schüttele den Kopf und hebe mal wieder meine umwickelten Hände, die jetzt wie Pfoten sind. „Auswärtiges erst, wenn ich wieder meinen Stock habe."

Herr Walter bleibt mir auf den Fersen. „Die Cafeteria unten hat jetzt wieder Kuchen. Vier Sorten. Auch Fürst Pückler. Von zwei bis vier Uhr. Kann ich Sie dazu einladen?"

Ich sage gerne zu, aber mit Einschränkung. Dass ich selbst keine Fürst Pückler-Torte essen muss, weil ich nur unter Höchstdruck und unter Androhung von Liebesentzug Torte esse. Zum letzten Mal vor acht Jahren beim 85. einer Tante von Christines weitläufigerer Verwandtschaft. Die Tante hatte eine Konditorenausbildung in der Vor-DDR-Zeit bei Magdeburg nicht nur abgeschlossen, sondern lebenslang in der Familie durch alle Regime-Typen leidenschaftlich ausgeübt. Mit selbst gebackenen Torten. Fürst Pückler war Favorit unter ihren Spitzentorten und sie bestand darauf, dass wir bei den Besuchen bei ihr mindestens ein zweites Stück aßen.

Deshalb gerne ja zum Treffen, aber nein für den essbaren Fürsten. Nur Kaffee. Dafür mit Milch und viel Zucker.

Jetzt sitze ich mit Herrn Walter nicht im Cafe, sondern in einem Raum im Erdgeschoss, über dem „Clubraum" steht und der meistens am Tag leer ist, wenn über der Ostsee und uns die Sonne scheint. Anfänger gehen ohnehin in den ersten Tagen an der Tür vorbei in der Annahme, dass dahinter eben eine geschlossene Gesellschaft tage. Eben ein Club. Die Ärzte vielleicht. Der Singkreis. Die Psychologen. Solche Vermutungen laden nicht ein, die Tür zu öffnen und nachzuschauen.

Herr Walter ist mutiger. Er tut das. Die Tür einen Spalt zu öffnen und die schweren Clubsessel sowie kleine Tische zu sehen, dahinter einen offenen Schrank mit einem halben Meter gestapelter Spiele und einer Handlänge Büchern mit neuem Rücken.

„Nie ein Mensch hier", sagt Herr Walter und zeigt, dass er den Raum kennt. Er zeigt mir die Spiele und wir reden kurz darüber. Ganz oben, angefleddert, liegt Mensch ärgere dich nicht.

„Reha-geeignet", sagt Herr Walter. Ganz unten und ganz neu Monopoly. „Schwierig - hier in der Ehemaligen", sagt Herr Walter und ich weiß inzwischen, dass ich mir immer die DDR dazu denken muss.

Herr Walter lädt ein zum Sitzen und wir sinken auf dem Kunstlederpolster der Clubsessel eine kleine Etage dem Linoleum entgegen.

Herr Walter sitzt vor einer Riesenschnitte Fürst Pückler und einem Becher Kaffee. Ich nur vor Kaffee. Ein zweites Stück Fürst Pückler hat Herr Walter aber mit hereingetragen.

„Nur falls Sie doch …", sagt er. Als ich den Kopf schüttele, schiebt er nach, dass er auch notfalls zwei Stücke essen würde. Danach. Notfalls.

Er verzögert das Wort „danach".

„Danach? Nach was?"

Herr Walter sieht mich über den Becher-Rand hinweg mit seinen großen blauen Augen hinter einer schmalen schwarzen Lesebrille an.

„Nach einer Frage, die ich hätte."

Ich beeile mich, mich auf Ernsteres einzustellen, worauf ich gar nicht eingestellt war.

„Über Religion", beginnt Herr Walter, obwohl er noch gar nicht mit Fürst Pückler begonnen hat.

„Über Religion, hat meine Oma immer gesagt, wird beim Essen nicht geredet. Das gibt Streit. Immer. Über Politik auch nicht. Hat sie immer gesagt. Lange vor der Ehemaligen."

Herrn Walters Lippen kleben am Rand seines Bechers fest, so dass nichts mehr an Worten kommen kann. Er schluckt auch nicht. Ich versuche erste Hilfe.

„Dann reden wir nachher über Religion oder Politik. Danach - nach dem Kuchen?"

Herr Walter löst sich vom Becher, hält sich weiter daran fest, was nicht mit Frösteln zu tun haben kann, weil es hier im Clubraum überheizt ist. Wir haben windigen März an der Ostsee. Heute 6 bis 7 Beaufort. In den Nachrichten heißt es Windstärke.

„Sie sagten ja mal zu Frau Pflaumstein, als es um die Studenten ging, 1968 und so", sagte er mit fester Stimme, „dass Sie im RCDS waren. Das ist CDU, nich?"

„Jaha", sage ich und füge – wie immer, wenn mich Studenten oder ältere Gesprächspartner auf meine Vita ansprechen, die ist schließlich im Internet – die mir wichtige Verfeinerung hinzu. „Linker Flügel der Jugendorganisation der CDU. Linker Flügel."

Jetzt mit Herrn Walter und dazu in der „Ehemaligen" erscheint mir der „linke Flügel" wichtiger. Schließlich hat Frau Pflaumstein mit ihrer Frage, wo ich während meiner ersten Studienjahre „gestanden" hätte, keine Vorverurteilung getroffen. Sie hat einfach und ganz richtig angenommen, dass ich nicht nur nicht zur RAF, nicht mal zum SDS, zum sozialistischen deutschen Studentenbund gehört hatte.

Herr Walter aber hat sein Programm - erst Fürst Pückler, dann seine Frage – jetzt offenbar umgestellt. Jedenfalls schiebt er den Kuchenteller von sich, lehnt sich nach vorn, stellt die Ellenbogen auf dem Tisch ab, hebt die Unterarme und verschränkt die Hände auf ihnen. Auf die Brücke seiner Hände legt er sein Kinn. So wie bei den Mahlzeiten, wenn er sich am Buffet für eine Speise entschieden hat und der Teller mit dem Gewünschten vor ihm steht und er ihn mit seinen Ellenbogen endgültig als seinen abgrenzt von den Tellern der Nachbarn.

Selbst wenn Herr Walter unter dem Druck der Nachrückenden am Buffet etwas wählt, was er gar nicht will, nimmt Herr Walter es - am Tisch angekommen - auf diese Weise in Besitz. Durch Ellenbogen.

Es geht mir genauso am Buffet. Etwas auszusuchen, was ich gar nicht will, nur weil die anderen hinter mir drängeln und vor mir stocken.

Ich hatte das einmal in Worte gefasst, als ich wieder zurück am Tisch war. Und siehe da: „Das passiert mir auch immer“, sagte Herr Walter. Frau Priester nickte. „Mir ooch.“

Nur Frau Pflaumstein passiert das nicht. Sie kriegt, was sie haben will und kriegt nicht mit, wie sie die anderen vor sich her schiebt. Aber das sage ich ihr nicht, weil Frau Pflaumstein nur am Buffet so ist und am Buffet zeigt der Mensch ja nun mal Seiten, die er überall woanders gar nicht zeigt.

„Ich habe jetzt zweimal AfD gewählt“, sagt Herr Walter, „erst Land. Sachsen. Dann Bund“.

Er schaut mich über das Prachtkuchenstück hinweg von seiner Brücke für den Kopf aus an.

„Ja“, sage ich, „und?“

„Wieso – und?“ Herr Walter wirkt verunsichert. „Sie kommen doch aus dem Westen. Sie sind Professor. Sie sehen doch mehr.“

ch begreife, dass ich unklar wirke, obwohl ich doch mehr sehen soll. „Ich meine, was ist Ihre Frage an mich?“

An dem Gebäude mir gegenüber aus Ellenbogen, Handrückenbrücke und dem Kopf darauf, an Herrn Walter also, ändert sich nichts. Eher wirkt es eherner, statischer. Herr Walter wappnet sich irgendwie.

„Wie Sie das finden? Ich meine AfD und so.“

Ich schaue ihn an, nicke und sage „Ah ja – ich verstehe.“

Jetzt bin ich mir sicher, dass ich ihn nicht mehr verunsichere, denn er redet sofort los, nachdem ich „Verstehen“ gesagt habe.

„In der DDR habe ich erst Einheitspartei gewählt. Was sonst. Wie alle im Betrieb. Nach der Wende dann CDU. Landtagswahl. Sachsen. Der Biedenkopf war nun mal ein Guter. Ein Papa. Meinte es gut mit uns.“

Herr Walter betont bei „Papa“ die zweite Silbe und das passt auch in mein Bild vom ersten demokratisch gewählten MP Sachsens nach der Wende, dem Herrn Dr. Biedenkopf.

„Da kann man sagen über ihn, was man will“, Herr Walter nickt mir zweimal zu, als wenn ich was Zustimmendes über Biedenkopf gesagt hätte, „aber meckern nich.“

Ich warte nicht mehr darauf, dass ich was sagen soll. Ich höre zu.

„Und jetzt im Fernsehen, besonders innen Nachrichten im Öffentlichen und immer mehr Talkshows über AfD und so, kriegen wir Kloppe, was das Zeuch hält. AfD ist gefährlich. AfD is Hitler. AfD is jegen Menschen, die fremd sind. Keener im Westen versteht, wieso wir AfD wählen. Dabei ham wir in unserer Ehemaligen immer Ausländer gehabt und eingeladen, bei uns zu bleiben. Nur nich so ville auf einmal und so ville wie 2015. Und seitdem. Und außerdem ..."

Herr Walter baut seine Brücke kurz ab, um den Kuchenteller nochmal ein Stückchen weiter weg zu schieben. Auf mich zu. Dann baut er seine Brücke für den Kopf wieder auf.

„Außerdem haben unsere Fremden sich nich so gefährlich benommen wie in den Lagern, diesen Wohnsiedlungen, jetzt. Wir hatten keine Lager. Wenn unsere Fremden sich daneben benahmen, dann gab es die Ordnung auf Straßen und Plätzen. Überall. Keine Messer, keine Jewalt gegen unsere Frauen. Jedenfalls nich bei uns in der Gegend. Gab`s nich. Und deshalb auch nich im Fernsehen. In unserm Fernsehen."

Jetzt richte ich mich auf dem Clubstuhl im Clubzimmer etwas auf, so dass ich an meinen Kaffee gelange, der längst kalt ist. Ich schiebe ihn beiseite, so dass mich von Herrn Walter nur noch Fürst Pückler trennt.

„Und Sie, Herr Walter, fragen mich nun, wie ich das finde? Dass Sie AfD wählen, richtig?"

Herr Walter nickt und ich tue, was ich und wohl alle Kolleginnen und Kollegen in Therapien tun, wenn es um Politik geht. Politik wird ausgegrenzt aus der Therapiesitzung. Jetzt ist aber keine Therapie.

Ich denke an die vielen Herrn Walters hier. Hier im Osten.

„Ich stelle mir vor", sage ich, „dass es für Sie und viele andere sehr verwirrend war, zum ersten Mal zu wählen und diese Auswahl an Parteien zu haben. Und alle buhlen um Ihre Stimme. Links wirbt um Sie, rechts. Die von der Mitte, die rechts von der Mitte und links von der Mitte. Und auch die links von den Linken und erst die rechts von den Rechten, dann radikale Rechte ...."

Ich zählte ganz langsam auf und nehme meine Fingerspitzen, die aus dem Verband herausschauen, zu Hilfe. Acht zum Schluss.

Herr Walter nickt bei jedem meiner Finger. Seine rechte Hand hat die Kuchengabel ergriffen und lässt die Gabel auch bei jedem Finger nicken. Ein Außenbeobachter hätte meinen können, dass Herr Walter meine Worte dirigiert.

„Das Problem ist immer, unter so vielen Parteien sich für eine Partei zu entscheiden, deren Versprechungen den eigenen Wünschen am ehesten entsprechen", sage ich.

Die Kuchengabel von Herrn Walter zuckt zurück von der Torte.

„Genau!", sagt er. Er sagt es so, wie dieses Wesen in der Sesamstraße. War das Ernie?

Herr Walter sagt aber nicht mehr.

Herr Walter schweigt fragend. Ich beschließe, mal von mir zu reden. Zum wählen Wollen und wählen Müssen. Das geht ja, weil dies keine Therapie ist. Jawohl, das kann so gehen. Ich hänge mich mit mir und meiner Generation und dem Wählen rein. Das führt weiter, als wenn ich ihn was frage.

„Es ging uns in meiner Generation im Westen gar nicht so unähnlich wie jetzt Ihnen mit den Parteien, die sich an die Plakatwände kleben. Das ist wie beim Kuchen-Buffet drüben, wenn es zum Wochenanfang seine Angebote wechselt. Oder wie bei uns im Westen, als wir in der Schule wählen durften, wählen sollten, ob wir Reli, Religion, belegen wollten oder `Werte und Normen`."

Ich benutze wieder die Finger zum Aufzählen.

„Oder noch früher als die Antibabypille kam und wir die Entscheidung hatten, machen wir es mit oder ohne Pille, also bald Kinder oder keine. Oder Berufe. Will ich das werden oder jenes. Mach ich Wehrdienst oder verweigere, später dann erstmal Sozialjahr oder gleich Auszeit. Blaumachen. Überall Entscheidungszwänge, die unsere Eltern und Großeltern noch gar nicht hatten."

Ich höre, dass ich viel rede. Bei Religion hat Herr Walters Kopfnicken auf seiner Händebrücke aufgehört. Bei der Pille beginnt es wieder. Er hört zu. Er grinst.

„Ja, so isses. Qual der Wahl. Auch bei Frauen. Um meine Frau habe ich ein halbes Jahrzehnt angestanden, habe ich gar nicht sie zu fragen gewagt. Dafür sie mich."

„Und? Wie ist es gegangen?"

Herr Walter lächelt und nickt nur einmal. Stumm. Das Lächeln hält sich lange und währenddessen sage ich nichts. Herr Walter ist gar nicht hier, sondern bei seiner Frau.

Dann kehrt er zurück.

„Hat jemand von der AfD Sie mal direkt angefragt. Wegen ihrer Stimme?"

„Klar. Mit Hausbesuch." Herr Walter nickt wieder. „Hat sonst keiner gemacht."

„Und? Auch gut gegangen? Ich meine Ihr Gefühl mit dem Wahlergebnis?"

„Nee", sagt Herr Walter. „Sonst würde ich Sie ja nich fragen nach Ihrer Meinung, oder?"

Wir reden weiter. Nicht über Gott und die Welt. Nur über Welt. Genauer: Die Welt in Sachsen und den Rest der Welt, in dem auch AfD gewählt wird.

„Unsere, unsere AfD-Redner, die kriegen die kleinstmögliche Redezeit im Bundestag", sagt Herr Walter.

Ich höre das „unsere" und Herr Walter wirkt auf mich wie ein Anwalt. Nicht für die AfD-Abgeordneten, sondern für die AfD-Wähler. Für ihn. Die Herren Walter und ihre Frauen, geboren zwischen 1950 und 1980.

Wir landen bei Details. Herr Walter landet bei Details von AfD-Parteiprogrammen und Parteizusagen. Ich bei Details der Parteisprache.

Beim Thema Sprache der Parteien und deren Wörter werde ich persönlich.

„Was heißt es, wenn die AfD von `Volk` spricht, das sie ganz vertreten will? Wir sind nun mal ein bunter Haufen in der BRD und können froh sein, dass wir Auswahl haben. Vielfalt ist dran, finde ich. Nicht ein Volk mit einer Meinung."

Jetzt fühle ich Sorge, dass ich weniger zuhöre als meinerseits manipuliere. Sprache manipuliert immer. Oder missioniere ich, was bedeutet, dass ich deshalb rede, um Herrn Walter in meine Zielrichtung zu kriegen?

Was ich zu Sprache sage, tut Herrn Walter nicht gut.

Aber ich irre mich. Dadurch, dass ich in Fahrt komme, kommt Herr Walter auch in Fahrt.

Herr Walter hat nichts gegen Migranten und Asylsuchende. Aber er hat Angst vor Aggressivität, die er nicht einschätzen kann. Z.B. vor Messern, die beim Zücken aufblitzen, wenn der Messerbesitzer nicht bezahlen kann. Er hat Angst, weil von „den" Ausländern Regeln gebrochen werden, aber nichts nachhaltig bestraft wird. Und Herr Walter sieht, dass deutsche Traditionen mit Rücksicht auf Flüchtlinge nicht weitergeführt werden.

„Ich bin nicht fromm. Aber wenn Kreuze von Kirchtürmen abgenommen werden mit Rücksicht auf Moslems – da stehe ich mehr für die Kirche ein als die Kirchenleute. Moslems dürfen neue Moscheen bauen … sollen sie. Jawoll. Aber unsere Kirchtürme um ein Kreuz kürzer machen mit Rücksicht auf Fremde – das hat nicht mal unsere Ehemalige getan. Was meinen Sie, würde passieren, wenn Karikaturisten bei uns sich diesen Allah, den Gott der Moslems, ebenso vornehmen wie in Frankreich? Und überhaupt …"

Herrn Walters Satzende schlängelt sich beiseite. Er schüttelt den Kopf, wirkt mitnichten ratlos wie vorhin. Auch nicht sauer oder gereizt.

Für solche Kleinigkeiten hatten wir zu viel Fahrt aufgenommen.

Das ändert sich beim Thema Faschismus. Bei Hitler. Herr Walter nimmt Fahrt raus, wird langsam.

„Es ist unmöglich, uns Wählern der AfD sowas vorzuwerfen. Wir plappern nicht nach, was Höcke und Gauland und Weidel, also unsere neuen Oberen uns sagen."

Ich weiß von Herrn Walter, dass er gerne Listen macht. Sowohl in seinem Betrieb als auch in der Familie. Als auch für sich. Reisechecklisten fürs Wochenende, für Handwerksarbeiten in der Wohnung in der alten Platte, die er alleine machen kann.

Herr Walter macht auch die Einkaufslisten für die Lebensmittel bei Aldi Dresden und checkt den Eisschrank zuhause und die Kühltruhe. Nicht seine Frau.

Ich schlage ihm vor, dass er einmal eine Liste machen könne, was er bei anderen Parteien gut fände. Bei SPD, bei FDP, bei Linken, bei CDU. Natürlich auch bei der AfD.

Herr Walter nickt. „Und dann reden wir weiter? Und Sie sagen mal Tacheles?"

Ich nicke. „Ich sage Ihnen aber nicht, was und wen Sie wählen sollen. Ich sage Ihnen aber natürlich, warum ich die AfD nicht wähle."

Herr Walter nickt und schiebt mir Fürst Pückler zu. Er zückt seine Kuchengabel und wartet bis ich meine in Stellung bringe. Synchron fangen wir an. Er auf seiner Seite. Ich an meiner Seite. Ich denke an die Tante von Christine, die Kuchenbäckerin von Rang. Deren Kuchen überlebten alle politische Systemen, in denen sie buk. Nein, ihre Kuchen halfen zum Überleben aller:

Weimarer Deutschland, Hitlerdeutschland, Nachkriegsdeutschland, Ostzonen-Deutschland, die Ehemalige…

Heute mache ich mit meiner Abneigung gegen Kuchen eine Ausnahme. Politik, so wie sie Herr Walter sieht, zehrt bei mir mehr Energien auf als das Reden über Politik mit unseren Politikern zuhause.

Die beiden Fürst Pückler-Tortenstücke werden kürzer. Das Thema Politik auch.

„Stellen wir uns vor, die beiden Fürst-Pückler-Schnitten wären noch Teile einer ganzen Torte, aber mit lauter verschiedenen Stücken.

„Schwarzwälder", sagt Herr Walter sofort, „Sacher, Berner Nusskuchen".

Ich staune.

„Ich bin Bäcker", sagt Herr Walter, „mit kleiner Theke für Kuchen."

„Ach so", sage ich, „wie die Tante meiner Frau aus Barby."

Herr Walter strahlt und ich danke innerlich Christine für diese Verwandtschaft.

„Also diese Torte mit all den Schnitten… was ist mit der?", fragt Herr Walter und nimmt den Faden auf, den ich wegen des Bäckers liegenließ.

„Dann könnten wir sie nehmen für die ganze Parteienlandschaft der Nation", sage ich, „und wir probieren. Mal hier, mal da. Schmecken mal da hinein ins Parteiprogramm und mal dort. Möglichst vor einer Wahl. Das hilft beim Wählen, wenn man nicht weiß, was wählen.

„Ich weiß ja, was ich wählen will", sagt Herr Walter und mir wird etwas übel. Wegen Fürst Pückler. Wie bei Christines Tante. Nicht wegen der AfD. Glaube ich.

„Nach dem Abendessen noch ein bisschen weiter?", fragt Herr Walter und nimmt die Brille ab. „Wenn`s geht?"

Oben im Zimmer hole ich mir auf das Handy ein Paar Daten aus der jüngsten Bertelsmann-Studie. Nach der ist ein Drittel der AfD-Wähler gar nicht rechtsradikal, sondern orientierungsarm.

Ich hab Herrn Walter sicher keine Orientierung gegeben mit dem Tortenbild.

Und das sage ich ihm beim Abendessen.

„Och, Professor", sagt Herr Walter, jetzt ohne die Händebrücke für seinen Kopf, weil er Tomatensalat isst, „wir wollen doch noch weiterreden. Oder?"

Wieder im Clubraum, in den Herr Walter zwei der Pappbecher mit Mineralwasser mitgebracht hat, sage ich Herrn Walter, ich würde ihm gern erzählen, warum ich nicht AfD wählte.

Herr Walter nickt so lebhaft, wie vorhin nicht ein Mal.

Ich erzähle ihm von Herrn Hiemann, der kürzlich zu uns in Dorf zog. Mit Frau, früher Lehrerin, jetzt schwanger. Wieder schwanger. Vier Ältere zwischen 3 und 9 gibt es schon.

Herr Hiemann hat Geld. Das Geld hat Herr Hiemann durch eine gut gehende Anwaltskanzlei in Hannover, nein, eine bestens gehende Kanzlei, weil auch seine Parteifreunde die Kanzlei brauchen. AfD. Herr Hiemann ist selbst Abgeordneter.

Ich erzähle, wie sympathisch mir die Familie ist, nein, wäre, wenn die Partei nicht die AfD wäre. Und wenn Herr Hiemann nicht seine Kinder, die schon Kinderfahrräder fahren, ohne Helm auf der Dorfstraße und auf den Nachbarhöfen herumsausen lässt.

Herr Walter schaut wartend. Sehr wartend.

„Gleich", sage ich, „gleich bin ich bei einem Grund, weswegen ich vor der AfD warne."

Die Kinder dürfen auf die Dorfstraße. Und auf die Nachbarhofflächen. Wie alle Kinder. Aber sie sollen Helme tragen. Haben die Nachbarn zu Hiemanns gesagt. Wenn den Kindern was passiert, dann Gnade Gott dem Theater mit den Versicherungen.

„Was hat Herr Hiemann mit Wissen seiner Frau gesagt?" Ich mache es nicht dramatisch, es war und ist dramatisch. Es lässt sich nicht anders erzählen.

„Wenn was passieren würde, einem Kind was Schlimmes passiert – dann ist das eben natürliche Auslese."

„Natürliche Auslese?" Herr Walter guckt nicht mehr abwartend. Er ist entsetzt. Wie wir im Dorf.

„Aber es handeln nicht alle Menschen in der AfD so – so – so schlimm wie die Nationalsozialisten", sagt Herr Walter und er sagt es schwach.

„Soll ich weiter?", frage ich und Herr Walter nickt. „Ich hab ja drum gebeten."

Dann sammeln wir ganz friedlich Weiteres, was die AfD von den anderen Parteien unterscheidet.

Der Vollständigkeit halber sage ich Herrn Walter auch, was für Punkte im letzten Parteiprogramm der AfD ich wählen würde. Abbau Bürokratie, Naturschutz, soziale Gerechtigkeit.

Herr Walter nickt. „Eben", sagt er, „eben". Und ich sage, dass diese Punkte aber auch bei allen anderen Parteien im Zielkatalog stehen.

Zum Schluss male ich einen offenen Kreis in die Luft, dessen zwei Enden die Extreme zeigen sollen. Extreme radikale Linke. Extreme radikale Rechte. Und wir sammeln, was zum Extremen gehört. Da. Und dort.

„Wenig Unterschiede in den Strategien", sagt Herr Walter, „im politischen Kampf".

Herr Walter ging noch zweimal an den Wasserspender im Flur. Nach einer weiteren Stunde im Clubraum standen sechs Pappbecher auf dem Clubtisch.

Herr Walter und ich haben nie mehr über Politik gesprochen. Aber Herr Walter hat mich am nächsten Wochenende seiner Frau vorgestellt. Unten auf dem Parkplatz, wo Christine mit unserem Wagen auf mich wartete.

„Wir haben das Thema jetzt auch am Wickel", sagte Herr Walter, „ganz ernsthaft".

Und ich schob nach, dass auch wir – meine Frau und ich und einige andere Nachbarn – mit besagter AfD-Familie nicht nur auf der Dorfstraße miteinander redeten, sondern auch bei uns zuhause.

Man kann sich nur auseinandersetzen, indem man sich zusammensetzt.

Der Angeber

Es gibt folgende Sorten Besucher: Angemeldete, die so regelmäßig kommen, dass sie sich eigentlich nicht anmelden müssen. Lebenspartner, Ersatzpartner für Lebenspartner, sozial bedürftige Nachbarn, Enkel, deren Taschengeld früher ausgeht.

Dann gibt`s Angemeldete, die unregelmäßig kommen. Dann die Unangemeldeten, über deren Kommen man sich freut. Und die unregelmäßig Angemeldeten, die im Türrahmen stehen und das Gefühl auslösen „oh ha - wenn das man gut geht…".

So einer ist er. Mein Besucher. Er ist laut, promoviert und stolz darauf, eine blendende Praxis zu führen. Seine Patienten verlassen die Praxis wirklich blendend, mit entsprechenden Zähnen. Noch stolzer ist er darüber, Reserveoffizier zu sein. Im Einsatzfall wäre er Stabsarzt. Bei Bällen des Landwirtschaftlichen Vereins zuhause kommt er in Uniform. Bei den Bauern ist er an diesen Abenden nicht beliebt. Weil ihre Frauen hin und mit den Blicken und Ohren weg sind.

Sonst finden sie ihn einen prima Kerl. Einer der geraden Sorte. Ein echter Kamerad. Einer, der weiß, was er will. Der weiß, wie die Welt tickt.

Finde ich auch. Im Großen und Ganzen jedenfalls.

„Dr. Wehrhahn!", höre ich seine Stimme auf dem Flur dröhnen. „Ich bin Dr. med. Wehrhahn. Ich finde ihn schon allein!"

„Ihn" bin ich und wegen des sich nähernden Dröhnens nehme ich Haltung im Bett an und setze mich hin. 90 Grad-Sitzwinkel.

Dr. Wehrhahn hat einen Strauß Blumen mitgebracht, der ohne Probleme ein Hauptgeschenk zu einem um Haaresbreite vergessenen Valentinstag oder Hochzeitstag sein könnte. Oder üppige Deko auf einem riesigen, runden Konferenztisch. Weit ausladend ist der Strauß. Wie die Gestik und die Stimmdynamik seines Gebers.

Dr. Wehrhahn. Ich finde, dass sein Name toll zu ihm passt, dies Wehrhafte, etwas auch Gockelhaftes, wie Männer es brauchen, um sich als Männer zu fühlen. Sehr viel Durchsetzungskraft.

Dr. Wehrhahn ist jetzt drin in meinem Zimmer und dieses mit ihm voll bis in die letzte Kleiderschrankecke. Dr. Wehrhahn macht nicht den blöden Psychiater-Fehler, der inzwischen längstens abgenutzter Witz ist. Er fragt nicht „Na, wie geht's uns so heute?"

Er stellt präzise Fragen. So präzise, dass ich ihn frage, ob er vor dem Besuch nachgeguckt habe bei „Brandverletzung". Was doch so gar nicht sein Fach ist.

Dr. Wehrhahn lacht, nickt und führt das Interview weiter. Entnahmestellen wo? Schmerzempfinden an den Transplantationsstellen unten? Und oben? Zwischen 1 und 10? Unten auf der Hand? 1 bis 10? Nekrotisierungsgefahr bei der transplantierten Haut? Suizidale Phantasien? Trauma schon deutlich? Und was ich hier denn überhaupt mache – in einer Reha für Orthopädie und mit den vielen Lehrerinnen in der Psychosomatik oben?

Er war bestens vorinformiert.

Man muss ihm in die Parade fahren, was ich immer tue, indem ich den Unterarm hebe und mit der Hand gleichmäßige Wedelbewegungen beginne. Gelernt in der Hypnose-Ausbildung.

Er gehorcht. Schließlich war er mal mein Schüler. Ich kriege Zeit, um ihn zu fragen nach seiner Familie. Eine Tochter, ein Sohn, beide allerbestens, erfolgreich gedrillt und trotzdem auf dem Weg zu selbständigen Wesen. Ich frage nach ihm, nach der Praxis, nach dem neuen SUV mit sechs Fahrassistenzen. Acht Zylinder sowieso und wie immer. Eine Fahrassistenz, dass man Kurven nicht mehr selbst erkennen muss.

Weiter komme ich nicht mit meiner Konversation. Dr. Wehrhahn ist sehr präzise mit den Zeiteinheiten. Um nicht zu sagen: Sehr gerecht. Jetzt ist er wieder dran.

Er senkt seine Stimme etwas ab, jedenfalls etwas. Er fragt, wie ich mich hier behandelt fühle. Er wartet auf keine Antwort, weil er sofort weiterredet. Abgesenkter, wie gesagt.

„Sie müssen sie korrumpieren, Professor. Als Patient haben Sie nur eine Chance: wenn sie bestechen. Sonst rücken die keine gute Behandlung raus. Sonst hat man als Patient in Deutschland nichts mehr zu lachen."

Kinder verteidigen ihre Eltern sofort vehement, wenn die Eltern von außen angegriffen werden. Selbst wenn die Eltern gar nicht so tolle Eltern sind, passiert das. Die Abhängigkeit macht`s. Abhängig bei Essen und Trinken, Taschengeld und Zuwendung. Schließlich ist uns Kindern klar, dass wir von Papa und Mama abhängig sind und noch lange sein werden. Da muss man sich schon reinhängen. Selbst wenn`s schwer fällt. Und vielen Kindern fällt während der Verteidigung ihrer blöden Eltern ein, was gar nicht blöde an ihnen ist.

Solche Abhängigkeit wie damals von den Eltern haben wir auch. Wir Patienten gegenüber Ärzten. Ja, natürlich: Ärztinnen sowieso. Ich meine immer „Innen" mit. Also wir sind abhängig wie damals bei heutigen Schwestern und Pflegern, Therapeuten.

Und wegen dieser Abhängigkeit bei Pflege, Behandlung, Essen, Trinken, Zuwendung und manchmal gar Sympathie - verteidige ich meine Behandler. Ja doch. Behandlerinnen.

Meine Verteidigung von Ärzten und Pflegern - ja doch, ja doch, alles Frauen, alles Innen - gegenüber Dr. Wehrhahn fällt mir leicht, weil mir die ganze Beziehungswelt hier sehr gut gefällt.

Ich protestiere also. Ich schwärme von meiner Oberärztin, meinen Therapeuten und Therapeutinnen, den Schwestern am Tag, denen in der Nacht, vom Therapiehund des leitenden Psychologen, der für alle da ist. Der Hund, meine ich. Er wedelt sofort bei Ansprache. Ein leitender Hund.

Ich schwärme von meiner eigenen Psychologin, die vorwiegend für mich da ist und die Christine so ähnlich sieht. Ich weiß, ich weiß, doppelte Übertragungsbeziehung von Mutter und Geliebter.

Ich referiere im Schnellsttempo und zeichne das harmonische Bild, das ich eben um mich und in mir vom Umfeld sehe.

Dr. Wehrhahn fühlt sich bei längeren Ausführungen anderer nie länger wohl, aber noch zeigt er keine Ungeduld.

Also fahre ich eindrücklich fort zu loben: Die prima Compliance zwischen Patienten und Behandlern, ich lasse mich rasch über gelingendes Coping und tragfähige Kohäsion aus und verbräme das, was alles unter Beziehungskiste in einer Klinik läuft, mit ausreichend wissenschaftlichen Begriffen, die Dr. Wehrhahn so ganz genau nicht kennen kann. Konkordante Übertragungsbeziehung, komplementäre Übertragungsbeziehung und so...

Ich sage bei jedem Namen auch was Fachliches: Meine Oberärztin war eigentlich Chirurgin und will das wieder. Der Stationsarzt hat Zusatzausbildung in Pädiatrie, also nicht für uns Alte qualifiziert. Und die Psychosomatik, betone ich, soll auch beliebt sein. Sonst kämen oftmals frühere Patienten, ja, doch, PatientInnen, nicht immer wieder hierher. Obwohl sie überall hin könnten zwischen Bergeshöhen wie ins Oberstdorfer Stillachhaus oder wie ans Meer auf Usedom.

„Egal", jetzt flüstert Dr. Wehrhahn fast, „ich kenn diese Läden alle. Da muss man aktiv ran. Bestechen! Warten Sie", sagt er jetzt und steht drahtig auf. „Ich erledige das sofort. Lassen Sie das meine Sorge sein."

Er ist so schnell draußen, dass ich ihm nicht mal ohne Verbände hätte folgen können. Er hinterlässt mich in der bangen Grundstimmung, die ich eben unregelmäßig Angemeldeten wie den Dr. Wehrhahns dieser Welt entgegenbringe. Ob ich Ihnen nun außerhalb dieser Klinik auf Augenhöhe begegne. Oder eben leider innerhalb dieser Klinik darunter. Unter seiner Augenhöhe. Weit drunter.

„Huhu, Schwester!", höre ich das Dröhnen draußen und Schwester Uschis Stimme aus der Ferne, in der ich das Schwesternzimmer weiß, dessen Tür immer offensteht. Außer, wenn die Schwestern frühstücken. Oder es dringenden Gesprächsbedarf wegen Interna gibt. Also besonders Menschliches.

Ich schicke meine Ohren auf den Gang, aber die Stimmen entfernen sich beide. Nur kurz. Dann kommen sie wieder.

Schwester Uschis Stimme flötet mehrere Male „Danke" und einmal „Sehr großzügig, Herr Dr.".

Sie begleitet Dr. Wehrhahn bis in die Tür meines Zimmers und dort sagt sie einen ganzen Satz. Dass das aber nicht nötig gewesen sei.

Dr. Wehrhahn wendet den Kopf zu mir, grinst. Er wendet den Kopf zurück zu Schwester Uschi und lächelt. „Behandeln Sie ihn gut, ja? Sehr gut, bitte. Wir brauchen ihn noch draußen."

Schwester Uschi will etwas sagen, jedenfalls schnappt sie nach Luft, aber da hat Dr. Wehrhahn die Tür weiter freundlich lächelnd von innen geschlossen und Schwester Uschi ausgegrenzt.

Schwester Ilse hat Nachtdienst und ist die dritte Schwester, die bei mir nach dem Abschied von Dr. Wehrhahn reinrauscht und beginnt mit „Also wissen Sie, Herr Professor, dieser Doktor von Ihnen da…"

Ich sage wie vorher bei den beiden anderen dasselbe. Dass Dr. Wehrhahn nicht „mein Doktor", sondern ein früherer Schüler und heute freundschaftlich verbundener Mensch sei.

„Kaum, dass dieser Angeber sich von mir verabschiedet hat, Entschuldigung, dieser Herr Dr., Ihr Freund. Kein bisschen höflicher Abschiedsgruß! Aber wissen Sie: Ein 100-Euro-Schein! Ich bitte Sie! 100!

Schwester Ilse verlangsamt ihre Schnappatmung.

„Mit dem 100er wedelt er in seiner Hand, geht auf mich los und fragt nach der Kaffeekasse, in die sowas reinkäme. 100 Euro – für die Kaffeekasse!!"

Ich fühle das Bedürfnis, mich für Dr. Wehrhahn entschuldigen zu müssen, aber Schwester Ilse sprudelt schneller. „Und nur, damit wir Sie gut behandeln sollen, Herr Professor! Bestechung ist das! Finden Sie nicht?"

Auch eine Schwester Ilse meint ihre Frage an mich nicht, weil auch sie sofort weiterfährt im ICE ihrer Wortzüge. Wie Dr. Wehrhahn.

„Natürlich können wir das gut brauchen. Sowas. Gabi hat nächste Woche Bergfest, 40., und wir hatten nur eine Idee, die zu teuer wäre - war. Bis jetzt. Jetzt können wir sie kaufen. Aber trotzdem! Glatte Bestechung."

Ich unterstütze Schwester Ilse, morgens auch noch meine Oberärztin, dann Schwester Uschi in ihrer Meinung, dass Dr. Wehrhahn ein Angeber sei. Unmöglich, Geld für gute Behandlung.

Hinterher überfällt mich mein noch schwach christlich ausgeprägtes Über-Ich. Mir fällt Petrus dreifache Verleugnung seines Herrn Jesus gegenüber der Magd im Hof unten am Feuer ein, nachdem Jesus sein stabiles Standing verloren hatte.

Ich sage Schwester Ilse deshalb beim Nachtdienst auch Gutes über Dr. Wehrhahn. Ich preise seine Fürsorge, hebe seine Verlässlichkeit in Nöten hervor, seine Großzügigkeit.

„Das ist keine Großzügigkeit, das ist einfach Angeberei. Typisch westlich!", will Schwester Ilse abschließen, aber ich will das noch nicht.

Wofür denn nun der Einhundert-Euro-Schein ausgegeben werden wird, will ich wissen. Vielleicht, dass mein Tisch sammelt und wir…

„D e r Einhundert-Euro-Schein? Er hat zwei Einhundert-Euro-Scheine in unsere Kasse gelegt. Zweihundert Euro. Ein Schein sei für uns auf Station, einer für die Kaffeekasse von Ihren Therapeuten, Herr Professor."

Ich schlafe schlecht. Trotz Zolpidem-Schlaftablette von Schwester Ilse und hatte Recht damit.

Bei der Morgenvisite kommt meine Oberärztin reingerauscht und lächelt nicht - das kann sie auch - sie grinst.

„Was war das denn für eine Erscheinung gestern, Professor? Kommt der wieder? Ist der verheiratet? Lohnt es sich, meine ich, meinen wir?“

Ihre Stimme trieft, ihre Berliner Augen lachen. Dann entschuldige ich mich nochmals und betone, dass nicht alle meine Bekannten so sind wie Dr. Wehrhahn. Und ich betone, was für ein wirklich guter Kerl er ist. Trotz seines Geldes, trotz seiner Overprotection für die, die er mag, trotz seines Misstrauens in die Behandlungsqualität einer deutschen Reha-Klinik.

Er war schließlich noch nie einer. Patient, meine ich.

Da Dr. Wehrhahn ja zu den unregelmäßig Angemeldeten gehört, beschließe ich, dass ich ihm bei der nächsten Anmeldung vorschlagen werde, mich drüben im Hotel am Ufer zu treffen. Nicht in der Klinik.

Paare

Hauptschauplatz sind natürlich immer wir - wir Patientinnen und Patienten. Wir untereinander. Und wir im Miteinander mit unseren Ärztinnen und Ärzten, Psychologinnen und Psychologen, Therapeuten und Schwestern. Letztere heißen jetzt endgültig Pflegefachkraft - oder richtig deutsch sortierend nach oben und unten - „Assistenz“ oder „Leitung“.

Alle, die uns pflegen, behandeln, trainieren, sehen wir schnell als Besitz an.

„Meine Oberärztin hat mir heute Morgen persönlich empfohlen“, höre ich am Nachbartisch in meinem Rücken die bekannte Dame zwitschern, die auch im Mini-Chor beim Liedersingen mit dem Psychologen zwitschert, „dass ich mir die Thrombose-Bandage selbst wickeln soll. Das stärkt dann meine Finger, wo ich hier doch auch nicht Klavier spielen kann. Sie denkt sehr für mich mit, meine Oberärztin!“

„Das ist nicht deine Oberärztin, sondern unsere Oberärztin.“ Die Stimme kenne ich noch nicht und drehe mich um. Sie gehört einer anderen Dame, die das Sagen übernahm, seit sie gestern ankam.

Frau Pflaumstein dreht sich auch um. Derart energiegeladen klingt die Stimme der Neuen. Sopran außerdem. Von jener Sorte, die wie manche Bässe klein von körperlichem Format sind aber ungeheure Resonanzräume in sich parat halten. Einsfünfundfünfzig lang ist die Frau vielleicht, sehr schlank, früher würde man hager sagen. Kurzes Haar, schmale Brille, noch schmalere Augen.

„Da sitze ich ab jetzt“, sagt sie zu ihrem Mann, der sie bis zum Platz im Speisesaal bringt.

„Ich ruf Dich heute Abend an“, sagt er.

„Nein. Ich ruf Dich an“, sagt sie und ich sehe zwar nichts hinter meinem Rücken, aber ich weiß, dass er nickt. Er, das Gegenteil von seiner Frau.

Als er den Gang entschwindet, sehe ich das Gegenteil genauer: Einsneunzig Länge, einszwanzig Schulterbreite. Die Hände an den Armen in der dicken Wolljacke bewegen sich nicht, sondern kleben an den Seiten der Oberschenkel. Er eilt nicht aus dem Saal mit all den fremden Gesichtern. Er schleicht. Den Blick auf den Bodenausschnitt vor sich gerichtet, auf den sein Fuß als nächstes tritt.

Am nächsten Tag sehe ich ihn draußen vor dem Eck zum Speisesaal an der Tränke. Das ist die Nachfüllstation für Wasserflaschen, mit und ohne Kohlensäure.

„Ich warte auf meine Frau“, sagt er, ganz offenbar an mich gerichtet, denn ich befinde mich gerade allein in dieser Kurve an der Tränke. Ich nicke, wünsche ihm etwas und frage mich im Weitergehen, warum ich mir gar nicht zuhörte, was ich ihm wünsche. Ich höre mir meistens zu.

Wahrscheinlich fühle ich gerade so wie er. Er redet und hört sich nicht zu, weil seine Frau auch nicht zuhört.

„Ich besuche meine Frau“, sagt er hinter mir her, wie wenn er seine denkmalhafte Position dort in der Kurve begründen will oder muss. Gleich werden an ihm die ersten Gruppen satter Patienten und Patientinnen vorbei eilen oder wandern oder schleichen, stampfen oder tippeln.

Am nächsten Tag sehe ich ihn von meinem Balkon aus zusammen mit seiner Frau vor dem Raucherpavillon.

Er sitzt auf der Bank. Sie steht hinter ihm und raucht. Wenn die Zigarette geraucht ist, tippt sie auf seine Schulter und er reicht ihr für den nächsten Stengel die angebrochene Packung hoch. Er gibt ihr Feuer, indem er seinen wuchtigen Körper mitsamt Halswirbelsäule dreht.

Die Halswirbelsäule ist bei ihm wie bei vielen anderen Menschen ein Phänomen, die wie er keinen Hals haben, aber doch ebenso viel Knochen wie wir, die wir einen Hals haben. Jetzt müht er seinen Kopf ein drittes Mal in die Wendung. Zigarettenpackung hoch, nach Entnahme runter, Feuerzeug hoch, Flamme empor, Flamme runter.

Ich denke an diese Postkarte, auf der ein Schlachtermeister-Typ aus dem Berlin der 1920er Jahre einen großen Korbstuhl gänzlich ausfüllt – und hinter ihm eine kleine Frau steht, die beide Hände auf seine breiten Schultern stützt.

Auf der Postkarte stützt sie die Hände auf seinen Schultern nicht einfach ab. Vielmehr hält sie ihn an seinen Schultern fest und drückt ihn an die Rückenlehne des Korbstuhls. Neben seinem Kopf ragt ein Regenschirm hervor, den sie unter dem Arm trägt. Im Falle eines Fluchtversuchs. Wenn er denn aufspringen wollte, ließe er sich noch mit dem Griff des Regenschirms am Kragen zurückhalten.

Unter diesem Postkartenbild steht er, der vertraute Spruch:

„Hinter jedem tüchtigen Mann steht eine noch tüchtigere Frau."

Von Frau Pflaumstein, meiner Speise- und Gesprächsnachbarin in Sachen pädagogischer Strukturen in berufsqualifizierenden Studiengängen der „Früheren", erfahre ich mehr über dies Paar. Denn Frau Pflaumstein hat die kleine energische Dame beim Warten vor dem Entspannungstrainingsraum getroffen.

„Hab sie gut abgepasst", sagt Frau Pflaumstein, „gute Gelegenheit zum Kennenlernen. Sie war früher Sekretärin beim Materialbeschaffungslager der Nationalen Volksarmee, er Oberleutnant. Aber – hat sie mir jedenfalls gesagt – angeredet wurde auch sie mit `Genosse Oberleutnant`. Aus Spaß natürlich. Aber den Spaß glaub ich sofort bei diesem armen Männlein. Sie wohnen gleich im ersten Block, wenn man in die Stadt reinfährt. Eigentumswohnung. Inzwischen."

Frau Pflaumstein glaubt weiter, dass die Neue der Zeit etwas traurig hinterhersieht, wo sie so angeredet wurde. Genossin Oberleutnant.

Besuche sind wichtig. Die frühere Genossin Oberleutnant zitiert ihren Mann zu täglichem Besuch und zur Abholung aus dem Speisesaal zum Raucherpavillon.

Genossin Oberleutnant löst an unserem Tisch die Erleichterung darüber aus, dass wir weniger Besuch bekommen.

„Wochenende reicht doch völlig", meint Frau Rita neben Frau Pflaumstein. Und Frau Priester, unsere Tischälteste, meint, dass sie ihren Mann auch liebe. „Seit 61 Jahren. Da reicht alle 14 Tage."

Mir würde das nicht reichen. Ich rechne ab Mittwoch jeweils, dass ich mit der Schlaftablette vom abendlichen Schichtwechsel nur bis nach Mitternacht warten müsse, dann kann ich schon heute, also Donnerstag fünf Minuten nach Mitternacht sagen „morgen". Morgen Abend, Freitagabend, kommt sie wieder drüben ins Hotel.

Und ich auch. Jedenfalls bis 22 Uhr.

Im Hotel drüben im Küstenwäldchen, in dem sich die Besucher der Patienten einquartieren, die auskömmliche Rente oder Pension ab A 12 beziehen, hat Christine jetzt beim Frühstück am Samstagmorgen einen weiteren Mann kennengelernt, der regelmäßig seine Frau besucht. Ich hingegen seine Frau. Weshalb ich ein weiteres Paar studieren darf. Aus der Entfernung.

„Ernst", hatte er sich ihr vorgestellt und sah auch so aus, wie ich später sah. Ernst eben.

Herr Ernst setzt sich im Hotel an den Nachbarfrühstückstisch. Nachdem er vorher höflich gefragt hatte, ob sie etwas dagegen hätte.

„Nachbartisch", berichtet Christine und schüttelt den Kopf, „als ob ich da Nein sagen könnte?" Sie schüttelt nochmal den Kopf, als ich eine Anmache vermute. „Nein, der nicht. Der ist nur blockiert. Aber er hört gern Musik ..."

Erfahren hat sie das, weil Herr Ernst sich dann auf dem Fußweg vom Hotel zur Klinik zu seiner Frau (Station 2, meine Station) befand und Christine dasselbe meinetwegen unternahm. Sie will ihn überholen, aber höflichkeitshalber beschließt sie, einige Schritte zu verlangsamen und neben Herrn Ernst zu gehen.

Die Schritte führen dann gemeinsam zur Klinik.

Herr Ernst war 1942 in die Welt eines kleinen Dorfes geboren, als er noch als Erbe eines kleinen landwirtschaftlichen Betriebs an der Elbe bei Magdeburg galt. Der Krieg würde wie in jedem Jahr seit seinem Beginn ja ohnehin bald gewonnen sein.

Herr Ernst wuchs in den verschiedenen Größen der Holzpantinen auf, mit denen er das über die Deiche strömende Elbhochwasser durchpflügte. Als er die ersten richtigen Stiefel erbte, blühte die DDR auf.

Aber Herrn Ernsts Erbe machte sich davon. Es wurde von der in der Nachbarschaft schnell hochgezogenen Landwirtschaftlichen Produktionsgenossenschaft (LPG) geschluckt. In einem Schluck, der auf einem einzigen Papier bestätigt wurde. Das Wohngebäude auf dem Hof beließ der sozialistische Staat ihm ebenso wie den anderen im Dorf.

Frau Ernst sehe ich auf dem Flur und der einzige freie Warteplatz ist neben ihr.

Frau Ernst hat zunächst gar nichts gesprochen. Mit mir, der ich mich in Nietzsches Leben verkrieche und den Bleistift im Anschlag halte, damit nicht mit mir gesprochen wird. Dafür spricht Frau Ernst mit vielen Wörtern mit ihrer Nachbarin.

Wir sitzen vor dem Behandlungsraum für Lichtlaser, Ultraschall und Elektrotherapie und Frau Ernst tauscht sich mit der Nachbarin aus über Salben. Solche, die in der Elektrotherapie vorher auf die Hautfläche eingerieben werden. Solche, die nach einem Tag Thrombose-Strümpfen auf die gequetschten Häute aufgetragen werden. Solche, die schnell einziehen „und wo man hinterher guten Gewissens die Hand geben kann, ohne den anderen einzuschmieren".

„Und die da", Frau Ernst zeigt auf die Tür zum Behandlungsraum gegenüber. „Die da schmieren einen mit ihren Handschuhen ein und wissen ja nich, wie lang man dann am restlichen Tag kein Händchen mehr geben kann. Geschweige schmusen. Das Zeug klebt wie Sekundenkleber."

Solch Wort wie „Schmusen" aus solchem Mund wie dem von Frau Ernst wirkt wie ein Trigger. Es reißt mich aus der düsteren Nietzsche-Gedankenwelt heraus, hinein in die realen Probleme und Möglichkeiten einer Reha-Klinik Abteilung für Orthopädie. Die Psychosomatik oben hat andere Themen als Salben und deren Folgen für die menschliche Kontaktgestaltung.

Nachdem die Nachbarin von Frau Ernst hineingerufen wurde - auch zur Elektro-Therapie - spricht mich Frau Ernst mangels anderer Nachbarschaft an.

„Sie auch – Elektro?"

Ich nicke und stelle mich vor als Mann meiner Frau, die mit Frau Ernsts Mann heute zusammen vom Frühstück in die Klinik gekommen sei. Landwirtschaft sei mir auch nahe.

Frau Ernst schaltet einen Sturzbach der Wörter ein wie Schwager Fritz seinen elektrisch betriebenen Sturzbach mit animationstechnisch eilig fließendem Wasser auf seiner Märklin-Großanlage.

„Ja, ja, jetzt hab ich ihn wieder", sagt seine Frau, die ich deshalb auf Herrn Ernst angesprochen habe, weil Christine mir erzählte, dass er Landwirt sei.

„Jetzt hab ich ihn wieder", sagt Frau Ernst und meint auf meine Rückfrage den Hof mit dem Mann. Der Hof seiner Familie. Seinen Hof.

Dann klagt sie.

„Er arbeitet, arbeitet und arbeitet. Und wenn er frei haben könnte, weil auch die Arbeit auf dem Traktor mal abends zu Ende geht – wissen Sie, wir haben Kartoffeln und Rüben - dann geht er rüber zum Spielen."

Ich verstehe Herrn Ernst, wenn er in seiner Freizeit nicht zu Frau Ernst geht. Und verstehe nicht, zu was er spielen geht.

Ich werde reingerufen zum Beschmieren und schlage Frau Ernst noch die mögliche Fortsetzung unseres Gesprächs vor. Sie nickt, lächelt sogar.

Frau Ernst sehe ich an diesem Wochenende nicht mehr, weil „ich mir meinen Mann gekrallt hab. Auswärtsessen", sagt sie am Hauptausgang der Klinik mit dem Schiebetürgriff des vorgefahrenen Sammeltaxis in der einen Hand.

Mit der anderen Hand hält Frau Ernst Herrn Ernst am Oberarm und schiebt ihn an den Einstieg.

„Nu mach zu."

Ich sehe Herrn Ernst erst Montag wieder, als alle Wochenend-Besucher in die Woche verschwunden sind. Geflohen wie der Schlachtermeister auf der Postkarte, der ehemalige Genosse Oberleutnant. Oder schweren Herzens wie Herr Pflaumstein, der Frau Pflaumstein immer nach einem Wangenkuss noch einen Handkuss zu geben versucht, den sie abwehrt. „Doch nich hier, bitte dich!"

Oder die gar nicht verschwinden, weil sie in der Platte oberhalb der Klinik ihre Wohnung haben und jeden Tag kommen müssen oder wollen.

Nach der Entspannung im Raum gleichen Namens tippt Herr Ernst mir auf den Unterarm.

„Ich kenne Ihre Frau." Ich nicke, sage, dass ich das wüsste und lasse mich abschleppen zu dem Kaffee-Automaten im Erdgeschoss. Doch vorher warten wir am Fahrstuhl, vor dem die Warteschlange mal wieder länger statt kürzer wird. Obwohl er zweimal hielt, aber keiner aussteigt.

„Da drückt wieder jemand oben irgendwo und wird vom Computer bevorzugt."

Ich gehorche meiner Ungeduld und wende mich zum Treppenaufgang. Vor der untersten Stufe nehme ich meinen Stock in die andere Hand, weil ich mit der Stockhand das Geländer bevorzuge. Mit Hochziehen bin ich ähnlich schnell wie früher ohne Stock.

„Soll ich den tragen?", fragt Herr Ernst und schaut ernst auf den Stock. Ich danke und kümmere mich um das Hochziehen und den Beginn der Gesprächsrichtung. Ich will wissen, was Herr Ernst spielt, wenn er zuhause nach „drüben zum Spielen geht."

Vor den Pappbechern sitzend kommt mir Herr Ernst entgegen. Meiner Neugier wegen des Spielens entgegen. Er sagt, er wisse, dass ich Therapeut sei und Therapeuten ausbilde.

Da fädele ich mich dankbar für die Überleitung ein und locke Herrn Ernst mit sicherer Information.

Information hängt mit dem lateinischen „formare“ zusammen. Sichermachen. Ich erzähle, dass in modernen Therapien das Spielen eine große Rolle spiele. Im Spielen lerne das Kind schließlich fast alles, was es aktuell und für später zum Lernen und Bewältigen des Lebens brauche.

Herr Ernst kommt mir schon wieder entgegen und sagt, er spiele gern Musik.

Ab. Er spiele Musik ab.

Danach kommen seine Wörter von allein.

Wenn er die Schnauze voll hat, vom Betrieb weniger als von allem anderen, sagt Herr Ernst, sagt aber nicht, was das alles andere ist, dann ginge er rüber in die Scheune und spiele Musik.

Wagner, sagt Herr Ernst. Ich liebe Wagner. „Ich dirigierte den Nibelungenring mit Karajan schon zweimal durch“, sagt Herr Ernst und lächelt. Nicht mich an, sondern in sich hinein.

„Ich bin ein umgänglicher Mensch.“ Herr Ernst macht eine winzige Pause. „Aber drüben darf mich keiner stören. Dann raste ich aus. Das hat lange gedauert, bis sie das kapierte.“

Auf „sie“ gehe ich nicht ein, frage dafür nach der Anlage, von der er Musik spielt.

„Boose, nichts geht über Boose. Die würden zwei Scheunen füllen. Wunderbares dynamisches Breitbandspektrum.“

Ich frage, wo Herr Ernst beim Dirigieren steht. Er schaut mich erstaunt an.

„Auf dem Vorderlader. Vom Traktor. Jedenfalls in der ersten halben Stunde.“ Danach dirigiere er vom Steuersitz des Traktors aus weiter. Er sei nicht der Kräftigste. Aber glücklicherweise auch kein Schwergewicht und kein langer Mensch.

„Der Führerraum ist groß genug für alle Takt- und Bewegungsarten.“ Herr Ernst streckt seine Arme und beginnt mit beiden Händen einen großrahmigen Vier-Viertel-Takt zu dirigieren. Dabei stößt er seinen und meinen Pappbecher um.

Wir sind nicht lange allein auf den Knien und beim Wischen. Zwei Patienten sind fast gelaufen, als sie uns auf dem Fußboden sahen. Trotz ihrer Gehhilfen. Erst zur Küche hinter dem Speisesaal wegen der Rollen mit Haushaltspapier, dann zu uns. Zusammen mit der Chefin des Service-Personals. Letztere kommt mit Eimer und Scheuertuch.

„Ich bringe Ihnen nachher neuen Kaffee", sagt sie, die auch im 5. Stock die Vorträge über Gesundes Essen hält. Viermal die Woche, wenn das Haus voll ist. „Richtigen Kaffee. Nicht nur son Plörkram."

Anlässlich von Herrn Ernst fällt mir Peter Struck ein. Dr. Peter Struck. Nein, nicht der Gynäkologe in der Nachbarstadt, sondern der andere. SPD-Fraktionsvorsitzender im Bundestag. Dann Bundesverteidigungsminister.

Ich durfte ihn einmal für ein Interview sprechen, das auch für etliche Nachkäufe unserer Zeitschrift bei den Fahrern des Fahrdienstes der Bundeswehr und des Deutschen Bundestages führte. Sowie bei Taxifahrern, die von bestimmten Kunden für Langstrecken abonniert waren. Die kauften unsere Zeitschrift auch, obwohl sie eine Fachzeitschrift ist. Wegen des Interviews mit Struck kauften sie sie.

Peter Struck berichtete, dass er mal mit einem Kollegen über diese elend langen Fahrten während der Wahlkämpfe oder zwischen Wohnort und Berlin geklagt habe. Von dem habe er gelernt, dass man ja im Auto auch anderes als Aktenberge durchsehen oder telefonieren könne. Musik höre dieser Kollege. Seine Lieblingsmusik.

Das mache er nun auch, sagte Peter Struck. Opernfan, der er sei. Und damit er die bis dahin verschiedenen Fahrer der Bundeswehr nicht quäle, habe er rumfragen lassen, ob es einen Fahrer gebe, der sich für Opern interessiere. Den gab es und der wurde abonniert.

Ich erzähle die Geschichte Herrn Ernst, der Erschütterung zeigt.

„Wie ich", sagt Herr Ernst. „Wie ich. Hat er auch dirigiert, der Dr. Struck?"

Christine wird ihm am nächsten Wochenende die Zeitschrift mitbringen. Mit dem Interview des Ministers, der seine Soldaten am Hindukusch betreute wie ein fürsorglicher Dirigent sein Orchester. Der es als Motorradfahrer genoss, in der Gruppe unterzutauchen. Und der mit seinem Pfeiferauchen ein bisschen in der Nachfolge seines Parteigenossen Helmut Schmidt stand. Nicht wegen Sucht. Nein. Wegen der Genugtuung, mittels Rauchen ein winziges bisschen zivilen Ungehorsam in dem durchgeregelten Staat zeigen zu können, den man mitregierte.

Schnürsenkelbekanntschaft

Ich lerne ihn kennen, weil sich einer meiner Schnürsenkel auf dem Gang zur Physiotherapie geöffnet hat.

Eigentlich ziehe ich aus dem morgendlichen Zuschnüren meiner Schuhe tiefe Befriedigung darüber, wie sich der Radius autonomen Handelns wieder erweitert. Bis vor einer Woche lebte ich zum zweiten Mal das Leben des Kindes vor dem Erwerb der Fähigkeit, sich die Schuhe selbst zuzubinden. Abhängigkeitsreste, Erinnerungen an die in der Unfallklinik vor kurzem noch nötige Fütterung, die heute Speisehilfe heißt, die Abhängigkeit von Urinflasche, von Klistier – es verblasst langsam und das Erwachsensein beginnt erneut.

Etwas weniger Befriedigung verschafft mir dies neue Sportschuhpaar mit schneeweißen Schnürsenkeln jetzt auf dem Gang voll mit wartenden Patienten vor den Therapieräumen. Und wartende Patienten sind Patienten, deren Beobachtungslust nach Futter giert.

Ich kniee mich auf den Fußboden. Es klappt nicht mit dem Lösen und Neuschnüren. Erstens wegen des Beobachtetwerdens. Zweitens wegen meiner im Kompressionshandschuh steckenden rechten Pfote.

Da kommt er und ich sehe ihn erst, als er sich neben mich kniet.

„Lassen Sie mich mal ran."

Im Nu sind die beiden Schnürsenkelenden, die mir das Eilige übelnahmen und sich verknotet hatten, wieder kurz in Freiheit und dann sauber in zwei Schlaufen geschnürt. Schicksal und Chance jeden Paares, vom Schnürsenkelpaar bis zum menschlichen Paar.

„Diedrich", sagt mein Helfer und bleibt neben mir knien, „Diedrich, Dr. Diedrich. Station 5."

Dann hilft er mir auf, wehrt meinen Dank ab und wir trennen uns unter den Augen der anderen. Er setzt sich vor Physio. Ich vor Ultraschall. Wir nicken uns auf die fünf Meter Trennungsdistanz zu und nach zwei Minuten bin ich froh, mal wieder Nietzsches Leben als Taschenbuch rausziehen zu können und mich hineinziehen zu lassen durch die Stelle, von der ab Nietzsche sich für Jesus Christus hält.

Diese Stelle im Buch und viel mehr in Nietzsches Leben ist sehr anstrengend. Und doch erleichtert sie mich. Denn Dr. Diedrich entlässt mich nicht mit dem Rüberschauen, Lächeln, Nicken, Rüberschauen, Lächeln, Nicken.

Ich entlasse mich, indem ich mit dem Zeigefinger im Handschuh auf Nietzsches Leben zeige und nach dem Bleistift in der rechten Hosentasche grabe, die ich noch nicht gut kenne. Christine hat mir den Anzug erst letzten Samstag gekauft. Adidas. Der teurere. Der, der nicht so schnell ein feuchter Kartoffelsack um den Körper schlackert wie bei einigen Mitpatienten. Wobei es in unserem Dorf gar keine solchen Kartoffelsäcke mehr gibt. Der teurere Adidas-Anzug hat außerdem rote Seitenstreifen. Wie die Biesen auf den Kriegsfotos mit Onkel Kalli. Generalstab.

Dr. Diedrichs nickt verständnisvoll, lächelt und hebt seine Rechte an die Stirn. Ein Hauch von militärischem Grußrest. Als ob er mitdachte, dass ich gerade an Onkel Kalli dachte.

Ich verschwinde kurz in Nietzsches Psychose und denke an das „Jerusalem-Syndrom".

In Jerusalem kommen jährlich rund eintausend Menschen in die Psychiatrie, weil sie an dasselbe glauben wie Nietzsche. Nicht an Jesus glauben, sondern glauben, Jesus zu sein.

Im Türrahmen Ultraschall erscheint eine Patientin, hinter ihr meine Therapeutin, die meinen Namen sagt. Langsam und mit Titel. Mit Nietzsche und allem anderen fliehe ich in die Behandlung. Dr. Diedrich mit einem Nicken antwortend, weil der auch wieder nickte. Mehrmals.

Jetzt brauche ich kein Taschenbuch mehr und keinen Bleistift als Symbole für meine Abgrenzungswünsche.

Nach dem Mittagessen im Schutz unserer Tischgruppe befehle ich meinen Füßen das mir mögliche Tempo, um ins Zimmer und ins Bett zu kommen.

Im rechten Winkel um die Wasserflaschenabfüllstation herum sehe ich ihn an einem Dreiertisch an der Wand der Cafeteria.

Dr. Diedrich sitzt an einem Dreiertisch, allein, er winkt. Er winkt mir zu. Er winkt sein Winken nicht neutral, sondern er winkt eine Einladung, indem er die Bewegung des Armes zu sich neigt und die Hand zwei, drei Male auf die leeren Leichtbauweise-Stühle zeigt. Drehstühle übrigens. Welche Klinik-Geschäftsführung auch immer die Drehstühle gekauft hat für die Cafeteria einer Reha-Klinik mit allein 120 Orthopädie-Patienten, die wieder gehen lernen sollen - die Geschäftsführung muss Alleinstellungsmerkmale im Kopf gehabt haben. Reha mit Gefahrentraining oder so.

Ich erinnere mich an den Dr. Diedrich, wie er vorhin plötzlich neben mir kniete. „Lassen Sie mich mal ran." Ich erinnere mich daran, wie er seinen Namen sagte, den ich solange für den Vornamen hielt bis er den Dr. nachschob. Ich erinnere mich, wie er mir aus meiner Käferhaltung aufhalf. Und ich erinnere mich an seine Großbaustelle der Brücke zu mir, die er über fünf Meter und sechs andere Patienten hinweg mit der Methode Rüberschauen, Lächeln, Nicken, Rüberschauen, Lächeln, Nicken Pfeiler für Pfeiler baute.

Ich verzichte auf Nietzsche in meinem Bett oben, verkürze in Gedanken das Ausschlafen der nächtlich nötigen Schlaftablette aus der Zoplicon-Gruppe – 20 mg - vor den beiden Nachmittagstherapien, steuere auf Dr. Diedrich zu und erklimme einen der Drehstühle.

„Ich hol Ihnen was", sagt Dr. Diedrich, „Kaffee, Tee? Nur vom Automaten, aber gar nicht schlecht. Ich lade Sie ein."

Ich bleibe sitzen. Eben wegen der Schwierigkeit, auf einen Drehstuhl zu kommen ohne Drehung der Sitzfläche des Stuhles dorthin, wo die Sitzfläche des Körpers gar nicht hinwill.

Zwei Sätze hin und her streiten wir uns, wer wen einlädt und ich setze mich durch. Strahlend schwankt Dr. Diedrichs in Tippelschritten zurück, damit sein Pappbecher mit Kaffee und meiner mit Tee nicht überschwappt.

Nach vier weiteren Bechern Kaffee und einem weiteren Tee weiß ich etwas mehr über Dr. Diedrichs.

Er ist Chemiker. Dr. rer. nat.. Einer von den drei Patienten unter uns zweihundert, die gleich vorab sagen, dass sie wie ich „aus dem Westen" kommen. Ich habe das nicht gesagt. In Nöten und in der Fremde passe ich mich zunächst mal an.

„Ich komme auch aus dem Westen" – der Satz von meiner Handvoll Mitpatienten, die es hier gibt, klingt wie die Einladung zu einer Notgemeinschaft. Wir aus dem Westen. Hier im Osten.

Dr. Diedrichs schwärmt jedoch für das Leben mit „unseren Mitbürgern hier im Osten". Statt Notgemeinschaft der Westler sieht er alle Menschen hier, wirklich alle, ostdeutsche Patienten hier als Solidargemeinschaft. Eine Gemeinschaft für sich.

„Ich habe mit der einen Dame an der Rezeption genau recherchiert – 196 sind aus dem Osten, 4 von drüben." Dr. Diedrichs Faust hebt sich in die Richtung, wo Westen ist. Nächste Stadt ist Lübeck. Er sagt nicht „vier von uns drüben". Nur „von drüben" und sagt es aus seinem hiesigen Gemeinschaftsgefühl heraus.

„Von drüben" sagt er und ich denke an meine kindlichen Zeiten zuhause, wo das „drüben" die Brüder und Schwestern aus der Ostzone meinte und für die die ganze Adventszeit über ein extra Fensterbrett im Pfarrhaus reserviert war, auf dem Kerzen leuchteten. Zur Straßenseite raus, damit alle es sehen und einige es nachmachen konnten.

Eine Zeit lang glaubte ich, dass diese Brüder und Schwestern gestorben seien. Kerzen brannten eben entweder für Freudiges oder für Trauriges. Und über die Brüder und Schwestern drüben hörte ich die Stimmen eben traurig sprechen. Mindestens gedämpft. Immer in Richtung einer fallenden kleinen Terz.

Dr. Diedrichs ist Abteilungsleiter in der Entwicklungsabteilung einer unserer großen Chemiegiganten. Er war es.

Bis die Depressionen kamen und blieben und das mit ihm taten, was das Wort aus dem Lateinischen meint: niederdrücken. Deprimere. Andere Bedeutung: Hinunterbeugen, hingeben. Wieder fallen mir meine Schnürsenkel ein – und Dr. Diedrichs Einsatz für deren Schlaufen, letztlich für meine Gangsicherheit.

Wie so oft: Eine Krankheitsbezeichnung, Depression, entpuppt sich auch als zugehöriges Gegenteil. Als Hilfe bei der Begleitung derselben. Wenn es um die Physis geht, geht sogar manchmal Heilung.

Die Depressionen, so hießen sie vor ihrem Einsinken in die Gruppe der Angststörungen, drückten ihn solange, bis er ein erstes Mal in eine psychosomatische Kurklinik ging. Drei Wochen. Dann ein zweites Mal. Viele Lehrerinnen und Lehrer, sind da, sagt Dr. Diedrichs. Meist Frauen. Beim dritten Mal hörten die Kliniken auf Kurklinik zu heißen und tauften sich um in Reha-Klinik. Außerdem war man jetzt nicht mehr unter sich.

„Unter uns Psychos, meine ich", sagt Dr. Diedrichs. „Hier bin ich mit den Hüften und Knien zusammen. Und mit anderen Menschen."

Ich sage ihm nicht, dass inzwischen die meisten Rehas ihren Umsatz mit dieser Kopplung machen: Orthopädie und Psychosomatik. Er soll das Empfinden noch ein bisschen behalten können, dass die hiesige Kombination eine besondere sei. Seine. Die, die ihm gut tut. Information kann später kommen und auch sicher machen, Form geben. Belastungen in Form halten. Informiert.

Dr. Diedrichs lächelt zärtlich. Dann beginnt er zu weinen. Übergangslos. Lautlos. Es rinnt einfach an seinen Nasenrücken vorbei. Ich schiebe ihm ein Tempo rüber, das er gar nicht sieht. Er ist seine Tränen so gewohnt, dass er sie nicht mehr spürt.

Vor einem Jahr wurde er entlassen aus seinem Chemie-Giganten. Und aus seiner Ehe. „Strafrechtlerin ist sie, meine Frau. Meine Ex."

Zwei Kinder. Längst erwachsen, tüchtig, gut verdienend.

„Ich war das auch mal, tüchtig und gut verdienend. Aber nur solange die Kinder im Haus waren."

Es kommen mehr Patienten aus dem Speisesaal, sehen uns an unserem Tisch an der Wand und setzen sich weiter weg. Einzelne nicken Dr. Diedrichs zu. Oder mir. Oder uns beiden. Die kennen offenbar die Tränen länger als ich.

„Ich habe Freunde hier gewonnen." Dr. Diedrichs flüstert die Worte, greift nun doch nach dem Tempo, um sich die Nase zu putzen und um es gleich weiter fließen zu lassen. Dr. Diedrichs Lippen zeigen ansatzweise einen Tremor. Zittern.

„Drüben, im Westen - da hatte ich nur welche, die jetzt weg sind. Und seit ich die Angststörung habe, sind meine Mitmenschen hier. In sowas?" Er beschreibt einen großen Bogen Richtung Decke bis zu den Wänden der Cafeteria.

„The Hospital is my home and my home is my castle", sagt Dr. Diedrichs und ich höre ein tolles Englisch. Eines, das ich nie schaffte, weil ich besonders viel deutsch spreche und schreibe

Ich ermahne mich schnell und mühsam, nicht das zu tun, was ich sonst tue, wenn ich „in Rolle" bin und auf der anderen Seite sitze. Langsam auf die Schichten unter der Geschichte von Dr. Diedrichs zu kommen. Kindheit. Jugend... Mit einem Wort: Sozialanamnese. Oder aber die wegzulassen und zunächst nur aktuelle Befindlichkeit, innere Stimmungsbilder anzutippen. Oder aber – das machte ich zunehmend mehr in den letzten Jahren – mit dem Patienten rauszugehen. Spazieren. Outdoor-Therapy...

Ich ermahne mich, nicht an Bindungsstrukturen in Dr. Diedrichs Erzähltem zu denken. Und denke dadurch eben daran.

Ich ermahne mich, nicht daran zu denken, wie ich mich denn jetzt als Gegenüber von Dr. Diedrichs fühle und was mein Fühlen mit aussagen könnte zu seiner jetzigen und früheren Empfindungswelt. Und indem ich mich dazu ermahne, denke ich auch an all das.

Nein, keine freischwebende Aufmerksamkeit. Kein Denken an Interventionen der problemlösenden Gesprächstherapie. Nein, hier bist du Mitpatient. Hier bist du Patient. Hier darf ich`s sein.

Stattdessen frage ich nach dem „Wie". Wie anders die hier seien, die Menschen im Osten. Es hilft, dass ich bei meiner Frage an Dr. Diedrichs an meine Erfahrungen denke. An Frau Priesters Angebot Nägel zu schneiden, an Herrn Rainers Schmieren und Belegen meiner Brote.

Dr. Diedrichs antwortet langsam, nach unten links auf das Stuhlbein schauend. „Die hier schauen anders. Sie hören anders. Hören anders zu. Fragen. Schweigen mehr. Oder fragen, was sie mir vom Buffet mitbringen können, wenn ich gerade wieder heule."

Dr. Diedrichs Augen sondern keine Flüssigkeit mehr ab. Er schaut mich an. Spricht mich an.

„Wissen Sie", sagt er, wieder fast flüsternd, „ich habe einen Brief an die Geschäftsführung geschrieben. Ob ich nicht ein Zimmer auf Dauer mieten könnte. So richtig wohnen bleiben dürfen. Hier, wo mich alle verstehen. Und wenn es hier nicht geht, dann nebenan im Hotel mit dem bunten Piepmatz im Logo. Sie wissen schon: Der Vogel, der sich aus der Asche erhebt. Ich bin ja ganz gut situiert durch die Abfindung ... was meinen Sie, soll ich den Brief abschicken?"

Pünktlich um 22 Uhr ruft Christine an und ich erzähle ihr von Dr. Diedrichs. Und davon, dass ich seinen realitätsfernen Wunsch verstehe. Ich erzähle ihr, dass ich jetzt – nach über drei Monaten stationärem Leben, 24 Stunden Vollversorgung, Zuwendung, Interesse – auch schon davon geträumt habe. Hierzubleiben. Und versichere ihr, wie ich mich auf zuhause freue. Außerhalb des Traumes.

Regression. Von re-gredi, lat. zurückgehen in Früheres. In Kindsein. In Abhängigkeit. In Gewöhnung daran, verwöhnt zu werden. Und die Menge der

Therapien, in denen das Leben außerhalb der Klinik vorbereitet wird, vorbereitet werden soll - das macht die Abhängigkeiten nur noch tiefer. Besonders, wenn die Therapeuten und Ärzte ein besonders gutes Coping aufbauen. Zu Deutsch, wenn sie ihre Patienten mögen und die sie.

Es wird Zeit, zu gehen. Wieder erwachsen zu werden. Gut, dass die Pflichtkrankenkassen und die Privatversicherer irgendwann schreiben: Nein. Nicht länger. Gut, wenn ich wieder das bin, was ich mal war. Nichtpatient. Jedenfalls kein stationär zu behandelnder.

Gut für Dr. Diedrichs.

Gut für mich.

Ich werde morgen in der Physiotherapie darum bitten, mir doch diesen Griff zu zeigen. Der Ein-Hand-Schnürsenkel-Schnürgriff. Sei auch nachtrainierbar über`s Internet.

Der liebe Gott und die Gottlosen

Ich war gewarnt.

Aber es nutzte nichts.

Die Warnung galt schon bei den Mahlzeiten in meiner Schwiegerfamilie. Über alles kann geredet werden, aber nicht über Religion. Nicht über Politik. Aus gutem Grund. Genauer: aus unguten Gründen. Denn die Beziehungen zu Politik und Gott sollten solange wie möglich in gewissen Vergangenheiten verbleiben.

Mit uns, den 68ern, war es nicht mehr möglich. Den 68ern im Westen.

Hier in der Reha ist es ähnlich. „DDR“ oder „SED“ höre ich bisher nicht. Irgendwas Göttliches noch weniger. Außer bei manchem Pudding und drüben am Kuchenbuffet der Cafeteria. Da war „göttlich“ hier und da zu hören.

Mein Wundmanager in Hamburg-Boberg, Akutstation(„ich komme selbst aus dem Osten“) klang die Warnung schärfer. Seine Warnung: Wenn ich jetzt in die Reha in eines der neuen Bundesländer käme - über Religion nichts reden. Gar nichts.

Ich sei da drüben nicht im liberalen Hamburg oder dem protestantischen Niedersachsen mit der größten Lutherischen Landeskirche der Erde. Nee, da nicht. Da denke man eng im weiten Lande von Meckpomm.

Also nochmal – nichts über Religion. Und über Politik gar nichts. Und über die Politik der westlichen Bundesländer weniger als nichts.

Ich hatte beides nicht vorgehabt. Ich spreche auch mit meinen Patienten nicht über Politik. Religiöses nur dann, wenn sie zeigen, dass ihnen Religion etwas bedeute. Ihre jeweilige Religion.

Jetzt sitze ich in jener Patsche, die zuklatscht, wenn an dieses Gebot sich zwar alle Hausgenossen halten. Aber der Gast nicht.

Oder wie hier, der neue Mitpatient.

Es war beim Abendessen, nach welchem man nicht so elegant verschwinden kann wie nach dem Frühstück oder Mittagessen mit wahren oder unwahren

Sätzen wie „Ich hab Anwendungen, Physio und Lymphdrainage, Fahrrad, Außentraining..."

Es war Frau Pflaumsteins neues Gegenüber, eines das gestern ankam mit neuem Kniegelenk, dem zweiten, rechts. Links war vor drei Jahren.

„Ferdy" hat er sich beim Abendessen an unserem Tisch vorgestellt und erst, als Frau Pflaumstein ihm die Hand hinüberreicht und „Guten Abend" sagt, greift er zu und greift dann über den Tisch nach den anderen Händen. Auch nach meiner. Der rechten Hand. Der im Kompressionshandschuh.

„Was`n das? Ausschlag?", fragt er und nickt dann, als ich sage „nein, verbrannt. Erst Tannenbaum, dann Haus."

Der Hinweis von Herrn Rainer, dass der Professor nicht duzen könne -„andere Erziehung eben, nich?" nimmt Herr Ferdy mit hochgezogenen Augenbrauen auf.

Dann fragt er nochmal nach meinem ganzen Namen und sagt nichts mehr, weil er anschließend sofort mit dem Blick in seinem Smartphone versinkt.

Anfängerscheu. Kennen wir schon. Da muss man sanft in die Kommunikation helfen. Tun wir auch immer.

Mit dem Zeigefinger piekt das neue Tischmitglied quer über den Tisch in meine Richtung.

„Ich hab im Netz gelesen, dass Sie Pfarrhäusler sind."

Ich nicke. Mein Ohr hat seine Feststellung vom Pfarrhäusler so gehört, als ob er „Zuchthäusler" gesagt hat.

Herr Ferdy hat Hilfe nicht nötig. Jetzt nicht mehr. Denn jetzt piekt Herr Ferdy wieder in meine Richtung. Diesmal mit der Gabel, an der eine Salami-Scheibe baumelt.

„Und wie machen Sie das als Pfarrhäusler, wenn Sie jemanden haben, der das hier macht", Herr Ferdy tippt mit seinem linken Zeigefinger an die Stirn, „wenn es um diesen so lieben Gott geht, um sowas wie Adam und Eva und das verlorene Paradies, um den Sohn des Alten und die Auferstehung nach drei Tagen...."

Herr Ferdy wirkt außerordentlich vorbereitet. Jedenfalls sein Smartphone, Google oder Wikipedia.

Die Salami-Scheibe an Herrn Ferdys Gabel ist durchbohrt und gut fixiert. Deshalb hält das Gebilde auch, als Herr Ferdy die Gabel mit Salamischeibe bei dem Wort „Auferstehung“ von unten nach oben in Spiralen kreisen lässt.

„Sitzt im Himmel zur Rechten seines alten Herrn“.

Bei „Himmel“ war das Kreisen zu Ende, weil der Arm von Herrn Ferdy nicht länger war.

Seine rechte Hand ist durch die Gabel mit der Salami-Scheibe darauf unabkömmlich. Sonst hätte er vielleicht auch den zweiten Zeigefinger zur Stirn geführt. Derart bissig klingt Herrn Ferdys Stimme.

„Die ist übergriffig, sone Frage, hier wird gegessen!“ Frau Pflaumstein guckt ihn an, dann zu mir und zurück zu Ferdy. Sie will helfen. Aber mit Ferdys dieser Welt kenne ich mich aus. Selbst und beruflich. Das heißt, sowas lässt sich nicht trennen.

„An die Auferstehung des Heiland mit weißem Rock und Heiligenschein glaube ich auch nicht, Herr Ferdy“, sage ich, „aber schon an Nachwirkungen, wenn wir an ihn denken. Und das Paradies samt Adam und Eva haben wir nicht verloren, weil es das nie gab.“

Herr Ferdy stutzt, aber nur kurz. Er ist in Angriffsstimmung. Fight. No flight nach meinen Einlassungen über Auferstehung und Paradies. Herr Ferdy wirkt irgendwie vorbereitet auf diese Art Kampf. Auf mich. Nur weil ich Pfarrhäusler bin.

„Dieser Jesus – der war doch irre, der Mann. Seine Mutter kriegt ihn ohne jeden Mann und mit einem funkelnagelneuen Stern über dem Stall und dann...“

Ich fühle mich bestätigt in der Einschätzung, dass Herr Ferdy sich wirklich richtig gut vorbereitet hat.

Frau Pflaumstein zeigt die jahrzehntelange Pädagogin in sich.

„Also – wir wollen uns hier doch nicht wie im Sandkasten benehmen.“

Nach dieser Analogie wird sie konkret. „Sonst zeige ich dir den Vogel, Ferdy.“ Frau Pflaumstein hebt ihren rechten Zeigefinger Richtung Stirn, bleibt aber auf Höhe ihre Ohres stehen, weil der sonst mit einer akkurat gesprayten Haarwelle kollidiert wäre.

„Das mit dem Pfarrhäusler stimmt", sage ich – Frau Pflaumsteins Sonderpädagogik überhörend - rüber zu Herrn Ferdy. „Stimmt. Ich bin in einem Pfarrhaus aufgewachsen. Sohn eines Pfarrers, Enkel von einem, Urenkel von einem – sehr langweilig für manche Gemüter. Immer dasselbe. Aber ich bin kein Theologe, sondern Therapeut und Ausbilder von Therapeuten."

Herr Ferdy kaut die Salami-Scheibe direkt von der Gabel weg, ohne Brot. Seine Bissigkeit hat sich auf die Wurst verlagert. Er hört jetzt aufmerksam zu.

„Machen Sie weiter?", fragt er mich. Ganz friedlich.

In mir rührt sich immer noch ein Restimpuls von Gegenangriff und ich nicke.

„Ihre Frage war, wie ich das machen würde, wenn ich einem gegenüber sitze, der mir den Vogel zeigt, richtig?" Ich tippe dabei an meine Stirn wie Herr Ferdy eben an seine.

Herr Ferdy schiebt bei seinem Kauen Wörter aus der Welt seiner Mundhöhle wie „nich-persönlich-Grundthema, Sie-doch-Fachmann".

Bei dem Schieben seiner Wörter schaut er mich an, dann gleich danach Frau Pflaumstein. Ich vermute, dass er sich mit ihr weit weniger anlegen will als mit mir.

„Ich finde solche Fragen", ich habe runtergeschluckt, um sonnenklar zu artikulieren, „wie Sie, Herr Ferdy, auch als Grundfragen. Grundfragen der Menschheit. Aber hier beim Essen zu Ihren letzten Anmerkungen zu Jesu Mutter und den Geburtsumständen nur so viel: Zum Image der meisten Propheten gehörte, dass ihre Mütter Jungfrauen bei der Geburt waren. Der Islam kommt bei der Mutter des Propheten Mohammed auch nicht ohne Jungfrauengeburt aus. Außerdem gehörten neue Sterne am Himmel zum Image dazu. Und nochmal: An die Auferstehung von den Toten wird heute weniger geglaubt als an die Tipps, die dieser Mensch Christus damals für besseres Leben gab. Einigen dieser Tipps folge ich durchaus."

Ich höre mich wegen des Impulses der Gegenattacke zu sehr akademisch reden und will mehr Demut zeigen.

„...ich versuche es zumindest mit dem Befolgen dieser Tipps. Friedfertigkeit etwa und Hilfsbereitschaft und so – statt Angriff."

Herr Ferdy hat seine eng geschnittenen Augen noch enger zusammen gekniffen und wirkt sehr konzentriert.

„Wie – alle Prophetenmütter waren Jungfrauen?" Bei Herrn Ferdys Frage liegt auch die neue Salamischeibe immer noch nicht auf dem geschmierten Brot, sondern baumelt an der Gabel in der Hand auf dem aufgestützten Arm.

„Ich sag Ihnen, ich bin kein Theologe, geschweige Kirchengeschichtler. Ich geh psychologisch ran. Und da wäre Christus heute ein interessanter Patient. Wenn Sie mehr wollen, dann nachher drüben beim Kaffee."

Ich versuche, das so zu sagen, wie wenn wir gerade über Benziner oder E-Auto gesprochen hätten. Ich weiß, dass Herr Ferdy in einem Autohaus arbeitet. Jetzt schaufele ich meine mit Möhrensalat übervolle Gabel in den Mun. Jeder leidlich wahrnehmungsfähige Mensch kann sehen, dass ich allein schon wegen minimaler Tischsitten jetzt nicht sprechfähig sein will.

Ich kann auch deshalb in Ruhe weiter essen, weil Herr Ferdy sein Kauen unterbricht.

„Christus – ein Patient", wiederholt er. Mehr für sich, wie mir scheint. Dann ist von Herrn Ferdy nur noch ein „Mmm" zu hören, ein weiteres Nicken zu sehen und danach Ruhe.

„Könn wa mitkommn?", fragt Frau Pflaumstein, „wenn Sie nachher über –über Religion reden?".

„Gott und die Welt", sagt Herr Rainer und nickt sich zu.

Frau Priester hat ihren Sekundenschlaf zwischen Salat und Brot gar nicht erst angefangen und die Augen erschreckt aufgeklappt, als sie den Namen Christus hört.

„Jesus und Patient." Sie schüttelt vorwurfsvoll den Kopf. „Ich komm och mit. Gibt ja heute wieder Obsttorte - und ich sach euch jleich: Ich bin jläubich. Keinen Jux mit Jesus, wenn ich dabei bin."

Als jeder drüben in der Cafeteria im Pappbecher rührt, nur Herr Rainer nicht, weil der ohne Milch und Zucker trinkt, lege ich auf meinem Drehstuhl ein Bein über das andere und begebe mich so gut es eben auf einem Drehstuhl geht, in eine Körperhaltung, von der ich annehme, dass sie besonders leger wirkt. Ein kleines Zigarillo würde mir jetzt noch passen und ein Aschenbecher neben mir, um diesen Eindruck zu verstärken.

Dicke Themen müssen in besonders komfortabler Atmosphäre angegangen werden. Wie in der Therapie.

„Also weiter mit Jungfrauengeburt und so?", frage ich Herrn Ferdy.

„Nö, - machen Se man weiter mit Christus als Patient."

Frau Pflaumstein sitzt eigentlich neben mir, setzt sich aber jetzt so rum zu mir, face to face, dass ich - und ich vermute auch Herr Ferdy und Herr Rainer - etwas Wichtiges nahen fühlen, denn ihr Hantieren mit dem Pappbecher hört mit der ostentativen Sitzwinkeländerung Frau Pflaumsteins auf.

„Jesus also ein Patient, sagten Sie", sagt Frau Pflaumstein. Nicht vorwurfsvoll, nicht neugierig, sondern eher wie eine Talkshow-Moderatorin. Frau Pflaumstein hat schon zweimal von Anne Will geschwärmt, obwohl sie sonst von Lesben nicht viel hält.

„Ich fang mal an", sage ich, „mit meiner persönlichen Meinung – und dann treiben wir ein bisschen Psychologie."

Ich sage so kurz wie möglich, dass ich keinerlei Probleme habe, an einen unbekannten Schöpfergott des Universums und dieses Stecknadelknopfes Erde darin zu glauben. Auch wenn dieser uns hier auf Erden kaum kennen dürfte.

Bei „Glauben an einen Schöpfergott" nicken Frau Pflaumstein und Herr Rainer heftig, Herr Rainer sagt, er wohne auch auf einem Dorf und wandere viel und sehe das auch so. Herr Ferdy nickt auch. Ein bisschen. Vielleicht unter dem Gruppendruck. Vielleicht aber von sich aus.

Dann sage ich, dass mich der Mensch Jesus fasziniert, als Christ wie als Psychotherapeut. Und dass Leute aus Pfarrhäusern oft in Psychologie machen in der Annahme, dass sie damit weit weg von der Seelsorge ihrer Väter seien. Eine irrige Annahme. Wir fallen mit der Psychologie und Psychotherapie gerade mal ein paar Zentimeter weit weg vom Stamm der Väter.

Ich erzähle von der Jerusalemer Psychiatrie, in die jährlich rund eintausend Menschen nach den großen Prozessionen, besonders der Osterprozession, eingeliefert werden, weil sie sich mit der Person Jesu Christi derart identifizierten, dass sie sich selbst für Jesus halten. Ich lasse Nietzsche weg, dem das auch passiert war, obwohl der nicht mal in Jerusalem war.

Herr Rainer erinnert sich, dass seine Mutter für einen Schauspieler in Hamburg geschwärmt habe – „da konnte man noch rüber über die Grenze und sie hat den Goethe vom Faust, nein, den Faust von Goethe, im Schauspielhaus gesehen und der hat - "

„Gustav Gründgens", Frau Pflaumstein klaut Herrn Rainer das Wort und die Pointe. „Der Gründgens - der musste nach der Rolle auch immer in ein vorher reserviertes Zimmer in die Uni-Klinik, weil er sich für Satan hielt, ja, sowas gibt's."

Frau Priester war schon länger in Hörnähe, will sich aber hier auf dem Gang neben der Cafeteria nicht setzen. Dafür ist das Hinsetzen und das Aufstehen danach mit den Gehhilfen „zu großer Umstand, lieber Stehen".

„Und wieso ist Jesus krank gewesen", sagt Frau Priester, „wenn andere sich für Jesus hielten? Die sind doch krank, nich er." Sie sah mich an, Frau Pflaumstein auch, Herr Ferdy sah Frau Pflaumstein an, Herr Rainer Frau Priester. Ich auch.

Frau Priester hatte den verlorenen Faden wieder aufgehoben. Bald wird sie 85. Sie sei noch richtig getauft und konfirmiert worden, hat sie vorhin am Tisch noch gesagt. Und auch richtig getraut und ihre Kinder seien auch noch getauft und noch dabei. Bei die Kirche.

Frau Priester fühle ich mich dankbar verbunden und streife nur, dass eben Jesus dasselbe passiert sei wie denen, die sich für Jesus hielten oder für Frau Merkel oder Donald Trump. Immer eben für die Größten. Jesus eben hielt sich für Gottes Sohn.

„Eben drum", sagt Herr Ferdy und strahlt mich anerkennend an, „das ist doch krank, nicht?"

Ich hole mir zwecks Zeitgewinn einen zweiten grässlichen Kaffee aus dem Automaten. Zurück auf dem gut gemeinten, aber eben für Gehhilfen-Nutzer lebensgefährlichen Drehstuhl, glaube ich, meine Sinne wieder ausreichend beisammen zu haben, um Sinngebendes zum Faden sagen, den Frau Priester für uns aufgenommen hat.

Ich erinnere ihn, uns, mich daran, dass eben viele solcher besonderen Menschen, die psychiatrisch sehr interessant seien, entscheidende Erkenntnisfortschritte für die Menschheit entwickelt hatten und wollte einige prominente

Genies nennen, die ferndiagnostisch unter Psychotiker fallen, mindestens unter die schwerer narzisstisch Gestörten. Namen, die die anderen kennen könnten. Wagner, Rilke, Schumann, Nietzsche, in der Gegenwart Trump, teilweise auch ein Hitler, dieser Höcke von der AfD...

Während ich geeignete Namen sammele, sagt Frau Priester ein einzelnes Wort. Ganz auf hochdeutsch übrigens, gar nicht masurisch.

„Sündenvergebung", sagt sie und verlagert nicht das Spielbein, sondern eine Gehhilfe. Sie sagt es, sie fragt nicht und schaut Herrn Ferdy streng an. Der entlässt aus seiner Kehle erst einen Seufzer, dann ein „Ach je".

„Sündenvergebung hatter entdeckt, der Jesus", wiederholt Frau Priester.

Ich finde die Runde inzwischen wahnsinnig gut bzw. nicht wahnsinnig, sondern einfach gut. Sicherheitshalber wiederhole ich nochmal, dass ich weder Geistlicher noch fromm sei und auch ein Pfarrhäusler zu sein, reiche nicht aus für theologische Aussagen, aber ich könnte von Patienten erzählen.

„Sündenvergebung", wiederholt Frau Priester und fordert mit einer hochgehobenen Gehhilfe nun doch von Herrn Rainer einen Stuhl.

Ich verzichte aber auf die Sündenvergebung und erzähle dafür davon, dass wir viele der Patienten mit einer religiösen Bindung leichter behandeln könnten.

„Re-ligio heißt Rückbindung", erläutere ich und neben mir stehend komme ich mir vor wie im Seminar. „Patienten, Menschen überhaupt mit einer Rückbindung in einer Religion haben manchmal mehr Chancen, mit ihrer Krankheit umzugehen."

Frau Pflaumstein nickt, Herr Rainer auch, Herr Ferdy schüttelt den Kopf ohne Laute von sich zu geben und Frau Priester sagt „Jawoll". Mit Ausrufezeichen.

„Die Rückbindung bedeutet z.B. hilfreiche Rituale, Beten etwa", sage ich. „Beten, also innere Gespräche, klären. Beten reduziert durchaus Ängste. Der Patient fühlt sich nicht allein."

Ich will noch sagen, dass Beten zu einem Gott oder zum Gott in einem selbst, manche nennen diesen inneren Gott in einem den Hl. Geist, keineswegs psychiatrisch auffällig sei. Zu Gott beten sei gesund für religiöse Menschen in diesem Kulturkreis, inklusive Islam. Erst wenn jemand Gottes Stimme zu hören meint, sei das bedenklich. Überhaupt: Stimmen hören gehöre zu den Voranzeichen für eine Psychose.

Will ich sagen, aber auch dieses Teilthema ist schon überholt.

„Richtig", sagt Frau Pflaumstein. „Ich hab in den Wochen der Wende auch gebetet. Dass ich noch nach Hamburg machen kann, um dort zu Ende zu studieren. Hat auch genützt. Ich hab das Beten wieder lernen müssen. In der Kirche bei dem Pastor, der bei uns auch Montagsgottesdienste angeboten hat mit Gebeten für das Volk. Wir sind das Volk. Prima Typ. Leipzig war damals auch bei uns."

„Ja", sagt Frau Priester, „die Pasters waren schon prima damals. Bei unsrer Wende. Richtje Männer."

Wir sind von den tapferen Wende-Pastoren dann schnell bei Wende-Hälsen und nach einem dritten Kaffee, Frau Priester hat ihre Obsttorte vergessen, sind wir doch bei der Politik. Zwischen AfD, die zuletzt gewonnen hat, und den Grünen, die man kaum sah.

Wir sind bei verbotenen Themen. Herr Ferdy macht nur selten mit.

Als ich als erster die Runde verlassen will, kommt Herr Ferdy zwei Schritte hinter mir her. „Ich will Se nochmal allein sprechen, bitte", sagt er.

Ich ihn frage, weswegen Er sagt: „Paradies". Weswegen es das Paradies nie gegeben hat. Seine Oma hat noch drauf geschworen und Dürers Adam und Eva an der Wand hängen gehabt. Er, Ferdy, habe so ab acht Jahren seine ersten Studien weiblicher Nacktheit mit der Leselupe vom Opa auf diesem Wandbild gemacht. Deshalb sei er interessiert am Paradies – und was die Wissenschaft so sage.

Ich strahle innerlich. Denn ich kann das Thema allerbestens füllen: Ich lese gerade Stephen Greenblatts Schinken „Die Geschichte von Adam und Eva- der mächtigste Mythos der Menschheit". Keine Theologie, auch keine stramme Psychologie. Einfach eine Sammlung von all den Denkern, Protestlern und Verteidigern des Paradieses seit der Genesis.

Ich werde Herrn Ferdy weitergeben, was ich Pfarrhäusler als Kind von den erwachsenen Pfarrhäuslern zuhause lernte: Das Paradies ist ein Wunschbild. So wie wir uns unsere Herkunft am liebsten wünschten – eben weil die Wirklichkeit so gegenteilig ist. Ich würde Herrn Ferdy das andere Wort beipulen, was ich später lernte: Was eine Projektion ist.

Ich werde ihm helfen, das Bild seiner Oma und deren Bild von Adam und Eva zu verstehen. Ich werde bei der günstigen Gelegenheit auch gleich mitliefern, dass Wunschbilder nicht nur in die Vergangenheit reichen, sondern noch häufiger in die Zukunft. Das Paradies versprechen wir uns ja bereits bei bestimmten Lebenspunkten im irdischen Leben. Wir versprechen uns Paradiese, wenn wir uns verlieben, wenn wir ewige Liebe spüren und schwören. Oder wir bekommen das Paradies versprochen, wenn clevere oder verantwortungslose Verkäufer uns bei Verkaufsverhandlungen von Matratzen oder Autos oder Tickets zu Traum-Reisezielen das Paradies ankündigen. Bei ihnen könnten wir es kaufen.

Wenn er es logisch haben will, der Herr Ferdy, mit dem Paradies. Dann werde ich mit ihm hinterfragen, warum auf dem Bild von Adam und Eva von Albrecht Dürer Eva und Adam ein Bauchnabel haben, was heißt, dass sie nicht die ersten Menschen sind, sondern Nachfahren der Hominini, der Primaten wie Schimpansen, Orang-Utans, Gorillas.

Oder dass es nie diese Nähe gab von Adam und Eva zu Löwen, Füchsen, Geiern und anderer Fauna, weil es immer dies Fressen oder Gefressenwerden gab. Und auch das Verhältnis unserer frühen Vorfahren zu Fauna, Pflanzen, Bäumen und Gemüse war kein zärtliches, sondern ein Nutznießerverhältnis. Wir fraßen deren Früchte.

Seine Oma oder andere müssten dies alles nicht wissen. Wissen sollte das unsereins. Er, Herr Ferdy, würde dann nicht so bissig sein müssen.

Ich überlege dies alles in meinem Zimmer und mache mir Notizen für Herrn Ferdys Gespräch über das Paradies seiner Oma und merke, wie mir meine Studenten fehlen. Instrumentalisiere ich Herrn Ferdy? Kompensiere ich mit ihm und meiner Tischrunde, weil ich den Hörsaal, den Seminarraum, die Sprechstunden vermisse?

Es klopft, ich sage herein und im Türrahmen steht Herr Ferdy. Er kommt nicht herein.

„Ich habe mir Ihre Zimmernummer bei der Rezeption geholt", sagt Herr Ferdy - mehr nicht.

Ich wundere mich mal wieder über den Datenschutz von wegen Herausgabe der Zimmernummer. Mehr als die Zimmernummer von Frau Priester kenne ich nicht und die nur, weil sie direkt neben mir wohnt.

„Kommen Sie herein", sage ich und setze mich auf den Rand meines Bettes, weil die Einzelzimmer eben auch deshalb Einzelzimmer heißen, weil es auch nur einen einzelnen Stuhl gibt. „Setzen Sie sich."

Herr Ferdy sagt, er habe mir noch was zu sagen.

Ich fühle wieder Mühe mit Herrn Ferdy wegen seiner Stimme, seinem Stimmklang. Denn seine Wörter klingen in mir wie die Stimme eines Chefs, der einen untergebenen Mitarbeiter zitiert. Und zwar mit der Ankündigung einer unangenehmen, möglicherweise bedrohlichen Botschaft.

„Ich habe Ihnen noch was zu sagen..."

Mein Kopf sagt mir, dass das nicht so ist. Ich bin nicht Herrn Ferdys oder irgendjemandes Mitarbeiter, sondern beschäftige Mitarbeiter. Auch hier. In dieser Reha.

Also warte ich ab, warte auf das, was er mir zu sagen hat.

„Also", beginnt Herr Ferdy und dehnt diese zwei Silben lange. Al - - so.

Ich lasse den Rest meiner Erwartung einer Rüge oder unangenehmen Botschaft sausen.

„Also", diesmal formt Herr Ferdy die beiden Silben zügig zusammen, aber pausiert danach. Dann schießt es aus ihm heraus.

„Also", er schnieft Luft ein wie vor einem Sprung, „meine Mutter. Meine Mutter war zum Schluss verrückt."

Er pausiert. Ich fange gar nicht erst an, weil sicher noch mehr kommt.

„Krank, meine ich. Richtig verrückt." Er atmet aus und wieder tief ein, um jetzt mehrere Sätze nach diesem einen Atemzug wie ein Schnellfeuergewehr abzuschießen.

Je mehr in der „Ehemaligen" Religion verpönt war, desto frommer war seine Mutter geworden. Ein Pastor war schuld. Der Besucher von Oma, wenn sie Geburtstag hatte.

„Alles kam von dem, Omas Pfarrer."

Herr Ferdy erzählt von seiner Mutter. Sie zwang die Kinder - Ferdy war damals acht Jahre - zum Beten an allen möglichen und vor allem unmöglichen Stellen am Tag. Beten für den Busfahrer, zu dem Ferdy und die Kinder der Siedlung gleich einsteigen würden. Beten für die Lehrer. Sie sollten heimlich beten in der Schule vor jeder Stunde mit einem neuen Lehrer, weil die es besonders nötig hätten. Es reiche, wenn sie die Finger quer übereinander legen, damit gefaltete Hände nicht von Banknachbarn entdeckt würden.

Beten vor dem leeren Heft für die Klassenarbeit, Beten beim Einsteigen in den Bus für die Rückfahrt, Beten, bevor andere Kinder aus dem Block gegenüber zum Spielen kamen...

Mindestens aber ein eiliges Kreuzzeichen. Ein kleines, weiter unten am Bauch.

Sein Vater habe immer mehr die Flucht aus dem Haus gesucht und sie, die Kinder, entwickelten Strategien, wie sie es vermeiden konnten, dass die Mutter mitkam zu Sportveranstaltungen. Zu Singabenden der Freien Deutschen Jugend, zum Treffen der Jugendfeuerwehr...

Zuhause gab es dafür Marienlieder, die sie sang. Beim Abwaschen, beim Waschen, wenn sie ihre Tasche packte für den Dienst in einer Großbäckerei, die einmal angerufen hatte, um Vater zu sprechen. Nein, nicht die Mutter.

Psychose, dachte ich und an die Broschüre über Nietzsche, der Jesus geworden zu sein glaubte.

In dem Augenblick sagt Herr Ferdy, der immer noch neben meinem Bett stand, ohne den Stuhl besetzt zu haben „Psychiatrie. Sie kam erstmal ambulant in die Psychiatrie. Kurz. Sie glaubte, Maria zu sein, diese Gottesmutter. Die Republik wollte sie retten vor dem neuen Heidentum. Uns hatte sie schon aufgegeben und in der Hölle gesehen. Und Mama hatte immer solche schrecklichen..."

Herr Ferdy bricht ab und klappt den Mund zu wie einen Kasten.

„Setzen Sie sich", sage ich zu Herrn Ferdy, der wie ein Stock dasteht.

Ich verstehe jetzt, wen Herr Ferdy eigentlich aufpieken wollte mit der Gabel, erst mit Salami, dann ohne. Ich verstehe jetzt, wem die Bissigkeit in den Anwürfen gegen Himmel, Jungfrauengeburt, Jesus und diesem ganzen verrückten Zeug galten und immer noch gelten. Und ich schäme mich, dass ich das nicht eher gerochen habe.

Mir fehlt meine Klinik. Ich meine, meine Klinik. Nicht meine Reha. Die mit meinem Sprechzimmer.

Dann denke ich, wie ich Herrn Ferdy mit Frau Pietsch oder einer ihrer Kolleginnen zusammen kriege. Oder jemandem oben von der Psychosomatik.

Die Chance ist gut für Herrn Ferdy. Hier. In seiner Reha, in unserer Reha. In der manche aus der Orthopädie besser bei den Kollegen oben aufgehoben wären als hier unten in der Orthopädie.

Jedenfalls nicht bei mir, denke ich, ich mach das nicht. Und weiß schon, warum ich solche Abgrenzungsbedürftigkeit gegenüber Herrn Ferdy fühle.

„Können Sie das behandeln?", fragt Herr Ferdy mich und in seiner Stimme höre ich das Kind in ihm. Seelische Meilen weit weg von Angriff, von Provokation.

„Ich glaube manchmal, ich werde auch verrückt".

Mit dem Rest meiner professionellen Distanz überzeuge ich Herrn Ferdy, warum ich hier als Patient ihn, den Mitpatienten, nicht „behandeln" kann.

„Schade", sagt Herr Ferdy, nickt, als ich ihm anbiete, ein Gespräch mit der Psychologin zu vermitteln, mit der ich auch beste Erfahrungen mache. Ich, als Patient mit Brandwundenfolgen.

„Schade", wiederholt Herr Ferdy und nickt nochmal. „Sie könnens - die Leute zum Reden bringen."

Ich denke, dass das in diesem Fall nicht ich war, sondern meine Herkunft. Herrn Ferdy hatte der „Pfarrhäusler" gereizt. Ein Feind. Einer von der Sorte, die seine Mutter kaputt machte, die die Tochter seiner Oma war. Mit Adam und Eva von Dürer an der Wand. Gerahmt sogar. In Gold.

Vom Singen 2

Herr Kahn macht es gut.

„Jajajajajajajaja“ singt er, eingestrichenes D, aber das weiß er vermutlich gar nicht. Dafür hat er für seine sonstige weiche Erscheinung eine feste Stimme. Sogar beim auslaufenden, gedehnten „Jaaa“ mit Vibrato.

Von Anfang bis Ende der vielen Jas zieht er dabei seine rechte Hand vom Magen bis zum Kopf. D-Dur aufwärts. Eine Quinte rauf und mit Herrn Kahns Hand wieder runter. Wir folgen und schaffen sowohl Einstimmigkeit als auch beim dritten Mal als Gruppe den präzisen Schluss.

„Nochmal – bitte“.

Nach drei Minuten sind wir die Oktave hinaufgeklettert und wieder hinunter. Auf einem Atem. Das zweigestrichene D war immer noch sauber. Wir sangen auf A, dann auf O, dann auf Mo und schließlich Mi. Mimimimimimimi.

Herr Kahn nickt und wirkt auf mich gelöster. Die Dame, die ihm eine letzte Chance gegeben hat, flüstert neben mir. „Geht doch heute.“

„Prima“, sagt Herr Kahn und geht zum Seitentisch mit den Noten. Eine Minute später haben wir alle sechs die selbstgehefteten Notenblätter in der Hand. Zittert die Hand von der tapferen Dame mit dem Potential zum Widerstand gegen Leitungen?

Meine zittert nicht. Sie feiert gerührtes Wiedersehen mit einer weiteren Schwarte von Notenkennern ebenso wie von Notenverängstigten abgegriffen. Abgegriffen als Zeichen der musikalischen Kompetenz. Oder als letzter Halt für zitternde Seelen, die das Zittern in die Finger verlagern.

„Letztes Mal hatten wir uns an ein englisches Lied herangesungen, einen bekannten Pop-Song, kennen Sie alle, ganz einfach. Gehen wir doch nochmal rein für die Neuen unter uns. Seite 4.“

Ich kenne den bekannten Song nicht, was wirklich gar nichts besagt, weil ich mich im Pop nur vom Zufallshören auskenne. Unsere Töchter hatten sofort bei Beginn ihrer Musiksucht Kassettenrecorder und Kopfhörer aufgedrängt bekommen. Später mobile CD-Anlagen. So hatte ich Ruhe.

„Kenn ich nich", sagt Frau Krützfeld, „dies Lied". Und Frau Passow sagt, dass sie Englisch nicht möge.

Herr Kahn schickt einen Blick zu mir und ich nicke. Fatalerweise, weil er sogleich die Melodie anstimmt und mir nichts anderes übrig bleibt, als vom Blatt zu singen, damit er und Frau Tischbein, die den Song ja schon letzte Woche sang, nicht allein bleiben. Ich war immer schon brauchbar im Blattsingen, elf Jahre Stadtkantorei. Dafür weniger brauchbar, wenn es um Blattsingen und Englisch ging. Ich singe die Hälfte der Wörter aufs Geratewohl und sicher mit fehlerhafter Pronunciation, dafür umso dynamischer hinsichtlich der Töne.

„Sie können ja Noten!", sagt meine Nachbarin und schaut mich an. Zuerst höre ich einen Vorwurf daraus, aber dann fügt sie hinzu, dass ich eine Stütze sei. „Ja, das ist schon was, ein sicherer Sänger", meint sie und aus ihrer Stimme höre ich Neid. Ich verspürte den Impuls, mich entschuldigen zu müssen, aber dazu komme ich nicht, weil Herr Kahn auflacht.

„Der Professor war früher Musikpädagoge", sagt Herr Kahn in die Runde.

„O nein!", sagte sie und rückt ihren Oberkörper etwas ab von mir, um mich aus der gewonnenen Distanz näher betrachten zu können.

„Und was ist er heute?", fragt Frau Passow, die ihre Brille abgenommen hat, um mich besser zu beäugen.

„Sowas wie ein Kollege von mir", sagt Herr Kahn und lacht wieder. „Der Professor arbeitet in der Psychotherapie mit Musik."

„O nein", wiederholt meine Nachbarin nd Frau Krützfeld lehnt sich zurück. „Kein Wunder, wie er singt und uns vorhin in Reih und Glied zusammentrommelte."

Ich kann nur ein „Sorry" einwerfen, denn Herr Kahn spricht wieder dienstlich.

„Na gut. Keine Choräle, kein Englisch - dann nehmen wir doch was ganz anderes. Die Vögel wollten Hochzeit machen, ja?"

„Das geht", ruft Frau Krützfeld. „Das haben wir als Kinder aufgeführt, und ich war die Brautmutter, die Eule, die mit Geheule! Und später haben es meine Kinder im Kindergarten ..."

Es entwickelt sich weiter prima. Auch weil Herr Kahn als Dirigiergeste die liegende Acht, in Mathe das Zeichen für Unendlichkeit, nutzt. Tatsächlich lässt sich die liegende Acht auch unendlich beim Dirigieren einsetzen, weil man sämtliche Taktarten damit als Stütze für die Sänger und als Stütze für sich selbst durchwedeln kann. Wedeln durch den Zweivierteltakt von „I come from Alabama“ mit dem sichersten Refrain, den es gibt. „Oh Susanna …“. Wedeln durch den Dreivierteltakt der Gedanken, die frei sind. Damals noch. Heute können wir sie ja lesen dank der Entdeckung von Spiegelneuronen und anderen verwirrenden therapeutischen Instrumenten. Wedeln durch den Vierviertelttakt vom Kuckuck, der auf einem Baum sitzt und simsaladimst. Wedeln durch den Sechsachteltakt des Fitness-Schlagers „Laurentia, liebe Laurentia mein“ oder des Liedes vom Knaben, der ein Röslein auf der Heiden stehen sah und brach.

Soll ich nach dem Singen kurz das Bildungsgut beitragen, dass der alte Goethe darin eine Vergewaltigung symbolisch thematisiert? Ich lasse es. Wir sind gerade fast albern geworden bei Bolles Reise zu Pfingsten und die Frauen neben mir haben sich bei mir eingehenkelt und lehren mich so, was ich noch nicht kannte. Schunkeln im Sitzen.

Wir nannten sie früher die „Gemeindehelferinnenacht“, weil Kirchengemeindehelferinnen selten eine längere Weiterbildung in Chorleitung hatten und sich durch den Dschungel der Taktarten mühelos mit eben ihrer liegenden Acht durchschlugen bzw. durchschlängelten.

Es macht Spaß. Allen. Frau Krützfeld singt ebenso leidenschaftlich wie auswendig und dirigiert dafür die Acht von Herrn Kahn mit ihrem Notenbündel mit.

Herr Kahn stellt Wünsche frei.

„Was als nächstes?“ Er freute sich, jedenfalls lacht er wieder, als Frau Krützfeld „Wir fahren über`n See, über`n See …“ vorschlägt und ihn dabei anblinzelt. „Passt doch zu Ihnen, Herr Kahn?“

Aus sechzig Minuten werden acht Lieder. Mit allen Strophen.

„Wann ist die nächste Singstunde?“ Meine Nachbarin fragt wieder im Ton des Vorwurfs, indem sie das „Wann“ überbetont.

„Eigentlich“, sagt Herr Kahn und strahlt, „eigentlich nächste Woche. Immer einmal die Woche. Ich kann aber auch versuchen, dass wir uns noch vor dem Wochenende wieder treffen.“

„Dann mit Dorothea“, ruft Frau Passow während wir die Stühle in ihre Gefängnisse rückstellen. „Wieso heißt das Akkordeon eigentlich Dorothea?“

Herr Kahn reagiert verlegen. „Das ist privat“, sagt er. Und leiser: „Vielleicht nächstes Mal.“ Lauter sagt er, ob wir nächstes Mal ein Gospel singen wollen. „When the Saints go marching in. Sowas?“

Frau Passow juchzt kurz zweisilbig auf. „Au ja!“

„Das ist aber eigentlich ein christliches Lied“, Herr Kahn lächelt. „Sowas wie verwandt mit Chorälen ...“

„Ach ja? Macht nichts. Mach ich trotzdem. Ist ja englisch.“

Rosis Hypnose

„Ich kann heute nicht in die Singgruppe", sage ich Herrn Kahn, dem Psychologen, der die Singgruppe aus lauter Liebe zur Musik und zu Patienten oder umgekehrt leitet, obwohl er das nicht bezahlt bekommt. „Eine Kollegin kommt. Zu Besuch. Gerade während der Singzeit."

Die Kollegin ist Rosi. Ein Schatz. Sie war mit mir in der Ausbildungsgruppe und machte schon damals nicht viel von sich her, weil sie schon viel hatte und war. Menschlich wie fachlich. Eben ein Schatz. Manchen Menschen steht der Therapie-Beruf wie ein mit ihnen mitgeborenes Kleid.

„Soll ich kommen – und dir helfen bei der Hand?", hatte sie gefragt, als ich am Telefon etwas lautere Ängste um meine rechte Hand äußerte. Von wegen Klavierspiel. Eines der mich nährenden Spiele.

Frau Jakob, Erna, Physiotherapeutin, so der Schildtext auf ihrer linken Brust, hatte da Zweifel geäußert. Vorsichtig.

„So ganz wird es wohl nicht mehr – was ich so sehe. Ganz steckt man ja nie da drin." Sie meinte meine Hand.

Das Leichtsinnige an zu großer Vorsichtigkeit geäußerter Zweifel: Sie treiben den Menschen schneller in Ängste, als wenn Klartext geredet wird. Gut, sie ist sehr jung, die Frau Jakob, Erna. Aber die Jugend schwächt geäußerte Zweifel nicht ab, wenn der Hörer ein Patient ist. Und ein ängstlicher. Es nützte mir auch nichts, dass ich eine ganze Vorlesungsreihe über Ängste, gerichtete und ungerichtete, diffuse und noch viele mehr, über Furcht und Panismen im Repertoire hatte. Und den Umgang damit.

Selbstbehandlung funktioniert umso weniger, je größer die Angst.

„So ganz wird es wohl nicht mehr", hat Frau Jakob, Erna, gesagt.

„Soll ich kommen – und dir helfen bei der Hand?", hat Rosi gefragt.

„Oh ja – oh ja, danke Rosi!", sage ich am Telefon und wir verabredeten eine Zeit. Die während der Singgruppe bei Herrn Kahn.

Als ich mich bei Herrn Kahn für das Singen mit dem Kommen einer Kollegin entschuldige, fragt er interessiert nach.

„Auch Psychologin?", Herr Kahn ist eben Psychologe unter Psychologinnen und benutzt grundsätzlich die Gendersprache.

„Ja", antworte ich, „Spezialgebiet Hypnose. Sie will mir bei der Hand helfen."

Das war mein Fehler.

Denn neben Herrn Kahn stand meine Mitpatientin, Frau Epstein, und diese reckte den Hals wie eine alarmierte Gans, die bekanntlich wegen ihrer Hellwachheit auch als Wachhund eingesetzt wird. Frau Epstein wurde zur Gans beim Wort „Hypnose"

„Oh!", sagte Frau Epstein. „Hypnose!"

Frau Epstein ist die übernächste Nachbarin von Frau Pflaumstein am Tisch im Speisesaal und zeichnet sich durch besondere Neugier aus. Frau Epstein ist besser durch die Umkehrung des Begriffs Neugier umschrieben. Frau Epstein giert nach Neuem. Immer.

„Die macht Hypnose? Bei wem denn? Kann man da dabei sein?"

Ich schüttele den Kopf und sage, dass meine Kollegin nicht diese Art Hypnose macht, mit der man jemanden aufstehen und auf einem Bein tanzen oder Mörder finden lässt. Das sei ganz ruhig. Still. Nicht wie in den alten Frankenstein-Filmen. Ich wisse das wirklich, weil Hypnose auch zu meinen Methoden gehöre.

Herr Kahn nickt zu meinen Worten.

„Och", sagt Frau Epstein, „egal welche Hypnose, ich bin doch an allem Medizinischen brennend interessiert. Und mucksmäuschenstill."

Ich schüttele für meine Verhältnisse länger den Kopf. „Ich bin der Patient – und werde behandelt. Sie hätten es auch nicht gerne, wenn ich Sie in die Behandlungen begleiten würde."

Frau Epstein ist nicht nur gierig nach Neuem in der Medizin, sondern auch raffiniert. Sie verstand meine Absage und teilte ihren Kummer darüber mit Frau Pflaumstein, meiner direkten Nachbarin. Mit der eben leider nicht nur ich mich so gut verstehe, sondern auch Frau Epstein.

Frau Pflaumstein wartet beim Abendessen auf mich. Ihr Teller ist schon weggeräumt, sie wartet wirklich. Sie dreht sich zu mir, lässt ihr ansteckendes Lachen hören und ihren frisch rosafarben nachgezogenen Mund sehen.

„Hypnose macht Ihre Kollegin?", fragt Frau Pflaumstein und redet sehr zügig und eindrücklich weiter. Ob „das" eine öffentliche Veranstaltung mit dieser Kollegin von mir sei. Eine Veranstaltung, wie die über gesunde Ernährung oder Seniorensport - mit Übungen etwa. Eine, die man nur am Veranstaltungsbrett anzuschlagen vergessen haben könnte. „Hypnose – das ist ja schon was, nicht?"

Letzteres bestätige ich und Ersteres nicht. Nein, das sei nur ein Besuch.

Dann höre ich die andere Stimme. Frau Pflaumsteins Stimme ist Sopranlage. Eben solch eine, wie sie viele Lehrerinnen sprechen und singen.

Die neue Stimme hinter mir ist warme Altlage. Es ist Rosis Stimme. Direkt hinter mir. Sie ist eine halbe Stunde früher gekommen. Die Dreiviertelstunde Stau, die sie sicherheitshalber bei der Hinfahrt eingerechnet hatte, war nicht. Kein Stau. Und an der Rezeption hat sie erfahren, dass ich im Speisesaal bin. Typisch Rosi. Was sie sucht, findet sie. Auch als Präsidentin unseres Berufsverbandes tat sie das. Als Berufspolitikerin. Im Dschungel deutschen Gesundheitswesens fand sie immer, was sie suchte.

„Ihr redet über Hypnose?", fragt Rosi.

Zwei Minuten später habe ich verloren. Ich mache die drei miteinander bekannt. Frau Epstein, die ja neben Frau Pflaumstein sitzt und ein leicht fieberndes Gesicht vor Aufregung zeigt.

„Dürfen wir dabei sein?", fragt Frau Epstein schon wieder und schaut nicht mich, sondern Rosi an.

Sie, Rosi, würde mich wegen meiner Hand behandeln, sagt Rosi. Was nie ausschließt, dass jemand anderes mitmacht, der was ganz anderes hat. Oder nicht hat. Oder noch nicht hat. Einige Stufen der Hypnose seien immer heilsam.

„Aber", sagt Rosi freundlich, „aber nur Dabeisein geht nicht, geht nie. Hypnose ist Therapiearbeit und zu der gehört ein Patient. Und – heute – die mitbetroffene Ehefrau." Zu mir gewendet sagt Rosi, dass meine Frau in der Cafeteria warte. Dann geht sie in Richtung Schwungtür raus aus dem Restaurant. Ich weiß, dass Christine den rappelvollen Speisesaal mit all den Gehhilfen nicht mag. Sie kam nur einmal und nur meinetwegen an unseren Tisch hinten an der Wand, weil ich ihr meine Tischgesellschaft vorstellen wollte. Ich hänge an ihr. Der Tischgesellschaft. Und an meiner Frau. Und wenn der Mensch an Verschiedenem hängt, hätte er das meist gerne beisammen.

Ich sehe, wie Frau Epsteins Gesicht kleine rote Flecken zeigt, wie sie mit dem Mund schnappt, ihn letztlich geschlossen lässt.

Ich verzichte auf den Salat und stehe auf. „Weiter guten Appetit", sage ich.

Hinten an der Schwungtür zum Flur sehe ich Rosi und hinter ihr, von der Cafeteria kommend, geht Christine auf sie zu.

Oben bei mir auf der Drei nimmt Rosi die Fäden in die Hand und organisiert. Sie holt sich den an der Wand lehnenden Plastikstuhl vom Balkon, klappt ihn in meinem Zimmer zwischen Heizung und meinem Bett auf und sagt „schon gut, ich sorge schon für mich selbst". Sie winkt Christine zu, die ihr den einzigen Sessel im Zimmer rüberschieben will und schüttelt den Kopf.

„Du legst dich bitte auf dein Bett", sagt sie zu mir, „und Sie", sagt sie zu Christine, die beiden siezen sich immer noch, „richten sich auf dem kleinen Sessel ein".

Rosi sagt nicht „bequem hinsetzen". Das hören Menschen zu oft und folgen der Einladung nicht. Viel nachhaltiger wirkt dies „richten Sie sich auf dem Sessel ein". Das klingt nach einer längeren Zeit, die man in die Bequemlichkeit investieren kann. So wie Rekeln beim Einschlafen, ohne dass der Wecker für morgens gestellt werden muss.

„Und du", Rosis Stimme klingt langsamer, „du suchst dir mit der Fernbedienung die richtige Winkellage auf deinem Bett."

Ich habe die Augen schon geschlossen, höre aber Rosis Sprechrichtung noch einmal zu Christine.

„Folgen Sie einfach meinen Einladungen an Ihren Mann – wo sie folgen wollen und können. Folgen Sie – und bringen Ihre eigene Sorge um die Brandfolgen bei Ihrem Mann ein. Sorge um seine Sorge - um die Hand für das gemeinsame Klavierspiel – und so vieles anderes, wozu die Hand wichtig ist…"

Ich höre, wie Rosis Stimme sich verlangsamt, pendelt zwischen ihrem Ausatmen, auf dem sie spricht, und dem Einatmen – und ihre Atmungszeiten wohl schon meinem Atmungstempo angleicht. Egal.

Rosis Stimmlage ist gesunken. Tiefe Altstimme. Wie eine leichte Decke breitet sie sich über mich.

„Wandern durch den Körper – prüfen, wo er es noch komfortabler haben kann - - möglichst komfortabel - - den Umständen entsprechend sehr komfortabel…"

Ich drücke Knöpfe, senke den Kopf-Rückenbereich, erhöhe die Fußlage.

Rosi spiegelt, was ich tue „Ja, den Rücken flacher, die Füße etwas höher – so bequem wie es jetzt möglich ist. Probier noch das Kopfkissen. Wo bringt es noch mehr Komfort? Unter dem Nacken? Oder unter den Knien?"

„Nacken - Kissen darunter", denke ich, sagt Rosi jetzt wegen Christine in ihrem Sessel. Da dürfte es schwierig sein, mit dem Kissen unter dem Nacken. Na, vielleicht lehnt Christine den Kopf an die Tür zum Bad.

Rosis wieder langsamer gewordene Sprache zeigt mir, dass die Induktion in die erste Trance begonnen hat, während ich noch bei den Kissen bin. Und beim Nacken von Christine… das Kissen… die Tür zum Badezimmer…

Ich bewege die Kopflage, die Lage der Arme und besonders des rechten Armes, weil an dessen Ende das Zentrum des Geschehens ist. Die Hand.

„Ja, die Hand", höre ich Rosis Stimme, „um die geht es."

Immer dem Patienten und seinen Körpersignalen folgen, denke ich. Und es kommt, was kommen muss:

„Du weißt, was kommt. Probier aus, was jetzt angenehmer ist: Mit offenen Augen und mit Brille. Das geht auch. Oder ohne Brille. Mit geschlossenen Augen."

Jetzt müsste Kontraktion kommen. Jetzt kommt sie auch schon.

„Wandere einmal durch den Körper – von unten nach oben oder umgekehrt – und dort, wo noch Verspannungen spürbar sind, spann die Muskeln in diesem Bereich einmal kurz an – und lass los."

Ah, ich höre mich seufzen. Was für eine wundervolle Methode doch dieses Führen des Patienten durch das Folgen ist, dem Folgen seiner Körpersignale. Gleich kommt die Atmung dran. Und es kommt.

„Ausatmen bedeutet Loslassen… Loslassen von verbrauchtem Sauerstoff… Loslassen von Überflüssigem… z.B., dass dein Kopf ständig denkt, in was für einer Hypnose-Ebene wir jetzt wohl gerade sind…"

Ich nicke. Rosi variiert. „Dann denk das ruhig weiter – und höre mir außerdem zu… wenn du magst." Sie duzt jetzt Christine mit, denke ich. Und überlege, ob ich eigentlich schon ideomotorische Reflexe zeige. Diese winzigen

Bewegungen in den Extremitäten des Körpers, die der Patient nicht mitkriegt und die der Therapeutin die Trancestufe anzeigt.

„Wenn du jetzt das Empfinden erster Entspannung hast - such einmal Worte dafür, was du dir für deine rechte Hand wünschst…" höre ich Rosi und mich dann räuspern.

„Versuch, deine Stimme nicht schöner zu machen – sie ist okay. Sag, was die Hand sich wünscht - - wie sie jetzt sein möchte - - deine rechte Hand. Wie soll sie sein?", sagt Rosi.

Prima Dissoziation, denke ich. Das mit der Stimme. Dann höre ich mich antworten.

„Mittelfinger und Ringfinger – flexibler, geschmeidiger", höre ich mich.

„Gut. Mittelfinger und Ringfinger – flexibler, geschmeidiger…", höre ich Rosi spiegeln. „Das sind auch die Finger, die an einer Sehne hängen und die auch Robert Schumann so Probleme machten, nicht?"

Prähypnotische Plauderphase denke ich und ärgere mich. Über meinen Kopf, der denkt.

„Mittelfinger, Ringfinger, flexibler, geschmeidiger", wiederholt Rosi. „Was noch – vielleicht?"

„Spannweite der ganzen Hand, Oktaven greifen, Streicheln können. Christine… Ich habe Angst vor…"

Rosi schält meine Antwort-Wörter – meine Ängste gegenüber meiner Hand - wie eine große Orange. Langsam. Immer mehr dem Fruchtfleisch entgegen. Meine Wünsche an sie für das Schreiben und Klavierspielen und Streicheln nimmt Rosi vorsichtig wie die Fruchtschnitten heraus und legt sie auf das Tellerchen meines Vorbewusstseins.

„Stell dir vor, du hast innere Augen…, die alles erkennen…, wie sieht es in deiner Hand aus?"

Ich berichte ihr, was ich sehe. Noch nie gesehen habe. Vielleicht war das Rotlicht, das meine ganze Hand ausfüllte, ähnlich dem Licht im Uterus meiner Mutter.

Ich sehe Muskeln, Sehnen, Faszien. Ich sehe die Fingerknochen - wie Orgelpfeifen angeordnet: von klein und kurz länger werdend. Ich sehe die Knorpel der beginnenden Arthrose. Sieht alles sehr freundlich aus.

„Wie fühlst du dich in deiner rechten Hand, dort, wo du gerade in ihr bist?"

Ich berichte ihr, wie ich mich fühle. Rosi wird leiser und ich verstehe sie immer genauer.

„Bleib mit deinem inneren Blick in deiner rechten Hand. Jetzt sag in Wörtern nochmal, was du dir von ihr wünschst… nimm vielleicht neue Wörter, zu denen deines Wunsches nach Spannweite und Oktaven und Streicheln…"

„Spannen-Zusammenziehen - Geschmeidig - Kraftvoll – Zart."

„Magst du dir eine Dreierwortgruppe aussuchen – als deine Formel?"

Ich lande bei „Kraftvoll-Zärtlich-Fingerspiel".

„Wiederholst du diese Formel bitte drei Mal – und sagst die Wörter ganz langsam – und bewegst die Hand zu dem, was du gerade sagst: Kraftvoll-Zärtlich-Fingerspiel…und bleib drinnen in deiner rechten Hand…"

Ich wiederhole drei Mal: Kraftvoll-Zärtlich-Fingerspiel und lasse meine Finger spielen.

„Und jetzt gehen wir weiter – Ausatmen – Einatmen. Einatmen bedeutet Zulassen. Zulassen von neuem Sauerstoff, von neuen Möglichkeiten… Lass zu, dass deine Hand sich entwickelt…"

Hier, denke ich, würde meine Methode die Musik einbeziehen. Trophotrope, langsame Musik. Ein Adagio, das der Patient sich wünscht vom Band. Oder die Töne des Monochords. Die ich mit ihm vorher abspreche. Oder wenn er nichts nennen kann oder will, der Patient, spiele ich am Flügel den 2. Satz vom Köchel-Verzeichnis 466. Romanze. Mozart. Vorzeichen b und Es. Ich dämmere mit den ersten Tönen wieder in meine Hand hinein, Kraftvoll-Zärtlich-Fingerspiel.

Ich denke an meinen Puls und ob der wohl auch - wie bei meinen Patienten - so runtergeht. Wie meistens ab der zweiten Trancestufe. Bis zum Da da – Da da – Da da des Schlafes, in dem das Bewusstsein wach bleibt, nur dass es sich verändert… .verändertes Wachbewusstsein…ich verliere das Gefühl meiner Außengrenzen des Körpers…lange nicht mehr auf dem Liegemonochord gelegen…immer gespielt…

Rosi wiederholt, ich könne die Lage meines Körpers ändern, wie ich wolle. Und jetzt einmal mit der inneren Wahrnehmung die Vogelperspektive einnehmen. Mich von oben da unten liegend sehen. Wie ich in meiner Hand bin und die Faszien und Muskeln von innen anschaue, das tiefe Rot – und wie ein Schatten da oben die neue Haut. Über alle Finger.

Die Stimme lädt mich immer wieder ein, mir meine Formel zu sagen. Dabei formt sie Wörter mit Pausen. Ach ja. Orientiert an meinem Puls, den sie an den Bewegungen der Bauchfellatmung sehen kann … Ich höre nicht mehr, ob ich die Formel spreche – oder Rosi. Oder ob die Wörter in mir sind und außen gar nicht mehr hörbar.

„Innerlich sprichst du deiner Hand zu: Kraftvoll-Zärtlich-Fingerspiel. Du sprichst dann, wenn diese kleine Pause zwischen Ausatmen und Einatmen einsetzt. Dies Innehalten."

Kraftvoll-Zärtlich-Fingerspiel … drei Wörter. Immer wieder die drei Wörter.

Ich denke an die beschwörende Formelkraft in Märchen. Mehr Wörter. Aber meist dreifach gesprochen. Froschkönig, denke ich.

Wenn du willst mein Schätzchen sein,
will ich dir geben rein Wässerlein.

Auch dreimal, dreifach. Wie mein Kraftvoll-Zärtlich-Fingerspiel. Und Schneewittchen:

„Spieglein, Spieglein an der Wand,
wer ist die Schönste im ganzen Land?"

Ich höre Rosi, wie sie mich einlädt, von oben auf mich zu schauen. Vogelperspektive.

Wie ich da liege und wie die rechte Hand da neben mir liegt. Kraftvoll-Zärtlich-Fingerspiel …

Ich komme erst zurück, als Rosis Stimme mich einlädt, darauf zu achten, welcher Teil meines Körpers jetzt zuerst zurückkommen will. Ganz kleine Bewegungen, während der übrige Körper sich noch weiter ausruhen kann … Wie morgens beim Aufwachen.

Als letztes öffne ich die Augen und sehe auf die Decke, dann auf meine rechte Hand. Fühlt sich gut an. Ich streichele sie mit der linken Hand.

Beim Aufsetzen auf dem Bett hilft mir Rosi. Da ist dieser leichte wohlige Schwindel. Ja, richtig. Re-Orientierung in das Hier und Jetzt.

Ein kleines „Ach" höre ich. Christines Stimme. „Ach. Sowas. Ich hab … ich war … ."

Ich habe Christine ganz vergessen.

Ich berichte von den Körperempfindungen. Von meinen Gedankenreisen. Zurück in das Rot des Uterus. Ich berichte vom Froschkönig und von Schneewittchen.

Später, knapp vor Toresschluss, 21 Uhr, bringe ich Rosi und Christine noch nach draußen zum Parkplatz. Christine wird zum Hotel „Phönix" am Wasser wandern. Rosi nach Hamburg fahren. Und auf der Rückfahrt vielleicht die kollegiale Behandlung in Stichworten auf ein Diktaphon sprechen. Wie ich es auf der Heimfahrt von meiner Klinik immer getan habe.

Beim Frühstück bin ich der letzte. Frau Epstein vom Nachbartisch grüßt mich nicht, was ich umso freundlicher tue.

Frau Pflaumstein ist sehr herzlich beim Wunsch für einen Guten Morgen.

„Wie heißt sie eigentlich, Ihre Kollegin – hat sie einen Platz frei? Ich hätte da was, womit ich zu ihr gehen würde", fragt Frau Pflaumstein. Ich sage es ihr. Mitsamt dem Hinweis, dass man Namen und Praxis und viel von der Methode bei Dr. Google findet.

Frau Epstein sagt von hinten, dass es ja verschiedene Hypnose-Techniken gebe. Frau Epstein sagt weiter, dass das alles mit diesen neuen Hypnosetechniken so sei wie mit den Hähnen. „Jeder Hahn braucht seinen eigenen Misthaufen, auf dem er kräht."

Das hätte sie nicht sagen dürfen. Frau Pflaumstein ist mit der Verteidigung von Rosi schneller als ich.

„Sie sind eine aufdringliche, neidische Pute", sagt Frau Pflaumstein zu Frau Epstein.

Ich habe dem nichts mehr hinzuzufügen als mein Kopfnicken. Ich bin nur neidisch in solchen Augenblicken, dass ich diese Sprache nicht gelernt habe.

Herr Rainer sagt „spannend". Und Frau Priester sag: „Ich wäre sicher eingeschlafen dabei – aber wohl anders."

Ich sitze noch beim Tee nach dem Marmeladenbrot, das mir Herr Rainer drittelt und mit Kirsche, Himbeere und Pflaume beschmiert, als eine der Rezeptionisten sich an den Tischen durchschlängelt. Auf mich zu.

„Ob Sie bitte nach dem Frühstück nochmal zu Frau Dr. Tschilp kommen, Herr Professor." Sie sagt es nicht als Frage, sondern als Appell.

Ich weiß, was kommt. Da ist Rosis Hypnose zu ihr gedrungen. Ich weiß, was meine Oberärztin zu Anfang sagen wird. Dass sie mich möge – aber so ginge das nicht. Und jetzt auch noch Hypnose.

Und ich erinnere mich, was sie mir im Erstgespräch sagte. „Sowas wie Sie haben wir hier eigentlich nicht gerne, Herr Professor…"

Ich nicke mit vollem Mund und nehme mir vor, mit der Entschuldigung anzufangen, dass ich vorher nichts davon gesagt habe, Besuch zu bekommen. Besuch, der mir eine Extra-Behandlung für die Brandfolgen angeboten hat. Nur mit Worten. Keine medizinische Anwendung.

Wir würden uns trotz der Hypnose weiter mögen. Frau Dr. Tschilp und ich.

Es läuft ungefähr so, wie ich erwartete. Aber nur ein bisschen. Denn Frau Tschilp sagt nach dem Kopfschütteln, ob ich ihr einen Termin bei dieser Kollegin vermitteln könne.

„Ich will seit Jahren Hypnose kennenlernen, Professor. Seit Jahren, um dann selbst – wenn die Kinder aus dem Haus sind und ich zurück kann an den Tisch im OP-Saal irgendwo – die Patienten auf die OP einzustimmen. Hamburg ist ja nicht weit. Also – machen Sie das?"

Rosi ist gestern Abend gut nachhause gekommen. Wahrscheinlich diktiert sie doch nicht am Steuer. Und Christine wartet nach dem Frühstück im Hotel auf mich, der ich noch eine Anwendung habe.

Physiotherapie. Ich werde zu Christine rüber an das Hotel am Wasser laufen. Jedenfalls innerlich. Wie Phönix aus der Asche werde ich zu ihr laufen und erzählen, was eben in der Physiotherapie passiert ist.

„Gut – sehr gut!", hat die Therapeutin gesagt und mich wiederholen lassen, was sie gut, sehr gut fand: Meine Hand konnte, was sie bis jetzt nach über drei Monaten nach dem Brand noch nie konnte. Sich zur Faust ballen. Und spreizen wie die Kralle eines Pfaus. Wie Phönix aus der Asche. Nur, dass ich keine Kralle habe, sondern meine genesende Hand. Zum Greifen von Oktaven. Zum Streicheln von Tönen. Zum Schreiben. Und Weiterem.

Dankeschön

- an meine Mitpatienten in jener Reha an der Ostseeküste
(es gibt mehrere, weswegen der Datenschutz gesichert ist),

- an Therapeutinnen und Schwestern sowie Ärztinnen
(die ich hier mit Gendersprache anzureden scheine – aber es gab keinen Mann darunter – außer dem Ärztlichen Direktor, den ich nur einmal eine Minute sah; weswegen er hier nicht vorkommt)
ohne sie wären die Geschichten nicht entstanden und ich hätte nach 40 jähriger eigener klinischer Arbeit nicht derart viel lernen dürfen „vom anderen Ende der Bank". Als Patient, nicht Chef.
Meine Geschichten sind auch Liebesgeschichten für die oben Genannten.
Hoffentlich merken sie das.

- an Astrid Nebelsieck, meine Korrektorin, für die so konstruktive Zusammenarbeit
- an meine jahrzehntelange Erstredakteurin und angetraute Geliebte Christine Decker-Voigt für diesmalige Begleitung
- an Ilse Warnecke-Schulz für das kreative Umschlagsbild
- an meine künftigen Leserinnen und Leser, auf dass Ihnen in ihrer Reha (als Genesungshilfe oder als Arbeitsplatz) diese Schichten meiner Geschichten Augen und Ohren öffnen mögen,
- wie schön es da sein kann.

Hans-Helmut Decker-Voigt

Shaker Media

ISBN 978-3-95631-172-7

698 Seiten

Deutsch

Paperback

21 x 14,8 cm

26,90 EUR

Das Pfarrhaus

Bd. 1: Wen Gott liebt, dem gibt er ein Amt

„Deutschland ist Pfarrhausland. Deshalb lohnt es sich anzuschauen, wie die Pfarrer und Pfarrerskinder gelebt haben und was dieses Leben aus ihnen gemacht hat". So formulierte „Der Spiegel" im März 2013 in einem Artikel – bezogen auf die evangelische Pfarrerstochter Angela Merkel und den ehemaligen evangelischen Pfarrer Joachim Gauck. Mehr als drei Jahrzehnte hat der Pfarrerssohn Hans-Helmut Decker- Voigt nicht nur genau hingeschaut und Briefwechsel, Chroniken, Predigten, Tagebücher studiert – er hat erlebt, gefühlt, geschmeckt und in seinem literarischen Großprojekt „Das Pfarrhaus" die Geschichte (s)einer norddeutschen Pfarrerdynastie komponiert. Er und sein Material liefern den Stoff für eine bewegende Familiensaga aus dem fünf Jahrhunderte alt werdenden evangelischen „Glashaus Pfarrhaus."

„Seine Arbeiten sind eine beispielhafte Art von Bestandsaufnahme des Unmöglichen, für das die Maschen offizieller Netze zu groß sind." (Siegfried Lenz)
„Ich stehe zeitgenössischer Literatur immer fremder gegenüber – aber die Ideen und ihre Bearbeitung durch diesen Zeitgenossen verbinden Zeiten." (Golo Mann)
„Eine glückliche Fülle von reichen Themen und eine ungewöhnliche Art, Menschen schriftlich zum Leben zu erwecken." (Hanns Lilje)
„Dieser Autor – 1945 geboren zwischen den Stühlen von Epochen – leitet etwas Schönes und Notwendiges ein." (Karl Krolow)
„Ein Großwerk ist da unauffällig in vielen Jahren entstanden!"(Der „Nordkurier" 2014)
„Das Pfarrhaus" ist ein Ferment deutscher Mentalitätsgeschichte (Lessing, Lenz, Nietzsche, Benn u.a.) -plastisch bunt anschaulich!"(Jendris Alwast „Lübecker Blätter")
„Es muss an der Sprache des Autors gelegen haben: Hans-Helmut Decker-Voigt zieht den Leser förmlich hinein in die Welt eines Pfarrhauses, ein für den Laien ungewöhnliches Milieu (...). Der Roman schildert mit der ungewöhnlichen Sprachbegabung des Autors die inneren und äußeren Erwartungen, denen ein Geistlicher im späten 19. Jahrhundert unterliegt und im 1. Weltkrieg eine tiefgreifende Erschütterung seiner seelsorgerischen Arbeit erfährt (...). Das ist wunderbar beschrieben und gewährt dem Leser sensible Einblicke." (Hartwig Kloevekorn „Humanität" Mai/15)

Mehr zum Autor erfahren Sie unter: www.decker-voigt-archiv.de

Hans-Helmut Decker-Voigt

Das Pfarrhaus

Bd. 2: Dein Körper gehört
auch zur Liebe, Kind

Shaker Media
ISBN 978-3-95631-189-5
650 Seiten, Deutsch
Paperback, 21 x 14,8 cm
25,90 EUR

Vom Haken mit dem Kreuz

Wo, bitte, geht's zum Kasperletheater
mit Herrn Hitler?

Shaker Media
ISBN 978-3-95631-397-4
686 Seiten, Deutsch
Paperback, 21 x 14,8 cm
33,90 EUR

Vom Kreuz mit den Haken

Feste feiern, bevor die Männer fallen

Shaker Media
ISBN 978-3-95631-556-5
564 Seiten, Deutsch
Paperback, 21 x 14,8 cm
26,90 EUR

Zielentwicklung mit Kindern in Psychotherapie und Heilpädagogik

Bernard Hobrücker

Zielentwicklung mit Kindern in Psychotherapie und Heilpädagogik

Verhaltensvereinbarung als Behandlungselement

PETER LANG
Frankfurt am Main · Berlin · Bern · Bruxelles · New York · Oxford · Wien

Die Deutsche Bibliothek - CIP-Einheitsaufnahme

Hobrücker, Bernard:

Zielentwicklung mit Kindern in Psychotherapie und Heilpädagogik : Verhaltensvereinbarung als Behandlungselement / Bernard Hobrücker. - Frankfurt am Main ; Berlin ; Bern ; Bruxelles ; New York ; Oxford ; Wien : Lang, 2002
ISBN 3-631-39673-2

ISBN 3-631-39673-2

www.peterlang.de

Inhalt

Einführung

Die Absicht zu diesem Buch entstand aus dem Wunsch heraus, eine Methode vorzustellen, mit der die große Lücke zwischen den Vorstellungen, die Therapeuten von Kinderpsychotherapie haben, und dem, was Kinder darunter verstehen (oder was sie von den Vorstellungen ihrer Therapeuten mitbekommen), verkleinert werden kann. In stärkerem Maße noch als in der Psychotherapie Erwachsener hat sich die Kinderpsychotherapie der Frage einer Legitimation ihrer Ziele zu stellen, sind doch die Kinder nicht die Auftraggeber, wohl aber die eigentlich Betroffenen. Während die Verhaltenstherapie in den meisten Fällen die Ziele der Intervention benennen und die Wege dorthin als eine halbwegs systematisierte Folge einzelner Schritte offenlegen kann (ohne sie damit aber tatsächlich immer offenzulegen oder der Diskussion zu überlassen), sind es gerade die „Einsichtstherapien", deren Ziele einem Kind wenig einsichtig sind – was allein schon auf deren abstrakte Formulierungen zurückzuführen sein mag. Ohne Einsicht in die Ziele einer Therapie vermag ein Kind schwerlich zu beurteilen, wie sich die professionelle Hilfe auf seine Lebenssituation auswirkt. Die Qualität einer Psychotherapie muß aber zumindest zu einem wesentlichen Teil vom Urteil ihres „Erleiders" abhängen.

Kinder, die in eine Kinderpsychotherapie kommen, *sollen* sich verändern: ihr Verhalten, ihre Leistungen, Einstellungen, Gefühle in bestimmten Situationen. Mehr noch: sie sollen es nicht nur, sie *sollen* die Veränderung auch *wollen*. „Und alle fürchten wir die Veränderung" (ROGERS, 1973 a). Mögen die Therapeuten noch so nett sein, und mag das Therapiearrangement auch noch so „kinderfreundlich" sein: zum Wollen gehört, wie wir seit Beginn des letzten Jahrhunderts wissen, die „Valenz des Einverständnisses" und die „Bewußtheit der Richtigkeit" (ACH, 1910). Es ist erfreulich, wenn ein Kind gerne in eine Psychotherapiestunde kommt, wenn es Freude am Spielzeug des Therapiezimmers oder an Gruppen-Trainingssitzungen hat – solange es nicht weiß, welche Ziele hinter diesem Vorgehen stehen und es diesen Zielen nicht zustimmt, fehlt dem Psychotherapiegeschehen etwas von seiner Berechtigung. Die relativ hohe Zahl ambulanter Kinderpsychotherapien, die aus therapeutischer Sicht und gegen fachlichen Rat vorzeitig beendet werden (KAZDIN, 1996), dürfte hier eine ihrer wesentlichen Ursachen haben. Auf der anderen Seite kann nicht postuliert werden, daß jede Form von Einfluß, die eine Therapie ausübt, jederzeit vom Kind nachvollziehbar sein und sein Einverständnis gewinnen muß. Notwendig für das Einverständnis des Kindes ist ein Verständnis für die Problemsituation: Daß sich etwas ändern muß, und daß es für diese Veränderung „Wegmarken" geben muß, an denen das Kind, die Angehörigen und der oder die professionellen Helfer sich orientieren können.

Durch das Erarbeiten von Zielen wird Kinderpsychotherapie – wie Psychotherapie überhaupt – zu einer *Leistung*, die von allen Beteiligten zu erbringen ist. Eine solche Akzentuierung erscheint unschön, geht es doch in helfenden Beziehungen wie einer Psychotherapie auch um das Schaffen einer Atmosphäre, in der die Erwartungen einer oft als übermächtig erlebten Umwelt möglichst außen vor bleiben sollten, damit ein Klima der Veränderung entstehen kann. Mein Standpunkt hierzu ist, daß es gerade kontraproduktiv wäre, so zu tun, als hätte Kinderpsychotherapie nichts mit Leistung zu tun. Indem das Kind die Erfahrung macht, daß es in der geschützten Atmosphäre einer Psychotherapie auch darum geht, an einer Veränderung zu „arbeiten", wird es mehr zur Sache des Kindes, die Psychotherapie erfolgreich zu gestalten. Durch die Hereinnahme des Leistungsaspektes und durch das Erarbeiten von Zielen wird Kinderpsychotherapie auch im Erleben des Kindes zu einem Geschehen, das auf die Zukunft orientiert ist.

Es kommt also darauf an, Mädchen und Jungen, die auf Veranlassung ihrer Angehörigen in eine Kinderpsychotherapie kommen, am Prozeß der Zielfindung und –bewertung teilhaben zu lassen. Dazu soll die hier vorgestellte Methode beitragen: Mit dem Vorschlag, das Kind auf zwei Arten zu einer Rangeinstufung seiner Therapieziele zu veranlassen, eröffnen sich ihm Möglichkeiten, einzelne Ziele auf- oder abzuwerten. Durch diese Bewertung nimmt das Kind teil an der zentralen Prozedur der Entscheidungsfindung „Was soll geschehen?", nachdem von Erwachsenen-Seite die erste Entscheidung, nämlich einen Therapieplatz zu suchen, oft ohne Beteiligung des Kindes, gelegentlich auch gegen dessen Wunsch, gefällt wurde. Mit der Prozedur eines Paarvergleichs der Ziele sowie eines anschließenden „Rankings" kann das Kind zu einer anderen Art von Einverständnis und dem Bewußtsein, das Richtige zu tun, kommen. Der Bewertungsprozeß liegt daher noch *jenseits von Wollen und Sollen*. Er führt zudem, da er Zeit in Anspruch nimmt, dazu, daß Kinder ihre Ziele intensiv lernen, sofern sie die Prozedur aktiv begleiten – doch davon später. Die Einbeziehung der Angehörigen in diesen Bewertungsprozeß läßt die *Transparenz* eines wichtigen Abschnitts im Therapiegeschehen als motivierenden Einfluß auf alle Beteiligten wirksam werden, so meine Behauptung.

Es darf an dieser Stelle nicht unerwähnt bleiben, daß die hier vorgestellten Methoden und Ergebnisse großenteils aus der *stationären* Behandlung von Kindern in einer kinderpsychiatrischen Klinik resultieren. Hier ergeben sich andere, intensivere Möglichkeiten zur Kontrolle des kindlichen Verhaltens im Zusammenhang mit der Zielauswahl und –bewertung als in ambulanten Settings. Zudem gibt es mit der Rangeinstufung der Ziele durch eine Betreuungsperson aus dem Stationspersonal eine weitere Informationsquelle bei der Auswahl, aber auch der Bewertung von Zielen. Auch wenn die Klientel einer stationären Intervention in mancher Hinsicht verschieden ist von der aus ambulanten

Settings, besteht gleichwohl kein Grund zur Annahme, daß es sich um eine ausschließlich stationär zu verwendende Methode handelt. Darüber hinaus dürften auch kaum Änderungen erforderlich sein, wenn die beschriebene Zielentwicklung im Rahmen stationär-heilpädagogischer Interventionen angewendet werden soll.

Das Buch ist in drei Abschnitte gegliedert: Abschnitt A behandelt Zweck und Zielsetzungen einer *Strukturierten Zielentwicklung*, die Bedingungen, unter denen sie durchgeführt werden soll, die einzelnen Schritte der Prozedur und die theoretische Grundlage für die gewählte Art von Zielformulierungen. Ein Exkurs über wünschenswerte und mögliche Effekte der vorgestellten Methode beendet diesen Teil.

In Abschnitt B werden die Elemente der Strukturierten Zielentwicklung in der Reihenfolge ihrer Anwendung vorgestellt und anhand von Beispielen erläutert. Die Konzepte „Ziel", „Problem" und „Wollen", die Zielbereiche und die Problembeschreibung unter Anleitung sollen das Kind zu einer Teilnahme an Auswahl und Formulierung der Ziele aktivieren. Prinzipien der Auswahl und Formulierung von Therapiezielen werden vorgestellt. Die Zielentwicklung endet mit der Bewertung der Ziele, die in der Therapie von Kindern eine besondere Rolle spielen sollte, da hier erstmals der „Auftraggeber Kind" als urteilende Person unabhängig in Erscheinung treten kann. Eine zweite Funktion der Bewertung ist die Verankerung der Zielsetzung im Bewußtsein des Kindes durch die wiederholten Bewertungen, die quasi als Lerndurchgängen wirken. Für die Analyse der Bewertung und ihre einfache statistische Handhabung werden Vorschläge mit Beispielen unterbreitet. Besonderes Augenmerk wird hier auf die Stimmigkeit (*Konsistenz*) der Zielbewertungen gelegt, da sie in einen – noch näher zu klärenden – Zusammenhang mit der Therapiemotivation zu bringen ist.

Abschnitt C behandelt die Ergebnisse aus Zielbewertungen einer Therapiestichprobe von 45 (stationären) Patienten, erhoben in einem Zeitraum von etwa zweieinhalb Jahren. Im quantitativen Teil werden der Stellenwert der Zielbereiche, Zusammenhänge zwischen den Bewertungskriterien sowie Übereinstimmungen in den Bewertungen zwischen Kindern, Eltern/Müttern und Betreuern aufgezeigt. Der qualitative Ergebnisteil beschäftigt sich mit der Inkonsistenz von Bewertungen und ihren möglichen Ursachen. Hier werden in kurzen Fallskizzen verschiedene Modalitäten inkonsistenten Bewertens vorgestellt, gefolgt von Vorschlägen zu ihrer Interpretation. Auf diese Weise sei der potentielle Stellenwert einer Analyse von Zielbewertungen als Teil einer *Therapiediagnostik* hervorgehoben.

A. Grundlagen

A.1. Ziele setzen als Interventionsmethode

A.1.1. Es fehlt ein Therapieelement „Zielentwicklung"

In eine solche Situation kommen Kinderpsychotherapeuten wohl häufiger – möglicherweise besonders häufig, wenn sie in stationär behandelnden Einrichtungen arbeiten: Es wird ein Kind vorgestellt, das bereits in einer Psychotherapie betreut wird oder eine solche soeben hinter sich hat, „regulär" beendet oder auch nicht. Fragt man dieses Kind, warum / wozu es immer zu dem behandelnden Kollegen / der Kollegin gegangen sei, kommt ein vorsichtiges „weiß ich nicht" als Antwort, vielleicht auch: „um zu spielen" oder „die Mami hat das mit Herrn .... so besprochen". Manchmal erklärt das Kind auch, es sei „wegen meinen Problemen" da gewesen; ein älteres Kind mit einer emotionalen Störung mag antworten, es sei wegen seiner Angst oder „Ängste" dort gewesen; weiteres Nachfragen würde aber auch hier rasch zu Ratlosigkeit führen. Es ist eine häufig gemachte Erfahrung, daß Kinder auch nach längerer Psychotherapie ihre Probleme schlecht beschreiben, noch weniger aber ihre Therapieziele benennen können.

Die Frage ist bisher nicht durch empirische Forschung, sondern allenfalls durch plausible Argumentation zu beantworten: Ist es wichtig, daß ein Kind in einer Psychotherapie Ziele seiner Psychotherapie benennen kann? Anders ausgedrückt: Ist es für den Fortgang einer Kinderpsychotherapie wichtig, daß Kinder wissen, warum und wozu sie regelmäßig zu einem Therapeuten gehen? Das vorliegende Buch kann diese Frage nicht beantworten, wohl aber aufzeigen, wie es dazu kommen kann, daß kindliche Psychotherapie-Patienten ihre Ziele – oder die wichtigsten ihrer Ziele – genau kennenlernen. Als Minimalkonsens darf angesehen werden, daß bei der Evaluation von Psychotherapien im Kindesalter das Votum der Hauptbetroffenen, nämlich der Kinder, nicht außer Acht gelassen werden darf. Von diesem Postulat ist in der gegenwärtigen Psychotherapie-Praxis nicht genügend realisiert.

Psychotherapie-Evaluation steckt permanent in dem altbekannten Dilemma zwischen – schwer zu verallgemeinernden – Einzelfallbewertungen und – für den Einzelfall wenig aussagekräftigen – Verallgemeinerungen („physicalism-sujectivism dilemma": BEREITER, 1967). „Entscheidend für die Wahl der Meßmethoden ist letztlich, was das Kriterium für den Erfolg der Behandlung sein soll. Dies wiederum hängt von der Zielsetzung der Therapie bzw. der Einrichtung oder des Programms ab" (MATTEJAT und REMSCHMIDT, 1993).Die Problematik steckt gerade darin, daß Zielsetzungen einer spezifischen Therapie in einer Einrichtung nicht mit den Zielsetzungen dieser Einrichtung oder denen des in dieser Einrichtung ansonsten favorisierten Therapieprogramms identisch sein müssen. Und in der Natur der Sache liegt es, daß Programmziele und Ziele einer Einrichtung einen höheren Verallgemeinerungsgrad haben müssen, als individuelle Therapieziele ihn haben sollten, damit sie konkret genug motivierend und leitend auf das Therapiegeschehen einwirken können.

Eine weitere Frage ist die nach dem Ausmaß der Beteiligung kindlicher Patienten an der Zielsetzungsprozedur. Unstrittig ist, daß Kinder – zumindest jüngere Kinder, etwa bis Ende der ersten 4 oder 5 Schuljahre – keinesfalls von selbst auf die Idee kämen, für die Lösung ihrer emotionalen oder zwischenmenschlichen Probleme eine Psychotherapie in Anspruch zu nehmen, sofern sie ihre seelische Störung überhaupt schon als eine solche reflektieren könnten, was ungewöhnlich genug wäre.

Die Forderung von DSUBANKO-OBERMAYR und BAUMANN (1999), „Eine Psychotherapie bedarf der informierten, rationalen, intentionalen und autonomen Zustimmung" klingt selbst in der Anwendung auf Erwachsene etwas idealistisch, da der Autonomiebegriff im Verständnis vieler Autoren die Fähigkeit zu freier Willensentfaltung voraussetzt (SHAPIRO, 1981); es demonstriert gleichwohl den erheblichen Abstand in der Entscheidungsfähigkeit zwischen kindlichen und erwachsenen Psychotherapie-Patienten: In der Ausführung ihrer Überlegungen zeigen die genannten Autoren, daß das Einverständnis (erwachsener) Patienten mit der Psychotherapie einen höheren Grad an Selbstverständlichkeit aufweist, als dies bei Kindern möglich ist; implizit zeigen Patienten ihr Einverständnis durch ihre Anwesenheit, explizit in mündlicher oder schriftlicher Form. Kinder, die beispielsweise in eine Spieltherapie kommen, zeigen damit noch lange kein Einverständnis in Psychotherapie, sondern nur in das Spiel mit oder im Beisein eines Erwachsenen.

Bezogen auf Therapieziele zeigen sich ebenfalls deutliche Differenzen zur Psychotherapie bei Erwachsenen: Wenn KOTTJE-BIRNBACHER und BIRNBACHER (1995) fordern: „Die Definition der Ziele ist allein Sache des Patienten..." mag dies im Falle von Psychotherapie Erwachsener noch kontrovers diskutabel sein, im Falle von Kinderpsychotherapie erscheint es von vornherein unrealistisch. Würden Kindertherapeuten nur dann ihre Patienten behandeln, wenn diese ihre Ziele definierten, gäbe es keine Kinderpsychotherapie mehr. Ziele in der Kinderpsychotherapie sind immer auch Ziele, die der Entwicklung der Kinder dienen und die in der Entwicklung gestellten Aufgaben lösen helfen müssen; sie haben daher immer auch einen *pädagogischen Zweck*: den Zweck der Aufrechterhaltung und Förderung der Erziehungsfähigkeit des Kindes in Familie, Schule und Gesellschaft. Aber sie erfordern deshalb auch eine besondere Sorgfalt bei der Auswahl und Definition, da der Psychotherapeut des Kindes andernfalls zum alleinigen Erfüllungsgehilfen pädagogischer Instanzen zu werden droht und möglicherweise deren schädigende Einflüsse auf die kindliche Entwicklung zu gering bewerten könnte.

Die hier vorgestellte Methode des Ziele-Bewertens durch das Kind mit Hilfe von Paarvergleich und Rankingmethode stellt eine gangbare Kompromißlösung zwischen einem „Ziele-Diktat", bei welchem das Kind für nicht imstande erklärt wird, seine Veränderungen im Verhalten und Erleben selbst zu definieren, und einem – als illusorisch anzusehenden – alleinigen Entscheiden des Kindes über seine Therapieziele dar: Kinder können innerhalb der gemeinsam erarbeiteten Therapieziele einzelne Ziele wenn schon nicht „abwählen“, so doch in ihrer Wertigkeit herabstufen.

Die Überschrift zu diesem Kapitel definiert das Setzen von Zielen als Therapiemethode. Dies bedarf einer Erläuterung. Der Begriff der Methode wird in der Psychotherapie uneinheitlich verwendet und meint je nach Auflösungsgrad ganze Therapierichtungen wie z.B. Psychoanalyse oder Verhaltenstherapie, dann wieder Therapieprogramme, etwa zur Behandlung von emotionalen Störungen, die sich in erster Linie in Selbstunsicherheit und mangelnder Durchsetzung zeigen, schließlich aber auch „Unterprogramme“ (FLIEGEL et al., 1998), womit etwa verhaltenstherapeutische Einzelverfahren wie das Problemlösungstraining gemeint sind. Eine vergleichbare Verwendung des Begriffs findet sich auch in der psychoanalytisch orientierten Therapie, wenn z.B. von der “Methode der Balintgruppe“ (NEDELMANN, 1989) gesprochen wird. Innerhalb der Abstraktionshierarchie Therapierichtung – Therapieprogramm – Einzelverfahren/Therapieelement – singuläre Interventionstechnik ist die hier vorgeschlagene Methode der Zielsetzung am ehesten als therapeutisches Einzelverfahren anzusehen, welches aus einer Anzahl vorgeschlagener Regeln für das Vorgehen besteht. Damit ist bereits gesagt, daß es sich natürlich nicht um den Versuch handelt, eine Methode des Psychotherapierens vorzustellen, die andere therapeutische Elemente überflüssig machen würde. Psychotherapie ist immer weitaus mehr als nur die Anwendung einer singulären Methode. Prinzipien der Anwendung und Durchführung sowie die Kriterien der Überprüfbarkeit und Kombinierbarkeit seien als die wesentlichen Anforderungen an eine Methode wie die hier vorgestellte genannt.

Die auf die vorgestellte Methode Einfluß ausübenden Vorbilder aus der Psychotherapie sind im wesentlichen das Goal Attainment Scaling sowie die Problemlösungsansätze, letztere v.a. der kognitiv-behavioralen Therapierichtung zuzuordnen, ohne daß sich hieraus eine Festlegung im Hinblick auf die Generalisierbarkeit und Kombinierbarkeit des vorgestellten Ansatzes ergäbe.

Das *Goal Attainment Scaling (GAS),* 1968 erstmals von KIRESUK und SHERMAN vorgestellt, war ursprünglich von den Autoren entwickelt zum Vergleich verschiedener Behandlungsarten innerhalb eines Programms, erwies sich nach ihrer Einschätzung aber auch brauchbar als Evaluationsinstrument für Programme überhaupt. Grundidee ist die Überprüfung von eingangs aufgestellten Behandlungszielen anhand einer 5-stufigen Skala, deren Mittelwert die erwartete Veränderung bildet. Der Ansatz sieht ursprünglich eine Unabhängigkeit von zielsetzenden und evaluierenden Personen vor, was aufgrund des hohen Aufwandes – etwa bei der Einarbeitung der Beurteiler – dazu führte, daß dieses Kriterium zumeist nur in Forschungsprojekten Berücksichtigung fand. CYTRYNBAUM et al., die die bereits bis 1979 zahlreichen Arbeiten zum GAS einer kritischen Analyse unterzogen, stellen drei Aufgabenbereiche als besonders schwierig und „highly subjective“ heraus:

- den Prozeß der Zielauswahl,
- die Skalierung der „levels of attainment“; von „großen Schwierigkeiten“ hierbei sprechen auch ROECKEN und WEIS (1987); schließlich
- die Zuschreibung der relativen Wichtigkeit zu jeder Skala; ein Aufgabenbereich, der in der GAS-Praxis ohnehin häufig vernachlässigt zu werden schien.

In ihrer abschließenden Bewertung erscheint es CYTRYNBAUM et al. (1979) wichtig, auf eine außerhalb methodischer Probleme liegende erzieherische und Interventions-fördernde Funktion der Evaluation mittels GAS hinzuweisen: Die – begrenzte – Beteiligung der Patienten am Zielsetzungsprozeß kann die Motivation zur Mitarbeit erhöhen.

Die Unterschiede der hier vorgestellten Methode zum Goal Attainment Scaling sind im wesentlichen in folgenden Punkten zu sehen:

- Es handelt sich um eine Methode, die nicht den Anspruch auf objektive Datenerhebung für eine Evaluation von Therapien abzielt, sondern um ein subjektives Bewertungsverfahren, welches dem Kind die Möglichkeit geben soll, an der Entwicklung, Formulierung und Bewertung seiner Ziele teilzunehmen, und welches zugleich wichtige Bezugspartner in diesen Bewertungsprozeß einbezieht;
- ein weiterer Schwerpunkt liegt im Erlernen wichtiger Änderungsziele mittels der Methoden des Paarvergleichs sowie des anschließenden rankings; die hierbei zu erhebenden Übereinstimmungskoeffizienten geben Auskunft über die Qualität dieses Lernprozesses;
- die beim Patienten erfragten Bewertungen haben nicht in erster Linie die Bewertung des Therapieverlaufs oder –outcomes zum Gegenstand; vielmehr sollen sie für das Kind einen als günstig projektierten Therapie-outcome repräsentieren und somit auch *richtungweisend* wirken. Verlaufs- und Effektkontrollen sind auch mit der hier vorgestellten Methode denkbar; sie sind aber gegenüber der Absicht, eine Therapie-interne Zielsetzungs-Prozedur zu entwickeln, sekundär.

Der letzte der genannten Unterschiede ist in der therapeutischen Praxis mit Kindern nicht zu unterschätzen. Ihr Verhalten ist in mancher Hinsicht plastischer und in negativer wie in positiver Hinsicht beeinflußbarer als das von Erwachsenen:

Der 12;9 Jahre alte Jonas wird aufgrund einer nunmehr Monate dauernden Verweigerung des Schulgangs nach erfolgloser ambulanter Vorbehandlung stationär in einer Klinik aufgenommen. Der sehr ängstliche und schweigsame Junge zieht sich so oft wie möglich aus dem Gruppenleben zurück, begibt sich auf sein Zimmer und liest oder hört Musik. In Gesprächen über notwendige Änderungen wird auch das Zugehen auf die Gleichaltrigen und die Teilnahme an Gruppenaktivitäten thematisiert. Er stimmt der folgenden Zielformulierung zu: „Häufiger andere Kinder ansprechen und vorschlagen, gemeinsam etwas zu machen". Obwohl er dieses Ziel in der Zielbewertung relativ niedrig einschätzt, beginnt er nach Aufstellung, Formulierung und Bewertung dieses Zieles mit der Umsetzung und nimmt binnen weniger Tage zunehmend häufig aktiven Kontakt zu anderen auf; eine Veränderung, die im überschaubaren Setting einer Kinderstation sicherlich leichter durchzuführen ist als in der außerklinischen Realität, die aber belegt, daß bereits die Formulierung eines solchen Ziels gelegentlich einer Veränderung auf die Sprünge hilft.

Es mag zur Problematik von Jonas gehören, daß er erreichbare Ziele möglichst rasch in die Realität umsetzt, um bei seiner „Schulphobie" (die wir heute etwas korrekter, aber weniger plastisch eine „Störung mit Trennungsangst des Kindesalters" nennen) einen möglichst kurzen Klinikaufenthalt zu erzielen. Das Ziel einer Nutzung seiner sozial-kommunikativen Fähigkeiten erscheint hierdurch aber nicht wertloser; zudem zeigte sich kurzfristig, daß er bei nachlassender Aufmerksamkeit gegenüber diesem Verhalten wieder zunehmend passiv und vermeidend agierte. Seine kurzfristige Veränderung blieb offensichtlich „fremdmotiviert".

Problemlösungsansätze, die im Gefolge der „kognitiven Wende" (eingeleitet durch die Arbeit von MILLER, GALANTER und PRIBRAM, deutsch 1973) in die Psychotherapie Einlaß gefunden haben, sind heutzutage in vielen Therapie-Programmen als strategische Elemente enthalten. Hier war es vor allem die Arbeit von D'ZURILLA und GOLDFRIED (1971), deren Training allgemeiner Problemlösungsstrategien als Vorbild für viele Einzelinterventionen diente. Die Attraktivität des Ansatzes resultierte zunächst auch aus der Erwartung, mit dem Problemlösungsmodell eine für viele Therapierichtungen akzeptable Zusatzmethode anbieten zu können, was sich letztendlich aber nicht als richtig erwies.

D'ZURILLA und GOLDFRIED unterscheiden fünf ineinander übergehende Phasen des Problemlösungsprozesses: (1) Allgemeine Orientierung im Sinne einer Einstellung oder Haltung gegenüber Problemen als Teil des Lebens, den es zu erkennen und zu bewältigen gilt; (2) Definition im Sinne einer Identifikation und Formulierung des Problems; (3) Erarbeiten von Alternativen im Sinne von „Verhaltensstrategien"; (4) Entscheidung; (5) Verifikation in Sinne einer Überprüfung der gewählten Strategie. An einer Kasuistik „Sally" erläutern die Autoren kurz ihr Vorgehen. Hier zeigt sich, daß in der Phase der Problemformulierung Sally aufgefordert wird, ihre wichtigsten „*Ziele*" zu benennen; es werden hier 3 Wünsche („desires") angegeben, für die in der folgenden Phase Strategien entwickelt werden. Diese „Strategienliste" (etwa: „Schritte unternehmen, um während der Woche abends eine Freundin oder Verwandte zu Besuch zu bekommen") läßt sich unschwer in eine „Liste möglicher Zielverhaltensweisen" umbenennen. Der darauf folgende Entscheidungsprozeß als Phase (4) beinhaltet im wesentlichen einen Bewertungsprozeß mit anschließender Auswahl der am besten erscheinenden Strategie.

Die außergewöhnlich positive Wirkung der Arbeit von D'ZURILLA und GOLDFRIED auf die Psychotherapie-Entwicklung erklärt sich durch die Tatsache, daß erstmals der Einfluß der Denkpsychologie auf ein konkretes Vorgehen im psychotherapeutischen Prozeß sichtbar wurde. Die Interpretation seelischer Erkrankung als ein komplexes Problem des Verhaltens und Erlebens ist untrennbar mit der – im Grunde trivialen – Schlußfolgerung verbunden, daß zur Problemlösung Ziele entwickelt werden müssen. Dann allerdings fangen die Probleme des Prozesses erst an: Welchen Anforderungen an die Realisierbarkeit haben Ziele zu genügen? Wie allgemein, global oder unspezifisch dürfen Ziele definiert werden, damit sie einerseits als Therapieziele aus einer Methode ableitbar sind, andererseits noch genau auf die persönliche Problematik eines Menschen Bezug nehmen? Wie konkret müssen Ziele formuliert sein, die sich auf Veränderungen im Erleben und Fühlen eines Menschen erstrecken? Inwieweit sind wichtige Bezugspersonen in die Zielformulierung mit einzubeziehen? Dies und andere Fragen rücken durch das denkpsychologische Paradigma in den Vordergrund.

Therapiemethoden wie die hier vorgestellte strukturierte Zielentwicklung (SZE) haben verschiedenen Kriterien zu genügen, um als Methoden in der ursprünglichen Bedeutung des Wortes gelten zu können. Im wesentlichen sind dies ein Minimum an Standardisierung, Überprüfbarkeit im Sinne von Nachvollziehbarkeit und empirischer Kontrollierbarkeit sowie gegebenenfalls Kombinierbarkeit. Während sich die Frage der empirischen Kontrollierbarkeit bislang aufgrund der Phase der Methodenentwicklung noch längst nicht beantworten läßt, erscheint der Aspekt der Kombinierbarkeit eher beiläufig zu beantworten: die SZE wurde von Anbeginn an als Teil einer umfassenderen Psychotherapie von Kindern durchgeführt. Schwierigkeiten mit der Kombinierbarkeit könnten da entstehen, wo es aufgrund Therapiemethoden-gebundener Orientierung nicht statthaft erscheint, in der hier vorgeschlagenen Form ausgiebige Reflexionen über Ziele vorzunehmen, die in konkreten Verhaltenskategorien benannt werden, und über diese Ziele eine Bewertung durchführen zu lassen. Standardisierung einer Therapiemethode bezieht sich auf das Setting, in dem sie zur Anwendung kommt, die Abfolge der Einflußnahme, die in Frage kommende Klientel als Adressat der Methode, das zu verwendende Material, schließlich das Verhalten des Anwenders.

A.1.2. Aufgaben einer strukturierten Zielentwicklung (SZE)

Das Aufstellen von Therapiezielen ist ein unverzichtbares **Bindeglied** zwischen den diagnostischen und den therapeutischen Bemühungen, die einem Patienten gelten. In Überblicksarbeiten hierzu findet der Zielbegriff allerdings seltener Verwendung; statt dessen wird häufiger von Plänen gesprochen (für den Bereich der Kinderpsychotherapie vgl. etwa MATTEJAT, 1997). Einer der Gründe hierfür dürfte darin zu sehen sein, daß es sich bei Plänen im Vergleich zu reinen Zielsetzungen um umfassendere kognitive Aktivitäten handelt, in denen neben einer Berücksichtigung der Ausgangslage sowie dem Aufstellen von Zielen gleichzeitig auch eine Berücksichtigung der zur Verfügung stehenden Methoden enthalten ist. Therapieziele können nicht allein aus der Bedürfnislage des Kindes, die durch seine seelische Erkrankung entstanden ist, abgeleitet werden, ohne Gefahr zu laufen, unbrauchbar, weil unrealistisch im Hinblick auf therapeutische Möglichkeiten zu sein. Alternativ könnten sie in einer derart abstrakten, stark generalisierenden Weise abgefaßt sein, daß sie der spezifischen Problematik des Kindes nicht gerecht würden.

MATTEJAT (1997) fordert daher eine Begrenzung der Ziele im Hinblick auf ihre zeitliche Erreichbarkeit und gibt hier einen Zeitraum von ein bis drei Monaten an, wobei er allerdings eine adaptive Indikationsstellung, d.h. eine Weiterentwicklung des Therapieplanes mit einer Aneinanderreihung von Therapiemethoden im Laufe einer Gesamtbehandlung voraussetzt. Weiterreichende Ziele könnten nur „relativ pauschal konzipiert werden".

In Kontrast zu den – natürlicherweise aus Therapeuten-Perspektive entwickelten – Planungsschemata sind die in der Strukturierten Zielentwicklung zu erarbeitenden Veränderungsziele beschränkt auf *Handlungsmöglichkeiten des Kindes*, da ihre Hauptfunktion darin zu sehen ist, dem Kind in einem kooperativen Vorgehen Ziele an die Hand zu geben. Sie sollen dem Kind die Frage beantworten helfen: Was kann ich tun, um zur Lösung meiner Probleme beizutragen? Ziele aus der SZE haben eine *Kind-seitige Instrumentalität* und sollen in einer Weise formuliert werden, daß die zu erzielenden Veränderungen im Verhalten als realistisch gelten können; gleichwohl wird mit dem Erreichen der Ziele nicht erwartet, daß eine komplette Veränderung der psychosozialen Situation des Kindes quasi automatisch eintritt. Vielmehr sollen die auf seiten der Familie und des sozialen Umfeldes häufig erforderlichen Veränderungen bewußt außer Acht gelassen werden, um den Prozeß der SZE als eine auf das Kind und sein Handeln zentrierte Prozedur deutlich werden zu lassen. Mithin bleibt die Frage der hierzu erforderlichen Therapiemethoden vorerst unberücksichtigt, wenngleich sie therapeutischerseits selbstverständlich bei der Auswahl und vor der Formulierung der einzelnen Ziele abzuschätzen ist.

Eine so verstandene Strukturierte Zielentwicklung ist in ihrem Ergebnis, i.e. den ausformulierten Zielen, eine für das Kind verständliche **Zusammenfassung** dessen, um was es in seiner Psychotherapie geht.

Wenden wir das Konzept der „Plananalyse" von GRAWE und CASPAR (1984) einmal nicht auf die von den Autoren intendierte Analyse der „Pläne" des Patienten durch den Therapeuten an, sondern fragen umgekehrt: Was könnte ein kindlicher Patient – sofern er hierzu in der Lage wäre – wohl über die Pläne seines Psychotherapeuten denken, so müssen wir konstatieren, daß die zwei wesentlichen Fragen, die in diesem Zusammenhang von GRAWE und CASPAR aufgeworfen werden, dem Kind vorerst unbeantwortet bleiben müßten:

1. Welchem Ziel dient eine Operation, d.h. in unserem konstruierten Fall eine Psychotherapie durch einen Erwachsenen?
2. Welche Operationen oder Mittel werden zur Erreichung eines Zieles eingesetzt, d.h. was tut mein Therapeut, damit es mir besser geht, ohne daß ich als Kind damit schon weiß, wie und warum es mir besser gehen soll?

SZE ist eine Möglichkeit, dem Kind diese **Zusammenhänge** zwischen Problemstellung, Diagnostik und Psychotherapie verständlicher zu machen. Insofern dient sie der Transparenz des Psychotherapieprozesses. Verständnis ist nun einmal die wichtigste Grundlage des Einverständnisses. Einverständnis wiederum ist erforderlich, damit das Kind die Ergebnisse der SZE als eigene Ergebnisse akzeptieren kann, damit die Ziele zu *persönlichen* Zielen werden. Nur dann kann es zu dem kommen, was KLINGER (1987, S. 340) etwas pointiert für einzelne Handlungsziele postuliert: „Becoming committed to pursuing a goal – launching a current concern – changes a person. It changes the way the person feels, thinks and acts. The changes may be slight and brief or profound and durable, depending on the nature of the goal, but some change invariably occurs." Zumindest von ihrer Konzeption her ist die SZE ein Verfahren mit einer ebensolchen motivierenden Funktion.

Zusammenhängend mit der Kooperation beim Entwickeln und Aufstellen von Zielen stellt sich auch eine der **Therapiebeziehung** förderliche Funktion der SZE heraus: Ausgehend von der Tatsache, daß Kind und Therapeut sich zunächst fremd sind und üblicherweise erst im diagnostischen Prozeß näher kennenlernen, bietet sich im gemeinsamen Entwickeln von Zielen die Möglichkeit für das Kind zu erkennen, daß das Handeln des Erwachsenen allein dem Patienten gilt und persönliche Motive demgegenüber in den Hintergrund treten. Durch die spätere Erhebung der Zielbewertung auf seiten der Eltern oder eines Elternteils weitet sich der Beziehungs-fördernde Aspekt der SZE auch auf den Umgang mit der Familie aus, eine wesentliche Forderung an die Kinderpsychotherapie (STEINHAUSEN und v. ASTER, 1999): Ein wesentlicher Teil der Behandlung wird – zumindest in seinem Ergebnis - transparent. Damit wird zugleich belegt, daß die eigentliche Zielauswahl dem Kind oblag.

Neben den bereits aufgeführten Funktionen der SZE sei schließlich der **diagnostische** Zweck hervorgehoben: Die in den Zielbewertungen durchgeführten Paarvergleiche und Rankings erlauben Schlußfolgerungen über die Konsistenz von für das Kind wichtigen Motivationsaspekten, über seine Prognosefähigkeiten im persönlichen Bereich, schließlich auch über das Ausmaß an Übereinstimmung zwischen Kind und den Angehörigen in dem für die Therapie elementaren Feld der Ziele.

A.3.1. Überblick über die Abfolge einer SZE

Faßt man die Elemente der SZE zu größeren Einheiten zusammen, so lassen sich unter inhaltlichen Gesichtspunkten vier Phasen sinnvoll unterscheiden, wobei die ersten drei Phasen das Kerngeschehen der Prozedur bis zur Bewertung der Ziele beinhalten, während die letzte Phase die Einbettung der SZE in das Therapiegeschehen zum Inhalt hat: die Nutzung der SZE-Ergebnisse für die Evaluation der Behandlung.

Phase 1 dient der Vorbereitung der Zielauswahl. Hier geht es um eine Einweisung des Kindes in einen Therapieabschnitt, bei dem es mit der Arbeit an seinen Problemen erstmals selbst zu tun hat, nachdem ja in der Regel Erwachsene über die Einleitung einer Behandlung entschieden haben. Neben dem Aspekt der Instruktion steht gleichrangig die Frage der initialen Motivierung des Kindes, am Prozeß der Suche, Festlegung und Bewertung von Zielen teilzuhaben.

Die Begriffe „Problem“ und „Ziel“ müssen inhaltlich genau gefaßt und anhand von Beispielen verdeutlicht werden. Die seelische Erkrankung, die in diesem Prozeß als persönliches „Problem“ interpretiert wird, gilt als zumindest in Teilaspekten durch eigene Mitarbeit abschwächbar. Hierzu werden Ziele benötigt, die in einer Kinderpsychotherapie nur dann ihren Namen verdienen, wenn sie auch vom Kind als persönliche Ziele angesehen werden.

Es folgt die Orientierung an den vier übergeordneten Zielbereichen der Veränderung:

- *emotionaler Bereich*: Umgang mit Gefühlen, die in Zusammenhang mit den Problemen des Kindes stehen.

- *Leistungsbereich*: Schwächen und Probleme bei Aufgabenstellungen, die vom Entwicklungsstand des Kindes sowie von seinen Fähigkeiten her zu bewältigen wären. In diesen Bereich seien auch die Anforderungen an die Selbstkontrolle expansiven Verhaltens gezählt.

- *familiärer Bereich*: Einwirken auf Beziehungsprobleme innerhalb der Familie, soweit es sich um Probleme handelt, an deren Lösung das Kind mitwirken kann.

- *sozialer Bereich*: Veränderung problematischen Kontakt- und Kommunikationsverhaltens außerhalb der Familie.

Die Orientierung an den vier Zielbereichen dient der kognitiven Auflockerung des monokausalen Denkens im Zusammenhang mit der seelischen Erkrankung: Allzu oft kommen Kinder – sofern sie überhaupt eine Problemdefinition einbringen – mit der Vorgabe zur Therapie, es müsse sich „meine Angst“ oder „meine Hyperaktivität“ oder „mein Benehmen“ ändern. Die Auffächerung der Problemfelder zu den vier Zielbereichen kann ihnen zu der Erkenntnis verhelfen, daß beispielsweise Angst nicht allein ein emotionales Problem ist, sondern häufig genug Leistungs-mindernde Einflüsse ausübt, im Falle der Verschlimmerung auch Probleme im familiären Umgang verursachen oder verstärken kann und schließlich schädigende Einflüsse auf die soziale Kontaktfähigkeit haben kann. Hilfreich ist die Auffächerung auch beispielsweise für die Einsicht, daß - ebenso wenig wie eine Monokausalität in der Problemerkenntnis – eine einseitige Fixierung auf einen Hilfeaspekt (sei es ein Bettnässer-Klingelgerät oder ein Medikament) der Komplexität der meisten seelischen Erkrankungen nicht gerecht wird.

Abschnitt B.1. behandelt die in der Phase 1 erforderlichen Vorgehensweisen detaillierter.

Phase 2 beinhaltet die Elemente, mit denen eine Zielbewertung durch das Kind – und im weiteren Verlauf durch Angehörige und evtl. Cotherapeuten – vorbereitet wird. Hier findet sich mit der *Zielauswahl* das Element, dessen Durchführung am schwersten objektivierbar erscheint. Der Grund hierfür liegt darin, daß man es in der Psychotherapie mit Problemstellungen zu tun hat, aus denen sich Ziele zumeist nicht durch eine einfache Verneinung des Problemzustands ergeben. In der Sprache der Problemlösung haben wir es überwiegend mit „offenen Problemen“ (DÖRNER, 1979) zu tun, bei denen im Hinblick auf die Zielauswahl eine „Setzung“ erforderlich ist; ein willkürlicher Prozeß der Bevorzugung bestimmter Zielsetzungen gegenüber potentiellen anderen Zielen, der durch Kreativität und Erfahrung moderiert wird und daher schwer standardisierbar erscheint.

Zu den selteneren Problemstellungen der Psychotherapie, die weniger subjektive Momente der Zielauswahl einschließen, gehören die monosymptomatischen Störungen, beispielsweise eine Enuresis. Prinzipiell ist die Zielauswahl hier vorgegeben: das Verschwinden des Symptoms bzw. die Etablierung einer altersgemäßen Blasenkontrolle. Aber auch hier muß bei der Aufstellung des Ziels die Problematik selbst und der Reifestand des Kindes Berücksichtigung finden, damit das Ziel noch innerhalb des „Realitätsbereichs Psychotherapie“ gelegen ist, d.h. in einem für psychotherapeutische Problemstellungen üblichen Zeitrahmen erreicht werden kann.

Bei der Auswahl der Ziele ist darauf zu achten, daß jeder der o.g. Zielbereiche zwei voneinander unterscheidbare Zielelemente enthält. Es resultieren mithin acht Ziele, die in einem disjunkten Verhältnis zueinander stehen müssen: weder darf das eine Ziel als Detail aus einem anderen Ziel ableitbar sein (hierarchisches Verhältnis), noch darf es sich um dasselbe Zielverhalten in unterschiedlichen Situationen handeln (Identitätsverhältnis). Bei der Zielauswahl ist die Bedeutung der Ziele für die Entwicklung des Kindes, ihre Dringlichkeit und Erreichbarkeit im potentiellen Therapiezeitraum in die Überlegungen des Therapeuten mit einzubeziehen. Berücksichtigt man zugleich, daß es sich um einen möglichst kooperativ zu gestaltenden Teil der SZE handelt, so beschreibt dies die Schwere der Aufgabe in dieser Phase. Kooperativität kann in diesem Fall nicht heißen, daß das Kind zu gleichen Teilen Zielvorstellungen in die Diskussion einbringt, die möglicherweise mit dem Grund für die Durchführung einer Psychotherapie nichts zu tun haben. Beispielsweise kann es einem Kind wichtig sein, ein geschickterer Computerspieler zu werden; dies steht zumindest in einem logischen Verhältnis zu Therapiezielen wie dem einer Steigerung der Aufmerksamkeit. Die Praxis zeigt aber zumeist Defizite der Aufmerksamkeitssteuerung in völlig anderen Realitätsbereichen, während Kinder mit Aufmerksamkeitsstörungen gleichwohl recht passable Computerspieler sein können.

Das zweite Element aus Phase 2, die *Zielformulierung*, ist einerseits eng verwoben mit der Zielauswahl, da es sich in diesem Prozeß zunächst jeweils um probehalber ausgewählte Ziele mit entsprechend vorläufigen Formulierungen handelt. Die Subjektivitätsproblematik wie im Falle der Zielauswahl besteht hier dennoch nicht in dem Maße wie bei der Zielauswahl, da sich relativ klare Prinzipien aufstellen lassen, was das Abstraktionsniveau, die Verständlichkeit und den angesprochenen Handlungsaspekt betrifft Als Material im Therapieprozeß (vgl. Abschnitt A.2.4.) erscheinen Ziele wertvoller, wenn sie nicht den angestrebten Endzustand beschreiben, sondern eine hierzu erforderliche Handlungsweise benennen.

Die für die Auswahl und Formulierung der Ziele erforderlichen Schritte und Prinzipien werden in Abschnitt B.2 eingehender beschrieben.

Phase 3 beinhaltet die Bewertung der Therapieziele durch das Kind. Kam es bis hierher darauf an, die Bedeutung des Therapieprozesses als Problemlösung zu vermitteln, das Kind dazu zu motivieren, Veränderungen des eigenen Verhaltens als funktional für die Veränderung seiner Gesamtsituation anzusehen und bei Auswahl und Formulierung der Ziele mit zu entscheiden, so sind die Lernziele der Phase 3 die folgenden beiden: das Lernen der in Phase 2 ausgewählten acht Ziele mittels wiederholter Darbietung in Paarvergleich und Ranking sowie ihre Unterscheidung und Einordnung anhand der Kriterien Wichtigkeit und Erreichbarkeit.

Zur Gewöhnung an die Methode des Paarvergleichs, der durch die häufige Wiederholung der Reizdarbietung (n = 28 Paarvergleiche bei acht zugrunde gelegten Zielen) Monotonieprobleme und damit einen Motivationsverlust bewirken kann, hat sich die vorherige Durchführung einer Untersuchung als praktikabel erwiesen, bei der zehn Spielzeuge in n = 45 Paarvergleichen nach ihrer Beliebtheit beim Kind miteinander zu vergleichen sind. Gegenüber dieser Prozedur, die etwa 15 Minuten dauert, ist der zweimalige Paarvergleich der Ziele (bei dem beide Durchgänge zeitlich getrennt werden) relativ kurz, so daß eine Monotonie-Erwartung der Patienten eher positiv enttäuscht wird.

Die erfolgreiche Durchführung der SZE als Prozeß, mit dessen Hilfe ein Kind die Ziele seiner Psychotherapie zu seinen eigenen Zielen macht, hängt nicht zuletzt von der gelungenen Präsentation der Ziele als Ergebnisse gemeinsamen Arbeitens ab.

Mit der Bewertung der erarbeiteten Ziele durch das Kind ist der Prozeß der SZE als Kind-bezogenes Therapieelement abgeschlossen. Das Einholen von Fremdbewertungen sowie die mögliche Verwendung der Ziele aus der SZE für die abschließende Bewertung der Therapie durch das Kind, Angehörige und evtl. Cotherapeuten betreffen den Therapieprozeß nur indirekt. Die verwendeten Zielformulierungen werden hierzu von der Ich-Form in die dritte Person umformuliert. Nach Vorlegen und Erläuterung aller acht Ziele erfolgt die Bewertung anhand der Kriterien „Wichtigkeit“ und „Erreichbarkeit“ in einem „absteigenden Ranking“. Bei der Bewertung nach Wichtigkeit soll die individuelle Bewertung im Sinne einer persönlichen Bedeutung für die Mutter, den Vater oder andere pädagogische Bezugspersonen durch das Ranking erhoben werden, nicht die vermutete Bewertungsperspektive des Kindes.

Übereinstimmungen und Diskrepanzen zwischen den Bewertungen durch Patient und Angehörige können wichtige Aufschlüsse über den tatsächlichen Stellenwert einzelner Ziele in den Veränderungserwartungen der Beteiligten liefern und Inhalt verschiedener therapeutischer Interaktionen sein. Die Durchführung eines Rankings durch den Therapeuten selbst ist nicht vorgesehen, um die methodische Problematik, daß Therapeuten bei Prozeduren wie der SZE ohnehin die Rolle von teilnehmenden Beobachtern haben, nicht noch durch Erwartungen, die sich aus eigenen Rankings ergeben könnten, weiter zu komplizieren.

Neben den beschriebenen Übereinstimmungen lassen sich auch innerhalb der vom Kind vorgenommenen Bewertungen Urteilskonsistenzen auf zwei Arten (Konsistenz innerhalb des Paarvergleichs und Übereinstimmung zwischen den Rangreihen aus Paarvergleich und Ranking) rechnerisch ermitteln, so daß sich ein umfassenderes Bild von der Therapiebedeutung der einzelnen Ziele unter dem Aspekt der Homogenität ihrer Bewertungen ergibt.

Abschnitt B.3. befaßt sich eingehender mit den Elementen der Zieldarbietung, der Bewertungsprozedur sowie der Auswertung des erhaltenen Datenmaterials.

Als *Phase 4* sei der weitere Verlauf der Behandlung bezeichnet, in den die kooperativ erarbeiteten Ziele zu integrieren sind. Dies geschieht zunächst mittels einer Rückmeldung über die Ergebnisse der Zielbewertung an das Kind und gegebenenfalls auch die Angehörigen. Inwieweit hier erkennbare Konsistenzmängel bei der Bewertung oder auch eine mangelnde Konkordanz zwischen den Beurteilern thematisch Einlaß finden, ist vom individuellen Therapieplan abhängig. Darüber hinaus erscheint eine spätere Verwendung des in der SZE erarbeiteten Materials in zweierlei Hinsicht denkbar:

1. Zur Aufrechterhaltung der Bedeutung der Ziele in der Therapie und zur Kontrolle des Verlaufs unter Zielaspekt, aber auch zur Einschätzung der jeweils aktuellen Gültigkeit der Ziele ist eine zu mehreren Zeitpunkten durchzuführende Bewertung des bisher Erreichten – bzw. der selbst geleisteten Arbeit für die Ziele – denkbar.

2. Zur abschließenden Beurteilung des Effektes der Behandlung läßt sich bei Therapieende eine erneute Zielbewertung durchführen, wobei sich hier die Kriterien „Vollständigkeit" – im Sinne des Ausmaßes, in dem das Ziel erreicht wurde – und „Wichtigkeit für die Zukunft", also für die Zeit nach der Behandlung, als brauchbare Orientierungen erwiesen haben.

Über die weitere Handhabung des Zielmaterials im Anschluß an die Bewertung werden in Abschnitt B.4. Vorschläge gemacht.

A.2. Merkmale einer strukturierten Zielentwicklung

A.2.1. Das Setting.

Gespräche über Therapieziele können im Laufe einer Behandlung zwar eine herausragende Bedeutung erlangen; sie müssen gleichwohl Teil einer umfassenderen Psychotherapie sein und daher in den Behandlungsablauf quasi „eingebettet“ werden. Bei dieser Integration in den Therapieprozeß gilt es zu bedenken, daß es zu den anstrengendsten Gesprächsthemen im Leben eines Menschen gehören kann, über Veränderungen des eigenen Verhaltens, Veränderung von Beziehungen oder die Verbesserung persönlicher Leistungen gemeinsam mit einem Menschen Überlegungen anzustellen, der als Person relativ fremd, weil weitgehend ohne „privaten Hintergrund“ bleibt. Die Beziehung ist asymmetrisch unter dem Aspekt des Kenntnisstandes beider Beteiligter übereinander, der Kompetenz für Lebensprobleme und seelische Erkrankungen, des „Heimvorteils“ bei der benutzten Räumlichkeit, zumeist auch unter dem Aspekt der seelischen Stabilität und des sozioökonomischen Status. Sämtliche Asymmetrien und womöglich einige andere mehr gelten in besonderer Weise für Kinderpsychotherapien.

Je nach therapeutischer Orientierung achten Psychotherapeuten mitunter geradezu ängstlich auf die Aufrechterhaltung dieser Asymmetrie. So ist mir der Fall einer Kinderpsychotherapeutin zu Ohren gekommen, die eine Behandlung abbrach, nachdem sie vom Kind und dessen Mutter in einem Kaufhaus erkannt und freundlich begrüßt worden war.

Gemeinsames Reflektieren von Problemen und das Erarbeiten von Zielen sind Leistungen, die sich für das Kind zunächst in keiner Weise bezahlt machen. Die asymmetrische Beziehungsgestaltung kann förderlich sein im Hinblick auf die Herstellung eines Leistungs-orientierten Klimas. Sie ist hinderlich für die Selbständigkeit der Problembearbeitung und das Suchen nach Lösungen auf seiten des Kindes.

Das Setting sollte einer solchen „Passivierung“ des Patienten entgegenwirken und zeitlich sowie räumlich verdeutlichen, daß die Psychotherapie zwar stringentes Arbeiten an Problemen beinhaltet, sich hierin aber nicht erschöpft, und daß die Beziehung zwischen Kind und Therapeut sich nicht durch Leistungsbezogenheit allein definiert.

Zeitliches Setting. Innerhalb der durch die Zielentwicklung bestimmten Stunden sollte es eine Anfangsphase des „warming-up“ geben, in der die Möglichkeit für das Kind bestehen sollte, mit dem Therapeuten in einer Weise umzugehen, daß es kurzfristig eigene Ideen und Erfahrungen einbringen kann. Zugleich aber sollte der „Arbeitsteil“ der Therapiestunde möglichst an den Anfang gelegt werden, um im Falle mangelnder Mitarbeit des Kindes die Arbeitsphase gegenüber der Spielphase ausdehnen zu können und damit intensivere Mitarbeit durch einen früheren Beginn der Spielphase zu belohnen. Zu Beginn der Sitzung empfiehlt sich eine Information über den Ablauf der gesamten Therapiestunde, wobei das durchzuführende Zielgespräch bzw. seine Fortsetzung, die zeitliche Begrenztheit dieser Thematik, schließlich die anschließende Spiel- oder Erholungsphase angekündigt werden sollte. Näheres hierzu im Abschnitt über die therapeutische Beziehungsgestaltung (A.2.5.).

Räumliches Setting. Für die Durchführung des Zielgesprächs selbst erscheint eine Platzwahl ratsam, bei der es nur wenig Möglichkeiten der Ablenkung gibt, und wo durch die Gestaltung des Platzes das Arrangement einer Arbeitsatmosphäre entstehen kann. Es eignet sich hier beispielsweise ein Platz, an dem das Kind in früheren Sitzungen mit Testmaterial gearbeitet hat. Denkbar ist in diesem Zusammenhang ein Wechsel der Sitzplätze von Kind und Therapeut gegenüber der vormaligen Testprozedur, um dem Kind deutlich zu machen, daß es zwar wie zuvor um eine Leistungsanforderung geht, daß diese nunmehr aber wesentlich symmetrischer als eine Testuntersuchung ablaufen sollte, und daß die Leistungsanforderungen an den Therapeuten in dieser Situation nicht mehr dieselben sind wie an einen Testleiter.

Prozedurales Setting. Hierzu sind Überlegungen über eine zeitliche Plazierung der SZE innerhalb des therapeutischen Handlungsablaufs zu zählen. Grob gesehen schließt sich in allen Therapieschemata (vgl. BAUMANN, 1984) die Phase der Zielfestlegung an die diagnostische Phase der Therapie an. Sie ist damit ein Bindeglied zur Phase des Einsetzens von Veränderungsprozeduren. Unklar erscheint aber in der Praxis der Psychotherapie oft genug, welche therapierelevanten Merkmale das Ende einer diagnostischen Phase bestimmen. Zwar haben gerade Kinderpsychotherapien aufgrund der Notwendigkeit zur Einbeziehung Angehöriger in die Diagnostik und Behandlung eine Struktur, bei der ein Beratungsgespräch mit den Auftraggebern das Ende der diagnostischen Phase quasi symbolisiert (vgl. MATTEJAT, 1997); diagnostisch zu klärende Fragen tauchen aber im Laufe einer Behandlung auch zu späteren Zeitpunkten auf, und dies muß dann keineswegs als Ergebnis mangelnder Sorgfalt in der „Eingangsdiagnostik" gewertet werden. Für eine strukturierte Zielentwicklung in der hier vorgeschlagenen Form erscheint die Verlegung der Thematik in den Beginn der Therapiephase aus folgenden Gründen sinnvoll:

Es handelt sich bei der SZE nicht um die für eine Therapievereinbarung erforderliche, globale Zielsetzung, bei der aufgrund von Anamnese, Exploration, Testdiagnostik und evtl. weiteren diagnostischen Maßnahmen ein Beschluß über die Einleitung einer Psychotherapie herbeigeführt werden muß. Vielmehr dienen die in der SZE erarbeiteten Zielsetzungen der näheren Klärung von Änderungen in Emotionalität und Verhalten des Kindes allein unter dem Aspekt, was von seiten des *Kindes* selbst an Veränderungen in der Therapie herbeigeführt werden könnte, wenn es die therapeutische Hilfe hierzu nutzt. Zugleich sind es Veränderungsziele, die - da sie auch den Angehörigen zur Bewertung vorgelegt werden - bereits als Ergebnisse therapeutischer Interaktion präsentiert werden. Bezogen auf die Analogie von Psychotherapie als Problemlösungsprozeß haben die in der SZE entwickelten Ziele den Charakter von Teilzielen (DÖRNER u.a., 1983), die dem Kind verdeutlichen, daß bestimmte Einstellungen, Haltungen und Verhaltensweisen der Lösung seiner Probleme dienlich sind. Innerhalb einer denkbaren Hierarchie von Änderungszielen sind die in der SZE erarbeiteten Ziele unterhalb der globalen Zielsetzungen aus der Therapievereinbarung angesiedelt.

Zusammengefaßt sollte mit einer SZE begonnen werden, sobald in einem gemeinsamen Beratungsgespräch mit Eltern und Kind eine Vereinbarung über den Beginn der Therapie - sei es probehalber oder ohne derartige Einschränkung – getroffen wurde (vgl. B.1.)

Personales Setting. Die bisherigen Ausführungen machten bereits deutlich, daß die Strukturierte Zielentwicklung eine gemeinsame Arbeit von Kind und Psychotherapeut in einem einzeltherapeutischen Setting ist; die spätere Bewertung durch Eltern und – je nach System-bezogenem Setting - andere Fachkräfte erscheint als Rückmeldung an das Kind ebenso wertvoll wie die Ergebnisse der SZE als Rückmeldung an die Angehörigen über das, was im Verhalten des Kindes, aber auch in seinem Beziehungserleben an Veränderungen notwendig erscheint. Die Bewertung durch die Angehörigen sollte, da auch hier ein unbeeinflußtes Urteil eingeholt werden soll, in Abwesenheit des Kindes erfolgen. Der Therapeut ist es, der die Rückmeldungen über die Bewertungen übermittelt. Diskrepanzen in den Zielbewertungen von Kind und Angehörigen sind je nach Ausmaß wichtige Gesprächsgrundlagen sowohl in den Kindertherapien, als auch in begleitenden Eltern- und Familiensitzungen, ergibt sich doch selten die Möglichkeit, auf der Basis dokumentierter Unterschiede eine Klärung der Bedeutung einzelner Therapieziele für die Familie herbeizuführen.

System-Setting. Wie bereits erwähnt, wurde die vorliegende Methode in stationär diagnostischer und psychotherapeutischer Tätigkeit des Autors konzipiert. Wenngleich unter methodischen Gesichtspunkten eine Anwendung im ambulanten Setting ebenso denkbar erscheint wie in stationären oder auch teilstationären Behandlungen, so liegen hierfür gegenwärtig noch keine Erfahrungen vor. Zu erwägen ist ebenfalls ein Einsatz der SZE in stationär heilpädagogisch arbeitenden Einrichtungen bei Kindern mit einer langen Aufenthaltsdauer, wobei es sich aber um eine gezielte Intervention in einem überschaubaren zeitlichen Rahmen handeln müßte, da das Aufrechterhalten der Zielorientierung eines Kindes eines deutlich kürzeren Zeitraumes bedarf, als dies bei einem Erwachsenen möglich wäre. Erfahrungen des Autors mit der SZE aus der Arbeit der Heimsupervision lassen einen erfolgreichen Einsatz erwarten, sind derzeit allerdings noch nicht umfangreich genug, um verallgemeinerbar zu sein.

Im Vergleich zu ambulanten Behandlungen sind bei stationärer Psychotherapie einige Besonderheiten der Indikation, Methodenvielfalt, der diagnostischen Möglichkeiten, der psychosozialen Situation des Kindes in einer Klinik, schließlich auch der Behandlungsdauer zu bedenken, die das Erarbeiten von Therapiezielen modifizieren können.

Stationäre Kinderpsychotherapie findet zumeist in kinder- und jugendpsychiatrischen Kliniken statt, die in ihren Indikationskriterien einige deutliche Abweichungen von ambulanten Behandlungsangeboten zeigen. MARTIN (1997) nennt hier im wesentlichen die Intensität der Selbst- und Fremdgefährdung, das vorherige Scheitern alternativer – zumeist ambulanter – Interventionen mit geringerer „Eingriffsintensität", das Vorliegen der Gefahr einer Verstärkung des Krankheitsbildes durch das familiäre Milieu und – hiermit gelegentlich zusammenhängend – die Notwendigkeit einer befristeten Trennung des Kindes von den Eltern; nicht zuletzt erscheint die stationäre Aufnahme häufiger aus diagnostischen Erwägungen, mitunter auch aus der Notwendigkeit einer fortlaufenden diagnostischen Kontrolle der Krankheit und ihrer Behandlung, etwa im Falle von anorektischen oder psychotischen Erkrankungen indiziert.

Ein Kind in stationärer Behandlung wird bekanntlich in einem multiprofessionellen Team mit einer Vielzahl von ineinander greifenden Methoden behandelt, die in ihren singulären Wirkungen schwer einschätzbar sind. Allein die psychotherapeutische Situation eines Kindes – hier absichtlich holzschnittartig definiert im Sinne einer Begegnung des Kindes mit seinem Therapeuten – besteht je nach Organisation der Therapie aus einzel-, gruppen- und familientherapeutischen Settings, Visiten, der Teilnahme von Therapeuten an besonderen Aktivitäten wie Wettspielen, Ferienmaßnahmen oder Feierlichkeiten. Dies weist dem Therapeuten eine Rolle im täglichen Leben des Kindes zu, die die Verantwortung für das Wohlergehen des Kindes, aber auch für seine pädagogische Führung in der Zeit des Klinikaufenthaltes umfaßt und mithin umfangreicher ist, als dies in einer ambulanten Situation möglich wäre. Zugleich allerdings ist auch der Therapeut im klinischen Setting ein durch Mitpatienten und Mitarbeiter in der Station kontrollierter Erwachsener, dessen Interventionen bei Mißfallen auch schon mal innerstationär „veröffentlicht" werden können. Umgekehrt erhält der Therapeut aus den persönlichen Begegnungen mit dem Kind, aber auch durch teilnehmende Beobachtung, Fallkonferenzen und diagnostische Bemühungen anderer Professionen um das Kind (etwa Kliniklehrer und Heilpädagogen) eine Vielzahl von zusätzlichen Daten, die sich im ambulanten Setting lediglich mittels Elternschilderungen und Schulberichten erheben lassen.

Die psychosoziale Situation des Kindes in stationärer Behandlung ist die in einem Mikrokosmos, der mit der außerklinischen Realität – abhängig u.a. von der Problematik des Kindes – in einem ungeklärten Ähnlichkeitsverhältnis steht, bei dem aber die Möglichkeiten einer Beobachtung – zum Teil „rund um die Uhr" - über die Bereiche des Leistungsverhaltens, des sozialen Verhaltens im Umgang mit Kindern und Erwachsenen, der emotionalen Stabilität, aber auch der familiären Einbindung eine solche Datenmenge zur Verfügung stellen, daß das Problem der Datenverwendung vorrangig in einer sinnvollen Selektion, vielmehr als in einem Mangel an Information besteht. Die Vielfalt der Situationen in einem stationären Setting, sei es eine Klinik oder ein heilpädagogisches Heim, begünstigt eine Zielerarbeitung besonders in den Realitätsbereichen, die ambulant schwer zugänglich sind.

Von Einfluß auf das Vorgehen kann auch die Setting-abhängige Dauer der Gesamtbehandlung sein. In der Regel ist sie in stationären deutlich kürzer als in ambulanten Psychotherapien. Ein eher überschaubarer Zeitraum der Einwirkung begünstigt die Orientierung an Behandlungszielen zweifellos, wobei die SZE nicht Zielsetzungen in einer Weise erarbeitet, daß die Ziele zur Entlassung aus der Behandlung „abgearbeitet" sein müssen. Es ist aber aus der Leistungsmotivations-Forschung bekannt, daß eine überschaubare zeitliche Distanz eine positive Auswirkung auf die Motivation hat, ein Ziel anzustreben (GJESME, 1983).

Sämtliche aufgeführten Unterschiede zwischen stationären und ambulanten Settingbedingungen können die Anwendung einer SZE in anderen als stationären Settings beeinflussen; als Methode, deren Elemente aber in jedem Setting anwendbar erscheinen, ist sie gleichwohl nicht auf den „Realitätsbereich Klinik" beschränkt. Anders ausgedrückt, erscheint das Auswählen, Formulieren, Präsentieren und Bewerten von Zielen prinzipiell nicht an ein bestimmtes System-Setting gebunden.

A.2.2. Die Klientel

Eine strukturierte Zielentwicklung als Therapiemethode und Teil der Gesamtbehandlung setzt in der hier beschriebenen Form einen Veränderungsbedarf in verschiedenen Bereichen des Erlebens und Verhaltens voraus.

Dabei muß es sich keineswegs um Veränderungen handeln, die allein auf psychotherapeutischem Wege angestrebt werden; ausschlaggebend sollte das Ausmaß der möglichen Veränderung in einem überschaubaren Zeitraum sein. Wird beispielsweise eine SZE im Rahmen einer stationären oder teilstationären sonderpädagogischen oder heilpädagogischen Maßnahme durchgeführt, so kann es sich nur um eine Episode im Rahmen einer Gesamtbehandlung handeln, da sich eine Zielorientierung über vereinbarte Veränderungen erfahrungsgemäß nur über wenige Monate aufrechterhalten läßt.

Allgemein läßt sich über die zur SZE geeignete Klientel postulieren: Sie muß so geartet sein, daß eine psychotherapeutische Beeinflussung einen wesentlichen – oder den wesentlichen – Wirkfaktor für den Zeitraum darstellt, in dem die Methode angewendet wird. Zeitgleich durchgeführte pharmakotherapeutische, sonderpädagogische oder Einflußnahmen anderer fachlicher Provenienz können auf das Therapieergebnis positive oder auch weniger positive Auswirkungen haben; sie verhindern oder beeinträchtigen aber nicht das Herausarbeiten von Zielen für eine Veränderung.

Bei der bisher mit SZE behandelten Klientel handelt es sich um Kinder beiderlei Geschlechts im Alter von sieben bis dreizehn Jahren, die im Rahmen einer stationär kinderpsychiatrischen Therapie psychotherapeutisch, heilpädagogisch und klinisch-schulpädagogisch, im Bedarfsfall auch pharmakotherapeutisch behandelt wurden. Singuläre Erfahrungen von Berufskollegen, die in Supervision des Autors arbeiten, lassen erwarten, daß auch Jugendliche und junge Erwachsene in Psychotherapie einer Therapieziel-Entwicklung in Anlehnung an die beschriebene Methode kooperativ begegnen und entsprechend hiervon profitieren können.

Zu überlegen ist aber, inwieweit der Entwicklungsstand Jugendlicher oder Erwachsener Modifikationen des Vorgehens erforderlich macht. Zu denken ist hier etwa an eine Erweiterung der Zielbereiche in Richtung auf Partnerschaftsthemen, eine Vergrößerung der Zahl der zu vereinbarenden Ziele sowie stärkere Abstraktion und Hereinnahme innerpsychischer Konstrukte in die Formulierung der Ziele.

Die Vorteile der Datenerhebung auf mehreren Ebenen (Gespräch, Testung, Verhaltensbeobachtung) in verschiedenen Teil-Settings lassen die SZE für eine stationär oder teilstationär behandelte Klientel besonders gut durchführbar erscheinen. Dies ist gleichwohl nicht im Sinne einer conditio sine qua non zu verstehen. Vielmehr ist umgekehrt davon auszugehen, daß eine Vereinbarung über Therapieziele ein generell vorzufindendes Merkmal nicht nur von Erwachsenen-, sondern auch von Kinderpsychotherapien zu sein hat. Die SZE in der hier beschriebenen Form ist als Vorschlag für die Erfüllung eines solchen Postulats anzusehen.

Die Frage einer störungsspezifischen Contraindikation für die SZE würde sich nur stellen, wenn in der Durchführung bestimmte Einzeltechniken vorzufinden wären, bei denen eine „Unverträglichkeit" aufgrund bestimmter Problemstellungen anzunehmen ist. Dies ist gegenwärtig nicht zu erkennen, wenngleich davon auszugehen ist, daß das Vorgehen bei der Zielformulierung und Präsentation auch im Falle einzelner Ziele deutlich konfrontative Züge aufweist und nicht in jedem Falle einhellige Zustimmung auslöst. Anstelle der Frage nach der Contraindikation stellt sich eher die Frage der Praktikabilität bei einzelnen Problemstellungen. So erfordert die Methode der SZE bestimmte Persönlichkeits- und Entwicklungsmerkmale, die den Kreis der Patienten einschränkt. Folgende Einschränkungen erscheinen daher mehr oder weniger zwingend:

- Stand der intellektuellen Entwicklung: Kinder, die aufgrund ihres Alters oder ihrer Begabung nicht in der Lage erscheinen, Rangabstufungen in dem für die SZE vorgesehenen Umfang vorzunehmen. Eine Grenzsetzung aufgrund von Intelligenzwerten allein erscheint hier allerdings zu stark vereinfachend; es läßt sich eher in Anlehnung an die „Psychotherapie-Tauglichkeit" eines Kindes postulieren, daß ein Kind zur Durchführung einer SZE geeignet erscheint, wenn es allgemein zu einer über das reine Verhaltenstraining hinaus gehenden Psychotherapie geeignet erscheint. Ähnlich verhält es sich mit

- Kindern, bei denen der Leselernprozeß noch nicht den Stand erreicht hat, daß sie die in einer Zielpräsentation wiederholt dargebotenen Schlüsselbegriffe auf einen Blick erfassen oder wiedererkennen können, selbst wenn ihre sonstige kognitive Entwicklung die Bildung von Rangreihen mit acht Elementen und das semantische Verständnis einfacher Zielformulierungen zuläßt.

- Komplexität der Störung: Kinder mit nahezu monosymptomatischen Erkrankungen brauchen ebenso wie Kinder mit komplexeren Störungen eine nachvollziehbare Zielsetzung für ihre Behandlung; sie profitieren aber nicht sonderlich von einer Methode, deren wesentliche Themenstellung das Erlernen ihrer Therapieziele, das Bewerten und Einschätzen der Ziele sowie das Ableiten von kürzer greifenden Vorhaben ist.

  Beispielhaft sei hier die Behandlung einer Enuresis nocturna genannt, bei der es um ein aus der Störung direkt ableitbares Ziel geht, welches allerdings eine sorgfältige, der singulären Problematik entsprechende Kriterienauswahl erfordert. Bekannt ist aber auch von der Enuresis eine mit wachsendem Alter zunehmende emotionale Begleitsymptomatik, nicht selten einhergehend mit wachsenden Umgangsschwierigkeiten, die das Bild von der monosymptomatischen Störung relativieren.

  Sofern bei seelischen Erkrankungen allerdings tatsächlich eine relativ klar umrissene Problematik besteht, die sich auf eine begrenzte Symptombildung in nur einem der angesprochenen Zielbereiche erstreckt, sollte man auf die Durchführung einer SZE verzichten und keine künstliche „Zielvielfalt" betreiben.

- Kommunikationsbereitschaft: Bei Kindern, zu deren Problematik eine weitgehende Verweigerung von Kommunikation gehört, ist der Durchführung einer SZE eine logische Grenze gesetzt. In der Praxis war es zwar möglich, mit einem stark mutistischen Mädchen eine Zielentwicklung in modifizierter Form durchzuführen; der wichtige Prozeßteil einer Diskussion des Problems, auf deren Basis eine Zielauswahl erfolgen soll, mußte allerdings verständlicherweise unterbleiben. Im Falle eines elf Jahre alten anorektischen Mädchens, welches in der Behandlung jeglichen verbalen und nonverbalen Kontakt zum Therapeuten zu vermeiden versuchte, war an eine Zielentwicklung nicht zu denken.

- Eine Variante der Kommunikationsverweigerung stellt die Dissimulation der seelischen Erkrankung oder der mit ihr einhergehenden Beziehungs-, emotionalen und Verhaltensprobleme dar. Wenn es hier nicht gelingt, in der Phase der Diagnostik und Therapieplanung zu einer Übereinkunft in der Problemdefinition zu kommen, mag zwar eine Fortführung des Behandlungsversuchs erforderlich erscheinen; einer Zielentwicklung auf kooperativem Weg würde aber weiterhin die Grundlage fehlen.

- Kinder mit psychotischen Erkrankungen erscheinen für eine SZE ungeeignet.

A.2.3. Ziele als Therapiematerial

Ziele in der Psychotherapie erscheinen janusköpfig:

- Zum einen stehen sie am Ende einer Reflexion mit dem Schwerpunkt auf der Problemklärung (Was will ich in welche Richtung verändern?); damit stehen sie auch am Beginn einer Reflexion mit dem Schwerpunkt auf der Problemlösung (Wie erreiche ich dies mit den mir zur Verfügung stehenden Methoden?).
- Sie sind Anlaß für den Auftraggeber, fachliche Hilfe in Anspruch zu nehmen; zugleich sind sie Rückmeldung an den Auftraggeber, welcher Art die fachliche Hilfe zu sein hat, damit es eine Erfolgswahrscheinlichkeit gibt – so, als wüßte der Auftraggeber nicht recht über seinen Auftrag Bescheid.
- Sie haben vom semantischen Gehalt her („causa finalis“) den Charakter von Endgültigkeit; und doch erscheinen sie je nach Formulierung mitten in der Therapie nicht selten obsolet. Dies ist einer der Gründe, warum sie besser in Form von längerfristig wirksamen Handlungsvorsätzen formuliert werden sollten (s.u.).

- Ziele werden entwickelt aus einer Motivation zur Veränderung, und doch sollen sie diese Motivation erst richtig beflügeln.

Diese jeweiligen Doppelfunktionen machen Ziele zu einem schwer faßbaren wissenschaftlichen Gegenstand, nicht nur in der Therapeutik, sondern auch da, wo sie als Forschungsgegenstand hingehören: in der Motivationspsychologie.

HECKHAUSEN und KUHL (1985) sprechen vom Zielbegriff als einem „notoriously ill-defined term in motivation theory". Aber auch Problemsituationen, in denen das Festlegen von Zielen ein Teil der Lösungsprozedur ist, wurden bereits in den 50er Jahren als „ill-defined" (McCARTHY; vgl. DÖRNER, 1974) bemängelt, da in ihnen kein fester Algorithmus darüber entscheiden helfe, wann ein Zielzustand erreicht sei.

Möglicherweise ist dies der Grund dafür, warum auch gegenwärtig Ziele der Psychotherapie wenig Konjunktur zu haben scheinen, sieht man einmal von Ausnahmen wie dem Erscheinen des Sammelbandes von AMBÜHL und STRAUSS (1999) ab.

In der 1984 erschienenen Ausgabe des Standardwerks zur Klinischen Psychologie von DAVISON und NEALE findet sich der Begriff „Therapieziele" noch im Stichwortverzeichnis; im über 600 Seiten umfassenden Textteil sind ihnen 2 Seiten gewidmet. In der 5. Auflage von 1998 findet sich – bei über 750 Seiten Text – der Begriff nicht mehr im Stichwortverzeichnis und ziert auch, anders als 1984, kein Unterkapitel mehr.

Anstelle von Zielen wird zumeist von Therapieplänen gesprochen, bei denen im Unterschied zu den Zielen die zur Verfügung stehenden Methoden in die Entscheidung, was zu tun ist, mit einfließen. Dabei ist die Unterscheidung von Plan und Ziel semantisch weniger schwierig als in der wissenschaftlichen Handhabung. Pläne und Ziele lassen sich nach Ähnlichkeit ordnen, zugleich auch in eine hierarchische Ordnung bringen. So wie MILLER, GALANTER und PRIBRAM (deutsch 1973) unter einem Plan eine „Hierarchie von Instruktionen" verstehen, läßt sich ein Ziel als Abstraktion aus einem Plan verstehen.

Deutlich wird dies etwa am Beispiel der „Plananalyse" von GRAWE und CASPAR (1984): in ihrem beispielhaft aufgeführten Schema einer hierarchischen Planstruktur finden sich selbstbezogene Instruktionen auf vier unterschiedlichen Hierarchieebenen. GRAWE und CASPAR zerlegen denn auch den Plan in Ziele und Mittel zum Erreichen von Zielen; sie nennen an anderer Stelle die Ziele „übergeordnete Pläne" und die Mittel „untergeordnete Pläne", d.h. diese Mittel können ihrerseits ebenso als Unterziele formuliert werden.

Je „weiter oben" innerhalb einer Hierarchie ein Ziel angesiedelt ist, desto mehr wird entsprechend von Situationen, Personen und einzelnen Inhalten abstrahiert, desto stärker wird das für das Ziel zu zeigende Verhalten verallgemeinert. Derart globale Ziele („Meta-Ziele": WENDISCH, 1999) sind bekannt aus Darstellungen kompletter Therapieansätze und erfordern als Kriterien für eine Überprüfung in der Praxis umfangreiche Operationalisierungen. Für die Verhaltenstherapie nennen FLIEGEL und HEYDEN (1994) Autonomie, Verantwortungsübernahme und Selbsthilfe. Auch andere Begriffe wie „Selbstverwirklichung“, „Arbeits-, Genuß- und Liebesfähigkeit“ oder „Selbstverantwortlichkeit“ bieten viel Raum für Interpretationen und haben eher den Charakter von *Werten*. Als „Werte“ bezeichnen CRANACH u.a. (1980) „Kognitionen, deren Inhalt anzustreben ist“. Ihr Einfluß wird „durch andere kognitive Prozesse wie Ziele, Entscheidungen, Attitüdenprozesse etc. vermittelt“, d.h. sie steuern das Handeln nicht unmittelbar. C. BÜHLER (1975) spricht von Werten als „potentiellen Zielen“.

Als Therapiematerial in der Behandlung von Kindern eignen sich derartige Ziele überhaupt nicht; sie wären ihnen in dieser fehlenden Konkretheit nicht vermittelbar. Insbesondere die Verwendung innerer Konstrukte („Depressivität“, „Aggressionshemmung“) erscheint in der Kinderpsychotherapie unangebracht. Werden Ziele andererseits zu spezifisch auf ein Verhalten in einer bestimmten Klasse von Situationen reduziert, und wird dieses Verhalten relativ präzise beschrieben, entsteht das Problem zu geringer Bandbreite eines Therapiezieles.

Beispielhaft sei das Ziel benannt, sich auf dem Schulhof gegenüber einem körperlich überlegenen und häufig provozierenden Mitschüler erfolgreich zur Wehr zu setzen: Würden Therapeut und Kind sich darauf einigen, daß ein Herbeirufen zweier Freunde das effektivste Verhalten wäre, so wäre zum einen der Erfolg dieser Maßnahme abhängig von der Erreichbarkeit dieser Freunde, vom Stand der Freundschaft mit diesen Freunden, von den Gegenmaßnahmen des Angreifers, etwa sich auch Hilfe zu holen usw. Ganz abgesehen davon wäre hiermit nur eine Möglichkeit der Selbstbehauptung gewählt und für das Kind ein nur schwer generalisierbares Verhalten festgelegt.

Als Material für die Kinderpsychotherapie erscheinen Therapieziele dann besonders geeignet, wenn sie trotz eines Verzichtes auf zu große Spezifität dem Anspruch an Konkretheit genügen. Hierzu bedarf es einer Begriffswahl, die erkennen läßt, daß bestimmte *Handlungen* zu erwünschten Veränderungen führen. Eine Systematisierung von HECKHAUSEN und KUHL (1985) über Arten von Zielen kann die Grundlage für Prinzipien der Zielauswahl und Zielformulierung bilden. Die Autoren bilden eine einfache Hierarchie von anzustrebenden Ergebnissen des Handelns:

1. unterstes Level: hier ist die Handlung selbst das Ziel. Beispielhaft sei hier das Lernen für eine Prüfung genannt.
2. mittleres Level: hier ist das Handlungsergebnis das Ziel, in unserem Falle das Bestehen der Prüfung.
3. hohes Level: damit sind die vermittelst des Handlungsergebnisses angestrebten Konsequenzen angesprochen. Im Falle der bestandenen Prüfung

könnte dies eine Versetzung in die nächste Klasse, Belohnung für ein gutes Zeugnis, der Führerschein, die angestrebte Berufsausübung usw. sein.

Zur Forderung nach Konkretheit therapeutischer Zielsetzungen insbesondere bei Kindern gehört auch eine geringere „psychologische Distanz" (GJESME, 1983) des gegenwärtigen Zustandes zum Ziel, als dies bei Erwachsenen nötig wäre. Diese Distanz wird, so GJESME, durch die unmittelbare Erreichbarkeit des gegenwärtigen Ziels repräsentiert. Eine Verringerung der psychologischen Distanz wird auch durch die Instrumentalität eines Zieles vermittelt: Je deutlicher in der Formulierung eines Zieles die Handlungen erkennbar sind, die zum Erreichen des Zieles führen, umso größer sind die Chancen, daß es als wichtiges Ziel angesehen wird; ein Zusammenhang, auf den GJESME ebenfalls hinweist.

Aus den genannten Gründen sollten in der Kinderpsychotherapie Ziele im Sinne der Hierarchie nach HECKHAUSEN und KUHL auf eine solche Weise entwickelt werden, daß sie auf dem untersten Level, der Handlungsebene, beruhen, und daß bei ihnen das Handlungsergebnis (mittleres Level) als angestrebte Veränderung wenn möglich erkennbar ist oder in der Erarbeitung der Therapieziele als leitender Gedanke fungiert. Einfach ausgedrückt:

Psychotherapie-Ziele für Kinder sollen Handeln beschreiben, mit dem man ein Ergebnis erzielen kann.

Um das Prinzip an dieser Stelle zu verdeutlichen, sei ein Beispiel aus dem Bereich der sog. Aufmerksamkeitsstörungen konstruiert (ausführlicher wird in Abschnitt B.2. das Formulieren der Ziele beschrieben):

Für ein Kind mit einem Aufmerksamkeitsdefizit, zumeist in Kombination mit gesteigerter motorischer Unruhe, wird eine positive Veränderung der Aufmerksamkeit bessere Schulleistungen, ein besseres Verhältnis zu Lehrern und Mitschülern sowie eine entspanntere Atmosphäre in der Familie (allein schon durch die Verminderung der Sorgen um das Kind) zwar nicht automatisch mit sich bringen, aber doch wahrscheinlicher machen. Es lassen sich nun in verschiedenen Zielbereichen Veränderungen skizzieren, die Zielzustände darstellen können. Naheliegend wäre hier zunächst der Leistungsbereich:

- Eine Zielsetzung auf hohem Level sensu HECKHAUSEN und KUHL hätte die Konsequenzen des Ergebnisses „Verbesserung der Aufmerksamkeit" zum Inhalt, etwa indem man mit dem Kind formulierte:
  „Meine Schulleistungen deutlich verbessern"
- Auf mittlerem Level ließe sich das Handlungsergebnis „Verbesserung der Aufmerksamkeit" wie folgt benennen:

„In der Schule aufmerksamer mitarbeiten/mehr Aufmerksamkeit zeigen können“

- Auf unterstem Level, bei dem also die Handlung selbst das Ziel ist, käme es darauf an, einen wichtigen Person- und Situationsaspekt herauszugreifen und hier eine konkrete Verhaltensweise zu benennen, etwa:
  „So genau wie möglich hinhören, wenn die Lehrerin etwas sagt.“

Auf der familiären Beziehungsebene, wo Aufmerksamkeitsstörungen ja oft eine nicht unerheblich destruktive Wirkung entfalten können, ließen sich die Ziele für das Kind in Richtung auf die Möglichkeiten, aktiv zu einer Verbesserung der Beziehungen beizutragen, formulieren:

- Auf dem höchsten Level wäre die Verbesserung der Beziehung in einem konsekutiven Zusammenhang zum „Handlungsergebnis“:
  „Mit meinen Eltern weniger Streß haben, weil ich/wenn ich aufmerksamer bin“
- Auf dem mittleren Level wäre das Handlungsergebnis in einen zeitgleichen Zusammenhang zur Veränderung im Zielbereich der familiären Beziehungen zu setzen:
  „Meinen Eltern zeigen, daß ich aufmerksamer werde.“
- Auf unterstem Level, wo eine Handlung selbst als Ziel präsentiert werden soll, könnte bei Spezifizierung des Person- und Situationsaspektes etwa folgendes Ziel formuliert werden:
  „Wenn meine Mutter mit mir spricht, innerlich „Stop, zuhören!“ sagen.“

Für den emotionalen Zielbereich lassen sich bei aufmerksamkeitsgestörten Kindern insbesondere Ziele aufstellen, die mit den sekundären Folgen ihrer Problematik in Zusammenhang stehen. Emotionale Probleme treten beispielsweise mit Kritik, Zurückweisung oder frustrierenden Forderungen auf, die oft genug als Überforderungen empfunden werden, daneben in Situationen mit verhältnismäßig geringem Reizangebot. Greifen wir hier als Beispiel das Problem der Langeweile heraus, die oft genug Auslöser von Verhalten ist, auf das die Umwelt wiederum aversiv reagiert:

- Auf dem höchsten Level ließe sich als Konsequenz einer projektierten Veränderung formulieren:
  „Öfter zufrieden sein, weil ich besser mit Langeweile zurechtkomme.“
- Auf der mittleren Ebene wäre der Sieg über die Langeweile bereits das Ziel:
  „Weniger Langeweile haben.“
- Ein Formulierungsvorschlag für das unterste Level könnte sein:
  „Mir etwas Ruhiges zu tun aussuchen, wenn ich Langeweile habe; Beispiele:... (entsprechend Vorschlägen des Kindes)“

Die Entscheidung darüber, in welchem Zielbereich mit welcher Formulierung welcher Handlungsaspekt besonders anzusprechen ist, ist abhängig von der Konstellation der Einzelprobleme im Rahmen des gesamten Störungsbildes.

Die Bevorzugung des Zielniveaus, bei dem die Handlung selbst im Mittelpunkt steht, ermöglicht – neben den Vorteilen, die aus der größeren Konkretheit resultieren – auch eine effektivere Kontrolle über die Bemühungen des Kindes im Laufe der Behandlung, sich seinen Zielen anzunähern. Dabei handelt es sich streng genommen um Ziele, die in die semantische Nähe von Vorsätzen oder *Vornahmen* kommen. Auf diese Besonderheit sei im folgenden näher eingegangen.

Als Handlungsziele, die an konkrete Situationen gebunden sind, erscheinen Vornahmen nicht geeignet, die Komplexität eines Zieles, wie es beispielsweise ein Therapeut auf der Basis einer spezifischen seelischen Erkrankung eines Kindes formulieren würde, hinreichend abzubilden. Da es sich aber um gemeinsam mit dem Kind erarbeitete Ziele handeln soll, wäre eine solche Bedingung auch gar nicht erfüllbar, denn dies würde eine umfangreiche Kenntnis des Kindes über psychotherapeutische Zusammenhänge erfordern. Es ist aber auch fraglich, ob es für die Behandlung eines Kindes überhaupt wünschenswert ist, daß es die Therapie-strategischen Überlegungen seines Therapeuten nachvollziehen kann. Im Verhältnis zu dem auf Therapeutenseite zu erstellenden Behandlungsplan mit den hieraus abzuleitenden Zielen haben die in der SZE aufgestellten Vornahmen Mittel- oder Zweckcharakter.

Nach HECKHAUSEN (1987b) handelt es sich bei Vornahmen/Vorsätzen um „instrumentelle Komponenten einer häufig erst nachträglich erfolgenden Zusatzbildung zur bereits gebildeten Zielintention, nämlich um Initiierungsvornahmen (wann gehandelt werden soll), um Ausführungsvornahmen (wie gehandelt werden soll) oder manchmal auch um Desaktivierungsvornahmen (wann die Handlung abgeschlossen ist)."

Bei der SZE handelt es sich im Sinne HECKHAUSENs insbesondere um Initiierungs- und Ausführungsvornahmen, sofern es um neu zu erlernende, zu modifizierende oder zu festigende Verhaltensweisen geht. Dagegen kommt es auf die Desaktivierung von Handlungen an, wenn ein Verhalten lediglich nicht mehr gezeigt werden soll, ohne daß zuvor eine Handlungsalternative entworfen wurde. Ein solches Vorgehen erscheint selbst bei „unterkontrollierten Störungen" (ACHENBACH und EDELBROCK, 1978) in der Planung einer Psychotherapie eher ungewöhnlich; in der Psychotherapie ist man immer bestrebt, Veränderungen im Verhalten dadurch möglich werden zu lassen, daß andere Verhaltensweisen erlernt werden, die das problematische Verhalten kontrollieren und ersetzen helfen.

Daß diese Vornahmen Teil einer bereits gebildeten Zielintention sind, wie bei HECKHAUSEN postuliert, ist in der Planung und Durchführung von alltäglichen Handlungen zweifellos gegeben.

Ein Kind, das eine Burg aus Legosteinen bauen will, kann sich z.B. vornehmen, hierzu erst einmal alle verfügbaren Bausteine aus allen Winkeln seines Spielzimmers zusammenzusuchen.

Die Verwendung von Vornahmen in der SZE kann diese Bedingung einer Ableitung aus bestehenden Zielintentionen aber nicht erfüllen: Hier handelt es sich nicht um Handlungsweisen, die das alleinige Ergebnis von Überlegungen und Prozessen der Willensbildung des Kindes sind, sondern um erarbeitete Vorschläge, an deren Erstellung das Kind mitgewirkt hat. Der Prozeß der Handlungssteuerung erscheint hier ebenso gut umgekehrt denkbar: ausgehend von einer vereinbarten Vornahme können einzelne Vorsätze im Sinne konkreter Handlungsschritte abgeleitet werden, durch die sich wiederum ein kognitiv umfangreicheres Schema von einem Therapieziel bildet. Das eben erwähnte Kind mit der Aufmerksamkeitsstörung könnte beispielsweise aus einer Vielzahl kleiner Schritte der Aufmerksamkeitssteuerung in der Schule ableiten, daß es in der Schule erfolgreicher sein möchte, indem es Anweisungen und Erklärungen genauer beachtet und sich zusätzliche Information holt, wenn es etwas nicht verstanden hat.

Mit der Beschränkung der Therapieziele auf Vornahmen ist die Zielentwicklung für ein Kind reduziert auf relativ wenige Handlungsmuster, was im Hinblick auf den Anspruch, die „Therapieziele" zu erfassen, angreifbar erscheint. Der Vorwurf des Reduktionismus, der vor geraumer Zeit beispielsweise auch gegen das Goal Attainment Scaling erhoben wurde (WEIS und ROECKEN, 1987), trifft in noch stärkerem Maße auf das hier projektierte Vorgehen zu. Zu rechtfertigen erscheint ein solcher Reduktionismus lediglich pragmatisch dadurch, daß hiermit Kindern die Möglichkeit gegeben wird, ihre Ziele zu wählen und durch Herabstufung auch quasi „abzuwählen"; hierzu ist es notwendig, das Abstraktionsniveau der Ziele gering zu halten.

Die Formulierung von Therapiezielen als Vornahmen soll dem Kind bei der Bildung von Zielintentionen behilflich sein. Idealiter würde auf diese Weise aus einer Therapie*motivation* eine „Änderungs*volition*": Erstere ist „realitätsorientiert", letztere dagegen „realisierungsorientiert" (HECKHAUSEN, 1987 a); das Kind käme durch die so formulierten Vornahmen in die Situation, eine Änderung wirklich herbeiführen zu *wollen* – ein Prozeß, der zumindest für einen gewissen Zeitraum in der letzten Phase der SZE häufiger festzustellen ist. Aufgrund ihrer Konkretheit sind Vornahmen für Kinder leichter zu lernen und besser erinnerlich als Zielsetzungen mit höherem Abstraktionsniveau.
Vornahmen haben bereits seit langem einen festen Platz in Behandlungsansätzen für Kinder; als Beispiele seien hier die Trainingsprogramme für aufmerksamkeitsgestörte Kinder (LAUTH und SCHLOTTKE, 1997) oder für aggressive

Kinder (PETERMANN und PETERMANN, 1998) genannt. Hier sollen die Kinder für bestimmte Situationen Handlungs-hemmende oder –verlangsamende Selbstinstruktionen lernen.

Der Unterschied dieser Selbstinstruktionen zur Verwendung von Vornahmen im Rahmen der SZE ist vorwiegend kontextueller Art: Die in der SZE zu entwickelnden Ziele sind auf die individuelle Problematik des Kindes bezogen, Ergebnis einer Zusammenarbeit und unabhängig von der Verwendung anderer Trainingsmethoden, wenngleich kombinierbar mit anderen Methoden. Sie werden gesondert als Ziele herausgestellt; sie haben allein schon dann einen Zweck (nicht ihren einzigen) erfüllt, wenn das Kind diese Vornahmen lernt und in dem Bewußtsein, Therapieziele zu haben, weiter an der Therapie teilnimmt.

Im Erleben des Kindes sind die in der SZE entwickelten Vornahmen Repräsentanten umfangreicherer Zielsetzungen, sozusagen partes pro toto. Es soll daher weiterhin anstelle von Vornahmen von Therapiezielen gesprochen werden.

A.2.4. Anmerkungen zur therapeutischen Beziehungsgestaltung

Das anspruchsvolle Thema „therapeutische Beziehungsgestaltung“ ist immer in Gefahr, als Sammelsurium von Allgemeinplätzen abgehandelt zu werden, sofern es nicht ausschließlich um diese Thematik geht. Um dieser Gefahr aus dem Wege zu gehen, seien im folgenden lediglich Besonderheiten der Methode in ihrer Auswirkung auf die therapeutische Beziehungsgestaltung diskutiert. Hierzu gehören die zeitweise hohen Anforderungen an die Kooperation des Kindes, die anfängliche Konzentration auf die Problemanalyse sowie die Problematik, daß auch eine probeweise Formulierung eines Therapieziels durch den Therapeuten eine provozierende, zumindest konfrontierende Wirkung haben kann.

Die Zielsetzung für eine therapeutische Beziehungsaufnahme ist relativ gut zu umreißen: Es geht, wie GRAWE (1998) es ausdrückt, um die „glaubwürdige Induktion positiver Besserungserwartungen“ (S. 27); hierdurch werde ein sich selbst aufrechterhaltender positiver Rückkoppelungsprozeß in Gang gesetzt. Für den therapeutischen Umgang mit Kindern erscheint allerdings eine Erweiterung dieser Zielsetzung notwendig, sind sie es zumeist doch nicht selbst, die auf die Idee gekommen sind, eine Psychotherapie in Anspruch zu nehmen, geschweige denn, daß ihnen etwas über die Inhalte und Ziele der bevorstehenden Prozedur bekannt wäre. Im Wechselspiel mit der Induktion von Besserungserwartungen hat daher eine „Deduktion“ (verstanden als: abgeleitet aus der Situation des In-Therapie-Seins) des Problems im Sinne einer Kind-gemäßen Definition des „Istzustandes“ stattzufinden; es ist grundsätzlich davon auszugehen, daß das Einverständnis eines Kindes mit der (erzieherischen!) Entscheidung der erwachsenen

Bezugspersonen, eine Kinderpsychotherapie in Anspruch zu nehmen, unzureichend geklärt ist.

In der Kontaktaufnahme kommt es also zugleich auf die Vermittlung von Zuversicht, daß bestehende Probleme gelöst werden können, und eine Suche nach eben diesen Problemen, d.h. nach dem Grund der Vorstellung an – ein thematischer Spagat, der häufig nicht ohne ein Hin- und Herpendeln zwischen Problemvertiefenden Reflexionen und Fragen einerseits und Äußerungen, die Lösungserwartungen bestärken, andererseits zu bewältigen ist.

Natürlich kann es nicht darum gehen, in der Anfangsphase beispielsweise ein Psychotherapie-Begehren, das eine Mutter für ihr Kind äußert, im Gespräch mit dem Kind sogleich in Frage zu stellen („...glaubst du denn auch, daß du eine Psychotherapie brauchst?"). Vielmehr geht es darum, auch vom Kind eine erste Legitimation zur Analyse des Problems zu erhalten („...deine Mutter ist zu mir gekommen und möchte... sie hat vorher lange darüber nachgedacht... wichtig scheint mir nun, wie wir beide hier herausarbeiten, was getan werden muß...")

Die Kompetenz, die das Kind möglichst bald in dem Therapeuten erkennen sollte, um die Erfolgsaussichten der Behandlung zu optimieren, muß auch und vor allem durch eine Kompetenzzuerkennung der Angehörigen gegenüber dem Kind erfolgen, verbunden mit der elterlichen Forderung an das Kind, sich zumindest für die Phase einer Probetherapie auf ein solches Arrangement einzulassen. Gleichwohl sollte der Therapeut die Offenheit besitzen – und hierdurch die eigene Bedeutung steigern – dem Kind zu vermitteln, daß man als Therapeut von verschiedenen Seiten über die Probleme informiert wird. Dies kann dazu genutzt werden, das Kind erneut in den Mittelpunkt der Aufmerksamkeit zu stellen: Ohne Mitarbeit des Kindes ist für den Therapeuten jede Information über das Kind nutzlos.

Die schwierige Aufgabenstellung einer Ziel- und damit Problem-orientierten Psychotherapie ist damit noch nicht gelöst; ihr Kernproblem liegt in der impliziten Forderung an das Kind, einen Belohnungsaufschub zu erdulden, um die Phase der Zielentwicklung nicht zu weit in die Mitte der Behandlung zu verlagern. Je schwerer aber die Anforderungen an ein Kind sind – und hier unterscheiden Kinder sich auch nicht von Erwachsenen -, umso mehr muß dem Kind auf der anderen Seite geboten werden, damit es bereit ist, sich den Aufgaben zu stellen.

Eine als Spieltherapie deklarierte Kinderpsychotherapie ist hier sicher in einem – kurzfristigen – Legitimationsvorteil, da sie dem Kind eine Methode präsentiert, in der es sich aufgrund seines Entwicklungsstandes wohl und vertraut fühlt. So kann es sich relativ mühelos an das Therapiearrangement gewöhnen, entwickelt dabei natürlich auch entsprechende Erwartungen an den weiteren Verlauf der Therapie... daß es nämlich so weitergehen möge.

In der Phase der SZE kommt es darauf an, dem Kind zu vermitteln, daß auch Therapeuten ein schönes Spiel der Arbeit vorziehen. Es sollte daher von vornherein eine Strukturierung der einzelnen Therapiestunden in die folgenden vier Phasen vereinbart werden:

1. Aufwärmphase: Sie sollte ein warming-up in kommunikativer Hinsicht sein. Hier eignen sich Gespräche über Themen, über die sich relativ leicht auch mit einem wenig vertrauten Erwachsenen reden läßt; Themen, in denen die Aussagekompetenz des Kindes aufgrund persönlicher Kenntnisse der des Therapeuten möglichst nahe kommt oder diese in Einzelfällen auch übertrifft. In dieser Phase ist für das Kind schon erkennbar, daß es zunächst mit einer Arbeitsphase weitergeht, auf die eine Spielphase folgt. Das warming-up wird beendet mit einem Aufgreifen der in der letzten Sitzung bearbeiteten Thematik.

2. Arbeitsphase: Ihr Gegenstand ist die Zielentwicklung, gegebenenfalls die hierzu erforderliche Problemanalyse.

3. Spielphase: Sie ist als gemeinsam erlebte Belohnung für zuvor geleistete Arbeit zu deklarieren.

4. Verabredungsphase: In ihr kommt es auf eine Wiederholung der in der Arbeitsphase behandelten Zielsetzungen an; diese sollte möglichst kurz und plakativ, etwa in der Art einer Schlagzeile, erfolgen. Des weiteren sind eventuell durchzuführende „Hausaufgaben“, beispielsweise in Form von Selbstbeobachtungen, zu vereinbaren.

Neben den üblicherweise erwähnten therapeutischen Haltungen in der Beziehungsgestaltung wie Empathie und Akzeptierung, emotionale Wärme und Offenheit (die mit dieser lapidaren Erwähnung keineswegs entwertet werden sollen), kommt es bei der Durchführung von SZE darauf an, daß das Kind im Verhalten des Therapeuten *Ernsthaftigkeit und Ergebnisorientierung* erkennen kann. Dies ermöglicht es dem Kind, das Bemühen des Therapeuten als Arbeit an seinem Problem zu identifizieren. Eine derartige Schwerpunktbildung ist allerdings nicht ohne Gefahren:

- zum einen kann im Kind sehr schnell der Eindruck entstehen, es mit einem ziemlich humorlosen Experten zu tun zu haben, der nur darauf aus ist, das Verhalten des Kindes als Problem hinzustellen. Dies könnte Anlaß für ein nur schwer zu beeinflussendes, defensives Verhaltensmuster des Kindes sein, welches sich in bagatellisierenden, Problem-leugnenden oder offen oppositionellen Einzelverhaltensweisen zeigen kann. Gerade bei der Zielentwicklung bestehen für Therapeuten viele Möglichkeiten der *Auflocke-*

rung durch kurzfristige Themenwechsel oder auch innerhalb der Thematik: irrelevante, weil zu einfach zu erreichen, absurd erscheinende oder auf andere Personen gemünzte Zielvorschläge, die dem Verfahren einen spielerischen Charakter geben können; schließlich sind, wie in anderen Phasen der Psychotherapie noch weitere Möglichkeiten einer kurzfristig humorvollen Auseinandersetzung mit einem Thema denkbar.

- Eine weitere Gefahr stellt die Dauer-Erfahrung insbesondere seelisch erkrankter Kinder dar, es wieder mal mit einem besonders überlegenen Menschen zu tun zu haben. „The child is surrounded enough by „perfect“ people – people who seem always to be doing „right“, while he seems always to be doing „wrong“ (GARDNER, 1979, S. 429). Hiergegen dem Kind Erfahrungen zu vermitteln, die ihm helfen zu erkennen, daß auch scheinbar klugen Erwachsenen ziemlich dumme Versprecher oder andere Handlungsfehler unterlaufen können, erscheint wichtig; eine zweite Möglichkeit ist gezieltes „Klatschen“ im Sinne einer Erkundigung nach menschlichen Schwächen anderer, die den „Schwächen“ des Kindes nicht unähnlich sind, gewürzt möglichst mit Hinweisen darauf, daß man in puncto Schwächen als Therapeut auch über persönliche Erfahrungen verfügt.

Die Förderung der Kooperation des Kindes läßt sich immer auch durch eine Einbeziehung in *Entscheidungen* fördern. So ist es gerade bei Kindern mit emotionalen Störungen und einem hohen Angstanteil wichtig, sie selbst entscheiden zu lassen, wieweit ein Elternteil in der Phase der Problemanalyse anwesend sein soll. Dabei sollte diese Arbeit aber weiterhin als eine Aufgabe allein für die zwei Hauptakteure der Therapie deklariert werden; die Notwendigkeit, auf die Dauer Therapiestunden in Abwesenheit von Mutter oder Vater durchzuführen, sollte ebenso deklariert sein. Weitere Entscheidungen, in die das Kind einbezogen werden sollte, können etwa die Länge der Arbeitsphase im Laufe einer Therapiestunde betreffen; die Spielphase läßt sich – kontrastierend zur Arbeitsphase - im Sinne einer Kind-zentrierten Therapie durchzuführen, so daß die Entscheidungsfreiheit des Kindes während eines Therapiekontaktes methodenbedingt zunimmt.

Offenheit als ein allgemein bekanntes Prinzip therapeutischer Beziehungsgestaltung erhält im Rahmen der SZE eine besondere Bedeutung, da es um die Absicht des Therapeuten geht, mit dem Kind eine von Arbeit am Problem bestimmte Interaktion zu beginnen. Der Begriff der „Arbeit“ wird seit FREUDs genialer Schöpfung des Begriffs „Arbeitsbündnis“ zwar gern in Psychotherapien verwendet; es wird aber – beispielsweise in Spieltherapien – nicht immer deutlich, was an der dargestellten Vorgehensweise für das Kind „Arbeit“ ist (denn hierbei müßte – da Arbeit eine willentlich beeinflußte Tätigkeit ist - sinnvollerweise auch das Kind meinen, es arbeite). In der SZE kommt es darauf an, diesen Teil der Therapie explizit als – gemeinsame - Arbeit zu bezeichnen, die erforderlich ist, um eine Veränderung zu erzielen. Ankündigungen dieser Art können die Motivationslage des Kindes in zwei unterschiedliche Richtungen – motivierend und demotivierend – beeinflussen; daher empfiehlt es sich, sie mit gegenteiligen Ankündigungen zu verknüpfen, um den durch die Ankündigung implizit auf das Kind ausgeübten Druck zu relativieren. Im Zuge einer ersten Problemansprache können Äußerungen wie die folgenden zugleich die Ernsthaftigkeit und Ergebnisorientierung, aber auch die Ambiguität in der Aufforderung deutlich machen:

- „Du siehst: es muß sich etwas ändern, aber es muß sich nicht jetzt ändern." (Dieses „nicht jetzt" markiert nebenbei bemerkt den Therapie- Zeitraum).
- „Hierzu ist es nötig, daß wir miteinander arbeiten; aber wir wollen nicht nur arbeiten, sondern auch spielen, und ich hoffe, daß du dabei Spaß hast."
- „Wir werden etwas tun, weil etwas getan werden muß, aber wir lassen uns dabei Zeit."

Vorschläge wie die hier genannten sollen nicht darüber hinweg täuschen, daß es in der SZE wie in anderen Methoden keine Verhaltensregeln für Therapeuten geben kann, die unabhängig von Situation und Person des Kindes Gültigkeit haben können. Gleichwohl ist es – unabhängig von sonstigen Auffälligkeiten oder Persönlichkeitsmerkmalen eines Kindes – erforderlich, den besonderen Charakter der Zielentwicklung als einer Form der Arbeit an den eigenen Problemen herauszustellen, zugleich aber deutlich zu machen, daß die hieran anschließenden Spielphasen eine Bedeutung haben, der Problembearbeitung eine Art therapeutisch begleiteter „Inkubationszeit" folgen zu lassen.

Es läßt sich im Laufe einer SZE nicht immer verhindern, daß Vorschläge des Therapeuten, wie ein bestimmtes Ziel formuliert werden könnte, auf das Kind provozierend wirken, weil es sich durch die „probehalber" entworfene Formulierung mit Defiziten in seinem Verhalten konfrontiert sieht, die es gerne verneinen, verharmlosen oder andere verantworten lassen möchte.

Kinder, die beispielsweise besonders schlecht im Spiel verlieren können und daher auch in Sportveranstaltungen keine adäquaten Verarbeitungen von Niederlagen zeigen können, werden durch Zielvorschläge „anderen zeigen, daß ich Niederlagen im Spiel immer besser ertragen kann" geängstigt, gekränkt oder zum Widerspruch provoziert. Eine Diskussion hierüber kann leicht dazu führen, daß der Therapeut sich für seinen Vorschlag rechtfertigen möchte. Statt dessen wäre besser die Frage an das Kind zu richten, wie es denn tatsächlich in Zukunft mit Niederlagen umgehen wolle und sich diese Reaktion beschreiben zu lassen.

SZE kann – insbesondere in der Phase der Zielauswahl und –formulierung zu defensiven Verhaltensweisen des Kindes führen, auf die der Therapeut kurzfristig mit Situations-auflockerndem Verhalten reagieren kann, ohne seine Legitimation zu Vorschlägen für Zielsetzungen in Frage zu stellen.

Abschließend zu dieser Thematik sei herausgestellt: Es darf als sicher angenommen werden, daß jedes Kind mit einem defizitären Verständnis über seine Problematik in eine Psychotherapie kommt (STEINHAUSEN, 2000). Daher ist es auch die Aufgabe des Psychotherapeuten, dem Kind im Laufe seiner Behandlung zu einem wachsenden Verständnis dafür zu verhelfen, *warum* es in eine Psychotherapie kommt. Zu diesem Verständnis können Ziele als „Gründe, die in der Zukunft liegen“ (CRANACH u.a., 1981) entscheidend beitragen. Eine therapeutische Beziehung, in der das Bemühen des Therapeuten zum Ausdruck kommt, ist durch gemeinsame Arbeit an Therapiezielen zu einem wesentlichen Teil definiert.

A.3. Intentionalität und Konsistenzerleben: Angenommene Seiteneffekte von SZE

Es war bereits eine Reihe von Gründen für eine therapeutische Zielentwicklung benannt worden, ihre motivierende, Beziehungs-fördernde und gegebenenfalls diagnostische Funktion herausgestellt worden. Es besteht nun hinreichend Grund zu der Annahme, daß SZE als Therapiemethode Auswirkungen haben kann, die sich darüber hinaus auf eine Förderung übergeordneter Aspekte seelischer Gesundung erstrecken. Als wesentliche, denkbare und erhoffte, Auswirkungen seien hier die Förderung der Intentionalität und des Konsistenzerlebens genannt.

A.3.1. Intentionalität

Der Begriff „Intentionalität" stammt aus der phänomenologischen Psychologie BRENTANOs und meint zunächst so etwas wie „Gerichtetheit", die jedem seelischen Prozeß immanent sei. Dabei lassen sich grundsätzlich zwei Richtungen unterscheiden:

- Dinge und Prozesse, die außerhalb der Person liegen; hier sind Interesse, Aufmerksamkeit, aber auch Denken intentionale Vorgänge. Letztere können sich zwar auch auf nicht außerhalb der Person Existierendes richten; wir sind in ihnen aber „immer intentional auf etwas bezogen..., das wir als außerhalb dieses Vorgangs existierend ansehen" (GRAUMANN, 1969).

- Handlungen sind immer intentional, da sie auf ein Ziel gerichtet sind und bewußt und absichtlich in Gang gesetzt werden.

Die erstgenannte Verwendung des Begriffs fand vor allem in der Mitte des letzten Jahrhunderts Eingang in psychotherapeutische Ansätze. In einem auf der psychoanalytischen Entwicklungslehre beruhenden Störungsmodell nahm SCHULTZ-HENCKE (1951) an, daß durch Störungen in der Triebentwicklung eines Menschen eine "intentionale Gehemmtheit" entstehen könne, die sich als mangelnde Objektgerichtetheit, Lustlosigkeit und Antriebsstörung sowie einen Verlust von Kontakten zu anderen manifestieren könne. DÜHRSSEN (1954 ff.) hat, basierend auf SCHULTZ-HENCKEs Ansatz eine Systematik seelischer Erkrankungen des Kindes- und Jugendalters aus neopsychoanalytischer Sicht entworfen. LÖWNAU (1964 a) sah eine solche Problematik insbesondere bei adoleszenten Entwicklungsstörungen, die häufiger mit suizidalen Gefährdungen einhergehen. Für ihn sind pathologische Bedingungen insbesondere bei Mängeln in „Verhaltensweisen des Sichzuwendens, des Aufmerkens, des Gespanntseins auf etwas und des Interesses“ gegeben (LÖWNAU, 1964 b).

Die hier skizzierten Ansätze lassen zwei Arten von Störungen der Intentionalität vermuten, die sich gegenseitig bedingen: 1. mangelnde *Ansprechbarkeit* durch Objekte und Handlungsmöglichkeiten sowie 2. fehlende oder defizitäre *Intentionsentwicklung*. Während sich die psychologische Grundlagenforschung mit den hier aufgezeigten Aspekten von Intentionalität aus nachvollziehbaren Gründen nur wenig befaßt hat, ist seit dem Wiederaufleben einer Handlungspsychologie der andere Bedeutungsgehalt, nämlich das Realisieren von Intentionen, eingehender erforscht, was heute eher mit dem Begriff der „Handlungskontrolle“, beruhend auf der Theorie KUHLs (1983a), umschrieben wird. Worum es hier geht, hat KUHL an anderer Stelle (1983 b, S.77) plastisch wie folgt ausgedrückt: „Es gibt viele Belege für einen enttäuschend niedrigen Zusammenhang zwischen dem, was sich Personen vornehmen, und dem, was sie tatsächlich tun.“

Handlungskontrolle bezeichnet nach KUHL die Art und Weise, in der eine gedachte Handlung von der Intention zur Realisierung gebracht wird. Hierzu bedarf es bestimmter Strategien der „Abschirmung“ gegen Handlungs-hemmende Einflüsse: Aufmerksamkeitskontrolle, Motivations- und Emotionskontrolle, Bewältigung von Mißerfogserlebnissen und eine Sparsamkeit der Informationsverarbeitung.

Besonders bekannt wurde die Theorie durch die Unterscheidung zweier, bipolar angeordneter, motivationaler Zustände: Eine Person ist *handlungsorientiert*, wenn Kognitionen über die gegenwärtige, die zukünftige und die Diskrepanz zwischen gegenwärtiger und zukünftiger Lage sowie Kognitionen über Handlungsalternativen vorliegen. Fehlen eines oder mehrere Elemente der Handlungsorientierung, so gilt die Person als *lageorientiert*.

Es liegen inzwischen zahlreiche Befunde über Zusammenhänge von seelischen Störungen und Störungen der Handlungskontrolle vor. Dabei ist der normative Charakter des Konzeptes („Ohne guten Willen geht es nicht“: KUHL, 1987 a) unübersehbar. Gleichwohl ist keinesfalls davon auszugehen, daß ein direkter Zusammenhang zwischen einer dispositionellen Handlungsorientierung und seelischer Gesundheit einerseits sowie einer vermehrten Lageorientierung und seelischen Erkrankungen andererseits bestünde, da unterschiedliche Situationen unterschiedliche Ausprägungen von Handlungsmotivation erfordern und eine hohe Handlungsorientierung nicht selten dysfunktional sein kann.

In einer eigenen Untersuchung mit einem Fragebogen von KUHL (HOP-Skala aus dem HAKEMP 85) zeigte sich beispielsweise, daß jugendliche Anorektikerinnen eine relativ hohe Handlungsorientierung aufweisen, emotional gestörte Jugendliche dagegen erwartungsgemäß lageorientiert sind (HOBRÜCKER und KÜHL, 1991). Die hohen Werte der überwiegend schwerkranken Anorektikerinnen bringen hier insbesondere ihr Bemühen zum Ausdruck, Handlungs-hemmende Impulse auszublenden. Sie zeigen meines Erachtens auch, daß angesichts ihres Versuchs zur Aufrechterhaltung ihrer Anorexie und angesichts der hiermit verbundenen Ängste vor Dicksein und weiblicher Entwicklung sämtliche anderen Entscheidungen und Handlungsnotwendigkeiten vergleichsweise einfach zu bewältigen sind.

Der besondere Wert von KUHLs Ansatz liegt in seiner dynamischen Komponente: daß nämlich das „Schicksal“ von Intentionen über die Zeit verfolgt wird, ihre Realisierung, mangelnde Realisierung oder die hierbei auftretenden Schwierigkeiten sowie die Frage einer Perseveration der Intentionen über den Zielzustand hinaus eine Erklärung finden und dann empirisch in Zusammenhang mit psychopathologischen Verläufen, etwa der Entstehung von Depressionen gebracht werden.

Eine Förderung von Intentionalität im doppelten Sinne der Entwicklung von Absichten, aber auch als Realisierung von Intentionen, mittels SZE erscheint plausibel, sind doch die Elemente einer SZE und der spätere Umgang mit den vereinbarten Zielen, d.h. die Überprüfungen der Annäherung an die Ziele, als intentionale Prozesse, nämlich der Bildung, Kontrolle und Realisierung von Absichten vergleichbar. Ungeklärt – und als bleibender Unterschied zu den Ansätzen der Handlungsmotivation – ist weiterhin das individuelle Ausmaß der Selbstverpflichtung zu den Zielen aus der SZE; in ungünstigen Therapieverläufen bleibt es ein allein von Therapeutenseite kontrollierter, d.h. in Gang gesetzter und überwachter Prozeß.

Die Unterscheidung von Ziel und Intention wird nicht immer eindeutig vorgenommen. Halten wir uns beim Begriff der Intention an KUHL (1987 b), so wird der wesentliche Unterschied im Ausmaß der Selbstverpflichtung erkennbar: Als „activated plan to which an actor has committed herself or himself“ bezeichnet KUHL die Intention. Der Zielbegriff sieht zunächst einmal von der Frage einer Verpflichtung ab. HECKHAUSENs Intentionsbegriff als „angestrebte Ziele“ (1987 a) deutet die zweifache Verwendung von Zielen an: Solange es keinen Handlungsentschluß gegeben hat, können wir von „Zielvorstellungen“ sprechen. Ist aber der „Rubikon überschritten“, sprechen wir mit HECKHAUSEN von einer „Zielintention“. Beides aber nennen wir umgangssprachlich „Ziele“.

In Beispielen aus dem Alltag beschreibt GRAUMANN (1987) die Wirkung eines Entschlusses, d.h. eines Ziels zu handeln, das verknüpft ist mit dem Willen, es zu realisieren:

„Ein Entschluß wie: ein großer Schauspieler zu werden, vor dem Standesbeamten oder Traualtar das Ja-Wort zu geben, selbst das obligatorische Gelöbnis, jederzeit für die freiheitlich-demokratische Grundordnung einzutreten – solche doch recht verschiedene Akte des „Ich will“ ziehen keineswegs immer dann anschließende Willensakte nach sich. Vielmehr geht erst einmal das Leben weiter. Was sich ändert, ist die Perspektive, wie wir manche Personen und Dinge unserer Umwelt, vielleicht auch uns selbst, sehen und einschätzen – alles noch keine Willenshandlungen im technischen Sinne; sicher aber Auswirkungen unseres Entschlusses und – wie unsere Rede – *Manifestationen unseres Wollens.*“ (GRAUMANN, 1987, S. 60)

Der von GRAUMANN angesprochene Prozeß der *Perspektivenänderung* ist die erhoffte – und in Therapien auch erkennbare – Seitenwirkung der Zielsetzungs-Prozedur. Auf diese Weise erscheint SZE als exemplarisches Vorgehen in der Lage, Intentionalität von Kindern im oben beschriebenen Verständnis des Begriffs zu fördern. Die weitere Kontrolle der entwickelten Ziele zu Zielintentionen und das Entwickeln von – aus den Therapiezielen abzuleitenden – einzelnen Handlungsabsichten ist nicht Teil der SZE; sie werden durch SZE aber möglich gemacht.

A.3.2. Konsistenzerleben

Der Begriff der Konsistenz hat in der Psychologie verschiedene Bedeutungen erfahren, deren gemeinsamer Kern in den Begriffen Stimmigkeit oder „Widerspruchsfreiheit" (SCHMITT, 1990) zu sehen ist. Die Sozialpsychologie der Mitte des letzten Jahrhunderts hat vielfältige Nachweise dafür erbracht, daß eine Inkonsistenz zwischen Kognitionen, werden sie nun nach HEIDER „Imbalance", nach NEWCOMB „Asymmetrie", nach OSGOOD und TANNENBAUM „Inkongruenz" oder nach FESTINGER „Dissonanz" genannt, eine innere Spannung erzeugt, die zu einem Veränderungsdruck in Richtung auf Konsistenz führt. Der erhebliche Einfluß insbesondere der Theorie von FESTINGER (der den Konsistenzbegriff aus Gründen zu vieler „logical connotations" mied; vgl. SHAW und CONSTANZO, 1970) auch auf die klinische Psychologie ist schon früh herausgestellt worden, in jüngster Zeit von GRAWE (1998).

Bereits 1968 merkte ARONSON kritisch an, eine implizite Annahme von FESTINGERs Theorie der kognitiven Dissonanz, daß nämlich alle Menschen in ähnlichem Ausmaß zu einer Reduktion von Dissonanz tendierten, und daß eine allgemeine Intoleranz gegen Dissonanz bestehe, sei so nicht haltbar. Die hier angesprochene Unterschiedlichkeit in der Toleranz gegen Dissonanz wird von GRAWE (1998) in Zusammenhang mit dem Ausmaß gebracht, in dem eines der dissonanten kognitiven Elemente aus dem Bewußtsein ausgeblendet werde, wofür er den Begriff der „Verdrängung" bemüht.

Es lassen sich für diese Toleranz gegen Dissonanz auch einfachere Erklärungen wie etwa ein Motivationsmangel oder Desinteresse an einem oder beiden kognitiven Elementen heranziehen (s.u.).

GERGEN (vgl. MOSER, 1991) wies 1969 darauf hin, daß verschiedene psychotherapeutische Richtungen die Entwicklung von (Selbst-) Konsistenz als positives Ziel definieren: das „normal" funktionierende Individuum strebe nach Konsistenz in seinem Leben; die Attribution von Konsistenz bedeute Sicherheit und Angstreduktion und sei ein Beitrag zur sozialen Ordnung.

Ganz in diesem Sinne – ohne aber den Konsistenzbegriff zu verwenden – hatte ROGERS 1951 (deutsch 1973) eine zunehmende Übereinstimmung von (realem) Selbst und Ideal (-Selbst) als anzustrebendes Ergebnis klientenzentrierter Psychotherapie beschrieben.

Konsistenz ist – hierauf weist GRAWE (1998) ausdrücklich hin – „kein Motiv des Individuums und kann nicht den anderen Bedürfnissen gleichgestellt werden. Es ist ein grundlegendes Erfordernis des Funktionierens von Systemen... Ein hohes Ausmaß an Inkonsistenz bedeutet seelisches Leiden und menschliches Unglück" (S.421).

Diese Aussage sollte in ihrer Absolutheit eingeschränkt werden. In einer umfangreichen Analyse der bis 1990 vorliegenden Literatur zum Thema hat SCHMITT darauf hingewiesen, daß bei bestimmten Persönlichkeitsmerkmalen im Umfeld von „sensation seeking" und Extraversion eine gesteigerte „Variationsmotivation" – einfach ausgedrückt: ein Bedürfnis nach Abwechslung – zu erwarten ist. (In den Bereich der gestörten kindlichen Entwicklung gesteigert finden wir dies bei hyperkinetischen resp. aufmerksamkeitsgestörten Kindern.) SCHMITT erwartet bei einem solchen Personenkreis geringere Konsistenz zwischen Persönlichkeits- und Verhaltensmerkmalen, betont aber die Uneinheitlichkeit der vorliegenden Befunde über den Zusammenhang von Extraversion und Verhaltens-Inkonsistenz.
Auch in dieser Untersuchung erhobene Daten, die weiter unten referiert werden, weisen auf niedrigere Konsistenzwerte bei aufmerksamkeitsgestörten, vermehrt Umwelt-zugewandten Kindern hin. Diese Ergebnisse sind aber nicht ausschließlich mit Persönlichkeitsmerkmalen, sondern mit Intelligenz- und Aufmerksamkeitsparametern (und hiermit einher gehend: mit motivationalen Schwankungen oder auch „Toleranz gegen Inkonsistenz") in Zusammenhang zu bringen.

Konsistenzleistungen im Rahmen der SZE werden in drei verschiedenen Untersuchungen je Kind (außerhalb der SZE im Rahmen der abschließenden Zielbewertung bei Therapieende erneut zweimal) in Phase 3 der Prozedur überprüft:

1. in der bereits erwähnten Untersuchung zur Beliebtheit von zehn verschiedenen Spielzeugen
2. in der Bewertung der vereinbarten acht Ziele nach Wichtigkeit
3. in der Einschätzung der Ziele nach ihrer Erreichbarkeit

Sämtliche Konsistenzprüfungen erfolgen zunächst via Paarvergleich und jeweils darauf folgend im absteigenden ranking, beginnend bei „dem Spielzeug, mit dem du am liebsten spielst", „dem Ziel, das dir am wichtigsten ist", „dem Ziel, welches du am leichtesten erreichen kannst". Über ihre Konsistenzleistung bei der Spiele-Bewertung erhalten die Kinder in einer folgenden Sitzung eine Rückmeldung. Insbesondere die Zielbewertung nach Wichtigkeit ist – da sie gleichzeitig den Abschluß der mühsamen Prozedur der Zielauswahl und der Formulierungsversuche bedeutet – ein Moment, auf den die SZE inhaltlich abzielt: Eine Ordnung der Ziele nach den persönlichen Wertmaßstäben, die sich bei einzelnen Kindern erst im Laufe der SZE herausbilden, während andere sie bereits mitbringen, was an ihrer geschickteren und konsistenteren Handhabung der Bewertungsprozedur erkennbar wird. Und natürlich gibt es auch Kinder, die trotz der kognitiven Voraussetzungen für die SZE in ihren Bewertungen unverändert inkonsistent bleiben. Bei der Anwendung der Wertmaßstäbe, die zur Bildung von Prioritäten und „Herabstufungen" der Ziele in ihrer persönlichen Bedeutung führen, dürfte der Einfluß der Zielbereiche nicht zu unterschätzen sein. Kinder beispielsweise, bei denen es infolge ihrer Symptomatik zu familiären Spannungen kam, die für sie eine zusätzliche Belastung bedeuten, bevorzugen gern Ziele, in denen eine Verhaltensänderung ihrerseits eine positive Auswirkung auf die familiäre Interaktion hat.

Das Erleben von Konsistenz im Sinne einer inneren Stimmigkeit des Ziele-Rankings, sei es nach Wichtigkeit oder aber nach Erreichbarkeit, erhoben in zwei getrennten, aufeinander folgenden Sitzungen, kann eine positive Selbstrückmeldung sein: sich klar gemacht zu haben, um was es in der Therapie gehen soll, und dabei selbst Schwerpunkte gesetzt zu haben. Dies führt zu einem zeitlich begrenzten, signifikanten Erleben von Kontrolle über einen wichtigen Abschnitt der Psychotherapie.

Es ist nicht zu erwarten, daß ein Konsistenzerleben, wie hier beschrieben, bei kindlichen Patienten mit unterschiedlichem kognitiv-emotionalem Entwicklungsstand und unterschiedlichen Störungsbildern gleichartige Auswirkungen hat:

1. Bei Patienten mit eher expansiven Störungen, öfter einhergehend mit Aufmerksamkeitsdefiziten und ggf. Hyperaktivität wäre eine wachsende Sensibilität gegenüber Inkonsistenz ein wünschenswerter Effekt.

2. Bei einem Teil der Klientel, die Störungen mit hohem Angstanteil aufweisen, kann das Konsistenzerleben während der Zielbewertungen Veränderungsangst auf ähnliche Weise mindern, wie analog die Erstellung einer Angsthierarchie selbst bei den sog. Expositionstherapien (vgl. FLIEGEL et al., 1998) ein wichtiges Agens der Veränderung ist: In beiden Fällen findet eine kognitive Umstrukturierung statt.

3. Eine weitere Patientengruppe, zeichnet sich durch hohe Rigidität aus. Es gibt nun Anzeichen dafür, daß diese Kinder zwar hoch konsistente Bewertungen abgeben, zugleich aber die Wichtigkeit und Erreichbarkeit von Zielen in übereinstimmender Weise ranken, als wären die beiden Kriterien der Bewertung identisch. Hier ist eine Bearbeitung der „dysfunktionalen Konsistenz" erforderlich, da es auch ein Effekt von Wahrnehmungsabwehr sein kann, besonders wichtige Ziele zugleich für sehr gut erreichbar und die als wenig wichtig bewerteten Ziele für schlecht erreichbar zu erklären.

Die konsistente Unterscheidung wichtiger und unwichtiger sowie schwerer und leichter zu erreichender Ziele ist, über das bereits Gesagte hinaus, eine *Leistung*, die – sofern ihre Grundlage lernbar und generalisierbar ist – das Setzen von Prioritäten im täglichen Leben erleichtern helfen dürfte. Anforderungen des täglichen Lebens gerecht zu werden setzt voraus, daß man sie nach ihrer Wichtigkeit und Erreichbarkeit (allerdings auch nach ihrer – in der SZE ausgesparten – Dringlichkeit; vgl. DÖRNER u.a., 1983) unterscheiden kann. Ein solcher Bewertungsprozeß gelingt entweder hinreichend konsistent, oder das Individuum zeigt sich in der Bewältigung alltäglicher Anforderungen orientierungsschwach, was das Setzen von Prioritäten und die Einschätzung der eigenen Handlungskompetenz angeht.

B. Von der Therapievereinbarung zu den Zielen: Bausteine der SZE

Strukturierte Zielentwicklung ist eine direktive Methode mit einer deutlich „psychoedukativen" (BLOM, 1979) Orientierung. Aufgabe des Therapeuten ist daher die Strukturierung der jeweiligen Sitzungen nach dem bereits beschriebenen Schema <warming-up – Arbeitsphase – Spielphase – Verabredung>. Zur Strukturierung gehören weiter die Festlegung des Themas, die Aktivierung des Kindes zur Mitarbeit und Loben derselben, das Unterstützen von Schilderungen, fragen, zusammenfassen, Zusammenhänge stiften, interpretieren, wiederholen, aber auch wiederholen lassen, konfrontieren, auf Konsequenzen hinweisen, zurückführen zum Thema sowie das Unterbinden von anderweitiger Betätigung des Kindes während der Arbeitsphase, um nur die wichtigsten Elemente zu nennen.

Eine Methode wie die SZE hat, um die Kooperation des Kindes nicht über dessen Möglichkeiten hinaus zu beanspruchen, so *einfach* wie möglich zu sein. Dieses Prinzip der Einfachheit bezieht sich auf die Sprache des Therapeuten, einen flexiblen Umgang mit dem Postulat des gemeinsamen Erarbeitens von Zielen sowie eine Konzentration auf das Thema durch entsprechende Techniken der Strukturierung, wozu im besonderen eine „Sparsamkeit der Informationsverarbeitung" (KUHL, 1987) gehört (siehe unten).

Die Sprache des Therapeuten hat dem Entwicklungsstand des Kindes angemessen zu sein und der Forderung „Verständlichkeit geht vor" zu folgen. Der Verzicht auf den Gebrauch von Fremdwörtern ist im Umgang mit Kindern eine Selbstverständlichkeit, ebenso ein Vermeiden langer Satzbauten, wobei auch Nebensätze, sieht man einmal von einfachen Konditionalverknüpfungen ab, für viele Kinder in der angesprochenen Altersgruppe schon das Verständnis des gemeinten Inhalts verhindern können. Hüten sollte man sich ebenso vor einem pseudo-adoleszenten Slang, mit dem man evtl. altersgerechte Kompetenz vorführen wollte; eine solche Absicht, beim Kind „anzukommen", wird allzu leicht durchschaut. Wirkliches Interesse und Bemühen um einen guten Kontakt zeigt sich an interessierten Fragen, an der Intonation der Sprache und am empathischen „Mitgehen" mit den Schilderungen des Kindes.

„Einfachheit" erfordert ebenso einen flexiblen Umgang mit dem Postulat der Gemeinsamkeit in allen Schritten der Zielentwicklung. Es ist nicht erforderlich, daß dieses Postulat Grundlage für jedes noch so kleine Zwischenergebnis ist. Auch wenn ein großer Teil des SZE-Prozesses gemeinsames Arbeiten an der Aufstellung der Ziele bedeutet, sollte ein Therapeut sich nicht scheuen, auch mal einen Schritt „vorzupreschen" und auf das eine oder andere Element der unten beschriebenen Prozedur kurzfristig zu verzichten, um zu einer – für die Bewertungsprozedur günstigen – Vollständigkeit des Zielkatalogs zu gelangen. Es kommt auf das *Erleben der SZE* – und vor allem ihrer Ergebnisse – als *gemeinsame Leistung* an.

„Einfachheit" in der SZE wird auch dadurch gewonnen, daß der Prozeß jeweils mit Orientierung auf das Ergebnis „abgeschirmt" wird. Hierzu gehört nach KUHL (1987) unter anderem eine Motivationskontrolle, die der Therapeut durch die Aussicht auf eine Spielphase nach getaner Arbeit, durch die Betonung des Weiterkommens und des absehbaren Abschlusses der Prozedur bei guter Mitarbeit auszuüben versucht. Unter den von KUHL genannten Prinzipien sei außerdem die Sparsamkeit der Informationsverarbeitung hervorgehoben: Fragen und Gesprächsinhalte, die sich aus der Bearbeitung eines bestimmten Problembereichs ergeben, sollten nicht von seiten des Therapeuten eingebracht werden. Der Prozeß der Zielentwicklung ist ein für das Kind komplexes Gebiet und sollte nicht mit Inhalten überfrachtet werden, die eine Bearbeitung weiter erschweren. Auf die folgenden Aspekte kann eine SZE jedenfalls verzichten:

- gemeinsame Suche nach Ursachen oder auslösenden und aufrechterhaltenden Bedingungen für das jeweilige Problem.
- Zielsetzungen, die außerhalb der dyadischen Therapiesituation entwickelt und angestrebt werden müssen; hierzu gehört etwa die Frage einer Umschulung des Kindes oder die Therapie eines Elternteils; damit zusammenhängend auch die Klärung von „Veränderungsaufgaben" für Angehörige, Freunde oder Mitschüler des Kindes.
- Entwicklung von Lösungswegen, Bilden von Teilzielen oder Erwägen von Hilfsmitteln zur Lösung.

Betrachten wir schließlich die Forderung nach Einfachheit unter dem Aspekt der Interaktion von Kind und Therapeut, so ist SZE in den ersten zwei Phasen „einfach" bezüglich der Wirkung von Plänen auf die Interaktion: Es werden in dieser Prozedur anfänglich überwiegend Pläne des Therapeuten realisiert, während das Kind auf Fragen, Vorschläge, Erklärungen usw. reagiert. Eine solchermaßen „asymmetrische Kontingenz" (JONES und GERARD, 1967) zwischen Interaktionspartnern ist für beide Seiten einfacher zu handhaben, als würde jeder der beiden Partner eigene Pläne im Sinne von Themen und Handlungsideen einbringen. Die Pläne des Therapeuten stehen so weder zur Diskussion, noch müßten sie besonders flexibel sein, um mit Interaktionsplänen des Kindes in Einklang gebracht zu werden. Das Kind seinerseits hat sich – wie in direktiven Interaktionssequenzen üblich – um den Fortgang der Interaktion nur begrenzt zu sorgen; es entstehen keine „Themenlöcher", keine Anforderungen im Hinblick auf Ge-

sprächsinitiativen, keine belastenden Schweigepausen usw. Kurzum: die Verantwortung für den Ablauf der Interaktion liegt einseitig beim Therapeuten.
Die Nachteile einer solchen Interaktionsweise sind zunächst formaler Natur: diese Art Interaktion erscheint autoritär und widerspricht herkömmlichen Vorstellungen von therapeutischer Interaktion, da die Bedürfnisse, Sorgen und Probleme der Hauptperson nur insoweit von Belang sind, als sie vom Therapeuten thematisiert und durch Fragen vertieft werden. Bliebe es allein bei dieser asymmetrischen Kontingenz, bestünde kein Anlaß zu erwarten, daß das Kind die Ergebnisse der Prozedur als selbst herbeigeführt erlebt. Inhaltlich bedeutet dies, daß auch jede erzielte Veränderung im Laufe einer derartigen Interaktion allein eine Realisierung der Pläne des Therapeuten bedeutete. Sie wäre somit nicht Bestandteil eines Plans des Kindes und entspräche daher zunächst einmal nicht seinen Absichten. Nur in einer wechselseitig kontingenten Interaktion („mutual contingency“: JONES und GERARD, 1967) oder in einer diesem Interaktionstyp verwandten Kontingenz (HOBRÜCKER, 1979) wäre gewährleistet, daß das Kind ein Erleben von „Selbstwirksamkeit“ (BANDURA) hat, weil der Therapeut in seinem Verhalten erkennen läßt, daß er die Verhaltensweisen oder Absichten des Kindes zunehmend in seine Interaktionspläne integriert. Diese wechselseitig kontingente Interaktion wird während der SZE in der Phase der Zielformulierung zeitweilig, in der Phase der Bewertung vollständig erreicht, sofern das Kind sich durch die Prozedur genügend ermutigen läßt, erarbeitete Therapieziele zu seinen eigenen Zielen zu machen.

B.1. Vorbereitung der Zielauswahl

Wie jedes andere Element einer Psychotherapie mit Kindern beruht auch SZE auf einer Therapievereinbarung zwischen Auftraggebern, Kind und Therapeut. In der Regel sieht eine solche Vereinbarung eine Probephase von einigen Therapiestunden vor, deren Zahl nach individuellen Vorlieben des Therapeuten, aber auch aus störungsspezifischen Erwägungen heraus geringfügig schwanken kann. Sofern nicht wichtige Gründe (wie z.B. das Erfordernis einer längeren gemeinsamen Behandlung des Kindes mit den Eltern oder einem Elternteil oder einer akuten Konfliktbearbeitung mit dem Kind) einer baldigen Aufnahme der Zielentwicklung im Wege stehen, sollte noch in der Probephase der Therapie mit der SZE begonnen werden, und sei es auch nur mit der Konzeptualisierung der grundlegenden Begriffe. Hierdurch lernt das Kind den „Arbeitsteil" der Psychotherapie kennen; zugleich ist es aber noch so neu und unvertraut mit dem Setting, daß bei auftretenden Schwierigkeiten eine Ermunterung zum Weitermachen noch zu Recht damit begründet werden kann, es habe erst einen kleinen Teil der Therapie ausprobiert. Durch das Einführen konzeptueller Lerninhalte in die Psychotherapie erfährt das Vorgehen, gerade weil es höhere Anforderungen an die kindliche Kooperation stellt als beispielsweise eine Spieltherapie, eine Aufwertung. Die in ambulanten Kinderpsychotherapien relativ hohe Abbrecherquote dürfte eher zu reduzieren sein, indem allen Beteiligten klargemacht wird, daß in der Behandlung bereits zu Anfang wichtige Prozesse der Zielsetzung ablaufen, die kurzfristig arbeitsintensiv erscheinen, aber über die Bedeutung eines bloßen Probierens von Psychotherapie hinaus weisen.

Für die Vorbereitung der Zielauswahl gilt generell, daß der **Dialog mit dem Kind** darüber entscheidet, wie ausführlich einzelne Konzepte erarbeitet werden müssen, und in welchem Umfang die Problemdefinition durch den Therapeuten angeleitet werden muß.

Es kommt nicht selten vor, daß bereits 10-jährige Mädchen oder 11-jährige Jungen sicher über die hier erforderlichen sprachlichen Konzepte sicher verfügen und selbständig wichtige Beiträge zur Definition ihrer Probleme liefern können. In einem solchen Fall lassen sich die unter B.1. vorgestellten Elemente in maximal 2 Sitzungen – genauer gesagt: in den Arbeitsphasen dieser Sitzungen – erschöpfend behandeln.

Phase I der SZE beginnt mit dem Erlernen der Konzepte „Ziel", „Problem" und „Wollen". Abb. 1 zeigt diese Phase der Vorbereitung der Zielauswahl in ihrem Ablauf.

Bei der **Therapie-vereinbarenden Beratung** im gemeinsamen Gespräch mit Eltern und Patient zeigt die Praxis, daß man sich als Therapeut entscheiden muß zwischen einer ausgiebigen Diskussion der gesamten Problematik in ihren unterschiedlichen Facetten oder einer Schwerpunktauswahl mit der Betonung eines

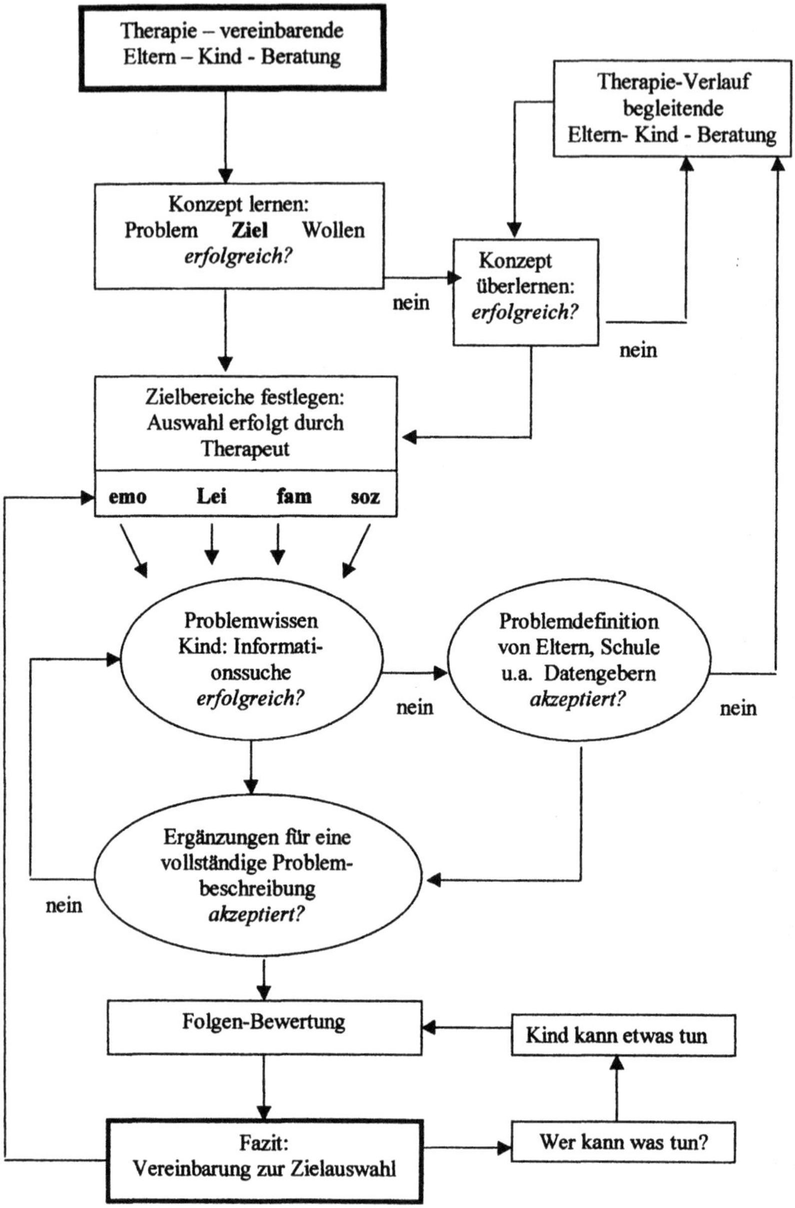

Abb. 1: Phase 1 der SZE

markanten Problems. Im ersten Fall besteht die Gefahr, daß das Kind einerseits durch die Aufzählung der verschiedenen Problempunkte in eine emotionale Überforderung gerät; denkbar ist hier, daß es – und das könnte man daher auch nur wünschen – nur sehr wenig von der zusammengetragenen Problemvielfalt in Erinnerung behält. Andererseits könnte man die Problemdiskussion auf einen „Schwerpunkt" beschränken, der dann – wenn er markant genug und für das Kind verständlich – auch als „causa efficiens" für die Einleitung der Psychotherapie verstanden und vielleicht auch gelernt wird. In diesem Fall würden „die Probleme", die zur Vorstellung des Kindes in der Psychotherapie führten, stark vereinfacht. Gleichwohl erscheint dieses Vorgehen als Grundlage für eine Behandlung erfolgversprechender. Während die Eltern-Kind-Beratung als Therapie-einleitende Maßnahme eine unerläßliche Voraussetzung darstellt, kann ein erneutes Zusammentreffen mit Kind und Eltern erforderlich sein, wenn es in der gemeinsamen Suche von Therapeut und Kind nach Problemen als Grundlage der Behandlung keinerlei Fortschritte gibt, oder wenn schon beim Erlernen der grundlegenden Konzepte unüberwindlicher Widerstand oder kognitive Verständnisprobleme auftreten.

Im Zentrum des **Konzept-Lernens** steht der Zielbegriff. Von hier wird rekurriert auf die Konzepte von Problem und Wollen. Ist anhand von Beispielen und kindgemäßen Definitionen verständlich, was ein Problem und was ein Ziel ist, wie sich ein Problem zeigen kann, in welchem Zusammenhang das Ziel zum Problem stehen kann, und welche Funktion das Wollen hat, werden die vier Zielbereiche näher erläutert. Aus den Zielbereichen werden „Themenstränge" abgeleitet, die die Suche nach Problemschwerpunkten lenken. Ein solcher Themenstrang wird verfolgt bis zum *„Fazit"* des Einverständnisses mit einer Zielentwicklung, welches seinerseits wiederum mit einem ersten Formulierungsvorschlag beendet werden kann (Zumeist ist aber in der Praxis der erste Formulierungsvorschlag nicht identisch mit der endgültigen Formulierung).

Die Problembeschreibung erfolgt mit Hilfe des Problemwissens des Kindes, zusätzlich erhobener Daten sowie der eventuell erforderlichen Gespräche mit Eltern und Kind im Laufe dieser Phase. Das Fazit als Einverständnis zur Zielentwicklung für das erarbeitete Problem beruht auf der Definition des Problems, auf die Kind und Therapeut sich geeinigt haben. Hierzu gehört auch eine Bewertung möglicher Folgen des bestehenden Problems.

B.1.1. Konzept-Lernen

In dieser einführenden Lerneinheit geht es vorrangig um die Konzeptualisierung des Zielbegriffs im Zusammenhang mit der seelischen Problematik des Kindes.

Hierzu ist eine begleitende Konzeptbildung über den Problembegriff erforderlich, da im Therapiegeschehen das Ziel unauflöslich mit dem Hinausführen aus einer schwierigen Situation, mithin dem Konzept von einem Problem verbunden ist.

An dieser Stelle wird ein wesentlicher Unterschied zu den sog. Problemlösetherapien deutlich: Problemlösetherapien setzen Konzepte von „Problem“ und „Ziel“ voraus, wobei sie oft sofort auf die Frage nach Zielen zu sprechen kommen und sozusagen im Rückschluß das Problem definieren. Die SZE hält, da in erster Linie auf die Behandlung von Kindern zugeschnitten, eine bestehende Konzeptualisierung dieser grundlegenden Inhalte keineswegs für selbstverständlich; und sie ist umgekehrt auch schon beendet, wenn es zur Aufstellung der Ziele und zur Bewertung derselben gekommen ist. Ziel der SZE in der hier vorgeschlagenen Form ist ein Zielkatalog mit acht Zielen zu vier Zielbereichen – dagegen ist „das wichtigste Ziel bei der Problemlösung....das *Herausfinden* der lösungswirksamsten Möglichkeit“ (GOLDFRIED und DAVISON, 1979, S.129).

Kinder, die zur Psychotherapie kommen, können nicht nur (zumeist) ihr Problem nicht beschreiben, sie können je nach Alter auch mit den Begriffen „Problem“ und „Ziel“ nicht viel anfangen. Während der Erwachsene in Psychotherapie seine seelische Problematik oft dadurch feststellt, daß er selbst seit geraumer Zeit vermehrte Angst-, Ärger- oder Trauergefühle oder sonstige Belastungsempfindungen hat, die ihn mehr oder weniger hilflos machen, ist das Kind in der Regel nicht in der Lage, Veränderungen in seinem Gefühlsleben zu reflektieren; die Plastizität kindlichen Erlebens führt zu einer rascheren Adaptation an derartige Veränderungen.

Es ist natürlich – und hierauf wies beispielsweise LAZARUS schon 1969 (deutsch 1977) hin – auch in der Psychotherapie Erwachsener keineswegs schon bei Therapiebeginn eine klare Problemsicht seitens des Patienten vorhanden. Vielmehr geht es hier oft um die „Überführung amorpher Gefühle in bestimmte Zielvorstellungen“ (S.191). Gleichwohl ist beim Erwachsenen mit der Entscheidung, eine Psychotherapie aufzusuchen, eine Problemsicht in dem Sinne, fachliche Hilfe in Anspruch nehmen zu müssen, vorhanden. Und die Begriffe, um die es hier geht, sind erwachsenen Patienten schon bei Therapiebeginn vertraut.

Das Lernen der Schlüsselbegriffe sollte hinreichend Zeit in Anspruch nehmen, um das Kind nicht innerhalb einer Sitzung mit Theorie zu überfordern, und um in der Phase der Problembeschreibung auf sichere Konzepte zurückgreifen zu können. Je nach Alter und Entwicklungsstand können in einer Lern- und einer Wiederholungssitzung die Grundlagen der Problembeschreibung geschaffen werden; es kann aber durchaus soviel Zeit in Anspruch nehmen, daß erst in der vierten oder fünften Therapiesitzung erste Problembeschreibungen an einem oder zwei Themensträngen erfolgen können.

In stationären Behandlungen erweisen sich hier besonders Gruppentherapien als förderlich für die Konzeptbildung, da die Suche nach Beispielen hier nicht in der Phantasie des Therapeuten, sondern in der Erinnerung der kindlichen Patienten stattfindet, jüngere Patienten von älteren Patienten kindliche Verständnisse einzelner Begriffe übernehmen können, und weil es viel selbstverständlicher erscheint, über eigene Ziele und Probleme und über das Wollen zu reflektieren, wenn man merkt, daß andere Kinder in ihren Therapien auch an diesen Themen zu arbeiten haben.

Kann das Kind im Therapiedialog die folgenden Schlüsselbegriffe (B.1.2.) von vornherein sicher handhaben und Beispiele liefern oder auf sie eingehen, ist diese Thematik abzukürzen, und die Zielbereiche werden erarbeitet.

B.1.2. Ziel – Problem - Wollen

Die folgende Darstellung ist als Vorschlag zu verstehen, wie, in welcher Reihenfolge und mit welchen Mitteln die grundlegenden Begriffe in die Therapie eingeführt werden. Gerade weil im folgenden Beispiele angeführt werden, die im Dialog mit dem Kind Verwendung finden können, sei darauf hingewiesen, daß die Lebendigkeit einer Lernsituation, in der ein soeben ausgedachtes Beispiel das Thema bestimmt, durch vorgegebene Beispiele nicht erreicht werden kann.

Der Zielbegriff bildet den Ausgangspunkt. In der Therapie bekommt er seine besondere Bedeutung dadurch, daß ein mehr oder weniger komplexes Problem eine Veränderung der Lebenssituation erfordert.

Daß der Zielbegriff vor dem Problembegriff konzeptualisiert wird, ergibt sich aus dem kindertherapeutischen Arrangement: Es ist (siehe Abb. 1) eine – probatorische – Psychotherapie vereinbart, ohne daß davon ausgegangen werden kann, daß das Kind seine seelische Erkrankung hinreichend als „Problem" konzeptualisiert hat. Da das Arrangement aber bei Einsetzen der SZE besteht, sei zunächst ein „Wozu" der Therapie als Thema eingeführt, ohne bereits inhaltlich erarbeitet zu sein. Dieses Vorgehen postuliert für die anstehende gemeinsame Arbeit eine Sinnhaftigkeit. Da dieser Sinn zwingend gegeben ist, muß es – wenn Therapie ihrem Anspruch gerecht werden will, beim Lösen von Problemen behilflich zu sein – ein Problem geben, das zu lösen ist. Es wird daher der Problembegriff aus dem Zielbegriff abgeleitet.

Das Wollen schließlich wird als Hilfskonstruktion gebraucht, um die Entscheidung zur Veränderung des Problems besonders zu kennzeichnen: Man kann Zielvorstellungen haben und feststellen, daß man ein Problem hat; doch es ändert sich nichts, wenn man das Ziel nicht wirklich erreichen will, solange also aus der Zielvorstellung keine Zielintention wird. Abb. 2 stellt einen Vorschlag für den Ablauf dieser Lernphase dar.

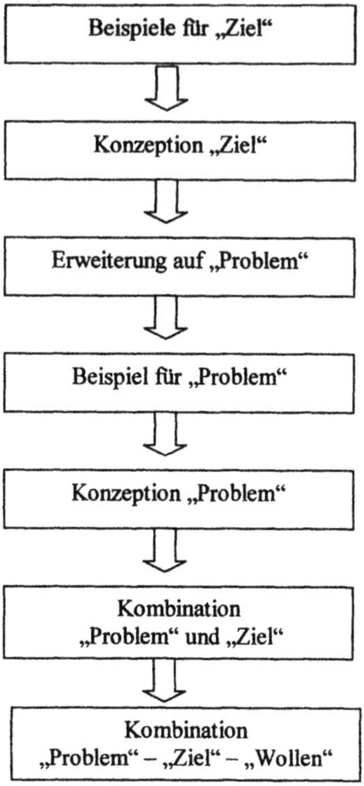

Abb. 2: Schlüsselbegriffe „Ziel“, „Problem“ und „Wollen“

Die *Konzeptualisierung von „Ziel“* kann zunächst über eine sinnvolle Verwendung des Zielbegriffs im Zusammenhang mit dem Setting erfolgen. Beispiel: „In einer Therapie geht es um Ziele. Wenn ich etwas erreichen will, sagt man, ich habe ein Ziel. Das wollen wir uns einmal genauer ansehen.“

Die vorgeschlagenen **Beispiele für „Ziel“** (Abb. 2) sollen von lokalen zu Verhaltenszielen, vom Alltäglichen zur Problemzentrierung und von marginalen zu wichtigen Themenstellungen übergehen. In der folgenden Fragenliste wurde der Versuch einer solchen Themenverdichtung unternommen:

- Welches Ziel habe ich, wenn ich Shampoo, eine Badehose und ein Handtuch einpacke?

- Welches Ziel habe ich, wenn ich Luft in den Reifen meines Fahrrades pumpe?
- Welches Ziel hast du, wenn du eine Kiste Legosteine vor dir hast?
- Welches Ziel hast du, wenn du mit mehreren zusammen einen Wettlauf machst?
- Welches Ziel hast du, wenn du mit deiner Mutter/Vater/Eltern über Taschengeld sprichst?
- Welches Ziel hast du, wenn du vor einer schwierigen Hausaufgabe sitzt, bei der du im Moment nicht weiter weißt?
- Welches Ziel hast du, wenn es Streit zwischen Dir und deinem besten Freund gibt?
- Welche Ziele haben Eltern, die mit ihrem Kind ein Gespräch über die Schule führen möchten?
- Welche Ziele können Eltern haben, die mit ihrem Kind in eine Therapie gehen?

Die **Konzeption „Ziel“** (s.Abb.2), die sich bei der Bearbeitung der Beispiele herausbildet, soll zusammengefaßt als Information dem Kind im Gespräch vermittelt werden und die folgenden Bestimmungsstücke enthalten:

- Das Kind weiß nun schon genauer, was ein Ziel ist.

- Ein Ziel hat man, wenn etwas *anders* sein soll, als es ist
  Einfaches Beispiel: wenn man an den Kühlschrank geht, hat man das Ziel, satt zu werden.
  Schwieriges Beispiel: Wenn man Ärger mit den Lehrern oder einem Lehrer hat, hat man das Ziel, daß diese wieder besser über einen denken.

- Wer ein Ziel hat, will *selbst* etwas *tun*, um es zu erreichen.
  Einfaches Beispiel: Was wird jemand tun, der das Ziel hat: „bester Werfer in der Klasse sein“?
  Schwieriges Beispiel: Was wird jemand tun, der das Ziel hat: „in der neuen Klasse Freunde finden“?

- Meistens gibt es in einer Situation mehr als ein Ziel. Man muß sich daher entscheiden, welches Ziel einem besonders *wichtig* ist.
  Einfaches Beispiel: Besuch eines Freizeitparks – was wäre dir da am wichtigsten?
  Schwieriges Beispiel: Vorbereiten einer Geburtstagsfeier – worauf käme es dir da besonders an?

Es folgt die Themen-**Erweiterung auf „Problem“** (s.Abb.2). Inhaltlich stellt sic einen Rückschluß dar: Wenn es etwas zu ändern gibt, muß es eine Ausgangslage geben. Dieser Rückschluß – entsprechend der Metapher: Wo Rauch ist, ist auch ein Feuer – ist für jüngere und intellektuell schwächere Kinder schwierig. Für diese Kinder, die den Problembegriff noch nicht eigenständig in ihrer Alltagssprache verwenden, empfiehlt sich eine einfache Kurzgeschichte, etwa der folgenden Art:

Als ich letztens bei ... (z.B. Imbißkette) war, waren vor mir drei Kinder dran, die wohl gerade aus der Schule kamen. Zwei von ihnen bestellten sich einen großen Hamburger; das dritte Kind guckte etwas schlecht gelaunt und bestellte sich eine kleine Tüte Pommes. Dabei sagte es zu den anderen: "Ich muß erst mal mit meinen Eltern über Taschengeld reden. Hab' auch keine Lust, euch immer beim Hamburger-essen zuzugucken."
Was glaubst du, war mit diesem Kind? Wie hat es sich gefühlt?
Dieses Kind sprach über ein Ziel: ?
Es fühlte sich im Moment nicht wohl, weil es weniger Geld hatte als die anderen: Es hatte ein Problem.
Wenn man unzufrieden mit etwas ist und es ändern möchte, hat man ein Problem. Was ein Problem ist, wollen wir gleich an einem weiteren Beispiel üben.

Bei dem folgenden **Beispiel für „Problem"** (s. Abb.2) erscheint es sinnvoll, eine Beispielgeschichte zu verwenden, die zu dem - vom Therapeuten ausgewählten – Zielbereich paßt. Es wird hiermit durch die Schwerpunktsetzung des Therapeuten der erste *Themenstrang der Problembearbeitung* gebildet. Vorschläge für Beispielgeschichten zu den einzelnen Zielbereichen finden sich in Anhang 1.

Die **Konzeption „Problem"** (s. Abb.2), die sich in den beiden Beispielen (dem oben genannten und einem aus dem Themenstrang ausgewählten) oder aber – bei älteren und intellektuell fortgeschrittenen Kindern – aus einem auf die Konzeptbildung zielenden Dialog ergibt, wird als Information für das Kind aufbereitet und sollte folgende Bestimmungsstücke enthalten:

- Das Kind weiß nun schon genauer, was ein Problem ist.

- Ein Problem hat man, wenn man mit einer Sache ganz *unzufrieden* ist, aber nicht gleich weiß, was man dagegen tun kann.
  Beispiel: du bist mit einem Freund zum Spielen verabredet, aber er kommt nicht.
- Manchmal weiß man schon, was jetzt richtig wäre zu tun; trotzdem kann es ein Problem sein, es zu tun: man weiß nicht, *wie* man es richtig *anfangen* soll.

Beispiel: Du hast dich mit einer guten Freundin gestritten, und du weißt, daß es deine Schuld war. Jetzt müßte von dir etwas kommen, aber du weißt nicht, wie...

- Ein Problem hat man, wenn man etwas *können* müßte, es aber nicht kann.
  Beispiel: welches Problem hat ein Kind, das mit seinen Freunden in die Schwimmhalle geht und als einziges nicht schwimmen kann?

- Ein Problem hat man, wenn man mit anderen Menschen - zu Hause oder mit anderen Kindern – viel *Streit* hat, oder wenn man nicht weiß, wie man mit ihnen *befreundet* sein kann.
  Beispiel: man will nach der Schule mit jemandem zum Spielen zusammentreffen.

- Ein Problem hat man, wenn man eigentlich etwas tun wollte, wenn man aber nun
  große Angst hat, daran zu gehen /
  gerade sehr traurig oder verzweifelt ist und gar nichts tun mag /
  gerade wütend war und immer an das denken muß, worüber man sich geärgert hat.
  Angst, Wut oder Traurigkeit sind *Gefühle*, durch die wir ein Problem kriegen können: wenn wir nicht mehr das tun, was eigentlich dran ist.

Im folgenden kann eine **Verknüpfung** der beiden Schlüsselbegriffe **„Ziel“** und **„Problem“** (s. Abb.2) zu einem Verständnis ihres logischen Zusammenhangs beitragen. So, wie in der Denkpsychologie die „geschlossenen“ Probleme (DÖRNER, 1979) sich oft als die leichter lösbaren im Vergleich zu den „offenen“ Problemen erweisen, läßt sich für unser Vorgehen postulieren, daß ein Problem als leichter lösbar anzusehen ist, wenn es ein Ziel gibt, bei dessen Erreichen der Problemzustand als beendet anzusehen ist. Gerade im Bereich zwischenmenschlicher Konflikte ist es auch Kindern leicht plausibel zu machen, daß die Entscheidung für das Ziel, einen Streit zu beenden, Erleichterung bringen kann und die Situation erträglich werden läßt. Andere Beispiele könnten sein:

Ein Kind besucht in den Ferien seinen Großvater und darf den Rest des Tages noch in dessen Holzwerkstatt etwas bauen, wozu es Lust hat; danach tritt es die Rückreise an. Es möchte etwas Schönes, vielleicht auch mit wertvollen Materialien bauen und die Zeit gut nutzen.

Zwei Freunde wollen ihren letzten Ferientag noch möglichst schön verbringen, können sich aber nicht darauf einigen, was sie unternehmen wollen.

Ein Mensch hat starke Angst davor, in großer Höhe zu sein, würde aber gern einmal auf einen Fernsehturm steigen.

Ein Kind möchte gern im nächsten Schuljahr eine Klassenfahrt mit Übernachtung mitmachen; es näßt aber nachts ins Bett und hat Angst, beim Tragen einer Windel erwischt zu werden.

Den Abschluß des Konzept-Lernens bildet die **Verknüpfung** von **„Ziel“** und **„Problem“** mit **„Wollen“** (Abb.2). Bei letzterem kann man davon ausgehen, daß Wollen ein von Kindern der angesprochenen Altersgruppe aktiv wie passiv häufiger verwendetes Konzept ist, dessen Wirksamkeit über einen längeren Zeitraum auch bei Erwachsenen häufig zu wünschen übrig läßt – man denke nur an das Abgewöhnen lästiger Gewohnheiten. Für die SZE dient Wollen als Konzept lediglich dazu aufzuzeigen, daß ein Ziel nicht nur entwickelt, sondern in der Folgezeit auch angestrebt werden muß, um ein Problem zu lösen. Für diese Verknüpfung der Konzepte gilt: Je mehr es gelingt, sie zu einem Teil eines therapeutischen Dialoges zu machen, bei dem nicht allein der Therapeut die Themenstrukturierung bestimmt, desto eher kann man davon ausgehen, daß das Kind die Konzepte in der Folgezeit auch eigenständig nutzen kann. Es sollte daher auf einige der bereits verwendeten Beispiele zurückgegriffen werden, um folgende Bestimmungsstücke der Verknüpfung in den Dialog einzuführen:

- Wenn ich ein Problem habe, brauche ich ein Ziel.

- Wenn ich mein Ziel kenne, kann ich mich entscheiden, ob ich es erreichen will oder nicht.

- Wenn ich das Ziel erreichen will, strenge ich mich an; ich merke mir mein Ziel und überlege, was ich dafür tun kann.

- In der Therapie habe ich Hilfe bei der Suche nach Zielen.

Mit der Verknüpfung der Schlüsselbegriffe ist das Konzept-Lernen abgeschlossen. Gerade im letzten Abschnitt stellt sich für jüngere, leistungsschwächere und hier insbesondere aufmerksamkeitsgestörte Kinder das Problem einer zu großen Abstraktheit und Komplexität des Lernstoffes. Es sei daher noch einmal das *Ziel* dieser Prozedur hervorgehoben: Anders als bei schulischen Lernprozessen (jedenfalls den meisten, das sei hier unterstellt) ist das primäre Anliegen des Konzept-Lernens nicht die selbständige und korrekte Handhabung der Schlüsselkonzepte, sondern ein im Therapieprozeß insgesamt wirksames Wissen darum, daß es Mittel und Wege gibt, mit denen man zu einer Aufstellung und Bewertung seiner eigenen Ziele gelangen kann.

Für den Fall, daß die grundlegenden Konzepte bei dem Kind in einer der folgenden Therapiesitzungen nicht mehr oder nur noch unsicher vorhanden sind, empfiehlt sich ein kurzes **Überlernen** (vgl. Abb.1) der drei wesentlichen Begriffe in der Art der zuletzt aufgeführten Verknüpfung Problem – Ziel – Wollen.

Abschließend sei erneut darauf hingewiesen, daß bei Kindern, die mit den grundlegenden Konzepten aus ihrem Alltag bereits vertraut sind, zum nächsten Schritt übergegangen werden kann.

B.1.3. Die vier Zielbereiche der SZE

Bei dem Versuch, die Vielzahl potentieller Therapieziele für ein Kind zugleich zu ordnen wie thematisch aufzufächern, kann die Unterteilung nach Zielbereichen, die die Themenstränge für die Problembeschreibung liefern, behilflich sein. Die Erläuterung der Zielbereiche nach ihrer kategorialen Fundierung ist allerdings für ein Kind zu theoretisch und als Grundlage für einzelne Problembeschreibungen auch nicht erforderlich. Bei der Einleitung in einen neuen Themenstrang sollte aber jeweils eine kurze Standortbestimmung mit Hilfe von **Beispielen** (s.u.) vorgenommen werden. Zu diesem Zweck seien im folgenden die vier Zielbereiche beschrieben.

Der Zielbereich grenzt nur die Erscheinungsform des Problems bzw. den ausgewählten Problemaspekt ein und legt fest, wo der Schwerpunkt der Veränderung des angesprochenen Problems liegen sollte. Die Auswahl des geeigneten Zielbereichs für ein bestimmtes Problem ist im Rahmen der gesamten Zielauswahl von der Erfahrung, aber auch der theoretischen Orientierung eines Therapeuten abhängig. Aber auch die Auswahl der vier Zielbereiche selbst wäre unter einer bestimmten Therapie-theoretischen Schwerpunktsetzung anders ausgefallen und womöglich ebenso sinnvoll oder noch „sinnvoller". Die vorliegende Anordnung der Zielbereiche folgt der Absicht, mit acht Zielen zu vier größeren Bereichen eine hinreichende Differenzierung der Problemsicht, zugleich aber eine noch überschaubare und lernbare Anzahl von Zielen zu entwickeln.

Bei den folgenden Beschreibungen der Zielbereiche sollen einige kategoriale Merkmale genannt werden; für den Therapiedialog entscheidend sind Beispiele, die bereits an konkrete Probleme des Kindes heranführen können.

Der **emotionale** Zielbereich erstreckt sich auf solche Gefühlsreaktionen des Kindes, die geeignet sind, der Situation angepaßtes Handeln zu hemmen oder zu verhindern. Vorrangig gehören hierzu die als unangenehm erlebten, „negativen" Emotionen, als deren wichtigste Angst/Furcht, Ärger/Wut, Hilflosigkeit/Trauer und Scham/Peinlichkeit gelten können. Unter den positiven Emotionen, die sich für das Kind negativ auf das Handeln in bestimmten Situationen auswirken können, sind vor allem Interesse und Neugier zu nennen, die sich in ihrer zum Extremen gesteigerten Form im „Reizhunger" des hyperaktiven Kindes finden, und bei denen zudem im Falle eines zu geringen Reizangebots Langeweile und Unruhe mit den hieraus resultierenden erzieherischen Problemen auftreten. Selbstverständlich kann es nicht darum gehen, Therapieziele zu entwickeln, die in der

Ausschaltung negativer Gefühle bestehen. Entscheidend ist, wie dauerhaft und intensiv derartige Gefühle auf das Handeln des Kindes Einfluß nehmen.

Für DÖRNER (1984) gehören Emotionen zu den „ethoplastischen", d.h. verhaltensformenden Prozessen. Gerade negative Emotionen haben, so DÖRNER, in Problemsituationen keineswegs nur Kulissencharakter. „Vielmehr wirken sie sich auf den Ablauf des Denkens aus. Negative Emotionen können zu einer „Notfallreaktion" des kognitiven Systems führen, die sich in rabiaten, überdosierten Entscheidungen, im Ausweichdenken (Phantasieren, Tagträumen, Einkapselung in irrelevanten Details) oder auch in Resignation und Lethargie äußern. Außerdem vermindern sie deutlich die Zahl von *Selbstreflexionen* beim Denken" (S.16).

Als Teil des emotionalen Bereichs können im Falle psychosomatisch erforderlicher Zielsetzungen auch Empfindungsqualitäten wie Hunger, Appetit, Schmerz, Schwäche oder Müdigkeit gelten.

Im Dialog mit dem Kind ist der emotionale Bereich als einer der vier Themenstränge in einer Weise anzusprechen,

- daß es Gefühle gibt, die uns daran hindern können, uns richtig zu verhalten, oder die uns dazu bringen, uns falsch zu verhalten. Angst und Ärger/Wut erscheinen hier als gute Explorationsbeispiele zu der Frage: Wie hätte ich mich verhalten, wenn ich nicht ganz so ängstlich oder ärgerlich gewesen wäre?

- Dies liegt daran, daß die Gefühle oft so stark sind, daß wir uns nicht dagegen wehren können und an nichts anderes mehr denken können.

- Manchmal erscheint es einem als das wichtigste Ziel, ein bestimmtes Gefühl in den Griff zu bekommen, damit man sich anders verhalten kann.

Die Praxis zeigt, daß – abgesehen von Problemreflexionen im Falle manifester Angststörungen – derartige Erläuterungen zwar zu einem Verständnis der Prozedur beitragen, nicht aber spontane Problemschilderungen des Kindes provozieren. *Direktes* Fragen nach Problemen im Umgang mit einem Gefühl, das in der Frage konkret benannt wird, kann dagegen dem Kind die Schilderung erleichtern.

Der Zielbereich „**Leistung**" umfaßt Verhalten, zu dessen Erzeugung das Kind eine nicht unerhebliche Anstrengung aufbringen muß. Zielsetzungen, die diesem Bereich zugeordnet werden, sollen sich keineswegs allein auf Schulleistung oder andere Arbeitsprozesse erstrecken, sondern ebenso auf das Etablieren oder Stützen wichtiger Freizeitaktivitäten mit Leistungscharakter, etwa in Musik oder Sport. Angesprochen sind hier aber auch Leistungsprozesse *unterstützende* Fertigkeiten wie Aufmerksamkeitssteuerung, Ausdauer und Selbstüberwachung: die Absichtskontrolle und Ausführungskontrolle von Handlungen.

Deshalb soll bei Symptom-bezogenen Therapien, in denen das Kind Zeit und Arbeit aufbringen muß, um die Symptomatik unter Kontrolle zu bekommen, auch der Leistungsbereich als Zielort gewählt werden, da hier ein vermehrtes Ausmaß der stützenden Fertigkeiten erforderlich ist. Beispiele hierfür sind: Toilettentrainings und Sauberkeitstrainings bei Enuresis oder Enkopresis, ein Ernährungstagebuch bei Übergewicht, Erlebnisprotokolle zu spezifischen emotionalen Problemen und anderes mehr. Es können also so unterschiedliche Ziele wie eine Verbesserung des Tischtennisspiels (sofern es im Rahmen einer Kinderpsychotherapie eine hinreichende Bedeutung hätte, um als eines der acht Ziele zu gelten), Mitarbeit in der Legasthenie-Fördermaßnahme, das Beachten und Einhalten von Spielregeln, zunehmend selbständige Durchführung eines Sauberkeits- und Toilettentrainings, aber auch das Einhalten von morgens geäußerten „Tagesvorhaben" dem Zielbereich Leistung zugeordnet werden.

Im Dialog mit dem Kind kann der Leistungsbereich positiv gefaßt werden als derjenige Zielbereich, in dem man

- einen Erfolg dadurch erzielen kann, daß man sich
- auf eine bestimmte Sache konzentriert und dabei auch anstrengt.
- Der Leistungsbereich ist der Zielbereich, bei dem wir am deutlichsten erkennen können, daß wir mit Arbeit an uns selbst etwas verbessern können.
- Beispiele sind Schule, Sport, aber auch das Lernen bestimmter Fertigkeiten sowie das Abgewöhnen „lästiger Gewohnheiten".

In den **familiären** Zielbereich gehören Veränderungen im Verhalten des Kindes, die geeignet sind, die Position oder Rolle des Kindes in der Familie direkt oder indirekt zu verbessern. Der Begrenztheit der kindlichen Einwirkungsmöglichkeit muß dabei einerseits Rechnung getragen werden, sobald es um die Beeinflussung des Verhaltens von Familienmitgliedern geht. Andererseits können diese Einwirkungsmöglichkeiten des Kindes in der Therapiephase größer sein als in sonstigen Lebensabschnitten des Kindes:

1. Es ist „Therapiezeit", und die Eltern oder die ganze Familie erwarten Veränderungen. Natürlich kommt es darauf an, daß diese Veränderungen allseits als *System*-Veränderungen begriffen werden, bei denen nie nur ein Element die Effekte bewirkt, sondern ein Zusammenwirken verschiedener Elemente die eigentliche Veränderung ausmacht.

2. Solange „Therapiezeit" ist, gibt es einen institutionalisierten „Aufpasser" in Person des Therapeuten, der in der Arbeit mit dem Kind, vor allem während

der SZE, auch eigene Erwartungen an die Familie mit einfließen lassen kann. Denn

3. gilt, daß Veränderungen im Verhalten des Kindes, die auf die gesamte Familie oder einzelne Mitglieder Wirkung ausüben (sollen), immer auch latente Aufforderungen an das oder die Familienmitglieder beinhalten, sich der Veränderung des Kindes gegenüber adäquat zu verhalten, wie immer dies zu geschehen hat.

Ziele aus dem familiären Bereich beinhalten einen veränderten Umgang mit Kommunikationsblockaden in der Familie, bei denen das Kind etwa ängstlich, bockig oder wütend reagiert, anstatt zu versuchen, seine Anliegen zu artikulieren; ferner Erwartungen an die Einstellung oder das Verhalten einzelner Familienmitglieder, Selbstbehauptung und aggressionsfreie Konfliktlösung oder auch Verhaltensweisen, mit denen das Kind seinen guten Willen, zu einer Veränderung des Familienklimas beizutragen, dokumentiert.

Im therapeutischen Dialog mit dem Kind ist der familiäre Zielbereich wie folgt zu erläutern:

- Es sind Ziele, die man sich setzen kann, damit es zuhause besser läuft. Dabei kann es nur um das eigene Verhalten gehen: Was kann ich dazu beitragen, damit es zuhause weniger Probleme und Ärger gibt?

- Auch wenn ich finde, daß andere als ich in der Familie diese Probleme schaffen, kann es in der Therapie nur um die Frage gehen, wie ich auf andere in der Familie einwirken kann, damit es zwischen ihnen und mir weniger Spannungen und Schwierigkeiten gibt.

- Wenn ich an den Spannungen nichts ändern zu können glaube, muß ich nach Möglichkeiten in meinem Verhalten suchen, damit mir dies – etwa dauernde Streitereien zwischen anderen Familienmitgliedern – weniger Sorgen und Kummer bereitet.

Mit dem **sozialen** Zielbereich sind Veränderungen im Verhalten des Kindes angesprochen, die zu einer Verbesserung seiner außerfamiliären Beziehungen führen sollen. Im Umgang mit Gleichaltrigen sind hiermit solche sozialen Fertigkeiten gemeint, die bei dem Kind als defizitär erachtet werden; Fertigkeiten, mit denen es Freundschaften schließen oder aufrecht erhalten, sich in Konflikten behaupten, mit Kritik umgehen, Alternativen zu aggressiven Verhaltensweisen anwenden oder andere Arten von Belastungssituationen bewältigen kann. Ein Beispiel einer brauchbaren Systematik derartiger Fertigkeiten findet sich in einer Arbeit von GOLDSTEIN et al. (1978).

Im Umgang mit Erwachsenen geht es um Verhaltensweisen, mit deren Hilfe das Kind im Erwachsenen einen erfahreneren Interaktionspartner sieht, der je nach sozialem Setting berechtigt ist, dem Kind Anweisungen zu erteilen und Instruktionen zu geben, damit aber nicht die Eigenschaft verloren hat, Fehler zu machen oder auch mal im Unrecht zu sein.

Den Willen anderer zu respektieren und dabei darauf zu achten, daß eigenes Wollen durch andere nicht zu Unrecht behindert wird, Verantwortung zu übernehmen und die Verantwortung anderer zu benennen: so läßt sich am ehesten das Wesen des sozialen Zielbereichs kurz fassen.

In der Praxis erscheint dieser Zielbereich oft als der mit den größten Diskrepanzen zwischen einzelnen Kindern, was die Ziel-Erfordernisse angeht: Kinder mit emotionalen Störungen sind nicht selten im Hinblick auf ihr Sozialverhalten recht geschickt, wenngleich meist etwas durchsetzungsschwach. Auf der anderen Seite stellt sich bei Kindern mit „expansiven" Störungen häufiger das Problem der geeigneten Reduktion der sozialen Ziele auf zwei Elemente, da diese Kinder durch eine große Komplexität sozialer Defizite imponieren, sei es auf dem Gebiet der adäquaten Selbstbehauptung, sei es in der Selbstkontrolle der Impulsivität des eigenen Handelns. Hier besteht die Aufgabe darin, eine Reduktion auf zwei Ziele durch die Benennung „exemplarisch" erscheinender Zielverhaltensweisen vorzunehmen, bei denen eine Generalisierung des Gelernten auf andere Verhaltensweisen erwartet werden darf. Gerade für Kinder mit expansiven Störungen erscheint es wichtig, durch eine geeignete Zielauswahl aufzuzeigen, daß ihr Problem nicht nur in „Verhaltensexzessen" besteht, die beseitigt werden müssen. Daher lassen sich bei den Kindern mit Störungen, die durch eine mangelnde Selbstkontrolle im Sozialverhalten imponieren, wesentliche Aspekte der Problematik auch in anderen Bereichen zu Therapiezielen entwikkeln. Zu bedenken ist ferner, daß der jeweils angesprochene Zielbereich nur die *Erscheinungsform* und den Ansatz für eine Lösung der Problematik anspricht, ohne aber das Problem thematisch einzugrenzen.

Im Dialog mit dem Kind läßt sich der soziale Bereich etwa wie folgt beschreiben als

- Ziele, bei denen es darum geht, mit anderen Menschen so auszukommen, daß man längere Zeit ohne Streit, Ärger oder andere Probleme miteinander umgeht. Hierher gehören Verhaltensweisen, mit denen ich Freunde gewinnen kann. Dazu gehört auch

- bei einer Sache mitzumachen und eine Aufgabe zu übernehmen; außerdem Verhalten, mit dem ich zeige, daß ich mich nicht ausnutzen oder von anderen unterdrücken lasse.

- Die Verhaltensweisen müssen teilweise geübt, teilweise auch neu gelernt werden. Dabei kommt es vor allem auf die Bereitschaft an, auch mal neues Verhalten auszuprobieren.

- Oberstes Ziel bleibt, andere Kinder und Erwachsene zu verstehen und dafür zu sorgen, daß ich von den anderen verstanden werde.

B.1.4. Angeleitete Problembeschreibung

Die angeleitete Problembeschreibung hat in der SZE die Funktion, dem Kind die Notwendigkeit einer Zielentwicklung deutlich zu machen; sie sorgt zudem dafür, daß bei Beginn der Zielauswahl und Zielformulierung bereits Material zur Verfügung steht. Dem Aspekt der Problemklärung kommt in der Kinderpsychotherapie nicht die herausragende Bedeutung wie in einer Erwachsenentherapie zu. Dies liegt zum einen daran, daß die kindliche Reflexionsfähigkeit für eine vertiefte Problemklärung in der Regel nicht ausreicht. Es besteht aber auch eine geringere Notwendigkeit hierzu, für eine Problemklärung zu Beginn einer Kinderpsychotherapie in der Regel zwei, oft noch mehr Datengeber zur Verfügung stehen. Während die umfangreichere Problemklärung in der Erwachsenentherapie nicht selten schon für sich genommen eine ausreichende Hilfe darstellt, ist in der Kindertherapie ein verkürzendes und auf wesentliche Aspekte des Klärungsprozesses abhebendes Verfahren angezeigt.

In Abb. 1 stellen die elliptisch umrahmten Einzeltechniken das Kerngeschehen der Problemexploration dar. Diese wird im Falle einer zu geringen Gesprächs- und Reflexionsbereitschaft des Kindes ergänzt um eine Konfrontation des Kindes mit Problemdefinitionen anderer Datengeber. Eine ergänzende Problembeschreibung des Therapeuten oder eine Nachfrage zu einzelnen Aspekten des Problems schließen den Explorationsprozeß für den gewählten Zielbereich ab. Die Exploration kann jedoch erneut in Gang gesetzt werden, wenn das Kind die vom Therapeuten erbrachten Zusammenfassungen zum Problem nicht akzeptieren mag. In diesem Fall käme es zu einem „Explorations- Zirkel" (siehe unten).

Die Problemdefinition je Themenstrang wird mit einem Fazit beendet, das eingebettet ist in einen „Vereinbarungs-Zirkel" (siehe unten); in Abb. 1 ist dies der unterste Abschnitt, beginnend mit der Folgenbewertung.

Der **Explorations-Zirkel**: Der vom Therapeuten ausgewählte Themenstrang – zumeist das in der Therapie-vereinbarenden Beratung vorrangig beschriebene Problem – bahnt die Fragen zur Problembeschreibung in dem betreffenden Zielbereich. Hier wird zunächst das Wissen des Kindes um sein Problem exploriert.

Diese Exploration findet bekanntlich unter folgenden Voraussetzungen statt: Der Therapeut hat ein mehr oder weniger scharfes Bild von der Problemlage im angesprochenen Zielbereich; möglicherweise verfügt er über zusätzliche Beurteilungen von außerfamiliären Datengebern. Er sollte einerseits nicht den Unwissenden spielen, der zufällig mit der Thematik zu tun bekommen hat; andererseits ist er natürlich „unwissend" im Sinne fehlender persönlicher Erfahrung, denn nur das Kind schöpft hier unmittelbar aus eigenem Erleben.

Folgender Ablauf der Problemexploration wird vorgeschlagen:

1. Der Therapeut weist zunächst auf „ein Problem im Umgang mit..." hin. Ist dieser Anstoß bereits hinreichend, um ein Problem-zentriertes Gespräch in Gang zu setzen, läßt sich die Problembeschreibung im wesentlichen auf die Angaben des Kindes begrenzen. Die Fragen des Therapeuten sollten hier – ähnlich wie im Erwachsenenbereich – auf Ergänzungen, Präzisierungen oder Richtigstellungen, nicht Kausalbeziehungen abheben. LAZARUS (1978) spricht von „Was-, Wann- und Wie- Fragen", die gegenüber den „Warum-Fragen" zu bevorzugen seien.

Ergänzungen, die die Problembeschreibungen des Kindes vervollständigen (Vgl. Abb. 1), können in sinnvollen Zusammenfassungen oder Abstraktionen von Problemsituationen oder problematischem Verhalten bestehen und zusätzliche Daten seitens der Eltern oder Schule beinhalten, ohne daß diese Ergänzungen konfrontierenden Charakter haben müßten. Es kann dann innerhalb des Themenstrangs zu einer Folgen-Bewertung und einer ersten Vereinbarung für die Zielauswahl kommen (siehe unten).

2. Reagiert das Kind nur unzureichend auf diese eher indirekte Problemansprache, läßt sich ein erster direkter Hinweis auf das Problem durch eine thematische Eingrenzung auf bestimmte Klassen von Situationen, in denen das Verhalten gehäuft auftritt, vornehmen. Im Falle weiterhin mangelnder Kooperation des Kindes kann der Therapeut dazu übergehen,

3. das Verhalten des Kindes, das in dieser Situationsklasse gezeigt wird, zu „umschreiben", ohne es spezifisch zu benennen. Das Kind soll weiterhin die Chance haben, die Problemsituationen und sein Verhalten eingehender selbst zu beschreiben, um zu einem eigenen Anteil an der Definition des Problems zu kommen. Derartige Umschreibungen können etwa darin bestehen, daß das Versagen der Hemmung (etwa in aggressiven Konflikten) benannt wird, daß ein Wunsch, auf eine bestimmte Weise zu reagieren, entsteht, oder daß einzelne Reaktionen seitens der Umwelt Erwartungen an das Kind erkennen lassen.

4. Im Zusammenhang mit den Umschreibungen des Verhaltens lassen sich auch gefühlsmäßige Anteile des Problemerlebens anhand von Beispielen verbali-

sieren, um dem Kind zu signalisieren, daß beim Therapeuten bereits eine Kenntnis und ein gewisses Verständnis der Schwierigkeiten vorhanden sind. Gefühle im Umfeld von Hilflosigkeit, Ausweglosigkeit bzw. Alternativlosigkeit, die das Kind in Situationen haben könnte, in denen es zu wesentlichen Fehlreaktionen kommt, lassen sich hier in eher plastischer Form, als es die Schlagworte andeuten, ansprechen: Denken, man komme nicht mehr weiter; den Wunsch haben, daß einem jemand hilft; glauben, daß man im Moment gar nicht anders könne, als...; aber auch starke Lust verspüren, etwas zu tun, was andere nicht in Ordnung finden, etwa wenn es um spontan aggressives Handeln geht (das aber von Kindern meist als Ergebnis der Provokation durch andere dargestellt wird).

5. Hat das Kind bis hierher keinerlei spontane Ergänzungen, Präzisierungen oder auch nur Kommentierungen der direkten oder auch indirekten Hinweise auf das Problem geliefert, kann die Problemsuche nicht als erfolgreich angesehen werden, und es sind genauere Problembeschreibungen von anderen Datengebern erforderlich.

Der konfrontative Teil der *angeleiteten Problembeschreibung* erscheint also nur für den Fall mangelnder Mitarbeit des Kindes erforderlich, wenn das Kind bisherige Annäherungen an die Thematik zurückweist oder auf andere Weise abwehrt. Dabei ist selbstverständlich, daß konfrontierende Techniken hier nicht nur zu einer größeren emotionalen Belastung des Kindes führen, sondern auch die Erfolgswahrscheinlichkeit einer adäquaten Problemdefinition nicht sonderlich steigern. Gerade in der Kinderpsychotherapie, in der Auftraggeber und Patient in einer komplizierten Weise nicht identisch sind, erhöhen konfrontierende Techniken auch das Risiko des Stillstandes und Verharrens in Trotz und Ängstlichkeit.

Eine *Konfrontation* mit extern, d.h. über die Eltern, sonstige Angehörige oder die Schule gewonnenen Daten ist die letzte Möglichkeit zur Problemlösung im Dialog. Um die Chance einer gemeinsamen Problemdefinition zu wahren, darf einerseits dem Kind nur wenig Spielraum für weiteres Abwehren oder Vermeiden bleiben. Andererseits kann es nicht darum gehen, eine Beichte zu erzwingen, oder ein Sündenregister abzuarbeiten. Vielmehr sollte ein Therapeut dem Kind mit der gelegentlich unabdingbaren Mischung aus Freundlichkeit, Humor und Eindringlichkeit verdeutlichen, daß er zwar über die nötigen Informationen zur Problemdefinition verfügt, daß diese aber keinerlei Nutzen für die Therapie haben können, sofern nicht das Kind selbst hierzu Stellung nimmt.

Obwohl das Kind in einer solchen Situation noch keinen oder einen nur ungenügenden Beitrag zur Problemdefinition geleistet hat, empfiehlt es sich, die Arbeitsphase der Therapiestunde an einer solchen Stelle mit der „forcierten Verabredung“, in der nächsten Sitzung gezielter und „gemeinsamer“ an die Thematik heranzugehen, zu beenden und zu einer Spielphase überzugehen, sofern das Kind in eine solche Vereinbarung einwilligt: zum einen stünde an diesem Tag die Kooperation des Kindes nicht mehr auf dem Prüfstand, so daß es ein „freies Intervall" hat, um sich seine Mitarbeit in der Therapie noch mal zu überlegen. Zum anderen kommt es darauf an, daß der Therapeut, der in der Sitzung nur sehr begrenzt erfolgreich im Hinblick auf seine Stundenziele war, mit einem solchen Übergang die Initiative zurückgewinnt. Unter dem Gesichtspunkt des Lernens ließe sich natürlich argumentieren, daß - außer einer Absichtsbekundung des Kindes in der „forcierten Verabredung" - kein „belohnenswertes" Verhalten des Kindes erkennbar gewesen sein mag, daß vielmehr eine angrenzende Spielphase die Belohnung von Vermeidungsverhalten bedeuten würde. Das Vermeiden eines Machtkampfes mit dem Kind und der Wiedergewinn der therapeutischen Initiative sind hier aber höher zu gewichten.

Kommt es auch auf diese Weise nicht zu einer weiteren Bearbeitung des gewählten Themenstrangs, ist eine erneute Beratungssitzung mit Eltern und Kind angezeigt.

Der **Vereinbarungs-Zirkel**: Mit Bewertung der Folgen wird die Definition des Problems abgeschlossen, um zu einer Vereinbarung für die Zielauswahl zu gelangen. Auch die Folgen-Bewertung ist zweckgebunden in Richtung auf Einsicht in die Notwendigkeit, gemeinsam Ziele zu entwickeln und nach Möglichkeiten zu suchen, wie man sie erreichen kann.

Folgen des seelischen Problems: Ein emotionales oder Verhaltensproblem in seinen Auswirkungen auf die individuelle, familiäre oder soziale Entwicklung eines Kindes einzuschätzen ist für Eltern ein unmögliches, und selbst für Fachleute ein schwieriges Unterfangen, dessen Ergebnisse oft vage und unbefriedigend erscheinen. Für Kinder ist es eine gänzlich Kind-untypische Aufgabenstellung, da sie nur mit Hilfe von Lebenserfahrung und Fachwissen gelöst werden kann. Es kann hier nur darum gehen, dem Kind ausgewählte Aspekte des Problems vor Augen zu führen und es zu ermuntern, diese Aspekte im Hinblick auf ihr Ausmaß zum gegenwärtigen Zeitpunkt, ihre Bekanntheit oder auch auf ihre zeitliche Ausdehnung zu beurteilen: Was könnte passieren, wenn das Problem immer stärker oder häufiger auftritt, wenn immer mehr Menschen davon erfahren, wenn es sich im Jugend- oder Erwachsenenalter so fortsetzt?

Der 10-jährige Heiko, der sich in seiner Wut schon mal kleine Haarbüschel ausriß, aber auch Möbel demolierte oder andere Kinder wie Erwachsene laut schreiend mit den übelsten Schimpfwörtern und Morddrohungen belegte, wurde im Rahmen seiner Behandlung gefragt, wie denn ein 25-jähriger Heiko, der den 10-jährigen Heiko auf einem Videofilm toben sähe und hörte, hierüber urteilte. „Ganz schön blöd war ich damals", meinte der Junge zu seinem Verhalten, das trotz dieser Einsicht gleichwohl außerordentlich schwer zu beeinflussen war.

Erstes Fazit: Für den Fortgang der SZE entscheidend ist in der Phase der Folgenbewertung der „motivationale Schub" zu einer *Vereinbarung für die Zielauswahl*: „Es wäre also gut, wenn dies in Zukunft anders laufen könnte." Hieran an anschließend befassen sich Kind und Therapeut mit der Frage: „*Wer* kann *was* tun?“ Diese Frage zielt auf das gemeinsame Fazit, daß es im wesentlichen auf die Aktivität des Kindes ankommt: niemand kann dem Kind „die Angst nehmen“, wenn es zur Schule gehen muß; niemand außer dem Kind selbst kann dafür sorgen, daß es nicht mehr schlägt, stiehlt oder lügt, daß es konzentrierter in der Schule mitarbeitet mit den Geschwistern besser auskommt usw. Es geschieht nichts, wenn das Kind es nicht will. Die Rolle des Therapeuten kann hier erstmals etwas konkreter gefaßt werden als die desjenigen, der gemeinsam mit dem Kind nach Wegen sucht, etwas zu ändern, und der bei Beziehungsproblemen etwas dazu beitragen kann, daß die Kommunikation mit Familienangehörigen, Gleichaltrigen oder auch anderen Erwachsenen wie einzelnen Lehrern verbessert wird oder wieder in Gang kommt.

Zweites Fazit: Mit der Schlußfolgerung, daß *insbesondere das Kind* etwas tun kann, läßt sich noch einmal auf die Auswirkungen des Problems rekurrieren, diesmal unter positivem Vorzeichen: „Wir werden uns deshalb gemeinsam Ziele ausdenken, wie es sich verbessern soll, und was du dazu tun kannst.“

Mit diesem wiederholten Ziel-Fazit endet die Problembearbeitung für einen Zielbereich. Die Bearbeitung des ersten Themenstrangs kann deutlich mehr als die „Arbeitsphase“ einer Therapiestunde in Anspruch nehmen, da hier die Prozedur eingeführt und erstmals angewendet wird. Dagegen erfolgt die Bearbeitung der übrigen Themenstränge etwas schneller, auch wenn das im Vordergrund stehende Problem – nicht selten das „Präsentiersymptom“ (LAZARUS, 1978) - als das am leichtesten greifbare Problem bereits im ersten Themenstrang bearbeitet wurde und nun weniger augenfällige Schwierigkeiten in den Vordergrund rücken.

B.2. Auswahl und Formulierung der Ziele

Auswahl und Formulierung von Therapiezielen sind wesentliche Bestandteile jedes therapeutischen Prozesses und machen ihn zu einem Lösungsprozeß für eine „offene“ Problemstellung: Da der Zielzustand nur unscharf bekannt ist, kommt es darauf an, „Setzungen“ (DÖRNER, 1979) vorzunehmen, wie die Veränderungen im Erleben und Verhalten des Patienten aussehen *könnten*.

Ziele, die von Kindern selbst oder ihren Eltern aufgestellt werden, haben zumeist den Charakter von Problemverneinungen: „Nicht so....sein, nicht immer....sagen und vor allem nicht mehr....machen“. Derartige Wünsche eigenen sich schlecht als Therapieziele, weil sie negativ formuliert, nicht auf ihre Realisierbarkeit überprüft und nicht selten marginale Verhaltensweisen eines umfangreicheren Problems sind.

In der Therapieplanung kommt es darauf an, berechtigte Wünsche nach Veränderung mit den Veränderungsmöglichkeiten eines Kindes abzugleichen und Ziele als Kompromisse hieraus sowie als Teilziele umfassender Zielsetzungen zu entwickeln. Eine Einbeziehung des Kindes in diesen Prozeß wird gewährleistet, indem die Zielauswahl zunächst *potentielle* Veränderungen entwirft. Sie bleibt damit *vorläufig* und geht so in den Dialog mit dem Kind ein. Auf diese Weise – und durch die spätere Einbeziehung der Eltern in die Zielbewertung – ist die *Transparenz* des therapeutischen Einflusses bei der Zielauswahl gewährleistet. Hieraus ergeben sich an mehreren Stellen des Prozesses Möglichkeiten zur Korrektur

Es gibt demnach immer einen Bereich der *Generierung von Teilzielen*, der probehalber vom Therapeuten allein bearbeitet wird. Daher erfolgt im Anschluß an diese vorläufige Teilziele-Auswahl eine *Auswahl im Dialog*. Abb. 3 stellt diesen Reflexions- und Rückkoppelungsprozeß im Ablaufschema dar. Bevor es in einer Therapie zur Zielauswahl kommt, entwickeln Therapeuten bereits aus den diagnostischen Informationen mehr oder weniger konkrete, umfang- oder einfallsreiche Vorstellungen darüber, welche Veränderungen beim Kind in besonderer Weise erforderlich sind. Einzelne Schritte, in denen diese Vorstellungen entwickelt werden, lassen sich nach DÖRNER et al. (1983) unterscheiden in *Schwerpunktbildung* (Welches der zu bearbeitenden Ziele oder Teilziele greife ich zunächst heraus?), *Komponentenanalyse* (aus welchen Elementen besteht das Therapieziel im wesentlichen?), und *Dependenzanalyse* (von welchem Verhalten des Kindes kann dieses Teilziel beeinflußt werden?). Anstelle von Dependenzanalyse sei hier von Wirksamkeitsbeurteilung gesprochen, die vorrangig aus der *Einschätzung von Instrumentalität und Erreichbarkeit* besteht.

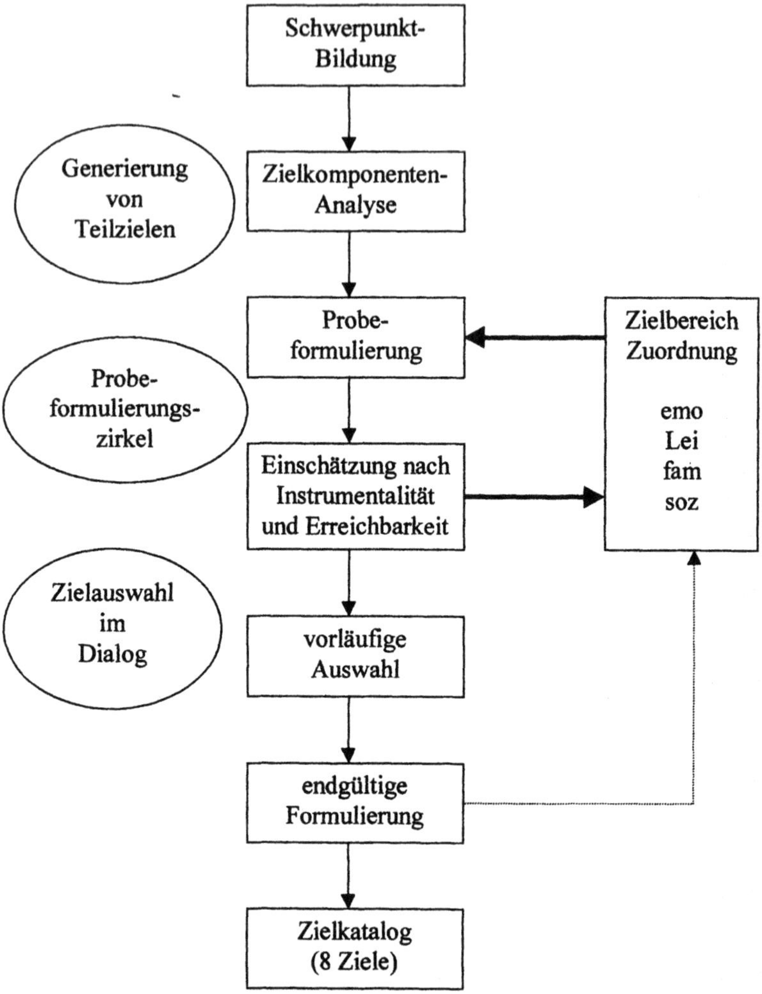

Abb. 3: Auswahl und Formulierung der Ziele

Das jeweilige Ergebnis aus der **Teilziele-Generierung** ist die *vorläufige Formulierung* eines Teilziels, die in den Dialog mit dem Kind eingeht. Es entsteht im Rahmen der **dialogischen Auswahl** ein Zielkatalog, der für die nachfolgende Bewertungsprozedur auf je zwei Ziele pro Zielbereich reduziert wird.

Zielauswahl und -formulierung sind für viele Kinder häufig erst der Beginn aktiver Einflußnahme auf die inhaltliche Gestaltung der Gespräche: Während viele bei der Problemdefinition noch eine abwartende und nur vorsichtig kooperierende Haltung einnehmen, ist die vorläufige Formulierung von Therapiezielen – insbesondere wenn diese im Sinne von Verhaltensvorschlägen erfolgen – Anlaß, wirksam in die Entscheidungen der Auswahl einzugreifen. Das Kind kann und muß sich erstmals mit Vorschlägen auseinandersetzen, wie es sein Verhalten ändern kann, um wirksam auf eine Lösung seines Problems, das bei Therapiebeginn ein fremddefiniertes Problem war, hinzuarbeiten. In Abb. 4 sei der Versuch gemacht, diese allmähliche Umkehrung des Einflusses auf die Ergebnisse der jeweiligen Arbeitsphasen in der Therapie idealtypisch darzustellen.

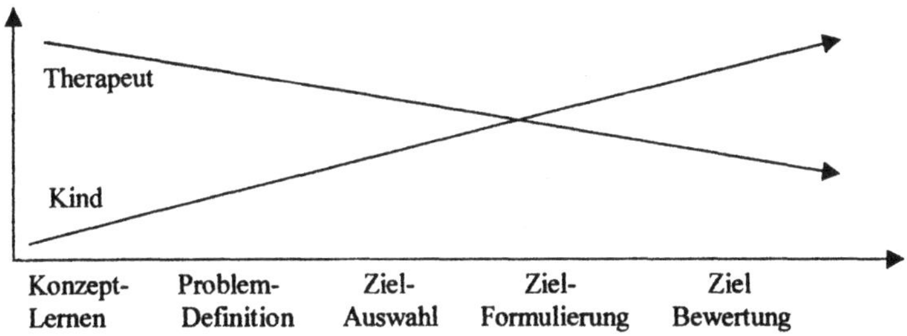

Abb. 4: Einfluß der Interaktionspartner auf die Ergebnisse der SZE

B.2.1. Generierung von Teilzielen

Die Generierung von Teilzielen ist ein Element der Zielentwicklung, welches großenteils ohne Zutun des Kindes durchgeführt wird. Auch wenn im Rahmen der Problemdefinition die Frage nach den notwendigen Veränderungen an das Kind zu gehen hat, bleibt dem Therapeuten selbst für den Fall, daß auf diese Weise eine umfangreichere Themensammlung zustande kommt, die Aufgabe, das Material zu ordnen: Im Hinblick auf die Schwerpunktbildung der Zielsetzung die vorliegenden Problembeschreibungen zu bündeln und sie störungsspezifisch in Zielkomponenten zu zergliedern. Nicht zuletzt aus zeitökonomischen Gründen (denn das Aufstellen von Zielen hat nun einmal in einem überschaubaren Zeitraum während der Anfangsphase der Therapie zu erfolgen) erscheint es erforderlich, daß der Therapeut strukturierende Vorbereitungen trifft, um in wachsender Kooperation mit dem Kind einen Zielkatalog zusammenzustellen, aus dem die endgültige Auswahl für die Bewertung getroffen wird.

Die vom Therapeuten vorzunehmenden Entscheidungen bis zur vorläufigen Formulierung eines Ziels unterscheiden sich von „normalerweise" durchzuführenden Therapieziel-Entwicklungen vor allem durch den wesentlichen Zweck, den die SZE zu erfüllen hat (s.o.): Es geht um Handlungsvorsätze, die das Kind lernen soll, und durch die es Themen und Zielrichtung der Therapie vor Augen geführt bekommt; da dies alles soweit möglich kooperativ erfolgen soll, geht es auch um eine Steigerung der Therapiemotivation.

Zur Veranschaulichung der erforderlichen Schritte sei die *Fallskizze* eines Jungen von 9 Jahren konstruiert, der wegen folgender Probleme auffällig ist: Verdeckte und offene Aggressionen gegenüber Gleichaltrigen in und außerhalb der Schule, Lernschwierigkeiten im Bereich Schreiben (Graphomotorik) und Lesen, Stören durch Dazwischenrufen, gelegentliches Umherlaufen in der Klasse und Weigerung, den Anweisungen der Lehrerin zu folgen; Wutausbrüche bei Grenzsetzungen und Verboten seitens der Mutter, Protesthaltung gegenüber dem Stiefvater („Du hast mir gar nichts zu sagen"), ruppige Tobespiele mit dem kleinen (Halb-)Bruder, bis dieser zu weinen beginnt; erste Diebereien (Geld) bei der Mutter und der Mutter des Stiefvaters, einmal durch Ladendiebstahl auffällig geworden, Lügen, heimliches Naschen von süßen Vorräten der Familie, Einschlafstörungen, „Fernsehsucht", mangelnde Hausaufgaben-Anfertigung, keine Bereitschaft zur Übernahme kleinerer Pflichten. Nach Begegnungen mit dem leiblichen Vater, der eine neue Familie gegründet hat, besonders bockig, weinerlich, aber auch lärmend (Türen knallen, Musik aufdrehen). Gelegentlich nächtliches Einnässen, mangelnde Sauberkeit und Nachlässigkeit im Umgang mit Kleidung, Schul- und Spielsachen sowie Nägelkauen seien zusätzlich benannt.

Schwerpunktbildung: Ordnung im Sinne einer Kategorisierung der geschilderten Einzelprobleme sowie das Setzen von Prioritäten nach der angenommenen *Dringlichkeit* führen zur Bildung von Schwerpunkten für die Zielentwicklung.

Die Schwerpunktbildung ist zum einen abhängig von der *Erscheinungsweise* einer Störung: Je breiter der Symptomkatalog und die Situationsklassen ihres Auftretens, desto wichtiger ist es, daß die Schwerpunktbildung alle Situationen, in denen eine hohe Auftretenswahrscheinlichkeit für das Problemverhalten besteht, umfaßt.

Die Schwerpunktbildung hängt ferner von Art und Umfang des *Auftrags* des Hilfesuchenden ab. Beispielsweise finden sich bei Störungen mit Trennungsangst – die nicht selten mit erheblichen Verhaltensproblemen zu Hause, sozialer Scheu und weiteren emotionalen Problemen auf seiten des Kindes und anderer Familienmitglieder verbunden sind - rasche Therapiebeendigungen, sobald das Kind den Schulgang wieder regelmäßig aufgenommen hat: die Prägnanz der Schulverweigerungs-Symptomatik sowie die Veränderungsangst diverser Familienangehöriger lassen einen Zielkatalog nach einem erfolgreichen Schulbesuch binnen kurzem zusammenschrumpfen.

Ausmaß des *Leidens* beim Kind, aber auch auf seiten der erwachsenen Auftraggeber, ist ein weiteres, die Schwerpunktbildung mitbestimmendes Kriterium. Daneben hat die *Gefährdung* der Entwicklung eines Kindes in Richtung auf eine psychosoziale Dekompensation eine wichtige Funktion.

Selbstverständlich ist die Schwerpunktbildung auch von den *Änderungsmöglichkeiten* eines Therapiesettings, der Erfahrung und dem Änderungsrepertoire des Therapeuten abhängig. Die Beeinflussung einer komplexen Störung des Sozialverhaltens – wie in der Fallskizze dargestellt – hat ohne eine gruppentherapeutische Teilbehandlung und ohne eine intensive Eltern- und Familienberatung wenig Aussicht auf nennenswerten Erfolg.

Für unser Fallbeispiel könnte die Schwerpunktbildung in folgender Zusammenfassung bestehen:

- Verminderung der Aggressivität
- Verbesserung der schulischen Integration sowie
- Stärken der Bindung an Pflichten und Vereinbarungen.

Natürlich lassen sich als Ergebnis dieses subjektiven Prozesses mit derselben Berechtigung andere Schwerpunkte bilden. Wichtig erscheint, daß der Therapeut die Schwerpunktbildung eingedenk ihres wesentliches *Zweckes*, nämlich der Zielentwicklung vornimmt. Auf dieselbe Weise kann ebenfalls die *Lösung* der therapeutischen Probleme mit der entsprechenden Schwerpunktbildung in Angriff genommen werden.

Es könnte aus therapeutischen Gründen durchaus denkbar sein, daß im Rahmen eines Therapieplanes zusätzlich und mit etwas abweichendem Schwerpunkt eine kompensatorische Kompetenzförderung des Kindes (sei es über Schwimmunterricht oder andere stützende Maßnahmen) veranlaßt würde. Es könnte auch auf eine andere Weise, als in der Schwerpunktbildung für die SZE erkennbar ist, ein Focus auf das innerfamiliäre Kommunikationsmuster und die hierin erkennbaren destruktiven Interaktionen einzelner Familienmitglieder gelegt werden. Rein theoretisch kann eine Schwerpunktbildung im Rahmen einer SZE deutlich verschieden sein von der therapeutischen Schwerpunktbildung im Rahmen eines Gesamtbehandlungsplans.

Eine Schwerpunktbildung ist als Zusammenfassung von Problemaspekten unter Berücksichtigung ihrer Dringlichkeit zu verstehen und sollte nicht mehr als drei oder vier Punkte beinhalten.

Zielkomponenten-Analyse: Nach DÖRNER et al. (1983) bezeichnet Komponentenanalyse einen Informationsverarbeitungsprozeß, der neben der Aufdeckung von Elementen des Untersuchungsgegenstandes auch die Relationen zwischen den Elementen erfaßt. Bei der Frage der Relation zwischen den Zielkomponenten kommt es im wesentlichen auf größtmögliche Unabhängigkeit der Komponenten voneinander und ein ähnliches bzw. entsprechendes Abstraktionsniveau im Hinblick auf die Bildung von Verhaltens- und Situationsklassen an.

Der Begriff der Zielkomponenten-Analyse beschreibt, wie auch die Schwerpunktbildung, eine Tätigkeit von Therapeuten, wie sie unabhängig von theoretischer Orientierung - und natürlich unabhängig von der Durchführung einer spezifischen Art von Zielentwicklung - zu Beginn jedes psychotherapeutischen Prozesses erforderlich ist. Komponentenanalyse meint hier eine Sammlung von Einflußmöglichkeiten als Unterziele, zunächst völlig unabhängig von ihrer spezifischen Wirkung auf den gebildeten Zielschwerpunkt im konkreten Einzelfall.

Es werden für unser *Fallbeispiel* Unterziele gesucht, von deren potentieller Wirksamkeit im Hinblick auf wachsende Selbstkontrolle der Aggressivität der Therapeut aufgrund vorliegender empirischer Ergebnisse, eigener Erfahrung oder auch begründeter Annahme ausgeht. Eine solche Sammlung könnte etwa in folgenden Unterzielen bestehen:

- Einüben moralischer Verhaltensregeln. Beispiele: nie als erster zuschlagen, keine kleineren Kinder attackieren, nie jemanden von hinten angreifen usw.
- Einüben einfacher Techniken der Ärgerkontrolle: Umgang mit Provokation in Form eines Hinauszögerns der Reaktion (vgl. GOLDSTEIN et al., 1986)
- Empathie lernen und anwenden: der erfolgreichste Bremser aggressiven Verhaltens – und eben deshalb so schwer einzuüben – ist und bleibt das Sich-Einfühlen in das potentielle Opfer.
- Selbstverpflichtung zur Entschuldigung: das offene (und möglichst öffentliche) Eingeständnis, sich falsch verhalten zu haben, fördert die Entwicklung von Schamgefühl und ist die Grundlage eines Ausgleichs zwischen Opfer und Täter.
- Selbstverpflichtung gegenüber signifikanten Personen, das aggressive Verhalten weitestgehend zu vermindern.

- Leistungsziel-Dominanz: Realisierung der Einsicht, daß es in der Schule wichtigere Dinge zu tun und größere Erfolge zu erzielen gilt, als Konflikte mit anderen Kindern siegreich zu bestehen.
- Bereitschaft, zusätzliche soziale Fertigkeiten zu erlernen, mittels derer auf aggressives Verhalten eher verzichtet werden kann (dies beinhaltet einige der zuvor genannten Zielkomponenten).

Die Komponentenanalyse liefert das Material für eine erste Vorauswahl der Teilziele, die in den Zielkatalog Einlaß finden, sofern das Kind mit ihnen einverstanden ist. Wesentliche Kriterien für die Beibehaltung einer Zielkomponente sind die Wahrscheinlichkeit ihrer Wirksamkeit und ihre Erreichbarkeit.

Einschätzung von Instrumentalität und Erreichbarkeit: Nach HECKHAUSEN (1988) bezeichnet Instrumentalität den Grad der Erwartung, daß ein Handlungsergebnis, d.h. ein Ziel, eine bestimmte Konsequenz nach sich zieht oder ausschließt. Um eine hinreichende Änderungspotenz zu erlangen, müssen Handlungsvornahmen (als solche seien die Therapieziele formuliert) in einer Weise erfaßt und formuliert werden, daß sie nicht nur selbst zu Ergebnissen führen, die als positive Konsequenzen zu werten sind, sondern daß darüber hinaus bei Eintreten eines Ergebnisses weitere positive Konsequenzen zu erwarten sind.

Ein Kind, das schwimmen lernt, erwirbt damit nicht nur die Fähigkeit, sich im Wasser zu bewegen, ohne unterzugehen (das wäre das Handlungsergebnis), es bekommt hierfür als erste Konsequenz ein Neuschwimmer-Zeugnis; und es ist im Sinne weiterer Konsequenzen zu erwarten, daß das Kind in der Schule hierfür Anerkennung erhält und sich verschiedene zusätzliche Möglichkeiten zur Gestaltung der Freizeit und Erweiterung seiner Sozialkontakte eröffnet.

Das zweite Kriterium „Erreichbarkeit" von Zielen ist logisch valide; es ist gleichbedeutend mit der Erfolgswahrscheinlichkeit des zum Ziel führenden Verhaltens.

Bei der Einschätzung von Instrumentalität und Erfolgswahrscheinlichkeit hat der Therapeut jeweils eine doppelte Urteilsleistung zu erbringen (siehe Tab.1): Zu unterscheiden sind die Instrumentalität und Erreichbarkeit des jeweiligen Ziels im Hinblick auf

- die kurzfristige Perspektive, d.h. die Therapie- oder *methodenimmanenten* Ziele einer Motivierung, Akzeptanz der Veränderungsnotwendigkeit, Bereitschaft zu weiterer Problemanalyse und zum Verfolgen der Ziele sowie

- die längerfristige, *realitätsorientierte* Perspektive, d.h. das therapeutische Anliegen einer Veränderung bestimmter Verhaltensweisen in konkreten Situationen.

Generell ist zu erwarten, daß bei guter methodenimmanenter Instrumentalität und Erreichbarkeit einer Zielformulierung auch die Chancen einer Veränderung in der Realität höher sind, als wenn das Kind dieser Formulierung von vornherein ablehnend gegenüberstünde. Andererseits ist zu bedenken, daß die Bereitschaft des Kindes, eine Zielformulierung zu bejahen oder abzulehnen, ein Effekt seiner augenblicklichen Ansprechbarkeit und Veränderungsbereitschaft, seines Verständnisses für die Formulierung, der kommunikativen „Verpackung" der Formulierung sowie des aktuellen Gesprächsklimas in einer Therapie ist. Die Wahrscheinlichkeit der Annahme einer Formulierung unterliegt also auch gewissen Schwankungen, die von der Formulierung selbst unabhängig sind.

	Instrumentalität	**Erreichbarkeit**
methoden-immanent	Kann das Ziel in dieser Formulierung motivierend auf Kind und evtl. Angehörige wirken?	Kann das Kind das Ziel und seine erkennbare Bedeutung für die Behandlung akzeptieren?
realitäts-orientiert	Welche Haupt- und Nebenwirkungen sind bei Anwendung einer für das Ziel geeigneten Methode zu erwarten?	Welche Anstrengungen müßten unternommen werden, um das (probeformulierte) Ziel zu erreichen?

Tab. 1: Einschätzung von Instrumentalität und Erreichbarkeit

Je nach Einverständnis des Kindes mit der Strukturierten Zielentwicklung können Ziele mit hoher Instrumentalität und geringer Erreichbarkeit akzeptiert werden; derartige Ziele sind möglicherweise auch infolge der Distanz zur Ist-Lage des Kindes attraktiv. Je größer die Entfernung eines Ziels von der Ist-Lage, desto eher ist motivational von einem *Wunsch* anstelle eines Ziels zu sprechen. Umgekehrt kann es auch dazu kommen, daß vor allem leicht zu erreichende Ziele mit geringen Haupt- und Nebenwirkungen akzeptiert werden. Gründe für eine solche Art der Auswahl könnten in einer latenten Ablehnung der Behandlung sowie in der Sorge des Kindes liegen, zuviel für seine Veränderung tun zu müssen.

Nicht selten ergibt sich auch eine inverse Beziehung zwischen methodenimmanenter Erreichbarkeit und Instrumentalität einerseits sowie realitätsorientierter Erreichbarkeit und Instrumentalität andererseits. Dies ist etwa bei Zielformulierungen der Fall, in denen ein Kind zunächst Möglichkeiten zu positiven Veränderungen erkennt, in der Folgezeit auch Eigeninitiative zur Veränderung entwickelt, allmählich aber merkt, daß das Anstreben des vereinbarten Zieles mit

Rückschlägen verbunden ist oder doch mehr Mühe als erwartet erfordert. Umgekehrt können auch anfänglich unattraktiv erscheinende und schwer erreichbare Ziele im längeren Verlauf zu Leitlinien einer stabilen Veränderung werden.

Die Einschätzungen von Instrumentalität und Erreichbarkeit sind vor allem abhängig von der Art und Weise, in der eine Zielkomponente **probeformuliert** wird. Die Probeformulierung hängt ihrerseits mit ab von dem **Zielbereich**, dem die Komponente am ehesten zuzuordnen ist. Es ergibt sich so – wie in Abb. 3 dargestellt – ein Probeformulierungs-Zirkel, bevor die Zielformulierung in der **vorläufigen Auswahl** dem Kind vorgestellt wird. Bei der Entscheidung für die vorläufige Auswahl sind beide Einschätzungen von Instrumentalität und Erreichbarkeit zugrunde zu legen. Der Schwerpunkt der Beurteilung ist dann abhängig von der *Zeitperspektive im Therapieplan*:

1.) Im Falle *kürzer* projektierter Therapien ist der methodenimmanenten Einschätzung das größere Gewicht beizumessen; hier hat die SZE eher die Funktion einer strukturierten *Verabredung* zur Veränderung, deren weiterer Verlauf dann nicht mehr therapieintern kontrolliert wird. Bei kürzer projektierter Therapie ginge es in der Zielauswahl vor allem um die Fragen:

- Welche Ziele wirken am meisten kurzfristig motivierend auf das Kind, etwas zu ändern?
- Auf welche Ziele läßt sich das Kind in welchem Maße verpflichten, etwa in Form von Verabredungen mit den Eltern?

Das folgende Beispiel aus der oben entworfenen Fallskizze zeigt die zwei Aspekte der Einschätzung auf: Die Zielkomponente „Selbstverpflichtung gegenüber bedeutsamen Personen, das aggressive Verhalten weitgehend zu vermindern“ hat – je nach Formulierung – eine gute Erreichbarkeit und Instrumentalität für die Motivierung zu weiterer Mitarbeit. Bei Kindern mit gesteigerter Aggressivität findet man allerdings häufig eine verbale Bereitschaft, sich den engsten Bezugspersonen gegenüber zu verpflichten, möglicherweise, weil diese Kinder die Loyalität ihrer Eltern bei Konflikten mit der Außenwelt in besonderem Maße strapazieren; sicher aber auch, weil es ein Teil ihrer Problematik ist, eine „Selbstverpflichtung“ als weniger bindend zu erleben als Kinder ohne Aggressionsprobleme. Formulierungsvorschläge wie

„*Wenn ich Streit mit anderen Kindern bekomme, daran denken, wie sehr sich meine Mutter um mich sorgt*“ oder

„*Mich bei Streit mit anderen Kindern daran erinnern, was ich meinen Eltern versprochen habe*“

würden nicht selten gern akzeptiert. Die außertherapeutische, „realitäts-orientierte“ Erreichbarkeit und Instrumentalität muß aber gering bleiben, solange es nicht zu einem Einüben und zu späterer Kontrolle des Verhaltens in realen Entscheidungssituationen kommt.

2.) Sieht der Therapieplan eine *länger* dauernde Intervention vor, bedeutet dies, daß die Ziele unter therapeutischer Kontrolle angestrebt werden. Entsprechend muß sich die Einschätzung von Instrumentalität und Erreichbarkeit auf die aussertherapeutische Realität erstrecken. Die Abschätzung der beiden Kriterien hat hier – zusätzlich zur Beantwortung der obigen Fragen – noch zu klären, ob die in der Zielkomponente angesprochene Veränderung eine Technik zur Veränderung beinhaltet, so daß dem Kind in groben Zügen erklärt werden kann, welche Aufgaben auf es zukommen, wenn ein bestimmtes Ziel von ihm angestrebt wird:

- Welche Form der – externen oder internen – Verhaltenskontrolle kann in die Zielformulierung „eingebaut“ werden?
- In wieweit lassen sich aus der Zielformulierung in späteren Therapiegesprächen Handlungsvorsätze für spezifische Situationen ableiten?

Die folgenden Probeformulierungen zum Unterziel „Selbstverpflichtung gegenüber signifikanten Personen...“ sollen kurz diskutiert werden:

1. *„Dafür sorgen, daß ich meinen Eltern abends einen Tagesrückblick ohne Streitereien berichten kann“*
   Eine Formulierung wie diese hat die Nachteile, daß das Ziel in dieser Konkretheit weit von der Ist-Lage unseres fiktiven Kindes entfernt ist, und daß sie keinen Hinweis auf eine Technik zur Kontrolle des Problemverhaltens enthält. Sie ist verwendbar im Rahmen einer Therapiestrategie, bei der es auf eine Verbesserung der Kooperation des Kindes mit den Eltern ankommt, so daß den Eltern mehr Kontrollmöglichkeiten über das kindliche Verhalten eröffnet werden; denkbar wäre auch eine Verwendung im Rahmen einer verkürzten Therapiestrategie, um das Kind zu einer Äußerung guten Willens zu veranlassen und das elterliche Recht auf Kontrolle seines Verhaltens zu dokumentieren.

2. *„Mit meiner Lehrerin und der Klasse abmachen, daß ich andere Kinder nicht mobben werde“*

   Auch hier wird keine Technik der Veränderung aufgezeigt, sondern lediglich das Ausmaß der sozialen Kontrolle gegenüber dem Ist-Zustand vergrößert; eine für ein Kind mit Aggressionsproblemen unattraktive Zielformulierung, die aufgrund eines problematischen Nebeneffektes außer der Lehrerin auch noch die Schulkameraden zu Kontrolleuren über das Verhalten des Kindes machen würde. Nicht allein deshalb erscheint sie wenig wirksam.

3. *„Mit meiner Lehrerin abmachen, daß wir ein „Streitereien-Buch" führen, damit es weniger Ärger gibt"*
Dieses Ziel setzt voraus, daß das Verhältnis des Kindes zur Lehrerin auch aus kindlicher Sicht genügend „Vertrauenssubstanz" enthält, um eine solche Verhaltenskontrolle zu dulden. Es hätte den Vorteil einer persönlichen Vereinbarung, ohne zugleich den Nachteil einer weiteren Stigmatisierung des Kindes mit sich zu bringen. Andererseits ist Aggressionsproblemen ohne eine gewisse „Veröffentlichung" der Umgangsprobleme des Kindes in einer Gruppe kaum beizukommen. Es handelt sich hier um eine Zielformulierung, deren Nachteil in einer nur geringen Erwartung an ihre methodenimmanente Wirksamkeit zu sehen wäre: das weitere Bearbeiten des Problemverhaltens, insbesondere die Schwerpunktsetzung in der Beurteilung des Konfliktverhaltens, wäre weitgehend in die Hand der Lehrerin gelegt und würde vorrangig unter dem Aspekt eines reibungslosen schulischen Ablaufs bewertet.

4. *„Mit meinen Eltern abmachen, daß ich ihnen jeden Abend ehrlich von meinem Verhalten in der Schule berichte"*
Hier wird eine Zielformulierung gewählt, die eine Möglichkeit der Verhaltenskontrolle anbietet und zugleich einen positiven Hinweis darauf enthält, wo zukünftig die wesentliche Kontrolle auch über das aggressive Verhalten eingeübt werden muß: in der Familie. Die hier zu wählenden Möglichkeiten der Verhaltenskontrolle können Gegenstand weiterer Therapiegespräche sein. Die Formulierung hat vermutlich nur eine geringe methodenimmanente Wirksamkeit; ein weiterer Nachteil ist darin zu sehen, daß die wahrheitsgemäße Schilderung von Ereignissen zum Hauptgegenstand gemacht wird, ohne daß auch nur implizit die Reduzierung aggressiven Verhaltens in der Formulierung erkennbar wäre. Damit fehlt auch die thematische Nähe zum situativen Auslöser: Eine Absichtsentwicklung, sich in bevorstehenden Konfliktsituationen anders als aggressiv zu verhalten, steht zwar zu der Formulierung in keinem kontradiktorischen Verhältnis; es ist andererseits aber keine thematische Nähe hierzu erkennbar. Der mögliche Wert dieser Zielformulierung für eine Änderung im Sozialverhalten liegt in der Schaffung einer Grundlage für eine bessere erzieherische Verhaltenskontrolle.

In einer vergleichenden Wertung der Probeformulierungen wäre aus verschiedenen Gründen die an 3. Stelle genannte Formulierung zu bevorzugen. Allerdings ist für die dialogische Auswahl eine genügend große Anzahl von Zielen erforderlich, um die Entscheidungsmöglichkeit des Kindes zu gewährleisten. Sofern die Selbstverpflichtung innerhalb der Unterziele als hinreichend wichtig angesehen würde, wäre an eine weitere Zielformulierung zu denken, für die sich möglicherweise – trotz der beschriebenen Mängel – die 4. Zielformulierung eignete. Für die Hereinnahme eines weiteren Ziels spricht zudem die Frage der geeigneten Zuordnung zu einem Zielbereich: Je nachdem, welche Instanzen sozialer Kontrolle über das Verhalten des Kindes (Therapeut, Schule, Gleichaltrige, Eltern, Verwandte) zur Verfügung stehen, und wie diese Instanzen in den Zielsetzungen repräsentiert sein sollen, kann es wichtig sein, das Unterziel „Selbstverpflichtung gegenüber signifikanten Personen..." mal bei den Eltern, mal in der Schule zu verankern, um dem Kind hiermit die Wahl für den Adressaten der Selbstverpflichtung zu lassen. (Dabei sollte der Therapeut als Kontrollsubjekt für das kindliche Verhalten aus Gründen einer Verzerrung des Bewertungsprozesses infolge seiner eigenen Anwesenheit möglichst herausgelassen werden).

Die **Auswahl eines Zielbereichs** für eine Probeformulierung erfolgt am besten in einer Weise, daß das wesentliche *Wirkungsfeld* eines Ziels angesprochen wird. Hiermit ist gemeint, daß Verhaltensprobleme eines Kindes sich nie auf nur einen Zielbereich beschränken, da sie einen Lösungsdruck erzeugen und auf verschiedene soziale Umfelder unterschiedlich stark wirken, wie umgekehrt von diesen Umfeldern ein unterschiedlich starker Änderungsdruck ausgeht. Mit dem unscharfen Begriff des Wirkungsfeldes eines Ziels sind sowohl das soziale Umfeld, in dem das Problemverhalten auf eine bestimmte Weise auftritt, als auch die Verhaltensänderung, die in diesem Umfeld stattfinden soll, zusammengefaßt. Die Definition eines Ziels legt dann eine Zuordnung zu einem bestimmten Zielbereich nahe, wenn er dem Wirkungsfeld des Ziels am nächsten kommt.

Als Beispiel sei ein Kind genannt, das besonders häufig lügt. Die Vermeidung des Lügens kann nun schwerpunktmäßig zu einem emotionalen Ziel werden, wenn das Kind etwa besonders häufig aus Angst vor beschämenden Erlebnissen oder anderen negativen Konsequenzen lügt.

Das Ziel kann in entsprechend anderer Formulierung aber auch in den Leistungsbereich gelegt werden, wenn das Kind mit dem Lügen vor allem verdecken möchte, daß es bestimmte Leistungen – z.B. Hausaufgaben – nicht erbringt.

Die Beseitigung des Lügens kann auch dem familiären Zielbereich zugeordnet werden. Hierzu sei an die Situation eines Kindes in einer Pflegefamilie gedacht, das – häufiger, als Kinder dies bei ihren leiblichen Eltern täten – die Loyalität der Pflegemutter und die Belastbarkeit der Beziehung testet, sich zugleich in besonderer Weise positiv darstellen möchte.

Schließlich könnte das Lügen auch weitgehend automatisiert innerhalb wie außerhalb der Familie in vielen nur denkbaren Situationen auftreten, um dem Kind anderen Menschen gegenüber kurzfristige Vorteile zu verschaffen. Wie immer ein derartiges Ziel zu formulieren wäre (ob etwa der Schwerpunkt mehr auf einem „role-taking" für das Opfer des Lügens, auf das Bedenken langfristig schädlicher Konsequenzen für das lügende Kind oder auf die Impulskontrolle bei der Suche nach dem kurzfristigen Vorteil gegenüber anderen zu legen wäre), in jedem Fall ließe es sich auch dem sozialen Zielbereich zuordnen.

Die erdachten Probeformulierungen müssen also in eine Beziehung zu der Einschätzung nach Instrumentalität und Wirksamkeit sowie der Auswahl des Zielbereichs gesetzt werden. Jedes Teilziel durchläuft demnach eine Art **Probeformulierungs-Zirkel** (vgl. Abb. 3), bevor die Zielauswahl im Dialog beginnt.

B.2.2. Zielauswahl im Dialog

„Partizipation durch Ziele-Selektion" könnte das Leitmotiv heißen, unter dem das Kind zunehmend Einfluß auf die Inhalte seiner Therapie erhält. Dabei kann Selektion entweder die Auswahl von Zielen aus den vorgegebenen Probeformulierungen beinhalten, aber auch eine gemeinsame Umformulierung eines oder mehrerer Ziele, die im Dialog vorgenommen wird.

Sofern bei einer Umformulierung die Zugehörigkeit zu einem Zielbereich verändert wird, muß der Zielkatalog vom Therapeuten gegebenenfalls ergänzt werden, um dem Kind auch bei reduzierter Zahl von Zielen in jedem Bereich eine Auswahl zu ermöglichen. Kommt es durch Umformulierung etwa zu einem Wechsel der Ausübung der Verhaltenskontrolle – etwa von den Eltern auf die Lehrerin – bietet sich möglicherweise für ein anderes Ziel ein Wechsel in die umgekehrte Richtung – von der Schule auf die Eltern – an. Dabei ist nicht die Frage entscheidend, welche „Kontrollinstanz" in welchem situativen Kontext möglicherweise die effektivste Verhaltenskontrolle ausübt, sondern allein: Wo das Kind am ehesten die Kontrolle akzeptieren würde. Für die später erfolgende Änderung des Verhaltens mit Hilfe beispielsweise einer Kontingenzmanipulation können dann Kontrollen vereinbart werden, die sich von der Verabredung in der SZE unterscheiden. Die in den Zielformulierungen mitunter angedeuteten Methoden sind allein deshalb nicht bindend, weil sie nur Beispiele darstellen und für sich genommen für eine stabile Veränderung nicht ausreichen.

Die Selektionsentscheidungen, die dem Kind übertragen werden, liefern Hinweise auf seine Probleminterpretation (externalisierend vs. internalisierend), seine Therapiemotivation (optimistisch vs. pessimistisch) und seine Kooperationsmotivation (Anstrengung vs. Vermeidung).

Aus der bisherigen Praxis mit der SZE ergeben sich folgende Phasen der Zielauswahl im Dialog:

Aufgabenstellung: Dem Kind wird erklärt, daß sich aus den erarbeiteten Problemen eine Reihe von Zielen ergeben haben, die eine Veränderung darstellen. Dabei werde jedes der genannten Ziele für wichtig genug gehalten, um für die Therapie Geltung zu haben; aber es müsse bei jedem Ziel geprüft werden, ob auch das Kind es für nötig halte, und auf welches Ziel vielleicht verzichtet werden könne.

Begründen der Probeformulierungen: Diese Begründungen können kausal (indem der Therapeut sich auf die Diskussionen zu diesem Problemaspekt beruft) oder final (der Zweck eines im Ziel beschriebenen Verhaltens wird erklärt; Vorteile einer Verhaltensänderung in Richtung auf die Zielsetzung werden benannt) sein. Sie können auch einen Appell beinhalten, daß im angesprochenen Zielbereich wirklich etwas geschehen müsse; ein solcher Appell kann mit dem Hinweis verknüpft werden, daß auch alternative Formulierungen, die dasselbe Ziel betreffen, gewählt werden können.

Auswahl der unstrittigen Ziele je Zielbereich: Hierbei handelt es sich um Zielformulierungen, denen das Kind zustimmt, ohne daß es erneut zur Auswahl aufgefordert werden muß.

Forcierte Vervollständigung der Zielauswahl: Hier geht es zum einen darum, das Kind zu einer Zielauswahl in den Bereichen zu veranlassen, in denen noch Zielvereinbarungen fehlen.

Dies kann mit Aufforderungen an das Kind erfolgen, sich selbst alternative Zielformulierungen für den angesprochenen Bereich auszudenken, oder aber mit der Notwendigkeit, diesen Teil der Prozedur zu einem positiven Ende zu führen. In einzelnen Fällen kann das Kind auch mit einem Verweis auf das gemeinsame Gespräch mit den Eltern, in dem der betreffende Zielbereich angesprochen worden war, zur Auswahl motiviert werden.

Zum zweiten geht es hier um die Begrenzung der Zahl der Ziele sowie um die Gründe für diese Begrenzung. Die Überschaubarkeit des Zielkatalogs, die Gefahr einer Entmutigung durch eine zu große Zahl erwarteter Veränderungen, aber auch die Vergleichsmöglichkeiten der Zielbewertungen mit den Bewertungen durch Angehörige und ggf. Cotherapeuten sind die wesentlichen Gründe für die Begrenzung des endgültigen Zielkatalogs auf 8 Ziele. Dabei ist dem Kind erneut zu verdeutlichen, daß es sich bei den gewählten Zielen um *Beispiele* für das handelt, was sich ändern muß.

In diesem Abschnitt der SZE können verschiedene **Probleme** auftreten:

- Es werden vom Kind alle Ziele ohne Selektion akzeptiert. In einem solchen Fall lassen sich Ähnlichkeiten zwischen je 2 Zielen aufzeigen; das Kind kann damit zu einer Entscheidung zugunsten jeweils eines Ziels überredet werden.
- Es werden zu viele oder fast alle Ziele vom Kind abgelehnt. Hier könnte der Fall eines zu schnellen Vorgehens eingetreten sein, welcher die Kooperation des Kindes zu sehr beansprucht hat. Auch können außertherapeutische Entwicklungen negativ in die Therapie hineingewirkt haben und speziell auf den „störempfindlichen" Bereich der Zielauswahl im Dialog Einfluß ausüben. Je nach Umfang der Ablehnung von Zielen ist wohl zum „Einlegen des Rück-

wärtsgangs“ zu raten; in einfacheren Fällen kann auch hier ein Appell an die Gemeinsamkeit bei der Festlegung von Zielen erfolgen.

- Es wird eine Formulierung abgelehnt, auf deren Inhalt der Therapeut besonderen Wert legte. Prinzipiell gilt, daß die Zielauswahl in der SZE dem Kind obliegt. Hält der Therapeut eine spezielle Zielformulierung für so zentral für die Behandlung des Kindes, daß er sie am liebsten im Zielkatalog „plaziert“ sähe, so erscheint es besser, die betreffende Zielsetzung zu einem gesonderten Thema zu machen und den Widerstand des Kindes gegen diese Zielsetzung zum Gegenstand von Therapiegesprächen zu machen, als auf ihre unbedingte Aufnahme in den Zielkatalog hinzuarbeiten. Die – angenommene – Bedeutung der Strukturierten Zielentwicklung für die Behandlung eines Kindes liegt in der motivierenden Funktion der Prozedur und der Quasi-Verabredung, die durch die Zielbewertung zwischen Kind und Therapeut erfolgt, nicht in der Repräsentanz aller Problemaspekte durch den endgültigen Zielkatalog.

B.2.3. Prinzipien der Zielauswahl

Die im folgenden aufgeführten Prinzipien entstammen zum Teil den psychologischen Ansätzen zur Problemlösung (DÖRNER et al., 1983) und dem Problemlösungsansatz in der Verhaltenstherapie (vgl. FLIEGEL et al., 1998); die letzten 3 Prinzipien dagegen beziehen sich speziell auf die Durchführung einer Strukturierten Zielentwicklung.

1. **Übereinstimmende Abstraktionsniveaus**: Die Vermeidung einer Abstraktions-Hierarchie zwischen verschiedenen Zielen (Beispiel: <bei Streitereien meinen Ärger kontrollieren> ist im angesprochenen Verhalten umfassender als <mich bremsen, wenn ich im Streit zuschlagen möchte>) ist aus mehreren Gründen sinnvoll; in der SZE besteht diese Notwendigkeit zudem, weil in der nachfolgenden Zielbewertung Rangplatzunterschiede zwischen Zielen allein aufgrund unterschiedlicher Abstraktionsgrade auftreten können. Die Formulierung von Zielen als Handlungsvorsätze dient diesem Prinzip ansatzweise; verhindern kann sie eine solche Hierarchisierung aber nicht, da auch Handlungsvorsätze einen sehr unterschiedlichen Geltungsbereich haben können und sich mal auf weniger, mitunter auch auf eine Vielzahl von Situationen erstrecken.

2. **Disjunktheit**: Sowohl in hierarchischer Hinsicht, als auch auf übereinstimmenden Abstraktionsniveaus sind Zielformulierungen zu vermeiden, die sich in Teilen entsprechen oder thematisch überlappen (Beispiel: ein Ziel, das Aufmerksamkeit im Unterricht thematisiert, überschneidet sich mit dem Ziel,

sich im Deutschunterricht mehr anzustrengen). Dies gilt allerdings vorrangig für den endgültigen Zielkatalog der 8 Ziele, die einer Bewertung unterzogen werden. Bei zentralen Problemstellungen im Rahmen der Störung können dagegen in den Probeformulierungen durchaus thematische Überschneidungen bestehen. Die Auswahl, die das Kind vornehmen soll, hat dann in einer Weise zu erfolgen, daß der Therapeut auf eine Selektion von sich überschneidenden Zielen einwirken muß. Einzelne Ziele sollten dem Kind hierzu in alternativer Form zur Auswahl präsentiert werden.

3. **Vermeiden kontradiktorischer Zielsetzungen**: Was unter inhaltlichen Gesichtspunkten selbstverständlich erscheint, kann sich bei wechselnden Abstraktionsniveaus oder auch in unterschiedlichen Zielbereichen gleichwohl einstellen: Ziele, die zumindest teilweise in einem Widerspruch zueinander stehen und trotzdem als wünschenswert gelten können

So kann es für den „kleinen Familientyrannen“, der sich gegenüber Gleichaltrigen kaum behaupten kann und Lehrkräften gegenüber scheu und wortkarg ist, ein wichtiges Ziel sein, seine Meinung anderen gegenüber standhaft zu vertreten und sich gegen Provokationen angemessen, aber auch erfolgsorientiert zu wehren, zugleich aber in der Familie die Meinung der Eltern zu respektieren und auf provozierende oder destruktive Verhaltensweisen zu verzichten, wenn ihm etwas nicht passen sollte.

Kontradiktorische Zielsetzungen, die sich aus Problemdefinitionen ergeben, weisen nicht selten auf ein gemeinsames übergeordnetes Problem, aus dem sie abzuleiten sind. Hier kommt es darauf an, Handlungsvornahmen zu entwickeln, die einer Kontrolle des Verhaltens in beiden Problembereichen dienen können.

Im Falle des Familientyrannen wäre denkbar, daß die Aggressionshemmung außerhalb, wie auch die Aggressivität innerhalb der Familie derselben Überzeugung des Kindes entspringen, daß es aussichtslos ist, sich anders als aggressiv für seine Rechte einzusetzen; entsprechend dieser Überzeugung agiert er aggressiv, solange er ohne Angst ist. Eine Zielformulierung könnte daher darauf weisen, zunächst gedanklich vermehrt Alternativen zur Aggression zu entwickeln, wenn eine konflikthafte Situation entsteht, und sich diesen Ablauf für das folgende Therapiegespräch zu merken.

4. **Widerspruchsfreiheit zu Normen der Umwelt**: Dies ist ein für Kinderpsychotherapien weniger brisantes Thema als für Erwachsenentherapien, solange es sich um die Normen der außerfamiliären Umwelt handelt. Geht es aber um die Erwartungen der Familie und das Normenverständnis der Eltern, finden sich im Hinblick auf Wünsche an die Angepaßtheit des kindlichen Verhaltens nicht selten Diskrepanzen zwischen dem Normenverständnis von Therapeuten und dem von Eltern. Hier bietet sich nicht selten durch geschickte Zielformulierung die Chance einer behutsamen Korrektur allzu hoher elterlicher Erwartungen; es entsteht andererseits schnell die Gefahr einer

Ablehnung des Vorgehens durch die Eltern, sofern sie mit einer bestimmten Formulierung nicht einverstanden sind. Therapieziele haben allein schon aufgrund ihrer Bezeichnung die vorteilhafte Eigenschaft, die zugleich ihr Nachteil sein kann: ernst genommen zu werden.

Besonders schwierig ist es in Therapien nicht selten, Normen in Frage zu stellen, die eine nicht mehr entwicklungsgemäße Nähe des Kindes und eine entsprechende Kontrolle über sein Verhalten fordern, oder die umgekehrt mehr Selbständigkeit des Kindes einfordern, als dieses aufgrund seiner emotionalen Verflechtung zum jetzigen Zeitpunkt zeigen kann.

5. **Repräsentativität**: Diese Forderung besagt, daß a) kein wichtiges Thema aus der Problemsammlung im endgültigen Zielkatalog fehlen sollte, und daß b) Auswahl und Formulierung der Ziele in einer Weise erfolgen sollen, daß die Zuordnung zu einem Zielbereich mit der Problemdefinition in Einklang steht, wie weiter oben am Beispiel mit dem Lügen erläutert.

6. **Überdauernde Aktualität**: Unter dieser Forderung, die in sich widersprüchlich klingt, ist eine Auswahl und inhaltliche Gestaltung des Ziels zu verstehen, die es erlaubt, für einen Zeitraum zu planen, der eine Therapiezielvereinbarung erst sinnvoll macht. Ziele, die eine hohe Dringlichkeit besitzen, verlieren entsprechend schnell an Aktualität (Beispiel: Suizidgefahr bei Kindern) und eignen sich nicht zu einer Zielvereinbarung in einem größeren Themenkontext wie bei der SZE. Umgekehrt sind Ziele, die eine zu geringe Dringlichkeit haben, als Änderungsthemen in einer Therapie eher unattraktiv. Es gilt also, ein „mittleres Level" an Dringlichkeit der Ziele in der Auswahl zu berücksichtigen und Ziele mit hoher Dringlichkeit in einer gesonderten Weise abzuhandeln.

Zusätzlich hierzu erscheint auch eine mittlere zeitliche Zieldistanz wünschenswert: Ziele, die binnen weniger Tage erreicht werden können, erfordern nur kurze Lern- und Änderungsprozesse. Inhaltlich kommen sie daher Absichten sehr nahe. Die Attraktivität derartiger Ziele könnte zeitlich weiter entfernte Ziele, die ja oft wichtiger für die Behandlung eines Kindes sind, quasi überlagern. Beispielsweise sei an eine plötzlich auftretende Schulangst mit nur schwacher Ausprägung zu denken, die eine andere, möglicherweise länger bestehende und die Entwicklung stärker schädigende Zwangssymptomatik in den Hintergrund treten läßt.

Ein Ziel sollte so ausgewählt und formuliert werden, daß nach spätestens drei oder vier Monaten ein merklicher Fortschritt möglich ist; zugleich sollte es innerhalb eines solchen Zeitraumes eine andauernde Aktualität besitzen.

7. **Ergebnis-Bandbreite**: Im Rahmen der SZE sind Ziele zu bevorzugen, die sich als Vorsätze eignen, um positive Konsequenzen bei Durchführung der Handlung zu erzielen. Je spezifischer ein Ziel sich auf die Kontrolle eines Problemverhaltens bezieht, umso mehr ist darauf zu achten, daß die Selbstkontrolle über das Symptom dem Kind zu weiteren angenehmen Konsequenzen verhilft. Singuläre Symptome wie Daumenlutschen oder Nägelkauen sind nur dann eine Zielformulierung „wert", wenn in der Vergangenheit mit diesem Symptom negative Etikettierungen des Kindes in der Familie, der Schule oder unter Gleichaltrigen verbunden waren und diese zukünftig zu erwarten sind. Ansonsten hat die Beseitigung eines solchen Symptoms für das Kind höchstens exemplarischen Wert: die Erfahrung, daß es ein bestimmtes Verhalten in den Griff bekommt. Umgekehrt läge eine zu große Bandbreite bei einer Zielformulierung vor, wenn keine Situationsklassen-Bestimmung oder zumindest klare Verhaltensbeschreibung gegeben wäre. Ein solches Ziel – etwa „mehr für die Schule tun" – hätte die Aussagekraft, die man in der Rechtsprechung einem „Gummiparagraphen" attestiert.

8. **Auswahl-Alternativen**: Wie bereits erwähnt, sieht die SZE in der hier projektierten Form eine Zielauswahl seitens des Kindes vor, nachdem der Therapeut zuvor Teilziele generiert und probeformuliert hat. Für diese Auswahl ist ein gewisser Überhang an zur Verfügung stehenden Zielen erforderlich.

B.2.4. Struktur der Zielformulierung

Zielformulierungen in der SZE werden als unvollständige Sätze formuliert und haben eine einfache Syntax, die das Hervorheben des Zielverhaltens, durch das die Symptomatik unter Kontrolle zu bringen ist, begünstigen soll. Folgendes Beispiel eines 11-jährigen Mädchens mit einer „Schulphobie" (Störung mit Trennungsangst nach ICD 10):

An Situationen, die mir Angst machen, herangehen, ohne auszuweichen

Dieser Satz-Torso wäre zu vervollständigen, indem man „*ich will*" voranstellt oder einflicht. Das Zielverhalten selbst wird im Infinitiv benannt und durch die nähere Beschreibung „ohne auszuweichen" nachträglich betont. Die Formulierung besteht mithin aus den folgenden Elementen:

- eine Klasse von Situationen wird beschrieben („Situationen, die mir Angst machen").

- eine Klasse von Zielverhaltensweisen wird benannt („herangehen").

- das Zielverhalten wird ergänzend präzisiert („ohne auszuweichen"). Anstelle der Präzisierungen lassen sich auch

- Bedingungen und Grenzen nennen, in denen das Zielverhalten auftreten soll oder darf. Dieser Punkt kann auch anstelle der Situationsklassen treten, da diese auch den Charakter von Bedingungen haben (siehe nächstes Beispiel).

Oft sind die Restriktionen/Bedingungen für das Zielverhalten der intendierte Kern der Formulierung, wie das folgende Beispiel zeigt. Bei einem 8-jährigen Patienten wurde folgende Formulierung für die Selbstkontrolle des Einkotens gewählt:

Alles zu meiner Sauberkeit tun, auch wenn es lästig ist

Das Einkoten des Kindes war nicht an spezifische Situationen gebunden. Es hatte allerdings in Freispiel-/Freizeitsituationen eine höhere Auftretenswahrscheinlichkeit: Der Junge war in der Lage, eine bessere Stuhlkontrolle ohne eingehendes Training auszuüben, aber nicht willens, hierfür eine Spielsituation zu unterbrechen und beispielsweise in Schulpausen die Toilette aufzusuchen. Es erschien daher vorteilhaft, statt einer Situationsklasse eine präzisierende Bedingung zu formulieren, unter der das Verhalten auftreten soll.

Präzisierungen des Verhaltens können auch in Form einer *Verneinung* des Problemverhaltens des Kindes erfolgen. Wie schon immer bekannt, ist die einfachste – und entsprechend wenig weiterführende – Art einer Formulierung von Zielen, sei es in der Problemlösung oder speziell in Therapien, die „Negation des momentanen Zustands" (SCHULTE, 1996). Der Nachteil der bloßen Negation der Ausgangslage als Zielangabe ist das Fehlen einer Richtung, in die sich die Verhaltensänderung bewegen soll bzw. eines Zielverhaltens, das als Orientierung dient. Mitunter aber ist, bei Kindern eher als bei Erwachsenen, das zusätzliche Erwähnen des Problemverhaltens hilfreich, um zu präzisieren, welche Situationsklasse gemeint ist, und wie sich das Zielverhalten vom Problemverhalten absetzt. Als Beispiel sei folgende Formulierung für einen 9-jährigen Jungen mit einer „hyperkinetischen Störung des Sozialverhaltens" gewählt:

Wenn ich mit anderen Streit habe, mit Worten nach einer Lösung suchen, und nicht schlagen oder treten

Die Formulierung verdeutlicht, daß die therapeutische Arbeit darin besteht, das Problemverhalten durch ein anderes Verhalten zu ersetzen. Ohne den Zusatz „nicht schlagen oder treten", d.h. die Negation des Problemverhaltens, wäre das Zielverhalten für das Kind zu abstrakt, um in seiner Wertigkeit für die Behandlung erfaßt und als Handlungsvornahme eingeprägt zu werden.

B.2.5. Inhaltliche Aspekte der Zielformulierung

Der Inhalt von Therapiezielen ist in der SZE konzentriert um die Beschreibung von Handeln, mit dem man ein Ergebnis erzielen kann. Das Ziel wird also wenn möglich **dynamisch**, weniger statisch definiert: Betont wird das Handeln als Prozeß, dem gegenüber das Ziel bzw. das Kriterium dafür, wann das Ziel als erreicht zu gelten hat, in den Hintergrund tritt. Eine solche – nur graduelle – Unterscheidung wird am ehesten erkennbar, wenn eindeutige Zielkriterien aufgestellt werden können, etwa bei Zielen aus dem Leistungsbereich. Für ein Kind, das im Begriff ist, Schwimmen zu lernen, könnte eine eher statische Zielformulierung lauten:

Das Bronzeabzeichen erwerben

Mit dem Erreichen dieses Ziels wäre das Thema entaktualisiert. Eine eher dynamische Formulierung hätte eine größere Ergebnis-Bandbreite (s.o.) und würde die Frage, welches Abzeichen erworben werden sollte, offenlassen, um das Handeln in den Vordergrund zu stellen, etwa so:

Dafür sorgen, daß ich beim Schwimmen immer geschickter werde und länger durchhalte

Statische Formulierungen könnten auch in anderen Zielbereichen auftreten, etwa wenn es um die Gestaltung von Beziehungen geht. So wäre bei einem Kind mit oppositionellen Verhaltensproblemen in der Familie die Formulierung

Tun, was meine Eltern mir sagen

eher statisch zu nennen, da das Handeln des Kindes in einer gedachten 1:1-Relation zu den Aufforderungen der Eltern steht und keinen oder wenig Spielraum für eigene Entscheidungen läßt. Daß es zudem für ein oppositionelles Kind recht unattraktiv klingt, liegt in der Natur der Sache und läßt sich auch in einer dynamischen Formulierung nicht ganz aufheben. Eine dynamischere Formulierung könnte lauten:

Darauf achten, was meine Eltern von mir wollen

Hier ist mit dem Wort „achten“ ein Aufmerken ausgedrückt, welches abhängig ist von der Kommunikation zwischen Kind und Eltern; zum zweiten soll der Wille der Eltern respektiert werden, ohne daß damit gesagt sein muß, daß jede elterliche Forderung vom Kind umgehend in eine erwünschte Reaktion umgesetzt wird.

Ein weiterer Aspekt ist die **positive** Beschreibung des Zielverhaltens, damit es nicht zu einer bloßen Negation des Problemverhaltens (s.o.) kommt. Das Zielverhalten selbst soll als eine Alternative zum derzeitigen Verhalten dargestellt werden und auf eine Situation so einwirken, daß diese sich von der bisherigen positiv absetzt. Beherrschen einer – noch zu erlernenden – Fertigkeit, Lösen einer Klasse von Problemsituationen, Bewältigen einer aversiven Situation, Steigern einer Leistung, Überwinden einer Hemmung, Annäherung anstelle von Vermeidung etc. sind die Kategorien für ein positives Zielverhalten. Ist das Problem durch eine gesteigerte Impulsivität des Kindes erzeugt oder verschärft, können auch *reflexive* Verhaltensweisen („daran denken, daß...", „überlegen, ob...", „mir vorstellen, wie...") positives Zielverhalten kennzeichnen.

Die positive Zielbenennung ist also auch eine Frage der geeigneten **Wortwahl**. Bei dieser kommt es auf *Verständlichkeit* für das Kind, auf *Plastizität* und gelegentlich auch *Originalität* an:

Verständlichkeit bedingt den Verzicht auf Fremdworte jeder Art, es sei denn, sie dienen der Einprägung (s.u.). Verständlichkeit wird zudem durch die relativ einfache Syntax der Zielformulierungen begünstigt.

Mit *Plastizität* ist die Verwendung solcher umgangssprachlicher Wörter oder Satzglieder gemeint, bei denen infolge ihrer Bildhaftigkeit ein unmittelbares Erfassen der Bedeutung intendiert ist So ist es bildhafter, von „hinhören" statt „zuhören" oder „aufmerksam sein" zu reden, von „langsam machen und genau hingucken" statt „mir Zeit lassen und genau ansehen" von „sagen, was ich anders haben will" statt „...was ich geändert sehen will". Bildhafter ist es auch, von „an-arbeiten", etwa gegen Leistungsschwächen in bestimmten Schulfächern, zu sprechen, als diese „auszugleichen" oder gar zu „mildern" Derart plastische Begriffe helfen nebenbei auch, eine Abgrenzung zum Pädagogen-Deutsch vorzunehmen, was für die therapeutische Beziehungsgestaltung mit Kindern, die nicht selten erhebliche Leistungs- und Umgangsprobleme in der Schule haben, wichtig sein kann.

Originalität (im Sinne der Unverwechselbarkeit einzelner Zielformulierungen) wird durch Plastizität begünstigt. Manchmal kann aber auch die Einführung eines dem Kind unvertrauten Begriffs die Originalität und damit die Einprägsamkeit eines Ziels steigern, hierbei kann es sich um ein Fremdwort oder um einen Begriff, der typischerweise von Erwachsenen verwendet wird, handeln. Das Kind kann dank eines solchen Begriffs die Zielformulierung leichter lernen, wenn es mit diesem Begriff zugleich einen markanten Inhalt verbindet.

Eine Patientin mit einer schweren emotionalen Störung schlug im Laufe der Zielauswahl die Formulierung vor:

Andere Menschen nicht provozieren

Da es sich um eine Negation ihres Problemverhaltens handelte, war eine positive Zielformulierung als Ergänzung erforderlich:

...und ihre persönlichen Grenzen achten

um das Zielverhalten näher zu benennen. Im Laufe der Gespräche mit der Patientin und der Familie stellte sich bald heraus, daß direkte Provokationen ein relativ seltenes Verhalten des Kindes waren, daß sie aber häufig und mit einem gewissen Eifer sowie mit besorgter Miene die Schwächen und kleinen Fehler anderer zum Gegenstand lauter Gespräche zu machen vermochte. Es wurde daher eine Umformulierung vorgeschlagen:

Taktvoll sein und die persönlichen Grenzen anderer achten

Nachdem der Patientin der Begriff „taktvoll“ erklärt worden war, akzeptierte sie die Änderung und sah die Zielformulierung weiterhin als Ergebnis eigenen Suchens an.

Plastizität und Originalität machen Zielformulierungen konkret, prägnant und leichter lernbar. Dies sollte aber nicht zu einer Wortwahl verleiten, durch die das Kind sich *provoziert* fühlt. Je prägnanter eine Zielformulierung, umso mehr ist darauf zu achten, daß das aufgezeigte Verhalten für das Kind nicht einer Konfrontation mit den eigenen Mängeln gleichkommt. Zielformulierungen, die Kinder provozieren, können keine methodenimmanente Instrumentalität haben.

Entsprechend der – thematischen – Disjunktheit bei der Zielauswahl ist auf eine **semantische Disjunktheit** der Zielformulierungen zu achten: Wiederholungen, insbesondere der Schlüsselverben, durch die das Zielverhalten beschrieben wird, aber auch der Situationsbeschreibungen sollten auch dann vermieden werden, wenn das angesprochene Setting unterschiedlich ist (Beispiel: „Wenn ich Streit mit meinen Eltern habe...“ – „Wenn ich Streit in der Schule habe...“). Ziele mit semantisch nicht disjunkten Elementen sind auch im Hinblick auf die intendierte Veränderung schlecht zu unterscheiden.

Abschließend einige Anmerkungen zur **Appellfunktion** einzelner Ziele. Zielformulierungen sind – ob als Probeformulierungen für die Auswahl im Dialog oder als Bestandteile des Zielkatalogs für die Bewertung – immer auch Mitteilungen des Therapeuten, zunächst nur an das Kind, in der Bewertungsphase auch an die Eltern. In diesem Zusammenhang kann die inhaltliche Gestaltung einzelner Formulierungen dazu dienen, eine Veränderung quasi anzumahnen, auch wenn zunächst keine Bereitschaft hierzu zu erkennen ist. Ihren appellativen Charakter erhalten solche Formulierungen dadurch, daß in ihnen das moralische Empfinden, Verantwortungsgefühl oder auch der „Stolz“ im Sinne eines Wunsches nach positiver Selbstbewertung angesprochen wird.

Beispiel 1): Lea, ein 9-jähriges Mädchen, hat sich im Laufe einer konflikthaften Beziehungsentwicklung zur Mutter angewöhnt, diese in Anwesenheit Dritter wie Luft zu behandeln. Forderungen der Mutter werden ignoriert; Weigerungen der Mutter, bestimmte Annehmlichkeiten zu verabreichen, mit langen Schreianfällen quittiert.

Im Rahmen der Zielauswahl wurde schnell klar, daß es nicht gelingen würde, eine Zielformulierung zu finden, die auf eine aktive Konfliktlösung des Kindes mit gemeinsamer Suche nach Kompromissen hinausläuft, ohne daß Lea deutliche Ablehnung zeigen würde. Da sie in ihrer Suche nach Eigenständigkeit gerade im Umgang mit der Mutter großen Wert darauf legte, aus Konflikten als Siegerin hervorzugehen, wurde ihr eine Zielformulierung folgender Art zur Auswahl angeboten:

Ein Mädchen sein, das in der Lage ist, seine Schwierigkeiten mit der Mutter zu lösen

Lea stimmte der Formulierung zu in dem sicheren Gefühl, dieses Ziel großenteils schon erreicht zu haben. Gemeinsame Gespräche mit Mutter und Kind legten dann offen, daß keiner der Konfliktpunkte in einer Weise entschärft war, daß von einem Ende der „Schwierigkeiten" im Sinne einer Lösung gesprochen werden konnte.

Der Appell war an Leas Stolz erfolgt und erwies sich als ein wichtiger (von mehreren) Schritt auf dem Weg zu einer Entschärfung der erzieherischen Konflikte.

Beispiel 2): Jeanette, 12 Jahre alt, wird unter anderem wegen ständiger lautstarker Auseinandersetzungen mit allen Frauen ihres familiären Umfeldes (Mutter, Schwester der Mutter, Mutter der Mutter) zur Therapie gebracht; das Problem ufere aus, wenn der Vater aufgrund seiner Montagetätigkeit während der Woche abwesend sei. Dabei zeigt sich in den Einzelgesprächen mit dem Kind, daß es insgesamt in der Familie recht laut, konfliktfreudig, aufgeregt und auch verbal aggressiv zugeht, wobei Jeanette hierunter erheblich mehr zu leiden scheint, als die Mutter zu realisieren bereit ist. In den Gesprächen zur Problemdefinition wurde deutlich, daß es aus Jeanettes Sicht – nachvollziehbar – überwiegend Bagatellanlässe waren, die zu heftigen Vorwürfen und Beschimpfungen auch ihr gegenüber führten. Folgende Zielformulierung gefiel der Patientin nach kurzer Diskussion und wurde in den Zielkatalog aufgenommen:

Daran denken, daß jeder in der Familie für seine eigene Aufgeregtheit verantwortlich ist

Mit der Zielbewertung durch die Mutter wurde eine Abfolge von begleitenden Einzelberatungen in Gang gesetzt, die die Verantwortung der Erwachsenen für eine Entschärfung der Konflikte zum Leitthema hatte, sehr schnell aber die defizitäre Autonomie-Entwicklung der Mutter im Umgang mit ihrer Mutter und ihrer jüngeren Schwester in den Vordergrund rückte. Hier wurde an das Verantwortungsgefühl aller appelliert, zu einer Vermeidung der kränkenden und für Jeanette ängstigenden Konflikte beizutragen. Zugleich war es eine Mitteilung an die Patientin, reflexive Verhaltensweisen für die Verminderung ihrer Schuldgefühle und Verbesserung ihrer Fähigkeit zur Konfliktlösung zu bevorzugen.

Zielformulierungen lassen sich – hierzu dienten die Beispiele – auch für Zwecke nutzen, die prima vista nicht als Mitteilungen erkennbar sein müssen, und die gelegentlich wie „familieninterne Veröffentlichungen" belegen sollen, daß ein Änderungsbedarf vorliegt. In einem solchen Fall sollte die Aussage – wie im Beispiel – allgemeingültig formuliert werden, beispielsweise sollten keine einschränkenden Situationsmerkmale (e.g. „Wenn es zu Hause Streit gibt...") eingeflochten werden.

B. 3. Zielbewertung

Mit der Zielbewertung anhand der Kriterien Wichtigkeit und Erreichbarkeit kommt das Kind in eine Situation, in der es den Text seiner Ziele beiläufig lernt. Berücksichtigt man alle Präsentationen der Texte im Laufe der Zielbewertung, so bekommt ein Kind, wenn die Bewertung entsprechend der Instruktion verläuft, jedes Ziel

- zum ersten Mal – nach der Phase der Zielauswahl – während der Instruktion für den Paarvergleich nach dem Kriterium „Wichtigkeit"
- im Rahmen des Paarvergleichs „Wichtigkeit" zu 7 Vergleichen mit jedem anderen Ziel
- im Rahmen des „absteigenden Rankings" zum Kriterium „Wichtigkeit"
- und in denselben Häufigkeiten einige Tage später zur Bewertung der Erreichbarkeit

vorgelegt und vorgelesen. Demnach würde ihm der Text jedes Zieles 18 mal vorgelegt, bevor die Bewertungsprozedur abgeschlossen ist. Für Kinder mit guten verbalen Lernfähigkeiten genügen diese Präsentationen als Lerndurchgänge, um die Zieltexte zu behalten. Selbst lernschwächere Kinder können sich einige der Ziele, die ihnen bedeutsam erscheinen, einprägen. Bei lernschwachen und aufmerksamkeitsgestörten Kindern empfiehlt es sich zudem, die Durchführung mit der Zusatz-Instruktion zu vervollständigen: „Lies bitte das Ziel, welches du jetzt für wichtiger/am wichtigsten/leichter erreichbar/am leichtesten erreichbar hältst!", so daß hier eine zusätzliche Möglichkeit des Einprägens besteht.

Die Phase der Zielbewertung schließt die Strukturierte Zielentwicklung ab; man könnte schlußfolgern: nun kann die eigentliche Psychotherapie beginnen. Es ist aber – dies zeigt die Praxis der SZE – bis zur Durchführung der Bewertung beim Kind ein solcher Zuwachs an Problemkenntnis, Problemverständnis und Lösungskompetenz zu verzeichnen, daß die SZE für viele Probleme bereits einen Teil der Lösung darstellen kann: zu wissen, was geschehen sollte, und was das Kind selbst tun kann, reduziert nicht nur den Leidensdruck; es schafft auch Raum für neue Erfahrungen mit neuen Verhaltensweisen. Insofern führt eine erfolgreich verlaufende SZE in die Mitte der Behandlung. Dafür erfordert sie etwas mehr Zeit als herkömmliche Therapieziel-Entwicklungen.

B.3.1. Material und Durchführung

Darstellung der Ziele. Material für die Bewertung durch das Kind ist eine Niederschrift der 8 vereinbarten Ziele. Für die Durchführung der Prozedur ist es erforderlich, jedes der Ziele einzeln präsentieren zu können, zunächst im Paarvergleich, anschließend im Ranking. Letzteres stellt besondere kognitive Anforderungen an das Kind, da es für die Auswahl zunächst einen Überblick über 8 Ziele, anschließend über 7, 6 usw. haben soll, um jeweils ein Ziel unter Berücksichtigung des Kriteriums auszuwählen.

Bei der Suche nach geeignetem Darbietungsmaterial ist deshalb zu berücksichtigen, daß die Präsentationsfläche für das einzelne Ziel nicht so groß sein darf, daß einzelne Ziele aus dem Blickfeld verschwinden könnten. Blätter oder Kartons (Karteikarten) von der Größe A7 oder maximal A6 erscheinen angemessen. Dennoch bleibt – gerade für Kinder mit impulsivem Entscheidungsverhalten – die Gefahr gegeben, daß während des „absteigenden Rankings" Ziele allein aufgrund ihrer optischen Zentralität ausgewählt werden. Ähnliche Probleme treten im Bereich der akustischen Wahrnehmung der Ziele, etwa beim Vorlesen, im Umgang mit bestimmten Schlüsselbegriffen auf.

Eine ansprechende Präsentation der Ziele via Bildschirm ist sicherlich in Erwägung zu ziehen. Zu bedenken ist hier aber, daß der Bildschirm eine genügende Größe haben müßte, um die 8 Zieltexte mit ihren vorgesehenen Markierungen im Ranking gut lesbar werden zu lassen. Da das Vorgehen aber ohne elektronisch gestützte Darbietung entwickelt wurde, sei die Methode auch weiterhin in der bisher erprobten Weise dargestellt.

Sofern die Beschriftung der Zielbögen oder –karten per Hand erfolgt, ist Rücksicht auf die kindliche Lesefähigkeit zu nehmen (Druckbuchstaben); die Buchstaben sollten zudem eine hinreichende Dicke haben (Faserstift).

Für ein besseres Einprägen der Ziele, vor allem aber für ein rascheres Erkennen beim Vergleich mehrerer Ziele miteinander (Ranking) ist es ratsam, Signalwörter zu bestimmen, die in besonderer Weise zu kennzeichnen sind (unterstreichen, farbig markieren, rot überschreiben o.ä.). Markiert werden sollten zwei oder maximal drei Stellen im Text, wobei alle Ziele gleich viele Markierungen aufweisen müssen, um keinen Text gegenüber anderen hervorzuheben. Hierbei hat es sich als günstig erwiesen, folgende Textteile herauszuheben:

- Den Begriff, der die Problemsituation in der Diskussion um die Zielformulierung gekennzeichnet hat („Wenn ich *traurig* bin...", „Den nächsten *Fehler*, den ich mache...", „...auch wenn es *lästig* ist.")

- Wo die Problemsituation nicht ausdrücklich angesprochen ist, eine Situation oder Situationsklasse, in der das Zielverhalten auftreten soll („In der *Schule...*", „Wenn ich mit *anderen* spiele...", „Bei einem Streit mit meiner *Schwester...*")

- Das Zielverhalten selbst bzw. seine Umschreibung („...einen Moment *überlegen*,...", „*Langsam* machen, wenn...", „Alles *tun*, damit..."), da dieses die

Grundlage für die spätere Suche nach geeigneten Verhaltensweisen in konkreten Situationen bildet.

Für die *Fremdbewertungen* durch Eltern oder Cotherapeuten/Betreuer wird das Material entsprechend aufbereitet: Der Text wird, auch wenn er kindspezifische Vereinfachungen und grammatische Unkorrektheiten enthält, lediglich in die 3. Person anstelle der 1. umgeformt und ansonsten unverändert vorgegeben; auch die Markierungen sollten den Beurteilern nicht vorenthalten werden: Es ist die Zielentwicklung für das *Kind*, die hier zur Bewertung durch Dritte ansteht.

Protokollierung. Für die manuelle Protokollierung und Auswertung empfiehlt es sich, die Registrierung der Antworten getrennt von den für die Konsistenzüberprüfung erforderlichen Matrizen vorzunehmen. Im Anhang finden sich die verwendeten Protokollbögen für die Zielbewertung , die Konsistenzprüfung sowie für die abschließende Bewertung bei Therapieende (s.u.).

Der **Ablauf** der Zielbewertung erfolgt an zwei aufeinanderfolgenden Terminen: In der ersten Sitzung werden die Ziele nach ihrer Wichtigkeit bewertet, in der darauffolgenden nach ihrer Erreichbarkeit. Diese Trennung der Termine sollte vorgenommen werden, um Ermüdungserscheinungen beim Kind vorzubeugen; vor allem aber soll einem zu großen Einfluß der „Wichtigkeits"- auf die „Erreichbarkeits"- Bewertung vorgebeugt werden.

Jede Sitzung zur Zielbewertung beginnt mit einer **Instruktion**. In der ersten Sitzung (Wichtigkeits-Bewertung) werden dem Kind zunächst alle Ziele in geschriebener Form vorgelegt und vorgelesen; eventuell wird die Markierung der Schlüsselbegriffe begründet („damit du es dir leichter einprägen kannst, wenn du die Ziele miteinander vergleichst"). Sofern es notwendig erscheint, werden die Konzepte Wichtigkeit und/oder Erreichbarkeit etwas näher erläutert, etwa so:

- „Wenn ich sage: Dieses Ziel ist mir wichtig, soll es heißen, daß es mir ernst ist mit diesem Ziel, daß ich dieses Ziel erreichen will, daß ich etwas dafür tun will, es zu erreichen..."
- „Wenn ich sage: Ich kann dieses Ziel erreichen, soll das heißen, daß ich mir schon vorstellen kann, wie ich es schaffen könnte, dorthin zu kommen, daß ich glaube, ich weiß, was ich tun muß, und es kommt mir nicht allzu schwer vor..."

In der Regel können Kinder die Instruktion zur Bewertung auch ohne derartige Begriffserläuterungen verstehen, da es sich bei den Konzepten „wichtig" und „erreichbar" um alltäglich verwendete Begriffe handelt.

Anschließend wird der **Paarvergleich** angekündigt; hierbei wird das Kind dazu ermuntert, die ganze Zeit aufmerksam zu sein und zwischendurch ruhig zu überlegen. Die Durchführung der Paarvergleiche sollte in einer unsystematischen Weise erfolgen, so daß es zu einer ständigen Abwechslung der Ziele in der Darbietung kommt, um Positionseffekte auf die Zielauswahl zu vermeiden und Ermüdungserscheinungen beim Kind vorzubeugen (vgl. hierzu die Reihenfolge der Darbietungen für die Paarvergleiche in den Protokollbögen).

Die **Instruktion** für den jeweiligen Paarvergleich sollte nicht über die gesamte Prozedur hinweg wiederholt werden; dies würde eine 27-fache Wiederholung des Textes bedeuten; sie sollte aber immer wieder eingestreut werden:

„Welches dieser beiden Ziele ist dir wichtiger: <Zieltext> *oder* <Zieltext>*?"*

„Welches dieser beiden Ziele glaubst du, leichter erreichen zu können: <Zieltext> *oder* <Zieltext>*?"*

Während des Paarvergleichs kann das Kind bei schwankender Aufmerksamkeit aufgefordert werden, das wichtigere/leichter erreichbare Ziel jeweils vorzulesen. Hat der Therapeut generell den Eindruck, daß die Bewertung vom Kind mit nur geringem Interesse und ohne innere Beteiligung bzw. mit Orientierung auf eine nachfolgende Spielsituation vorgenommen wird, sollte die Prozedur unterbrochen werden und über die Bedeutung der Ziele als abgeschlossene gemeinsame Arbeit sowie Grundlage für zukünftige Vereinbarungen, aber auch als vorzeigbares Ergebnis, etwa für die Eltern, gesprochen werden. Sind nach einer kurzfristig adäquaten Mitarbeit kurz vor Ende eines Paarvergleichs – der jeweils ca. 15 bis 20 Minuten dauert - Ermüdungszeichen oder Interessemangel zu erkennen, kann die Mitarbeit auch mit dem Hinweis, daß die Bewertung wiederholt werden müsse, „wenn deine Antworten nicht zueinander passen", kurzfristig gesteigert werden.

Speziell in stationären Behandlungen kann die Bedeutung der Ziele zusätzlich durch die Ankündigung erhöht werden, das Votum des Bezugsbetreuers/Cotherapeuten einzuholen sowie im Anschluß an die gesamte Bewertung die Zielthemen zum Inhalt einer ergotherapeutischen Maßnahme, etwa im Werken oder Töpfern, zu machen.

Gelegentlich kommt es vor, daß ein Kind zwei Ziele gleichrangig bewerten möchte oder angibt, zwischen der Bedeutung einiger Ziele nicht unterscheiden zu können. Zumeist handelt sich hierbei um Kinder, die um eine sorgfältige Bewertung bemüht sind und daher glauben, es nicht mit ihrem Anspruch an ihre eigene Urteilsfähigkeit vereinbaren zu können, hier eine Unterscheidung zu treffen. Mit dem Hinweis darauf, daß es hier nicht um eine Messung, sondern nur um eine ungefähre Schätzung gehen kann, und daß man „ein kleines bißchen Unterschied“ vielleicht doch machen könne, sind solche Hindernisse zumeist recht leicht zu beseitigen; sie sind zudem oft Zeichen eines Gewahrwerdens beim Kind, daß es hier Urteile abgibt, für die ihm die Maßstäbe fehlen. In jedem Fall sollten Gleichbewertungen weder im Paarvergleich, noch im Ranking akzeptiert werden.

Zu Beginn des absteigenden **Rankings** empfiehlt es sich, den jeweiligen Text beim Vorlegen der Karte erneut vorzulesen. Anschließend erhält das Kind die Instruktion: „Nun suche das Ziel heraus, welches du für das wichtigste/am leichtesten erreichbare hältst. Wie heißt es?“ Die vom Kind ausgewählte Zielkarte wird entfernt; anschließend: „Jetzt hast du noch ... (8-n) Ziele übrig. Welches ist dir hiervon am wichtigsten / erscheint dir hiervon am leichtesten erreichbar?“

Die **Fremdbewertungen** durch die Eltern werden mit der Information eingeleitet, daß Therapeut und Kind sich auf Ziele geeinigt hätten, die nun in der Therapie gemeinsam anzugehen seien. Es folgt die Information, daß der Text der Ziele bis auf die Änderung der Person unverändert übernommen ist, daß auch die Betonungen im Text entsprechend gesetzt seien, um gleiche Bedingungen in der Bewertung zu haben, und damit die Eltern einen Eindruck von dem hätten, was ihrem Kind zur Bewertung vorgelegt worden sei. Es kann in diesem Zusammenhang darauf hingewiesen werden, daß eine nachträgliche Besprechung der Übereinstimmungen und Unterschiede bei der Bewertung vorgesehen ist. Da es für die Eltern nicht darum gehen kann, die Therapieziele ihrer Kinder auswendig zu lernen, entfällt ein Grund für den Paarvergleich, und die Fremdbewertung erfolgt ausschließlich im absteigenden Ranking (sofern nicht aus bestimmten Gründen eine Konsistenzprüfung des mütterlichen oder väterlichen Urteils angestrebt wird).

Für die Bewertung selbst ist in der Instruktion hervorzuheben, daß das Votum von Mutter bzw. Vater entscheidend ist, nicht das seitens der Eltern vermutete Votum ihrer Kinder: Es gehe um die Bewertung jedes einzelnen für die Ziele seines Kindes: „Was ist Ihnen als Mutter/Vater besonders wichtig, daß Ihr Kind es erreicht? Und was halten Sie für Ihr Kind für leichter oder schwerer erreichbar?“

Für den Fall, daß die Bewertung durch die Eltern in einer gemeinsamen Sitzung erfolgt, empfiehlt es sich, die Urteile „versetzt“ einzuholen, um die gegenseitigen Einflüsse auf die Urteile nicht zu maximieren. Hier wäre im Hinblick auf die Personen- oder aber die Kriteriumsreihenfolge an ein ABBA-Schema zu denken: Mutter bewertet Wichtigkeit – Vater bewertet Erreichbarkeit – Vater bewertet Wichtigkeit – Mutter bewertet Erreichbarkeit.

Bei Zielbewertungen durch Betreuer oder Cotherapeuten, die mit dem Verfahren vertraut sind, genügt eine Bitte um schriftliche Protokollierung der Rankings mit dem Hinweis, daß es nicht um die Einschätzung der vermuteten Bewertung durch da Kind gehe, sondern um die pädagogisch-therapeutische Stellungnahme der Fachkraft.

B.3.2. Auswertung

Für die weitere Therapieplanung dürfte bei der Auswertung die Beantwortung insbesondere der folgenden Fragen relevant sein:

- Wie bewertet das Kind die Therapieziele hinsichtlich der Kriterien Wichtigkeit und Erreichbarkeit, d.h. welche Rangplätze haben die einzelnen Ziele?
- Welche innere Stimmigkeit (Konsistenz) hat diese Bewertung?
- Welche Übereinstimmung zeigt sich zwischen der Bewertung durch das Kind, die Mutter/den Vater und evtl. einen Cotherapeuten?

Von Bedeutung kann zudem für die Interpretation der Zielbewertung die Frage nach dem statistischen Zusammenhang zwischen den Bewertungen von Wichtigkeit und Erreichbarkeit sein. Hierauf wird im Ergebnisteil näher eingegangen werden.

Die Frage nach der Rangplazierung wird im absteigenden Ranking direkt beantwortet. Beim Paarvergleich müssen dagegen die Antworten je Ziel ausgezählt werden. Im folgenden sollen die Schritte der Auswertung anhand eines **Beispiels** aufgezeigt werden. Die SZE eines 11-jährigen Mädchens mit einer Angstsymptomatik (siehe auch B.2.4.) ergab folgenden Zielkatalog:

A (emo): *An Situationen, die mir Angst machen, herangehen, ohne auszuweichen*
B (soz): *Daran denken, daß ich nur für mein eigenes Verhalten verantwortlich bin*
C (fam): *Meinen Eltern zeigen, daß ich bei der Überwindung meiner Angst selbständiger werde*
D (soz): *Darauf achten, daß auch Erwachsene Fehler machen – und dies wenn nötig sagen*
E (emo): *Schmerzen, Übelkeit und andere Beschwerden ertragen, indem ich „nach vorne" denke*
F (Lei): *Geduldig bleiben, wenn ich mal etwas nicht kann*

G (Lei): *Gegen meine Schwächen (z.B. Deutsch) an-arbeiten*

H (fam): *In der Familie Auseinandersetzungen mit dem lösen, mit dem ich sie habe*

In Tab.2 ist das Ergebnis des Paarvergleichs zur Wichtigkeit in Matrixform dargestellt. Die Spaltensummen zeigen die Zahl der positiven Wahlen, die ein Ziel bekommen hat. Falls gewünscht, lassen sich zusätzlich Zeilensummen bestimmen, aus denen sich die Zahl der Ablehnungen ergibt.

		A+	B+	C+	D+	E+	F+	G+	H+
	A-	0	1	0	0	1	0	0	0
	B-	0	0	1	1	1	0	0	0
	C-	1	0	0	0	1	0	0	0
	D-	1	0	1	0	0	0	0	0
	E-	0	0	0	1	0	0	0	0
	F-	1	1	1	1	1	0	0	0
	G-	1	1	1	1	1	1	0	0
	H-	1	1	1	1	1	1	1	0
Spaltensumme	a	5	4	5	5	6	2	1	0
Rangplätze	Rpl	3	5	3	3	1	6	7	8
	a^2	25	16	25	25	36	4	1	0

Tab. 2: Die Dominanzmatrix der Wichtigkeit (siehe Textbeispiel)

Der emotionale Bereich mit den Zielen E und A hat in der Bewertung der Patientin offensichtlich Priorität. Ziel E hat die meisten positiven Wahlen (6), es erhält den Rangplatz 1. Auf dem folgenden Platz finden sich drei Ziele mit gleicher Zahl von Stimmen (A, C, D), sie erhalten daher jeweils den gemittelten Rangplatz 3. Ziel B (4 positive Wahlen) folgt auf Rangplatz 5, F auf Platz 6, G auf Platz 7, und H erhält Rangplatz 8.

Die Konsistenz der Zielbewertungen zeigt sich in 2 unterschiedlichen Aspekten:

1. Innerhalb des Paarvergleichs läßt sich ermitteln, ob und inwieweit sich aus den Zielvergleichen eindeutige Rangplatzbildungen vornehmen lassen. Erste

Hinweise auf Konsistenzmängel ergeben sich daher bereits, wenn gemeinsame Rangplätze („*ties*“) auftreten. Zur Unterscheidung von der zweiten Konsistenzart sei hier von **Paarvergleichs-Konsistenz** gesprochen.

2. Die Übereinstimmung zwischen der aus dem Paarvergleich resultierenden und der im Ranking erhobenen Rangreihe sei im folgenden **Rangreihen-Konsistenz** genannt. Da die Methode der Datengewinnung für beide Rangreihen unterschiedlich sind, läßt sich nicht von einer Reliabilitäts- oder Stabilitätsprüfung der Rangreihen sprechen.

ad 1.: Für die Messung der Paarvergleichs-Konsistenz bietet sich ein Koeffizient von KENDALL (1948) an, ausführlich hergeleitet bei SIXTL (1982). Für KENDALL ist die Konsistenz eines Paarvergleichs gleichbedeutend mit der Zahl widersprüchlicher („intransitiver“) Urteilsverkettungen in ihrem Verhältnis zur denkbar möglichen Zahl von Widersprüchen. KENDALL nennt die „intransitiven“ Urteilsverkettungen auch **zirkuläre Triaden**. Ihre maximal mögliche Zahl (d_{max}) ist abhängig von der Zahl der Elemente im Paarvergleich:

$$d_{max} = n\,(n^2 - 4) : 24 \text{ , sofern } n \text{ eine gerade Zahl ist.}$$

In unserem Fall mit 8 Zielen ist die höchstmögliche Zahl zirkulärer Triaden 20. Die tatsächlich vorhandene Zahl zirkulärer Triaden (d) läßt sich ermitteln, indem man die quadrierten Spaltensummen (a^2) wie folgt weiter verrechnet:

$$d = [n\,(n-1)\,(2n-1)] :12 - \tfrac{1}{2}\,\Sigma\, a^2$$

In unserem Beispiel ergibt sich eine Summe der Spaltensummenquadrate von 132. Demnach ist

$$d = 70 - \tfrac{1}{2}\,132 = 4$$

Die resultierenden 4 zirkulären Triaden treten in unserem Beispiel bei den am höchsten bewerteten Zielen auf, wie Abb. 5 zeigt. Die Richtung der Pfeile weist auf die Höherbewertung des einen Ziels gegenüber dem anderen.

Abb. 5: Zirkuläre Triaden aus dem Paarvergleich

Es zeigt sich, daß die Ziele A und D jeweils dreimal am Zustandekommen einer zirkulären Triade beteiligt sind, die Ziele B, C und E jeweils zweimal. A und D können also als die Ziele mit der geringsten Bewertungsstabilität angesehen werden. Sie sind zweifellos auch unter allen Zielen diejenigen, die von der Patientin für zwar wichtig gehalten werden, deren Realisierung aber mit erheblicher Ambivalenz verbunden ist.

Der Koeffizient zur Berechnung der Paarvergleichs-Konsistenz ist nach KENDALL im Falle eines geraden n

$$\zeta = 1 - d / d_{max}$$

Vergleichbar einem quadrierten Korrelationskoeffizienten kann ζ Werte zwischen 0 und 1 annehmen. Bei einem n von 8 vermindert sich der Koeffizient mit jeder zirkulären Triade jeweils um einen Wert von .05. In unserem Beispiel findet sich mithin eine Paarvergleichs-Konsistenz von $\zeta = .80$.

ad 2.: Für die Ermittlung der Rangreihen-Konsistenz bietet sich der Rangkorrelations-Koeffizient von SPEARMAN an (vgl. SIEGEL, 1956). In unserem Beispiel fand sich folgende Wichtigkeits-Bewertung im absteigenden Ranking: E-D-C-B-A-F-H-G. Tabelle 3 zeigt den Vergleich der Rangreihen. Sie läßt bereits eine gute Übereinstimmung zwischen beiden Bewertungen erkennen.

Ziel	Paarvergleich (x)	Ranking (y)	Differenz (d)
A	3	5	2
B	5	4	1
C	3	3	0
D	3	2	1
E	1	1	0
F	6	6	0
G	7	8	1
H	8	7	1

Tab. 3: Rangreihen der „Wichtigkeits"-Bewertung

Grundlage für die Errechnung der Rangkorrelation sind die quadrierten Differenzwerte:

$$r_{Spearman} = 1 - (6 \Sigma d^2) : (n^3 - n)$$

In unserem Beispiel ergibt sich bei einer $\Sigma d^2 = 8$ ein Koeffizient von .90. Da in der Bewertung Rangplatzüberschneidungen (ties) auftreten, empfiehlt es sich zu prüfen, ob eine Minderungskorrektur des Koeffizienten erforderlich ist. Hierzu wird der folgende Korrekturfaktor errechnet:

$$T = (t^3 - t) : 12 \quad ,$$

wobei t die Anzahl der ties ist (in unserem Falle 3); es resultiert ein T von 2. Unter Berücksichtigung von ties errechnet sich die Rangkorrelation wie folgt:

$$r_{Spearman} = (\Sigma x^2 + \Sigma y^2 - \Sigma d^2) : 2 \sqrt{\Sigma x^2 \Sigma y^2}$$

Hierbei sind

$$\Sigma x^2 = (n^3 - n) : 12 - \Sigma T \quad \text{und}$$

$$\Sigma y^2 = (n^3 - n) : 12$$

In unserem Beispiel ergibt sich für Σx^2 ein Wert von $42 - 2 = 40$; Σy^2 hat in der SZE bei einer konstanten Zahl von 8 Zielen immer die Größe von 42. Für unser Beispiel ergibt sich bei Anwendung der Korrektur bei einem Σd^2 von 8 (s.o.) ein Koeffizient

$$r_{Spearman} = 74 : 81{,}98 = .90$$

Das Ergebnis entspricht exakt dem mit Hilfe der zuerst genannten Formel ermittelten Ergebnis. Die Berücksichtigung von im Paarvergleich aufgetretenen Überschneidungen der Rangplätze hat demnach den Koeffizienten nicht gemindert. Erst bei einer größeren Anzahl von ties erscheint also die Verwendung der Korrekturformel notwendig.

Ein weiterer Analyseschritt dient der Ermittlung der **Konkordanz**, der Übereinstimmung also zwischen mehreren Bewertern der Ziele. Hierzu seien aufgrund einer Vergleichbarkeit der Methoden kindseitig nur die Daten aus dem Ranking verwendet. Zur Veranschaulichung sei ein letztes Mal auf das Beispiel zurückgegriffen: Tab. 4 zeigt die Rankings der Patientin, der Betreuerin in der Therapiestation sowie der Eltern im Vergleich.

	Patientin	Betreue-rin	Vater	Mutter
Ziel	Rpl	Rpl	Rpl	Rpl
A	5	1	1	1
B	4	5	7	4
C	3	7	3	3
D	2	8	6	7
E	1	2	4	2
F	6	6	5	8
G	8	3	8	5
H	7	4	2	6

Tab. 4: Zielbewertung im Ranking-Vergleich

Aus den Rankings lassen sich (mit Hilfe der Formel ohne ties-Korrektur) folgende Rangkorrelationen errechnen:

1. Patientin - Betreuerin: $r_s = -.24$
2. Patientin - Vater: $r_s = .10$
3. Patientin - Mutter: $r_s = .33$
4. Betreuerin - Vater: $r_s = .31$
5. Betreuerin - Mutter: $r_s = .64$
6. Vater - Mutter: $r_s = .43$

Sieht man von der Korrelation zwischen den Rankings der Mutter und der Betreuerin ab, handelt es sich durchgehend um niedrige bis sehr niedrige Koeffizienten.

Für die individuelle Behandlung der Patientin erscheint die Ermittlung der einzelnen Übereinstimmungen wichtig, wenn man beispielsweise an eine gezielte Rückmeldung über das Ergebnis der SZE denkt (siehe nächsten Abschnitt). Will man jedoch ein allgemeines Maß für die **Konkordanz** zwischen allen Beteiligten, beispielsweise, um die allgemeine Übereinstimmung bei Wichtigkeit und

Erreichbarkeit miteinander zu ermitteln, oder um die Konkordanzen verschiedener Probanden zu vergleichen, empfiehlt sich eine Durchschnittsbildung aller Rangkorrelationen:

$$M_{rspearman} = (\Sigma r) : k$$

worin k die Zahl der abgegebenen Bewertungen ist. Aus den im Beispiel genannten Korrelationen erhält man demnach einen gemittelten Koeffizienten von

$$M_{rspearman} = .26$$

KENDALL (vgl. SIEGEL, 1956) hat für den Fall, daß man die Konkordanz nicht aus einzelnen Korrelationen ermitteln, sondern gleich aus den Rangreihen errechnen möchte, einen *Konkordanzkoeffizienten* (W) entwickelt. Da im Fall der SZE aber aus Gründen der Therapierelevanz auf die Ermittlung der einzelnen Zusammenhänge zwischen Bewertungen und Urteilern schlecht verzichtet werden kann, sollte man es bei einer Schätzung der Konkordanz auf der Basis der durchschnittlichen Korrelationskoeffizienten belassen.

Mit Hilfe der beschriebenen Rangkorrelationen lassen sich weitere interessante Details aus der Bewertungsprozedur analysieren, etwa über den Zusammenhang von Wichtigkeit und Erreichbarkeit bei den verschiedenen Bewertern (vgl. C.1.2.), oder auch bei der Suche nach Zusammenhängen zwischen der abschliessenden Zielbewertung bei Therapieende und der anfänglichen Bewertung (C.1.4.). Im Rahmen einer Verwendung der Bewertungsdaten für eine Therapiebegleitende Diagnostik ist diese einfache Statistik ein wertvolles Instrument.

B.4. Die Zielthematik im weiteren Behandlungsverlauf

In diesem Abschnitt geht es um den Stellenwert von Therapiezielen nach Abschluß der Bewertung. Eine Zielentwicklung hat bis hierher vorrangig einer Motivierung des Kindes, seiner Einbeziehung in die Therapieplanung und der Schaffung einer Konsens-fähigen Veränderungsthematik gedient. Es ist in jeder Kinderpsychotherapie - gleich welchen Ansatzes – gerade aufgrund der Fremdbestimmtheit der Entscheidung zur Therapie erforderlich, Ziele als die Grundlage der therapeutischen Interaktion auch weiterhin in die Gespräche Eingang finden zu lassen. In welchem Ausmaß es zu einer weiteren Bearbeitung der Zielthematik und der hieraus resultierenden Lösungsschritte kommt, dürfte in starkem Maße von der gewählten Therapiemethode oder einzelnen Techniken, nicht zuletzt vom Therapiesetting abhängig sein.

Aus der Perspektive einer soeben beendeten Zielbewertung im Rahmen einer strukturierten Zielentwicklung hat der weitere Therapieverlauf die folgende Grobstruktur:

- **Rückmeldung und Klärung offener Fragen**: über Besonderheiten und Ergebnisse der Zielbewertung, über die Konsistenzleistungen und ermittelte Konkordanz bzw. abweichende Bewertungen. Hier kann auch eine Vereinbarung über eine Dokumentation der Ziele für das Kind getroffen werden

- **Lösungsschritte und zwischenzeitliche Zielreflexion**: Hierher gehören die geplanten weiteren Interventionsprogramme und Trainings sowie die Therapie-immanenten Themenbearbeitungen; Behandlungselemente also, die durch das Therapiekonzept bestimmt werden. Das Erarbeiten einzelner Verhaltensschritte, die eine Annäherung an das Zielverhalten darstellen, Suche nach stützenden und kontrollierenden Faktoren für das Zielverhalten und das planende oder nachträgliche Durchgehen von kritischen Situationen, in denen es zu einem Zielverhalten kam oder hätte kommen sollen, gehören ebenfalls hierher. Analog zum goal attainment scaling kann auch in der SZE mit einer gewissen Regelmäßigkeit der Stand der Therapie vor dem Hintergrund der vereinbarten Ziele erfragt werden. In diesem Zusammenhang ist auch an ein zwischenzeitliches Bewerten der Ziele in Erwägung zu ziehen.

- **Abschließende Zielbewertung** bei Therapieende: Hier bieten sich die Kriterien „Vollständigkeit“ und „Wichtigkeit für die Zukunft“, d.h. nach der Therapie, an (s.u.).

Die Ausgestaltung der einzelnen Punkte ist abhängig von dem die Gesamtbehandlung leitenden Therapiemodell. Insbesondere die Frage, ob und inwiefern eine konkrete Lösungssuche für einzelne Verhaltensschritte sowie eine zwischenzeitliche Zielabfrage in das Therapiekonzept zu integrieren sind, kann nur vor dem Hintergrund der vorgesehenen Methode schlüssig beantwortet werden.

B.4.1. Rückmeldung und Klärung offener Fragen

Rückmeldung über das Ergebnis der SZE bedeutet formal, im Umgang mit dem Kind diesen Teil der Behandlung historisch zu betrachten, um einen Übergang zu weiteren Interventionsschritten zu schaffen. Insofern hat die Rückmeldung zuallererst eine *bekräftigende* Funktion: sie ist eine Bestätigung für das Kind, daß man gemeinsam eine wichtige Teilaufgabe der Therapie erledigt hat. Somit ist sie der Abschluß der Anfangsphase des Therapieprozesses. Zugleich kann dem Kind verdeutlicht werden, daß eine Bewertung grundsätzlich einen guten Abschluß für einen Arbeitsprozeß bildet; in diesem Sinne läßt sich hier auch ankündigen, daß es bei Therapieende erneut zu einer Zielbewertung kommen sollte, um zu prüfen, was man erreicht hat.

Eine weitere Aufgabe in dieser Phase ist die *Klärung von Inkonsistenzen* im Bewertungsprozeß. Der bei manchen Kindern nur mäßige Zusammenhang zwischen den Rangreihen aus Paarvergleich und Ranking ist vor allem im Hinblick auf vorrangig plazierte Ziele von Bedeutung: Fand möglicherweise während der Bewertung eine begrenzte Einstellungsänderung statt, oder sind alle Bewertungen im Paarvergleich unklar in ihrer Plazierung, so daß von einem „Bewertungsflimmern" (s.u. C.2.1.) gesprochen werden könnte? War auf der anderen Seite das Kind beim absteigenden Ranking möglicherweise nicht in der Lage, sich von der räumlichen Plazierung der Ziele in seinem Blickfeld freizumachen und seine Bewertung unabhängig davon vorzunehmen, ob ein Ziel ins Auge fiel? Die bisherigen Ergebnisse sprechen dafür, daß sich aus der Konsistenz im Paarvergleich kaum auf eine entsprechende Übereinstimmung zwischen den Rangreihen schließen läßt.

Die Wertigkeit von Inkonsistenzen hängt auch von der Positionierung eines Ziels innerhalb der Rangreihen ab: Von Zielen, die besonders häufig gewählt oder abgelehnt wurden, ist eine höhere Übereinstimmung beim Vergleich der Rangreihen als von Zielen mit mittleren Rangplätzen zu erwarten. Eine Klärung von Inkonsistenzen erscheint beispielsweise weniger wichtig, wenn ein Ziel in der Wichtigkeits-Bewertung via Paarvergleich den Rangplatz 6 erhielt, im Ranking dagegen den Rangplatz 3, als wenn es um den Unterschied zwischen den Rangplätzen 1 und 4 ginge, obwohl in beiden Fällen die Differenz der Rangplätze dieselbe ist.

Die Rückmeldung sollte die Schwerpunktsetzungen des Kindes thematisch zusammenfassen, Inkonsistenzen aufzeigen und soweit möglich bei mangelnder Übereinstimmung nach einer Erklärung hierfür suchen; sie sollte aber nicht zu einer vollständigen Neu-Bewertung der Ziele führen, denn hierin läge eine indirekte Entwertung der Prozedur: Wenn eine Bewertung wiederholt wird, weil sie beim ersten Mal nicht „klappte“, kann der Bewerter die zugrunde liegende Methode des Auswählens und Abwägens anzweifeln; ein Verlust der Motivation zur Arbeit an den Zielen könnte die Folge sein.

Anders kann es sich verhalten, wenn ein einzelnes Ziel auch nach der Bewertung infolge stärkerer Inkonsistenz neu formuliert wird, wie das Beispiel im übernächsten Absatz zeigt. In einem solchen Fall erscheint es angebracht, das betreffende Ziel erneut mit den übrigen 7 Zielen paarweise zu vergleichen und eine Wiederholung des absteigenden Rankings vorzunehmen. Dies ist insbesondere dann zu empfehlen, wenn die Ziele am Ende der Behandlung zur Evaluation herangezogen und die Rangreihen in diesem Fall verglichen werden sollen.

Eine Gefahr der Demotivierung des Kindes durch die Rückmeldung ergibt sich, wenn auf den gefundenen Inkonsistenzen oder der Suche nach einer Erklärung für sie thematisch „herumgeritten“ wird. Das Auftreten von Inkonsistenzen ist bei 8 zu bewertenden Objekten – insbesondere bei Kindern - statistisch eher normal; beim Vergleich der Rangreihen sind zudem auch Methoden-bedingte Inkonsistenzen denkbar (s.u.). Lediglich intraindividuell unerwartete, aus dem Rahmen fallende Inkonsistenzen sollten thematisiert werden.

Bei dem 10-jährigen Claudius, einem Jungen mit einer Störung des Sozialverhaltens, die sich bei Behandlungsbeginn zunehmend von der Schule auch auf die Familie ausgeweitet hatte, war es im Laufe der Zielvereinbarung zu folgender Formulierung gekommen:

Zuhause versuchen, niemandem Unrecht zu tun, und es ansprechen, wenn ich mich ungerecht behandelt fühle

Dieses Ziel wurde von Claudius im Paarvergleich nach Wichtigkeit auf einem gemittelten Rangplatz von 3,5 plaziert; im anschließenden Ranking blieb das Ziel als Letztes liegen, erhielt somit den Rangplatz 8. Er selbst erklärte diese Diskrepanz in einem Rückmeldungsgespräch mit mangelnder Aufmerksamkeit: „Da hab` ich wohl nicht aufgepaßt.“ Der Eindruck während der Zielbewertung war aber ein anderer, zumal das Ziel bei der Präsentation nicht peripher lag und auch während des Rankings wie alle anderen wechselnd plaziert wurde. Es bietet sich eine andere Erklärung an: Der Junge verhält sich zu Hause, aber nicht nur dort, wie ein „Gerechtigkeitsfanatiker“. Als solcher kann er kaum Gerechtigkeit zu einem Ziel für sich selbst erklären, denn dies würde bedeuten, daß es ihm hieran fehlt. Hier nun bietet ihm der Paarvergleich - eher als das Ranking, bei dem alle Stimuli zu einem Zeitpunkt präsentiert werden - die Möglichkeit, bei einzelnen Zielen an konkrete Situationen zu denken, auf die er Einfluß ausüben möchte. Es könnten Motive wie das, „guten Willen“ zu zeigen, die Entscheidung stärker bestimmen. Die Auseinandersetzung mit diesem Ziel ist daher möglicherweise ambivalent, mehr als bei anderen Zielen. Da Claudius außerdem große Probleme mit dem Gefühl von Benachteiligung gegenüber dem jüngeren Bruder hat, sich aber schämt, mehr Zuwendung seitens der Eltern einzufordern, sähe er es gern, wenn es gerechter in der Familie zuginge, aber möglichst, ohne selbst etwas dafür tun zu müssen – ein Grund mehr für seine Ambivalenz gegenüber der Formulierung.

Claudius wurde eine alternative Erklärung für die Inkonsistenz der Rangreihen angeboten; die Unstimmigkeit wurde zudem als alltäglich oder selbstverständlich bezeichnet. Zugleich wurde betont, daß die mangelnde Übereinstimmung ein Grund sein sollte, sich öfter mit dem Ziel und den damit zusammenhängenden Gerechtigkeitsproblemen zu befassen.
Im Gespräch über dieses Thema ergab sich, daß die Formulierung semantisch ungünstig war: ihr wesentlicher Aussageteil enthält die *Negation von Verhalten*, so daß hieraus für Claudius keine konkreten Alternativen zu seinem derzeitigen Verhalten ableitbar waren. Es wurde daher eine Zielformulierung vereinbart, die für eine gemeinsame Suche nach Lösungsschritten geeigneter erschien:

Zuhause gemeinsam darauf achten, daß es gerecht zugeht – und meinen Eltern klarmachen, wenn ich mich ungerecht behandelt fühle

Der zweite Teil der Zielformulierung war inhaltlich zwar ableitbar aus dem ersten; als Botschaft an die Eltern sollte er aber in der Dokumentation der Ziele (siehe unten) enthalten sein. Claudius nahm erneut einen Paarvergleich dieses Ziels mit den 7 übrigen Zielen vor und plazierte es im absteigenden Ranking übereinstimmend hierzu auf Platz 3.

Den Überlegungen in dieser Kasuistik liegt eine *Annahme* zugrunde, die sich als weitere und alternative Erklärung für mangelnde Konsistenz zwischen Rangreihen anbietet: Die Darbietung im Paarvergleich, bei der jedes Ziel gelesen oder vorgelesen wird, führt aufgrund unterschiedlicher (d.h. zum Ranking unterschiedlicher) Reizdarbietung, nämlich einer optischen und akustischen Präsentation, zu anderen Motivationsprozessen für die Entscheidung als das Ranking, bei dem bekanntlich nur zu Beginn alle Ziele in einem Durchgang vorgelesen werden. Hier können sich Positionseffekte sowohl aus den optischen, wie auch den akustischen Darbietungsfolgen ergeben. Zusätzlich kann man von einer unterschiedlichen Wirkung der Markierung der Schlüsselbegriffe ausgehen: Je nachdem, ob der Text – wie im Paarvergleich – jeweils noch einmal vorgelesen wird oder nur als optischer Reiz dargeboten wird, kann der Einfluß der Textmarkierungen unterschiedlich stark sein. Diese Annahmen können einen Teil der interindividuellen Unterschiede in den Konsistenzen erklären.

Ein weiterer Aspekt der Rückmeldung betrifft die *Konkordanzen* zwischen verschiedenen Bewertern. Hier kann man das Kind allgemein über das Ausmaß der Übereinstimmungen informieren, ohne dies zu werten; schließlich gibt es viele unbewiesene und plausible Erklärungen für fehlende Konkordanz, ohne daß hierzu auf Differenzen zwischen Beurteilern eingegangen werden müßte. Positive Konkordanzergebnisse, d.h. hohe Übereinstimmungen mit Angehörigen sollten in jedem Falle mitgeteilt werden, da sie motivierend wirken und dem Kind eine kooperative Kontrolle der Symptomatik nahelegen. Falls mit dem Kind Details der mangelnden Konkordanz besprochen werden, ist darauf zu achten, daß nicht der Eindruck entsteht, als würde die Bewertung der Ziele in Zweifel gezogen; vielmehr hat *jede Bewertung ihre Berechtigung*. Die Thematisierung fehlender Konkordanz im Gespräch mit dem Kind dient seiner Information sowie der Erfahrung, daß die erarbeiteten Ziele eine Bedeutung für alle Beteiligten haben, so daß die Therapiemotivation hierdurch gestärkt werden kann. Zudem läßt sich mangelnde Konkordanz als Beweis dafür ansehen, daß alle in den Zielkatalog aufgenommenen Ziele ihre Notwendigkeit haben, und daß es keine unwichtigen Ziele gibt.

Eine *Rückmeldung an die Eltern* hat behutsam zu erfolgen, sofern *mangelnde* Konkordanz das Thema ist. Bei Zielen, die Eltern wichtig erscheinen, kann fehlende Übereinstimmung mit dem Kind gelegentlich zu Ratlosigkeit oder auch Enttäuschung („Hab' ich's mir doch gleich gedacht!") führen. Insbesondere in Fällen, in denen Eltern oder ein Elternteil großen Wert auf ein besseres Verständnis und eine geringere Konfliktanfälligkeit in der Beziehung zum Kind legen, kann eine Vorliebe des Kindes für Themen aus dem sozialen oder dem Leistungsbereich auf Argwohn stoßen: „Will mein Kind wirklich das Wichtige ändern?" Hier gilt es, zum wiederholten Male deutlich zu machen, daß es keine „unwichtigen" Ziele gibt, daß die Reihenfolge in der Wichtigkeits-Bewertung keinen Einfluß (und wenn, dann nur im Konsens) auf die Auswahl und Abfolge der notwendigen Interventionsschritte hat, und daß jedes der aufgestellten Ziele in der Behandlung seine Berücksichtigung findet.

Andererseits zeigt sich in der Rückmeldung an die Angehörigen der Vorzug eines Ziele-Rankings wie in der SZE: Es gilt allgemein gerade in der Kinderpsychotherapie als besonders schwierig und wichtig zugleich, eine Angleichung der Zielvorstellungen aller Beteiligten herbeizuführen (BORG-LAUFS und MEROD, 2000). Das Ranking läßt hier Spielraum für Auf- und Abwertungen anstelle der Ablehnung bestimmter Ziele. Zugleich wird dokumentiert, daß es die Therapie des *Kindes* ist, in der ein Zielkatalog entwickelt wurde. Nachdenklichkeit auf Elternseite angesichts einzelner Formulierungen ist hier eher erwünscht; und Widerspruch kann mittels des Rankings zumindest teilweise integriert werden, ohne daß ein Ziel hierdurch in Frage gestellt werden müßte.

Bisherige Erfahrungen aus Gesprächen mit Erziehungsberechtigten, bei denen es um eine Rückmeldung über die Bewertung ging, zeigten eher positive Reaktionen auf die stärkere Einbeziehung in die Behandlung des Kindes; selbst wenn manche Familien-bezogene Zielformulierung erkennen ließ, daß auf seiten der Eltern einige Einstellungs- oder Verhaltensänderungen erforderlich sind, wurde dies eher als Gesprächsgrundlage denn als Provokation gesehen.

Bisher war bei der Bearbeitung des Themas „Rückmeldung" ausschließlich von der Bewertung nach *Wichtigkeit* die Rede. Die Konkordanz im Hinblick auf die *Erreichbarkeit* der Ziele bietet weniger Anlaß zu gemeinsamer Bearbeitung, da bei dieser Einschätzung der Anteil der emotionalen Prozesse geringer ist. Zweifellos ist es als ein wichtiges Faktum anzusehen, wenn ein Kind die Anstrengungen für ein bestimmtes Ziel in einer Weise gering einschätzt, daß im Vergleich zur Einstufung der Eltern, aber auch der Beurteilung des Therapeuten eine wenig realistische Bewertung vorliegt. Ob und inwieweit dies im Gespräch reflektiert werden soll, ist nicht allgemeingültig festzulegen. In der Praxis zeigte sich bisher, daß die Einstufung der Wichtigkeit vom Interesse der Beteiligten her die größere Rolle spielte.

Den Abschluß der Rückmeldung kann eine Vereinbarung über die *Dokumentation* der Ziele für das Kind bilden: Die Niederschrift der Ziele in einer Weise, daß der Dokumentationscharakter erkennbar wird. Hierzu kann ein gewisser Materialaufwand getrieben werden, um die Bedeutung der Zielvereinbarung zu erhöhen. Wird eine Beendigung der Dokumentation zusätzlich in ein kleines Ritual wie etwa eine gemeinsame Unterschrift von Kind und Therapeut eingebunden, kann im Kind der Wunsch gefördert werden, die Niederschrift zu besitzen und im günstigen Fall an prominenter Stelle bei sich aufzubewahren.

Tonpapier und besonders hierzu bereitgestelltes Schreibmaterial können den Charakter des Besonderen unterstreichen. In stationären Therapien hat sich das Angebot einer Dokumentation mittels Werkmaterialien (Holz, Ton, Stoff) als „Schreibunterlage" bewährt. Dabei können verschiedene Motive die 8 Elemente dekorativ hervortreten lassen: Bei Laubsägearbeiten etwa in Form einer Beschriftung von Eisenbahnwaggons, von Blütenblättern einer großen Blume, von Fußbällen usw.

Die Reihenfolge der Ziele könnte – sofern sie in der Dokumentation erkennbar werden soll – aufgrund der Wichtigkeits-Bewertung erfolgen, wobei sich im Falle mangelnder Konsistenz der Rangreihen eine Mittelung der Rangplätze aus Paarvergleich und Ranking anbietet. Bei der Niederschrift sollte auf eventuelle Wünsche nach gemeinsamem Schreiben von Kind und Therapeut positiv reagiert werden.

Bei einer Niederschrift der Ziele mit Hilfe von PC und Drucker wäre der Nachteil, daß das Kind selbst nicht die Dokumentation durchführt, eventuell durch Maßnahmen wie gemeinsames Unterschreiben, optisch gefällige Aufbereitung des Zielkatalogs, Anschaffen-lassen einer Mappe für das Dokument o.ä. auszugleichen.

Falls die Therapieplanung vorsieht, daß die Zielkategorien konkrete Leitlinien für Lösungsschritte darstellen und das weitere Vorgehen in einer gemeinsamen Suche nach einem Zielnäherungs-Verhalten besteht, läßt sich auch an eine Dokumentation der Ziele in Form von Kapitelüberschriften denken. Eine Vereinbarung zur Anschaffung eines Therapie-Notizbuchs kann dazu dienen, die Notizen mit Hilfe der Ziele zu gliedern und gemeinsame Eintragungen während der Therapiegespräche vorzunehmen, etwa nach

- kritischen Situationen, in denen das Zielverhalten hätte auftreten können
- solchen Situationen, in denen das Verhalten aufgetreten ist, und was in diesem Zusammenhang passierte; schließlich noch

- Veränderungen einzelner Problemdefinitionen, aufgrund derer es zu einer Zielformulierung gekommen war, etwa infolge des Eintretens günstiger (z.B. Versetzung in die nächste Schulklasse) oder ungünstiger (z.B. ein neuer grosser Familienkonflikt) Ereignisse im Leben des Kindes.

Eine Problematik der Dokumentation von Therapiezielen liegt in ihrer unterschiedlichen Gültigkeit für einen größeren Zeitraum: Bestimmte Ziele werden großenteils erreicht; andere verlieren ihre Dringlichkeit, auch ohne daß sie erreicht werden, etwa aufgrund des Eintretens unvorhergesehener Entwicklungen; wieder andere Ziele lassen sich weder erreichen, noch besteht Aussicht, daß sie an Dringlichkeit verlieren. Es liegt in der Konzeption der Ziele, daß sie obsolet werden können, da ihre Aufstellung Resultat eines bestimmten Problemdrucks war, der zu einem bestimmten Zeitdruck auf Kind und Familie lastete. In jedem Fall behält die Dokumentation dadurch ihren Wert, daß es sich um die Darstellung eines gemeinsamen Arbeitsergebnisses aus einem wichtigen Zeitabschnitt in der Behandlung des Kindes handelt. Das Prinzip, sich Ziele aufzustellen und an ihre Verwirklichung zu denken oder an ihr zu arbeiten, verliert nie an Aktualität. Kinder können Ziele, an deren Zustandekommen sie selbst mitgewirkt haben, brauchen, um dieses Prinzip exemplarisch durch die Erfahrung der SZE zu lernen.

B.4.2. Lösungsschritte und zwischenzeitliche Zielreflexion

Rückmeldung über den Bewertungsprozeß und die Klärung offener Fragen dienen unter anderem dem Zweck, die SZE im Erleben des Kindes zu einem Abschluß zu bringen. Nach dem Entwurf der notwendigen Veränderungen stehen nun konkrete Schritte dieser Veränderungen an. Der Stellenwert, den die vereinbarten Zielsetzungen in einem solchen Zusammenhang einnehmen, ist abhängig vom Behandlungskonzept, von dem zu diesem Zeitpunkt veränderten oder unveränderten Entwicklungsstand der Probleme und der Symptomatik sowie von der hiermit zusammenhängenden Frage, ob die zu Beginn der Therapieplanung vorgesehenen Behandlungselemente erweitert oder reduziert werden müssen: Nicht selten erreicht gerade in Kinderpsychotherapien die Verhaltensänderung ein größeres Tempo, als ursprünglich zu erwarten war, wobei eine gelungene Zielentwicklung das Ihre zu einer rascheren Veränderung beitragen kann.

Die Bedeutung der Zielentwicklung für die Durchführung nachfolgender Interventionen ist begrenzt, sofern es sich um die Anwendung bereits etablierter Therapiebausteine handelt. Zweifellos wirkt der Zusammenhang zwischen Problemdefinition, Zielentwicklung und den nachfolgenden Lösungsschritten motivierend auf das Kind. Die meisten Kind-bezogenen Interventionsformen und Trainingsprogramme enthalten aber bereits in sich viele Handlungselemente, die motivierend auf Kinder wirken sollen und wirken.

Anders verhält es sich mit umgrenzten Einzelproblemen, die sich im Gesamtkontext des emotionalen, sozialen oder Leistungsverhaltens als sehr störend erweisen können, für die aber etablierte Interventionstechniken weder vorliegen, noch realisierbar erscheinen, da ihr Auftreten abhängig von schlecht kontrollierbaren Variablen wie z.B. der Vertrautheit in der Beziehungsgestaltung ist.

Als Beispiel sei der 9 Jahre alte Jacob genannt; ein Junge, der in sozialen Settings durchaus unauffällig und angepaßt agieren kann, solange er sich aufgrund der Neuigkeit der Situation an einen für alle gültigen Regelkodex hält. Jacob zeigt im Rahmen einer allgemeinen Unsauberkeit noch ein primäres Einkoten, ist aufmerksamkeitsgestört und zeitweilig motorisch erheblich unruhig. Werden die Beziehungen zu Lehrpersonen wie zu anderen Kindern im Laufe der Zeit persönlicher, beginnt er, zunehmend fordernd zu werden, attackiert scheinbar spielerisch andere Kinder, verfällt in Babysprache, wiederholt stereotyp bestimmte Äußerungen und veralbert jede Aufforderung zu weiterer Mitarbeit, bis er aus dem Unterricht entfernt wird.

In Fällen wie dem von Jacob, wo das Verhalten durch grobe Kategorisierungen wie „unreif", „aggressiv", „bockig" usw. nur unzureichend erfaßbar ist, kann eine ausführliche Zielentwicklung Ausgangspunkt für ein weiteres Vorgehen sein, bei dem

- eine vom Kind akzeptierte, effektive *Außenkontrolle* über sein Verhalten etabliert wird und/oder
- eine Vereinbarung von *Lösungsschritten* zur Veränderung des Verhaltensmusters oder bestimmter Aspekte hiervon herbeigeführt wird.

Eine Problemstellung, die ein solches Vorgehen nahelegt, kann im Prinzip bei allen Arten von emotionalen und Verhaltensstörungen vorliegen, sofern es sich nicht um eine Art „Kerngruppe" der in den vorgesehenen Interventionen angesprochenen Symptombilder handelt. Es kann sich daher auch um begleitende Probleme bei Vorliegen einer anderen „Hauptdiagnose" handeln.

Bespielhaft seien hier genannt: die gelegentlich, dafür aber umso heftiger auftretenden aggressiven Verhaltensweisen des 10-jährigen, der wegen einer Zwangsstörung in Behandlung ist, und bei dem sicherlich einem Training zum Erwerb sozialer Kompetenzen oder zur Impulskontrolle wenig Aussicht auf Erfolg beschieden wäre; die unter Konfliktdruck, aber auch im Zustand der Frustration gezeigten suizidalen Gesten des 9-jährigen Mädchens, das wegen einer Angstsymptomatik und einer Eßstörung in Behandlung ist; die innerfamiliär auftretenden Aggressionen des ansonsten gehemmt und angepaßt auftretenden 11-jährigen Jungen mit einer „Schulphobie"; oder auch die Erstickungsängste sowie die Wasserangst des 9-jährigen Jungen, der wegen einer hyperkinetischen Störung des Sozialverhaltens in Behandlung ist.

Die Suche nach einer effektiven *Außenkontrolle*, die vom Kind akzeptiert wird, könnte in einer – in bestimmten Zeitabständen vorzunehmenden – **Rückmeldung** über sein Problemverhalten bestehen, etwa durch die Lehrerin, die Eltern oder andere Vertrauenspersonen, je nach der sozialen Situation, in der das Problemverhalten auftritt. In höher strukturierten sozialen Settings wie einer heilpädagogischen Gruppe oder einer Therapiegruppe kann die Rückmeldung auch durch – von Fachkräften angeleitet – Gleichaltrige erfolgen. Im Anschluß an eine solche Rückmeldung ist eine **Verabredung** mit dem Kind angezeigt, auf welches spezifische Problemverhalten es in der Folgezeit achten wird. Die Suche nach einer effektiven Außenkontrolle kann als Intervention bereits ausreichen, sofern es sich um eine Störung handelt, bei der nur eine geringe Eingriffsintensität erforderlich scheint, sei es aufgrund der gut etablierten Verhaltenskontrolle über das Kind, sei es aufgrund einer vergleichsweise geringen Schwere der Symptomatik.

Zu denken ist hier im Bereich der externalisierenden Störungen beispielsweise an eine Form der Aggressivität, die sich hauptsächlich expressiv oder im Anzetteln von Konflikten zeigt, ohne dabei anderen direkt Schaden zuzufügen. Im Bereich der internalisierenden Störungen wäre ein Symptombild mit sozialer Ängstlichkeit ein Beispiel, sofern diese ohne ausgeprägte Vermeidungsstrategien, durch die das Kind an der Erledigung entwicklungstypischer Aufgaben gehindert würde, gekennzeichnet ist.

Einen höheren Stellenwert für den weiteren Therapieverlauf erhält die SZE, wenn nicht nur bereits etablierte Interventionsmaßnahmen eingeleitet werden sollen, und wenn auch über die Vereinbarung einer effektiven Außenkontrolle hinaus konkrete *Lösungsschritte*, die sich aus dem Problemverhalten ergeben, erarbeitet werden. Hier empfiehlt es sich, eine begrenzte Sammlung **aktueller** Daten aus Selbstschilderungen des Kindes oder Berichten von erwachsenen Bezugspersonen vorzunehmen, um gemeinsam mit dem Kind

- spezifische Aspekte aus einer nicht weit zurückliegenden Situation herauszuarbeiten, in der das Problemverhalten aufgetreten ist, hätte auftreten können, oder in der das Kind Ansätze eines veränderten Verhaltens (Zielverhaltens) gezeigt hat
- Merkmale der Situation zu erkennen, die das Verhalten auslösen, sein Auftreten verhindern oder zumindest hemmen können
- das Problemverhalten oder einzelne Aspekte hiervon als eine *Abfolge* einzelner Verhaltensweisen zu analysieren, bei der an verschiedenen Stellen durch das Kind selbst Veränderungen herbeigeführt werden können
- eine Vereinbarung über die Veränderung in einem singulären Verhaltensaspekt zu erzielen sowie
- eine Vereinbarung über die Zielabfrage und Überprüfung des kritischen Verhaltens herbeizuführen.

Die zwischenzeitliche **Zielreflexion** im Laufe der Behandlung beginnt mit der Frage an das Kind, welche von den Zielformulierungen es noch benennen kann („Zielabfrage"), in einer Ergänzung dieser Aufzählung, sofern sie unvollständig ist, in einer Einschätzung des gegenwärtigen Standes der Behandlung im Hinblick auf die erarbeiteten Ziele sowie ggf. in der Erörterung notwendiger Erweiterungen des Zielkatalogs. Zweck einer solchen Zielreflexion ist die „Auffrischung" der Zielvereinbarung sowie eine erneute Aktualisierung der Zielthematik als motivierende Grundlage für die Durchführung weiterer Behandlungsschritte. Immer aber geht es auch um eine Zwischenbilanz über den Behandlungserfolg, damit der Sinn der SZE auch im Nachhinein, diesmal als Mittel zur Kontrolle von Veränderungen, für das Kind erkennbar ist: Nur wer weiß, wohin die Reise geht, kann prüfen, ob er auf dem richtigen Weg ist.

Die Frage des angemessenen Zeitraums zwischen dem Abschluß der SZE und der Zielreflexion ist nur ungenau verallgemeinernd zu beantworten; hier sind der Stand der Behandlung, aber auch die veranschlagte Zeit für die Durchführung einzelner Therapiebausteine ausschlaggebend. Allgemein ließe sich fordern, daß die zu wählende Zeitdifferenz zur zurückliegenden Zielbewertung groß genug sein muß, um Veränderungen möglich werden zu lassen, und klein genug, um die kognitive Präsenz der Therapieziele als Ergebnis der SZE noch ohne größere Erinnerungshilfen herbeizuführen, auch wenn es dem Kind nicht mehr gelingen mag, die Formulierungen aus dem Zielkatalog wortgetreu zu reproduzieren. Im Allgemeinen läßt sich von einem Zeitraum zwischen 6 und 12 Wochen nach Abschluß der SZE ausgehen, wobei in stationären Behandlungen eher kürzere, in ambulanten Behandlungen dagegen längere Zeitintervalle zu veranschlagen sind.

Folgender *Ablauf* der Zielreflexion bietet sich an:

1. Abfrage der Ziele, die das Kind textlich oder in ihrem wesentlichen Gehalt erinnert. Vervollständigung der Aufzählung.
2. Herausgreifen eines Ziels, Frage nach der zusammenfassenden Bewertung: Wie hat es sich entwickelt, was hat sich getan?
3. Beispielsituation erfragen, wo es zu einem veränderten Verhalten gekommen ist oder hätte kommen können: Welche Probleme traten auf? Aufzeigen positiver Konsequenzen eines veränderten Verhaltens.
4. Bewertung: Wie sehr hat sich das Kind für dieses Ziel angestrengt? Was bleibt noch zu tun, auf welche Widerstände ist zu achten?
5. Herausgreifen eines anderen Ziels usw.

Je nach Reifungsstand und kognitiver Kapazität des Kindes kann die Zielreflexion über alle 8 Ziele in einer Therapiesitzung eine zu hohe Anforderung an das

Kind darstellen, sofern das Herausarbeiten von Beispielen Mühe bereitet. Gegebenenfalls sollte eine Verteilung auf zwei Sitzungen erfolgen.

Exkurs: Tagesvorhaben in stationärer Behandlung

Stationäre und – mit gewisser Einschränkung – teilstationäre Settings stellen aufgrund ihrer Organisation Möglichkeiten bereit, problematisches Verhalten in einem begrenzten Zeitraum umfangreich und nahezu vollständig zu überwachen. Hierzu ist eine enge Verzahnung der Arbeit innerhalb eines Behandlungsteams unerläßlich (MARTIN, 1997). Es bietet sich daher an, dieses Instrumentarium zu nutzen, um aus der SZE spezifische Zielverhaltensweisen abzuleiten, deren Änderung das Kind herbeiführen kann, nachdem es sich dies vorgenommen hat. Das Ergebnis dieser Änderung läßt sich dann von der Therapiegruppe sowie Angehörigen des Behandlungsteams bewerten. Tagesvorhaben stellen in formaler Hinsicht eine Möglichkeit zum Einüben von Handlungskontrolle (KUHL, 1983a) dar; geübt wird demnach die Realisierung von Intentionen. Im Falle einer abgeschlossenen SZE lassen sich die spezifischen Tagesvorhaben aus dem individuellen Zielkatalog ableiten; hierbei ist therapeutische Hilfe vonnöten. Vor Abschluß einer SZE muß sich das Kind mit vorläufigen Zielsetzungen, die die Integration in das Therapiesetting oder den Umgang mit einzelnen Gruppenmitgliedern oder Teammitgliedern betreffen können, behelfen. Auch hier erscheint Anleitung notwendig, da es sich um eine für ein Kind außergewöhnliche Prozedur handelt. Folgendes Vorgehen hat sich als praktisch erwiesen:

1. In einer morgendlichen Gruppensitzung, etwa beim Frühstück, äußert jedes Kind ein Vorhaben, welches Verhalten an diesem Tag von ihm in besonderer Weise gezeigt oder geändert bzw. unter Kontrolle gebracht werden soll. Dabei werden im Prinzip sämtliche ernst gemeinten Vorhaben akzeptiert.

2. In der Morgenvisite bewerten die zuständigen Therapeuten das Tagesvorhaben des Kindes nach den Kriterien

   - Therapiebedeutung: der inhaltliche Zusammenhang mit einem Ziel aus dem Katalog, welches noch nicht erreicht bzw. hinreichend gefestigt ist
   - Schwierigkeit: das Ausmaß an Überwindung von Angst, Impuls- oder Ärgerkontrolle oder anderer Widerstände, etwa des Stolzes. Mit der Schwierigkeit zusammenhängend, aber nicht identisch ist die
   - Absichtskontrolle: Der „Arbeitsaspekt“ bei der Verhaltensänderung. Hierzu gehört der zu treibende Zeitaufwand (muß das Verhalten den ganzen Tag über oder nur in einem Zeitabschnitt geändert werden, etwa bei Wasserangst im Schwimmbad?); oder der kognitive Umfang bei der

Kontrolle des Verhaltens: Ist es ein Verhalten, das in verschiedenen Facetten gezeigt werden kann (etwa das Behaupten der eigenen Position gegenüber Kindern und Erwachsenen) oder einen spezifischen Charakter hat und an Situationen gebunden ist, wie es das Vorgehen bei den Tagesvorhaben eigentlich vorsieht (etwa Rechthaberei in Regelspielen)?

Die Bewertung anhand dieser Kriterien kann in Form von Punkten erfolgen, beispielsweise von 0 bis 3. So läge die maximale Punktzahl für ein Tagesvorhaben bei 9 oder – mit einem Bonuspunkt für die höchste Punktzahl – bei 10.

3. In der mittäglichen Besprechung der Gruppe erfahren die Kinder den Ergebnisstand der Bewertung, nachdem sie zuvor noch ihre am Morgen aufgestellten Tagesvorhaben benannt und ggf. erklärt haben. Die Gruppe kann bereits einzelne Vorfälle aus dem Vormittag zum Anlaß für eine Rückmeldung nehmen, wie sich das Zielverhalten des Kindes bisher gezeigt hat.

4. In der abendlichen Bewertung gibt das Kind zunächst eine Selbsteinschätzung seines Tagesvorhabens ab und schildert anhand von Beispielen, wie es auf die Realisierung seiner Absicht geachtet hat. Anschließend erfolgt eine Rückmeldung durch andere Kinder sowie Mitarbeiter des Betreuerteams. Die Bewertung läßt sich dann als einfacher Multiplikator verwenden: „Vollständig geschafft": Zweifache Punktzahl –„Teilweise geschafft": Einfache Punktzahl – „So gut wie nicht geschafft": Ohne Punkt für diesen Tag. Lag keine Situation vor, in der das Kind sein Verhalten hätte zeigen können, erhält es einen kleinen Punkte-Bonus für die „gute Absicht".

Bei guter Mitarbeit des Kindes lassen sich auf die geschilderte Weise innerhalb von 5 Behandlungstagen maximal 100 Punkte erzielen. Eine Bekräftigung für hohe Punktzahl am Ende der Therapiewoche sollte sich auf soziale Reize beschränken: Das Kind erfährt zwischendurch wiederholt, daß es sich die Tagesvorhaben ausdenkt, um für sich **selbst** neues Verhalten zu üben. Materielle Belohnungen wären daher unangebracht.

In unserem konkreten Fall der Etablierung von Tagesvorhaben hat sich der Vorschlag eines Erziehers bewährt, den „Wochensieger" dadurch zu belohnen, daß er seinen Sitzplatz vor dem Video-Monitor, der freitagabends in die Station geholt wird, aussuchen darf. Der enorme Verstärkerwert dieser Sitzplatz-Wahl beeindruckte sogar Gegner derartiger Verstärkerprozeduren.

Probleme bei der Durchführung des beschriebenen Vorgehens können in folgender Hinsicht auftreten:

1. Das für den Tag gewählte Zielverhalten wird nur bei „Verabreichung" einer genügend großen Punktzahl gezeigt. Hier hilft oft schon ein wiederholter

Hinweis an das Kind, daß es primär nicht um den „Wochensieg“, sondern um die Änderung des Verhaltens geht.

2. Zielverhalten, das vom Kind beherrscht und dennoch weiterhin als Tagesvorhaben benannt wird, muß zwangsläufig niedriger bewertet werden, und zwar sowohl im Hinblick auf die Schwierigkeit, als auch allmählich in der Therapiebedeutung. Es kann so zu nachlassender Motivation beim Kind kommen. Das Dilemma liegt in der Punktbewertung durch die Therapeuten, die zugleich belohnende Funktion (für die Angabe des Tagesvorhabens), aber auch Anreizfunktion für die Ausübung der Verhaltenskontrolle hat.
3. Kinder mit großen – insbesondere externalisierenden – Verhaltensproblemen geraten anderen gegenüber leicht in Vorteil bei der Bewertung, weil es sehr viel offensichtlicher ist, welchen Wert selbst kleinste Veränderungen in ihrem Konfliktlösungsverhalten auch für die Gruppe haben können. Hieraus kann gelegentlich ein Gerechtigkeitsproblem in der Gruppe entstehen, das thematisiert werden muß.

Die geschilderten Schwierigkeiten lassen sich durch geeignete Diskussionen in der Therapiegruppe lösen. Sie schmälern nicht den Wert, den die Tagesvorhaben für stationäre Behandlungen haben können. Das Prinzip des Einübens von Intentionsentwicklung zur besseren Kontrolle über das eigene Verhalten, der Kontrolle der Intentionsrealisierung und der abschließenden Bewertung hat eine hohe Plausibilität; seine Auswirkung auf die Änderungsbereitschaft von Patienten ist allem Anschein nach gegeben.

B.4.3. Abschließende Zielbewertung bei Therapieende

Die gewählte Kapitelüberschrift läßt bereits erkennen, daß die Entscheidung zur Beendigung einer Psychotherapie nicht von der abschließenden Zielbewertung abhängig gemacht werden kann; vielmehr ist umgekehrt die Entscheidung zur Beendigung der Grund für die Durchführung dieses letzten Elementes aus der SZE.

Für die Entscheidung zum Beenden einer Therapie sind Einschätzungen und Bewertungen auf Patienten-, Therapeuten- , aber auch auf Elternseite ausschlaggebend, deren Grundlage zweifellos auch in einer Beurteilung des Stands der Therapieziele zu finden ist, daneben aber auch durch andere Faktoren beeinflußt wird: das Ende eines spezifischen Interventionsprogramms, die Entwicklung der Motivation zur weiteren Kooperation auf seiten des Kindes und der Eltern, der Stand der Problementwicklung abseits der Zielfrage – etwa bei Schwierigkeiten der sozialen Integration oder Leistungsproblemen des Kindes – schließlich auch der allgemeine Stand der kognitiven, emotionalen und sozialen Entwicklung des Kindes sowie seine familiäre Situation.

Die Entscheidung, eine Kinderpsychotherapie zu beenden, wird wenn möglich im Konsens gefällt und stellt idealiter die Grenzen der Behandlungsmöglichkeit bei diesem Kind mit seiner spezifischen Problematik in dieser Lebensspanne dar. Die abschließende Zielbewertung belegt die Bedeutung der Ziele als thematische Klammer und Orientierungsmarken der Behandlung. Da es sich im Vorgehen um eine Wiederholung der früheren Zielbewertung handelt, hat diese abschließende Prozedur auch den Charakter eines Rituals, durch das das – vorläufige – Ende eines gemeinsam geführten Veränderungsprozesses repräsentiert wird. Zugleich geht es um die Vermittlung eines Handlungsprinzips: Wenn ich mir Ziele aufstelle, sollte ich zu einem späteren Zeitpunkt prüfen, was aus ihnen geworden ist. Insofern ist die abschließende Zielbewertung unter Evaluationsgesichtspunkten zwar weniger bedeutsam und eher im Sinne einer Vervollständigung zu verstehen. Für die vorherige Durchführung der SZE hat sie im Erleben des Kindes aber den Stellenwert einer nachträglichen Bestätigung. Sie ist daher eine letzte Maßnahme, um die erarbeiteten Ziele in der Bedeutung für eine Verbesserung der Möglichkeiten des Kindes herauszustellen, mit seinen Schwierigkeiten fertig zu werden.

Aufgrund dieser Überlegungen sollte die abschließende Zielbewertung als Maßnahme der letzten Therapiestunde oder – im Falle zweier Bewertungskriterien – aufgeteilt auf die letzten beiden Therapiesitzungen durchgeführt werden und nicht auf einen außerhalb der Behandlung liegenden Termin verschoben werden. Letzteres nicht allein, um dem Kind die Bewertung als integrativen Bestandteil der Therapie zu belegen, sondern auch, weil die kognitive Präsenz der Ziele bei noch laufender Behandlung besser gegeben ist. Eine spätere Bewertung könnte zudem durch verschiedene Motive zur Distanzierung vom therapeutischen Geschehen, die unmittelbar im Gefolge einer Kindertherapie auftreten können und durch die erforderliche Lösung aus der Therapiebeziehung verursacht sind, beeinflußt werden.

Bei einem solchen Vorgehen haben **stationäre** Behandlungen für das Einholen der Fremdbewertungen durch die Eltern einen gravierenden Nachteil: Zur Zielbewertung durch die Angehörigen wäre eine ausführlichere Erfahrung der Eltern im Umgang mit dem Kind *nach Therapieende* erforderlich. Gelegentliche Besuche in der Klinik oder Wochenendkontakte des Kindes mit der Familie sind oft gänzlich andere Erlebnisfelder, als es ein mit schulischen Anforderungen und häuslichen Problemen versehener Familienalltag ist. Es muß also ein Elternurteil kurz nach der Entlassung eingeholt werden, welches andererseits zeitlich nicht zu weit von der Zielbewertung durch das Kind entfernt sein darf. Aber auch hier gilt, daß der Zweck dieses Vorgehens weniger in der Evaluation der Behandlung als in der Therapiepraxis liegt.

Inhaltlich sollte die Zielbewertung zu einer Beantwortung der Fragen „Was war/was hat sich getan?“ und „Was bleibt?“ beitragen. Die erste Frage zielt auf das Kriterium der

- **Vollständigkeit**: Von welchem Ziel wurde mehr bzw. am meisten erreicht?

Die zweite Frage zielt auf das Kriterium der

- **Wichtigkeit für die Zukunft**: Welches Ziel bleibt für das Kind in Zukunft wichtiger bzw. am wichtigsten?

Die Wichtigkeit für die Zukunft hängt ab von dem Ausmaß, in dem einzelne Ziele erreicht werden konnten, aber auch vom Charakter der Ziele: Stellen sie echte Endpunkte einer Entwicklung dar (etwa den Erwerb eines Schwimmabzeichens), oder haben sie – wie es in der SZE eigentlich vorgesehen, aber nicht durchgängig zu erreichen ist – überdauernden Charakter (ohne damit schon überdauernd aktuell zu sein)?

Der **Ablauf** der Bewertungen sollte sich von dem bei den ersten Bewertungen nicht unterscheiden (vgl. B.3.1.): Nachdem dem Kind noch einmal sämtliche Ziele dargeboten und vorgelesen wurden, folgt der Paarvergleich mit dem Kriterium Vollständigkeit:

„*Von welchem der beiden Ziele hast du bisher mehr erreicht?*"

Anschließend werden alle Ziele gleichzeitig vorgelegt und noch einmal vorgelesen. Es folgt die Aufforderung:

„*Nun suche das Ziel heraus, von dem du am meisten erreicht hast.*"

Es folgt das absteigende Ranking mit Entnahme des jeweils gewählten Ziels.
In der darauffolgenden Therapiesitzung kann schließlich das Kriterium der Wichtigkeit für die Zukunft erfragt werden:

„*Welches der beiden Ziele bleibt für dich in Zukunft wichtiger?*"

Auch hier werden abschließend alle Ziele zum absteigenden Ranking vorgelegt.

In der Regel stellen die Fragen nach Vollständigkeit und Wichtigkeit für die Zukunft gute Gesprächsgrundlagen für eine Reflexion über den Stellenwert und den Verlauf der Therapie durch das Kind dar.

C. Zielbewertungen: Ergebnisse und praktische Konsequenzen

Entsprechend ihrer Konzeption wurde Strukturierte Zielentwicklung als Teil eines therapeutischen Gesamtpakets angewendet, und zwar bisher ausschließlich in stationär kinderpsychiatrischen Behandlungen, die eine psychotherapeutische bzw. verhaltenstherapeutische Schwerpunktbildung hatten. Hier erwies sie sich als praktikabel und erfüllte die Erwartungen im Hinblick auf die Motivierung der Patienten zur Mitarbeit, eine Motivierung der Eltern durch eine stärkere Einbeziehung in die Behandlung, schließlich auch die Motivierung der stationären Mitarbeiter durch eine größere Zieltransparenz.

Die im folgenden referierten Ergebnisse ergaben sich aus einer weitgehend hypothesenfreien Suche nach Zusammenhängen in den erhobenen Daten. Sie bieten sich als Grundlage für das Generieren von Hypothesen an und sind in der Absicht zusammengetragen, das Interesse an der Methode als Behandlungselement sowie als Mittel der *Therapiediagnostik* zu wecken. Günstigenfalls lassen sich einige Ergebnisse auch als grobe Richtwerte zur Beurteilung des Einzelfalls im Hinblick auf die festgestellten Konsistenzen und Konkordanzen verwenden. Gleichwohl seien – nicht zuletzt aufgrund der geringen Stichprobengröße - Interpretationen in diesem Ergebnisteil eher im Sinne fundierter Annahmen zu verstehen.

Die ermittelten Ergebnisse stammen aus 45 stationären Therapien, die großenteils (32) selbst durchgeführt wurden; 13 Fälle sind supervidierte Kindertherapien zweier ärztlicher Kolleginnen. Die Stichprobe setzt sich zusammen aus 30 Jungen und 15 Mädchen zwischen 7 und 13 Jahren (M = 10,04; s = 1,621), die in der Zeit zwischen Februar 1999 und September 2001 einen mindestens 4 Wochen dauernden Aufenthalt in einer kinderpsychiatrischen Station hatten. Entsprechend der üblichen diagnostischen Prozedur wurde jedes Kind bei Behandlungsbeginn unter anderem mit einem ausführlicheren Intelligenzverfahren (HAWIK-R bzw. HAWIK-III) untersucht. Dabei ergab sich als Durchschnittswert ein IQ von 96,9 (s = 12,89).

Der Diagnosestellung entsprechend Achse 1 des ICD 10 (REMSCHMIDT und SCHMIDT, 1994) handelte es sich um 21 Kinder mit *externalisierenden* Störungen (hyperkinetische Störungen mit und ohne gravierende Störungen des Sozialverhaltens, sowie Störungen des Sozialverhaltens, teilweise beschränkt auf die Familie, teilweise ausschließlich gezeigt in oppositionellem Verhalten). 16 Kinder wiesen ausschließlich *internalisierende* Störungen auf (Trennungsangst, andere Angst- und Depressivitätssyndrome, Zwangssymptomatik, elektiver Mutismus). Bei 8 Kindern lag eine *Kombination* aus externalisierenden und internalisierenden Störungen vor. Zusätzlich zu den primären Störungsklassifikationen lag bei 2 Kindern eine Tic- bzw. Tourette-Symptomatik vor; bei weiteren

8 Kindern wurde zusätzlich eine Enuresis diagnostiziert, 4 Kinder koteten außerdem bei Behandlungsbeginn ein (in zwei der Fälle fand sich eine Kombination aus Enuresis und Enkopresis).

Für die Bewertungen durch Betreuer stand jeweils ein Mitglied aus dem Team von insgesamt 6 Krankenpflegekräften bzw. Erziehern zur Verfügung, die mit einer Ausnahme eine mehrjährige Berufserfahrung in der von ihnen betreuten Station aufweisen. Diese „Bezugserzieher" waren mit dem von ihnen betreuten Kind über die Gruppenaktivitäten hinaus in zeitweiliger Einzelbetreuung befaßt und im Hinblick auf dessen anamnestische und psychodiagnostische Daten sowie die weitere Befundlage umfangreich informiert. An der Prozedur der SZE selbst waren sie nicht beteiligt, sieht man einmal davon ab, daß ihre Verhaltensbeobachtungen und erzieherischen Einschätzungen eine wesentliche Grundlage der Problemsammlung bilden. Von der inhaltlichen Festlegung und Formulierung der Ziele erfuhren sie erstmals jeweils im Zusammenhang mit der Aufforderung, die Ziele nach den Kriterien zu bewerten.

Die referierten Ergebnisse gliedern sich in einen quantitativen und einen qualitativen Teil. Während im quantitativen Teil (C.1) Stichprobenergebnisse zu den Kriterien Wichtigkeit und Erreichbarkeit, zu Abschlußbewertungen sowie zur Konsistenz der jeweiligen Bewertungen referiert werden, befaßt sich der qualitative Teil (C.2.) mit Einzelbefunden, die auf den Modus des Vorgehens zurückzuführen sind: Typen von Konsistenzmängeln und Anregungen zum Umgang mit ihnen.

C.1. Quantitative Analyse

Bei der Suche nach Kriterien der Zielbewertung erscheint die *Wichtigkeit* von Zielen als vorrangiges Kriterium, dies sowohl in Problemlöseansätzen, als auch in der Psychotherapie, etwa im Goal Attainment Scaling (vgl. WILLUTZKI, 1999). Hier werden internalisierte soziale Standards wie Normen und Werte in der Entscheidung wirksam, durch die es zu ersten Handlungsentwürfen kommen kann. Im Kindesalter ist eine solche Bewertung abhängig vom Stand der kognitiven und emotionalen, aber auch der sozialen Entwicklung eines Kindes. Bei Erwachsenen würde man üblicherweise ein höheres Maß an Rationalität in der Bewertung erwarten, da sie in der Beurteilung von Problemen und der Einschätzung von Möglichkeiten zur Veränderung über eine größere Erfahrung verfügen. Die besondere Anforderung für das Kind liegt im Realitätsbezug des Kriteriums: Es soll etwas an seiner Lebenssituation verändert werden, und zwar durch eigenes Handeln. Je deutlicher dem Kind zu Bewußtsein kommt, daß die Bewertung eines Ziels als wichtig/wichtiger als ein anderes Ziel quasi eine Selbstverpflichtung impliziert, an der Realisierung des Ziels zu arbeiten, umso mehr entfernt es sich von einer einfacheren, passiv orientierten Konzeptbildung wie „wichtiger ist mir, was ich lieber mag"; eine Konzeptbildung, die eine gewisse Ähnlichkeit zu dem Spielevergleich in der vorgeschalteten Untersuchung hat (siehe A.2.2.) und die Frage notwendiger Anstrengungen für ein Ziel außer Acht läßt.

Mit der *Erreichbarkeit* wird die „psychologische Zieldistanz" (GJESME, 1983), eine Einschätzung der subjektiven Wahrscheinlichkeit, erhoben, die das Therapieziel-gerichtete Handeln unter dem Gesichtspunkt der Realisierungserwartung – hierzu gehören auch erwartete Schwierigkeiten bei der Realisierung – betrachtet. Die tatsächliche Erreichbarkeit eines Therapiezieles ist unter anderem abhängig von Hindernissen in dem Realitätsbereich, für den das Ziel entwickelt wird, der aufzubringenden Anstrengung, der Fähigkeit, bestimmte Verhaltensfertigkeiten zu entwickeln, aber auch von der „Globalität" oder dem Abstraktionsgrad (VOLPERT, 1983) innerhalb einer Ziele-Hierarchie (wie viele Zwischenziele müssen erreicht werden, um das Ziel als erreicht anzusehen?). Man kann davon ausgehen, daß ein Kind derart komplexe Überlegungen zur Bewertung von Erreichbarkeit nicht anstellen wird. Die *subjektive*, vom Kind im Paarvergleich und Ranking erhobene Erreichbarkeit kann mit Faktoren wie Optimismus oder Zuversicht, Anstrengungsbereitschaft, weniger dagegen dem – allenfalls in Ansätzen vorhandenen – Änderungswissen des Kindes zusammenhängen.

Es kann also weder bei Wichtigkeit, noch bei Erreichbarkeit von einem Verständnis der Kriterien auf seiten des Kindes ausgegangen werden, das mit dem erwachsenen Verständnis dieser Kriterien identisch ist.

C.1.1. Der Stellenwert der Zielbereiche bei Therapiebeginn

In der Bewertung der Ziele nach **Wichtigkeit** findet sich in der Therapiestichprobe eine ungleiche Verteilung der Zielbereiche, wie in Tab. 5 dargestellt. Hier wurden, um Rangplatz-Überschneidungen zu vermeiden, allein die Bewertungen aus den Rankings zugrunde gelegt; die Ergebnisse aus den Paarvergleichen stimmen hiermit weitgehend überein.

	Zielbereich				
Rangplatz	emo	Lei	fam	soz	p
1	10	9	21	3	.01
2	8	9	16	10	
3	7	18	9	9	.10
4	10	7	13	13	
5	6	13	8	16	
6	16	8	5	14	.10
7	14	11	5	13	
8	15	11	9	8	

Tab. 5: Zielbewertung nach Wichtigkeit – Verteilung der Rangplätze auf die Zielbereiche

Die Daten basieren auf den Bewertungen von 43 der 45 Patienten (bei den übrigen 2 Kindern war eine Gleichverteilung auf die Zielbereiche unvollständig).

Die Verteilung der „wichtigsten" Bewertung auf die Zielbereiche zeigt, daß Ziele, bei denen durch Änderung des eigenen Verhaltens die **familiäre** Situation des Kindes positiv beeinflußt werden soll, für die Kinder Priorität haben. Die Ergebnisse belegen zudem, daß die einzig bedeutsamen Unterschiede der Zielbereiche in der Verteilung der ersten Rangplätze erkennbar sind. Im folgenden soll das Augenmerk vor allem auf die Erstplazierung von Zielen gerichtet werden.

Bei den Bewertungen der Ziele durch die erwachsenen Beurteiler (Mütter, pädagogische Betreuer in der Station und Väter bzw. Lebenspartner der Mütter) zeigt sich keine so eindeutige Schwerpunktbildung wie bei den Kindern, sieht man einmal von der deutlichen Hervorhebung des sozialen Zielbereichs durch die pädagogischen Betreuer ab. Abb. 6 zeigt die Verteilung der ersten Rangplätze je Zielbereich im Stichprobenvergleich. Dabei ist die Stichprobe der Väter/Ersatzväter mit einem n von 28 deutlich kleiner.

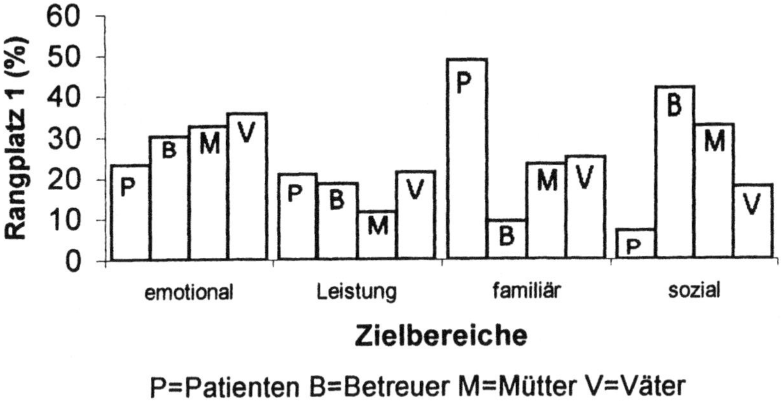

Abb.6: Vergleich der Zielbewertungen nach Wichtigkeit

Insbesondere die pädagogischen Betreuer setzen bei den Zielbewertungen von den Kindern abweichende Schwerpunkte: Ziele, in denen Verhaltensweisen in einem **sozialen** Kontext verändert werden sollen, haben signifikant Priorität (p.02); der familiäre Zielbereich wird von ihnen in seiner Bedeutung eher herabgestuft. Auch die Patientenmütter messen den Zielen aus dem sozialen Bereich eine deutlich höhere Bedeutung zu als die Kinder. Der Leistungsbereich dagegen, zu dem in einzelnen Fällen auch die Symptomkontrolle gerechnet wird (s.o.), hat bei den Erwachsenen die geringste Wichtigkeit.

Offensichtlich weichen also die Bewertungen der Kinder deutlich von denen der Erwachsenen ab. Dies wird auch an den mittleren **Übereinstimmungen** zwischen den Beurteilern deutlich; aus den insgesamt sehr geringen Korrelationskoeffizienten ist abzuleiten, daß generell zwischen Erwachsenen höhere Übereinstimmungen zu bestehen scheinen, als zwischen Patienten und Eltern oder Betreuern.

Dabei zeigen sich allerdings starke Streuungen der Werte: Kinder und Mütter stimmen in den Wichtigkeits-Bewertungen durchschnittlich mit .02 überein, Kinder und Betreuer mit -.04, Mütter und Betreuer dagegen mit .23, wobei die einzelnen Koeffizienten zwischen -.67 und +.88 streuen. Die höchste Übereinstimmung findet sich mit einem Durchschnitt von .30 zwischen Vätern und Betreuern, während Väter und Mütter .22 korrelieren. Patienten und ihre Väter (die in 7 Fällen ihre Stiefväter sind) stimmen in der Wichtigkeits-Bewertung nicht überein (-.03).

Es findet sich demnach eine höhere Übereinstimmung zwischen den Bewertungen der Erwachsenen.

Deutlich wird dies auch, wenn man eine Schätzung der Konkordanz auf der Basis der durchschnittlichen Korrelationen vornimmt: Die mittlere Übereinstimmung in der Bewertung zwischen jeweils allen Beurteilern beträgt .12, die zwischen Erwachsenen allein .23 (p.05).

Die Bewertung der Therapieziele läßt also bei Kindern und Erwachsenen unterschiedliche Schwerpunkte erkennen: Die Kinder der Therapiestichprobe bevorzugen Verhaltensziele aus dem **familiären** Bereich. Dabei handelt es sich oft nicht um ein allein in der Familie manifestes Verhalten; entscheidend ist – vgl. Kapitel B.1. – der thematische Bezug zur Situation des Kindes in der Familie. Das angesprochene Verhalten dient dazu, diese Situation in kommunikativer Hinsicht und im Hinblick auf die Rolle oder Position des Kindes in der Familie zu verbessern. Hierbei kann es sich um ein Verhaltensproblem handeln, für das die Familie den Anreiz zu einer Änderung bietet (quasi „den Eltern/der kleinen Schwester zuliebe") oder als Setting für eine effektive Verhaltenskontrolle dient; beides Aspekte, die in der Zielformulierung auch gemeinsam bedacht werden können.

Mögliche Gründe für die Bevorzugung des familiären Zielbereichs könnten sein:

1. Das Therapiesetting: Es handelt sich um stationär behandelte Kinder, bei denen durch die (während der Woche) räumliche Trennung von der Familie der Wunsch besondere Stärke erlangen kann, familiäre Bindungen möglichst frei von Konflikten oder ungelösten Problemen zu gestalten.

2. Der kommunikative Aspekt: Das Kind teilt dem Therapeuten und indirekt den Eltern mit, daß es auf Veränderungen im familiären Bereich besonderen Wert legt, um guten Willen gegenüber denen zu zeigen, die die Therapieentscheidung herbeigeführt haben. Es läßt zugleich erkennen, daß Ziele, die sich besonders im stationären Therapiesetting anstreben lassen, weiter unten rangieren, als es in der Einschätzung etwa des pädagogischen Fachpersonals angebracht wäre. Insofern hat diese Zielpräferenz in einzelnen Fällen auch die Funktion, eine intensivere Auseinandersetzung mit dem eigenen Problemverhalten zu vermeiden.

3. Erleichterung der Akzeptanz: Da die Veränderungen im Zielkatalog ausschließlich vom Kind zu vollziehen sind, läßt sich ein Ziel umso eher akzeptieren, wenn es auch für die Familie wichtig sein könnte. Liegt der Schwerpunkt der Zielthematik dagegen außerhalb der Familie, kann es bei der Frage nach der Wichtigkeit auch um die Vermeidung von Beschämung gehen: das mit der Zielauswahl implizit geäußerte Eingeständnis eigener Defizite fällt umso schwerer, je öffentlicher diese werden können.

Der von den Betreuern - und tendenziell auch den Müttern - hervorgehobene Bereich des **Sozialverhaltens** mag Kindern nicht zuletzt auch deshalb weniger wichtig erscheinen, weil sie ihr Verhalten hier nicht so problematisch erleben, wie dies die Erwachsenen tun. Zum einen ist bei Kindern (wie Erwachsenen) die Fähigkeit ausgeprägter, Fehler im anderen eher zu erkennen als bei sich selbst. Zum zweiten ist bei einem großen Teil der kinderpsychiatrischen Klientel die Fähigkeit zur Selbstreflexion defizitär. Gerade Kinder mit externalisierenden Störungen wären im engeren Sinne des Wortes nicht mehr externalisierend (im Sinne einer Verlagerung persönlicher Schwierigkeiten in die Umwelt), sobald sie das eigene Sozialverhalten als problematisch und änderungsbedürftig ansähen. Kinder sehen darüber hinaus aber in der Interaktion gerade mit Gleichaltrigen mehr situative und weniger Situations-unabhängige Einflüsse wirken; sie gehen optimistischer, als es ihre Mütter oder die pädagogischen Betreuer einer kinderpsychiatrischen Station aufgrund ihrer Erfahrung noch können, davon aus, daß sie ihren Umgang mit Gleichaltrigen kurzfristig positiv beeinflussen können. Betreuer und Mütter haben in ihren Bewertungen den „lärmenden" und sozial anstößigen Anteil des kindlichen Verhaltens im Auge und sehen die Gefahr eines sozialen Scheiterns als die für das Kind größte Gefahr. Bei den Betreuern kommt als weiterer Grund noch die Tatsache hinzu, daß es sich beim Sozialverhalten der Kinder zugleich um ihre fachliche „Domäne", aber auch die größte Herausforderung an ihre Arbeit handelt.

Daß alle Erwachsenen im Durchschnitt dem **Leistungsbereich** die geringste Wichtigkeit zubilligen, dürfte der relativ guten Kontrollierbarkeit dieses Verhaltens durch erwachsene Beobachter zuzuschreiben sein: Ziele aus dem Leistungsbereich sind oft in einer Weise formuliert, als wäre zu ihrer Realisierung nicht unbedingt eine *therapeutische* Intervention erforderlich, und als müßten sie nicht unbedingt im Rahmen der Behandlung erreicht werden. Dabei ist der Stellenwert dieser Ziele als protektive oder präventive Faktoren sowie als Grundlagen für Veränderungen im emotionalen und sozialen Bereich, bei Symptomverbesserungen wie der Enkopresis oder Enuresis auch im familiären Bereich nicht zu unterschätzen. Möglicherweise hat die niedrige Wichtigkeits-Bewertung des Leistungsbereichs auch etwas mit der eingeschätzten **Erreichbarkeit** dieser Ziele zu tun: Übereinstimmung herrscht zwischen allen 4 Gruppen dahingehend, daß Ziele aus dem Leistungsbereich für besonders gut erreichbar gehalten werden. Die Ergebnisse dieser Bewertung zeigt Abb. 7.

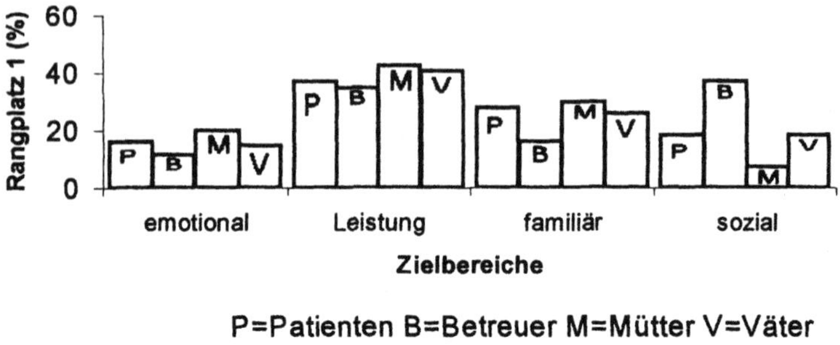

Abb. 7: Vergleich der Zielbewertungen nach Erreichbarkeit

In der Patientengruppe weisen die gemittelten Rangplätze nur geringe Differenzen auf. Betreuer und Mütter dagegen setzen in ihren Beurteilungen signifikante Schwerpunkte (s.u.). Bei allen Beurteilern findet sich die Tendenz, Ziele aus dem **Leistungsbereich** zu den „Leichtgewichten" der Erreichbarkeit zu ranken. Dies ist erstaunlich, wenn man bedenkt, daß offensichtlich auch Kinder mit Aufmerksamkeitsdefiziten bei den Zielsetzungen, die eine Verbesserung von Aufgabenzuwendung, motorischer Kontrolle und Aufmerksamkeit gegenüber akustischen Reizen zum Gegenstand haben, weniger Schwierigkeiten zu sehen scheinen als in anderen Zielbereichen.

Aber auch die erwachsenen Einschätzer, seien sie nun Betreuer oder Familienangehörige, halten diese – erfahrungsgemäß schwer zu erreichenden – Zielsetzungen für wenig problematisch, was möglicherweise auch einer Hoffnung auf die Wirksamkeit von Methylphenidat zuzuschreiben ist.

Nahezu einhellig werden **emotionale** Ziele als besonders schwer zu erreichen eingeschätzt. Diesen Zielen wird in den Urteilen der Erwachsenen eine hohe Wichtigkeit zuerkannt; die Kinder selbst stufen sie als unwichtiger ein. Zu erklären wäre dies damit, daß den Erwachsenen der Zusammenhang zwischen mangelnder Selbststeuerung des Verhaltens und unzureichender Kontrolle über negative Gefühle klarer, zumindest geläufiger ist als den Kindern; daher erscheint Kindern die Kontrolle über ihren Ärger, ihre Traurigkeit oder Langeweile auch weniger notwendig. Von den Betreuern wird der **familiäre** Zielbereich als nahezu ebenso schwierig wie der emotionale angesehen; diese Einschätzung dürfte gative Gefühle klarer, zumindest geläufiger ist als den Kindern; daher erscheint Kindern die Kontrolle über ihren Ärger, ihre Traurigkeit oder Langeweile auch weniger notwendig. Von den Betreuern wird der **familiäre** Zielbereich als nahezu ebenso schwierig wie der emotionale angesehen; diese Einschätzung dürfte aus der geringen Möglichkeit direkter Einflußnahme auf das familiäre Verhalten der Kinder resultieren. Patientenmütter sehen eher das **Sozialverhalten** ihrer Kinder als den Bereich mit dem größten Änderungshemmnis an. In dieser Einschätzung spiegelt sich auch die Erfahrung fehlgeschlagener Einflußversuche auf die Anpassung ihrer Kinder und die Sorge um ihr Scheitern in der Zukunft: im Umgang mit Gleichaltrigen, Erwachsenen und Institutionen.

Bei den **Übereinstimmungen** zeigt sich im Falle der Erreichbarkeit ein einheitlicheres Bild als in den Wichtigkeits-Bewertungen. Tendenziell ist hier die mittlere Korrelation innerhalb der Familie höher als die Übereinstimmung mit Betreuer-Urteilen.

So stimmen die Bewertungen von Kindern und Vätern mit .32 überein, von Kindern und Müttern .24, von Vätern und Müttern .21. Väter und Betreuer korrelieren .18, Mütter und Betreuer .12, Patienten und Betreuer .16

Es finden sich bei der Erreichbarkeit keine höheren Konkordanzen zwischen den Erwachsenen, wie es bei der Wichtigkeit der Fall ist. Numerisch gesehen sind die Übereinstimmungen zwischen den Bewertern auch hier im Stichprobenmittel recht niedrig; sie lassen aber im Vergleich zu den Wichtigkeits-Einschätzungen eine Steigerung erkennen: Vor allem Kinder und Väter stimmen im Durchschnitt um .35 Punkte höher überein (p.01), Kinder und Mütter noch um .22 (p.05), Kinder und Betreuer um .20. Die Übereinstimmung zwischen den Erwachsenen läßt keine Unterschiede erkennen.

Erreichbarkeit von Zielen wird insgesamt also *homogener* bewertet als Wichtigkeit: die Positionierung der Zielbereiche ist einheitlicher, und die Übereinstimmungen zwischen Kindern einerseits und Erwachsenen andererseits sind höher. Offensichtlich gibt es zwischen allen Beurteilern einen gewissen Konsens, Ziele aus dem Leistungsbereich als relativ leicht erreichbar, Ziele aus dem emotionalen Bereich dagegen als schwer erreichbar zu bewerten.

Eine weitere Erklärung für diesen Unterschied von Wichtigkeit und Erreichbarkeit ist in der Semantik und dem persönlichen Bezug der Kriterien zu sehen: Bewerte ich etwas nach seiner Wichtigkeit, stellt sich automatisch die Frage nach einer *Beziehung* (wichtig wozu, wichtig für was). Wird also ein Therapieziel nach Wichtigkeit bewertet, steht die Beziehung des Ziels zur Therapie insgesamt zur Diskussion; es geht um die *Bedeutung*, die ein Versuch zur Änderung des Verhaltens haben kann. Damit Ziele Bedeutung für eine Therapie erlangen, müssen sie bestimmte Vorstellungen erzeugen oder bereits bestehende Vorstellungen auslösen, d.h. kognitiv *wirksam* sein. So kann die Vorliebe der Kinder für Ziele aus dem familiären Bereich mit deren kognitiver Wirkung insofern zusammenhängen, als ein Kind sich hier die Effekte eines veränderten Verhaltens besonders gut vorstellen kann. Durch die Vorstellung von Wirkung oder Wirksamkeit wird das Kind emotional auf das Ziel *bezogen* (WYSS, 1973).

Während die Frage „Welches Ziel ist dir wichtiger/am wichtigsten?“ eine unmittelbare Beziehung zum Gegenstand der Veränderung zuläßt, sind bei einer Frage wie „Was glaubst du, kannst du eher/leichter erreichen?“ durch die Worte „glauben“ und „können“ Relativierungen eingeflochten, die eine Distanz zum angesprochenen Ziel ermöglichen: Es soll eingeschätzt werden als ein Zustand, der noch nicht gegeben ist, und auf dessen Weg Hemmnisse zu überwinden sind. Die Frage nach der Erreichbarkeit kann also die Bezogenheit auf ein Ziel lokkern; die angesprochene Veränderung wird zu etwas Möglichem und verliert so ihren Realitätscharakter: Wo Veränderung möglich ist, ist auch ihr Gegenteil möglich – daß sich eben nichts ändert.

Als wesentliche Ursache für die bestehenden Bewertungsunterschiede zwischen Wichtigkeit und Erreichbarkeit kann also angenommen werden, daß bei der Erreichbarkeit von Zielen emotionale Faktoren und damit die Frage einer persönlichen *Bedeutung* eine geringere Rolle spielen als bei der Bewertung der Wichtigkeit. Der Bewertungsprozeß hat bei der Erreichbarkeit eher den Charakter einer Schätzung.

C.1.2. Wichtigkeit und Erreichbarkeit von Therapiezielen

Bei Berechnung der Korrelationen zwischen den Kriterien Wichtigkeit und Erreichbarkeit treten deutliche Unterschiede zwischen den Bewertergruppen zutage; zugleich findet sich in der Patientengruppe eine relativ hohe Streuung der Koeffizienten; sehr hohe und sehr niedrige Zusammenhänge kommen demnach überzufällig häufig vor. Es seien daher einige Überlegungen bezüglich dieses Zusammenhanges angestellt, die auf eine mögliche **diagnostische** Funktion des Koeffizienten hindeuten.

Die durchschnittlichen Zusammenhänge betragen bei den Patienten in den Rangreihen der Paarvergleiche .11 (s=.61), in den Rankings .05 (s=.64). Bei den Erwachsenen sind die mittleren Korrelationen durchweg negativ: Mütter -.15 (s=.47), Väter -.10 (s=.48), Betreuer -.42 (s=.42).

Der Zusammenhang ist besonders in der Gruppe der Betreuer deutlich negativ; man kann davon ausgehen, daß ein Teil der Wichtigkeit, die bestimmten Zielen zugeschrieben wird, auch daher resultiert, daß diese Ziele den Betreuern schwer erreichbar scheinen. Die im Vergleich zu den Kindern geringe Streuung in der Betreuergruppe (range -.93 bis .62) hängt unter anderem mit der Zahl der Bewerter zusammen, von denen jeder im Schnitt 5,5 Zielkataloge bewertet hat.

Aber auch die Mütter und Väter zeigen geringere Streuungswerte im Vergleich zu den Kindern. Es ist daher nicht auf die Stichprobengröße der Betreuer zurückzuführen, daß bei den Kindern die höhere Varianz zu finden sind. Vielmehr muß auf seiten der Kinder mit differierenden Konzepten der Kriterien Wichtigkeit und Erreichbarkeit gerechnet werden (s.u.).

Die Unterschiede in den Zusammenhängen von Wichtigkeit und Erreichbarkeit können auf verschiedene Ursachen zurückzuführen sein; drei davon seien im folgenden aufgeführt: Methoden-bedingte, motivationale und klinisch-störungsspezifische Ursachen.

Der Einfluß der **Methode**: Die Bewertung der Ziele erfolgt in zwei aufeinander folgenden Sitzungen. Das Vorgehen in jeder Sitzung ist identisch; zur Beachtung des jeweiligen Kriteriums wird die Instruktion, evtl. ein zusätzliches Merkblatt („Dieses Ziel ist mir wichtiger/kann ich leichter erreichen als dieses Ziel") und die jeweilige Wiederholung der Instruktionsfrage im Laufe der Zielpräsentation vorgegeben. Dennoch kann die Wiederholung des Vorgehens vom äußeren Aspekt her (Paarvergleich, Präsentation auf Karten, Aussuchen und Entscheiden des relevanten Ziels) auf einzelne Kinder einen Einfluß in der Richtung ausüben, auch die Bewertung in der bereits beim Wichtigkeits-Paarvergleich und –Ranking durchgeführten Weise zu wiederholen.

Unterschiedlich **motivierte** und motivierbare Kinder können in der Bewertung von Wichtigkeit und Erreichbarkeit unterschiedliche Zusammenhänge entstehen lassen: Eine hohe positive Korrelation zwischen Wichtigkeit und Erreichbarkeit bedeutet, daß vom Bewerter sehr wichtige Ziele zugleich für besonders gut erreichbar gehalten werden; bei hoher negativer Korrelation sind besonders wichtige Ziele dagegen besonders schwer erreichbar. Geht man davon aus, daß in einer Therapiesituation sowohl von den Auftraggebern, wie vom Therapeuten eine Hilfe zum Erreichen wichtiger Ziele für erforderlich gehalten wird, so drückt das Kind in einer hohen *positiven* Korrelation gewollt oder ungewollt aus, daß der Umfang dieser Hilfe relativ gering sein kann oder auch: daß Hilfe gar nicht erforderlich ist. Der Änderungsdruck, den ein Kind angesichts der Therapieziele empfinden kann, ist in einem solchen Fall gering, da zwischen der bestehenden Realität und Zielen, die leicht erreichbar sind, nur eine geringe kognitive Inkonsistenz besteht.

Die Ursache für eine positive Korrelation kann allerdings auch im Verständnis des Konstrukts „Erreichbarkeit" selbst liegen: Anders als in der traditionellen Leistungsmotivations-Forschung wird Erreichbarkeit hier nicht explizit von der *zeitlichen Distanz* eines Kriteriums unterschieden. In der Leistungsmotivation wird unter Erreichbarkeit der Schwierigkeitsgrad einer Aufgabe verstanden, „der sich im Bezugsrahmen der eigenen Tüchtigkeit oder personeigenen Möglichkeiten bestimmt" (HECKHAUSEN, 1965, S. 645). Im Rating der Erreichbarkeit dagegen können einzelne Kinder angenommen haben, daß die zeitliche Distanz von einem potentiellen Zielzustand das entscheidende Urteilskriterium ist. Es scheint zudem nicht ausgeschlossen, daß bereits bei der zuerst durchgeführten Wichtigkeits-Bewertung die erlebte Zieldistanz einen Einfluß in dem Sinne ausübt, daß einem zeitlich entfernter gelegenen Ziel weniger Gewicht beigemessen wird als näher gelegenen Zielen (GJESME, 1982).

Allerdings wurde bei der Zielauswahl und –formulierung einem zu starken Einfluß der Zeitperspektive vorgebeugt: Zum einen sehen die Auswahlprinzipien vor, daß unter Erreichbarkeit eine spürbare Veränderung *im Therapiezeitraum* gemeint ist. Zum anderen sollen die Ziele dynamisch formuliert werden und sich nicht auf einen präzise definierten Zielzustand ausrichten.

Von der Motivation eines Menschen hängt schließlich auch die Bereitschaft ab, ob und in welchem Ausmaß Ziele als wichtig angesehen werden, wenn sie für schwer erreichbar gehalten werden: Erfolgsmotivierte lassen sich stärker durch schwierige Aufgaben anregen als Mißerfolgsmotivierte; mit steigendem Schwierigkeitsgrad erhöht sich zugleich „die persönliche Wichtigkeit der Aufgabe“ (HECKHAUSEN 1965, S. 645). Hier spielen auch situative Bedingungen eine Rolle, u.a. die Frage, ob die Aufgabenstellung Ernst- oder Spielcharakter hat.

Unter motivationalem Aspekt läßt die Korrelation zwischen Wichtigkeit und Erreichbarkeit diverse Interpretationsmöglichkeiten zu. In Zusammenhang mit anderen Merkmalen der therapeutischen Interaktion kann sich ein Hinweis auf die *Therapiemotivation* ergeben: Von Patienten mit hoher negativer Korrelation ist anzunehmen, daß sie in der Therapie eine wichtige Hilfe sehen, die weite psychische Distanz zu ihren wichtigsten Änderungszielen zu überbrücken.

Dies ist nicht gleichbedeutend mit hoher Therapiemotivation. Vielmehr bedeutet es gerade bei kindlichen Patienten auch, daß der Weg zu einem Ziel umso weniger klar erkennbar ist, je größer und zahlreicher die möglichen Schwierigkeiten zur Realisierung des Ziels sind. Eine negative Bewertungskorrelation kann auch Ausdruck einer passiv abwartenden Haltung gegenüber der Therapie sein; allerdings lassen Erwartungen an Veränderung immer eine Option für die Therapie zu.

Bei Patienten mit hoher positiver Korrelation sind mehrere Zusammenhänge mit ihrer Therapiemotivation denkbar:

1. unterschätzen sie möglicherweise die erforderliche Anstrengung zum Erreichen bestimmter Ziele, oder

2. benötigen sie die Therapie als Hilfe zur Lösung eines *aktuellen* Konfliktes (wobei in einer solchen Konstellation bereits mit der Aufnahme der Therapie ein wesentlicher Schritt getan ist), oder

3. haben sie bereits bei der Bewertung der Wichtigkeit die Erreichbarkeit der Ziele als das für sie wichtigere Kriterium zugrunde gelegt.

Die Frage einer hinreichenden Therapiemotivation kann bei diesen Patienten nur in einer Gesamtbeurteilung der Kooperation, der zugrunde liegenden Störung sowie der Zielbewertung erfolgen. Die hohe Korrelation von Wichtigkeit und Erreichbarkeit liefert aber den Anlaß, die Frage der Therapiemotivation eingehend zu untersuchen.

In einen Zusammenhang mit Motivationsfaktoren zu bringen sind auch die **störungsspezifischen** Ursachen der Korrelation von Wichtigkeit und Erreichbarkeit. Wie bereits erwähnt, liefert die Methode die Grundlage für ein *perseverierendes* Bewertungsverhalten bei der Erreichbarkeit, weil der formale Ablauf der Bewertung sich wiederholt. Daß auch komplexere „geistige Tätigkeiten" in einem solchen Falle Perseverationen unterliegen können, ist bereits 1926 von ACH beschrieben worden. Zwei recht differente Gruppen von Patienten kämen aus unterschiedlichen Gründen für ein Auftreten von Perseverationen bei der Bewertung in Frage:

1. Kinder mit Zwangserkrankungen. Bei ihnen findet sich ein störungstypischer Hang zur Aufrechterhaltung von einmal erzeugten kognitiven oder Handlungsmustern, die sich vom Inhalt des Bewertungsvorgangs (in diesem Fall dem Bewertungskriterium „Erreichbarkeit") lösen können. Die Bewertung der Erreichbarkeit wäre demnach das Ergebnis eines Stereotyps.

2. Kinder mit Aufmerksamkeitsstörungen. Bei ihnen ist folgender Funktionszusammenhang denkbar: Infolge Abgelenktheit oder Ermüdung, die durch die Wiederholung des Bewertungsvorgangs erzeugt oder verstärkt wird, kommt es zu einer „relativen Leere des Bewußtseins" (ACH 1926, S.196), aufgrund derer die in der ersten Bewertungsprozedur (Wichtigkeit) abgegebenen Urteilsmuster reaktiviert werden könnten.

Bei 10 Kindern aus der Therapiestichprobe finden sich zwischen den Paarvergleichen positive Korrelationen mit einer zumindest 50%-igen gemeinsamen Varianz von Wichtigkeit und Erreichbarkeit. 9 der 10 Patienten sind einer der beiden genannten Störungsgruppen zuzuordnen, einer erfüllt die diagnostischen Kriterien beider Gruppen.

Abschließend läßt sich feststellen, daß der Zusammenhang der Bewertungen nach Wichtigkeit und Erreichbarkeit eine therapiediagnostische Relevanz haben kann, die sich nur unter Berücksichtigung der diagnostischen Ausgangslage des Kindes erschließen kann.

C.1.3. Wie konsistent werden Therapieziele bewertet?

Zwei Methoden der Zielbewertung – Paarvergleich und Ranking – bedeuten zwei Möglichkeiten, die Therapieziele in eine hierarchische Ordnung zu bringen. Hieraus ergeben sich zwei unterschiedliche Antworten auf die Frage, wie konsistent eine Zielbewertung ist: 1. Die *Paarvergleichs-Konsistenz* ist eine methodeninterne Messung der Stimmigkeit aller Urteile in Beziehung zueinander. Die Rangordnung der Ziele ist demnach uneindeutig, wenn der Paarvergleich inkonsistent ist; es kommt zu gemeinsamen Rangplätzen (ties) von Zielen und zu zirkulären Triaden. 2. Mit der *Rangreihen-Konsistenz* ist dagegen die Übereinstimmung zwischen der aus dem Paarvergleich resultierenden und der im Ranking gebildeten Rangreihe gemeint. Diese Art der Konsistenz läßt sich durch SPARMANs r_s berechnen.

Die Erfassung der Rangreihen-Konsistenz läßt sich auch als Meßwiederholung unter veränderten Meßbedingungen interpretieren; das absteigende Ranking hat dann die Funktion eines Außenkriteriums für die Rangreihe aus dem Paarvergleich. Daher ließe sich auch anstelle von Konsistenz von *Kohärenz* im Sinne einer „Änderungsstabilität" oder „intraindividuellen Konsistenz" (MOSER, 1991, S.21) sprechen. Aus praktischen Gründen, und um zu zeigen, daß es sich um zwei unterschiedliche Zugänge zu derselben Zielbewertung handelt, sei der Begriff Rangreihen-Konsistenz bevorzugt.

SIXTL (1982, S. 164 f.) hat vier mögliche Ursachenkomplexe für das Auftreten zirkulärer Triaden benannt, die unverändert auch für das Auftreten von Inkonsistenzen zwischen den Rangreihen verantwortlich gemacht werden können. Demnach kommt es zu mangelnder Konsistenz,

1. wenn das **Merkmal komplex** ist, die Objekte also nicht in eine einzige Dimension fallen. Ein solches Problem ergibt sich, wenn Zielformulierungen in ihren Kosequenzen für das Kind nicht überschaubar sind, etwa weil sie umständlich oder zu lang formuliert sind; verstärkt wird ein solcher Mangel durch eine begrenzte Aufmerksamkeitssteuerung bei intellektuell weniger begabten oder auch einfach aufmerksamkeitsgestörten Kindern.

2. wenn die **Merkmalsdifferenzen sehr klein** sind, Ziele sich also ähneln. Eine geschickte Auswahl und Formulierung der Therapieziele beugt dieser Problematik vor. Gleichwohl kann es bei den Kindern zu Unterscheidungsschwierigkeiten und resultierenden Konsistenzmängeln kommen. Sofern die Bewertungsprozedur dies aufdeckt, hat sie ihren Zweck zu einem wichtigen Teil erfüllt; für die Bewertung selbst bedeutet dies aber geringere Koeffizienten.

3. als Folge bestimmter **Persönlichkeitseigenschaften**. Wenngleich die Befundlage hierzu, wie die Überblicksarbeit von SCHMITT (1990) aufzeigte,

uneinheitlich ist, ist auf der anderen Seite nicht von der Hand zu weisen, daß bestimmte motivationale Auffälligkeiten bei bestimmten Persönlichkeitsmerkmalen häufiger zu finden sind: Eine gewissenhaft und motiviert durchgeführte Bewertung weist eine höhere Konsistenz auf als eine oberflächlich und desinteressiert durchgeführte. Dabei ist das Ergebnis der Bewertung aber nicht nur von Persönlichkeitsmerkmalen abhängig, sondern auch von der Frage, als wie bedeutsam die Person die Bewertungssituation erlebt. Hier ist anzunehmen, daß ängstliche und zu größerer Gewissenhaftigkeit neigende („internalisierende") Personen konsistenter urteilen als „externalisierende" Personen, weil erstere eine Bewertung von Zielen in einer Therapiesituation möglicherweise wichtiger nehmen. Schließlich

4. als Folge von **Indifferenz** – hier sollte ergänzt werden: und **Ambivalenz** – gegenüber einem oder mehreren Objekten. Wo eine Veränderung des eigenen Verhaltens als erforderlich angesehen wird – und dies wird dem Kind bereits bei der Vermittlung der Konzepte „Problem" und „Ziel" und in der Folgezeit wiederholt verdeutlicht – ist nicht zu erwarten, daß Probeformulierungen von Therapiezielen oder jedes für den Zielkatalog ausgewählte Objekt freudig begrüßt wird. Je deutlicher die Notwendigkeit zur Änderung erkennbar, und je schwieriger zugleich die Durchführung der Verhaltensänderung eingeschätzt wird, umso stärker dürfte die Ambivalenz gegenüber der einzelnen Zielsetzung sein. Bei nachlassendem Lösungsdruck resultiert Indifferenz, die ebenso wie Ambivalenz zu Vermeidung führt.

Im Laufe der SZE nehmen die Patienten 5 Paarvergleiche und anschließende Rankings vor; 4 dieser Prozeduren befassen sich direkt mit der Bewertung der Therapieziele. Die vorgeschaltete Untersuchung zur Konsistenz der Bewertung von Spielzeug bei 10 Objekten sei nur der Vollständigkeit halber erwähnt, da ihre Ergebnisse keine Relevanz für Verlauf oder Ergebnis der SZE haben.

In einer Untersuchung zur paarweisen Bewertung dieser Spielobjekte ermittelte SCHWEICKHARDT-LANGER (1994) einen interessanten Einzelbefund, demzufolge „unterkontrollierte" Kinder (externalisierende Störungen; ACHENBACH und EDELBROCK, 1978) aus einer kinderpsychiatrischen Ambulanzstichprobe deutlich geringere Konsistenzwerte (ζ) aufwiesen als „überkontrollierte" Kinder (internalisierende Störungen). Aufgrund der seinerzeit geringen Stichprobengröße (8 unterkontrollierte vs. 12 überkontrollierte Pbn), bei welcher schon geringste methodische Mängel das Ergebnis in die eine oder andere Richtung beeinflussen können, kann dieser Befund nicht als zuverlässig angesehen werden.

In unserer Therapiestichprobe war das Ergebnis von SCHWEICKHARDT-LANGER zur Konsistenz der Spielbewertungen auf der Basis der ζ – Werte nur auf 10%-Niveau replizierbar; die Unterschiede in den Rangreihen-Konsistenzen, seinerzeit nicht überprüft, sind in unserer Untersuchung aber deutlich (p.05). Erwähnt sei, daß im Unterschied zur damaligen Untersuchung durch Herausnahme der kombinierten Störungen (F 92 in ICD 10) eine klarere Trennung der Störungsarten in der Stichprobe vorgenommen wurde. Zusätzlich zu den erwähnten Annahmen und Ergebnissen der Konsistenzforscher ist das Ergebnis Anlaß genug, die Konsistenz der Zielbewertungen auch in Abhängigkeit von der Störungsklassifikation zu untersuchen.

Die Konsistenzparameter der Zielbewertungen sind in Tabelle 8 dargestellt. Bei den Paarvergleichen dürften aus praktischen Gründen weniger die Koeffizienten, als vielmehr die Häufigkeiten der inkonsistenten Bewertungen (zirkuläre Triaden) von Interesse sein, bei KENDALL mit dem Buchstaben d gekennzeichnet. Die durchschnittlichen Konsistenzen sind in Klammern hinzugefügt.

	Therapiebeginn (n = 45)		**Abschlußbewertung** (n = 28)	
	Wichtigkeit	Erreichbarkeit	Vollständigkeit	Wichtigkeit für die Zukunft
d (ζ)	4,4 (.78)	3,6 (.82)	4,4 (.78)	4,2 (.79)
$\mathbf{r_s}$	.69	.73	.69	.68

Tab. 8: Mittelwerte der Konsistenzmaße

Unterschiede in den Statistiken sind nicht zu erkennen; auch die Streuungsmaße entsprechen sich weitgehend. Man kann schlußfolgern, daß – sofern wir konsistente Bewertung als eine Leistung ansehen, die eine willentliche Steuerung der Aufmerksamkeit erfordert – diese Leistung den Patienten bei Therapieende keinesfalls leichter fällt, obwohl die Prozedur und die Zielinhalte den Kindern hinlänglich bekannt sind. Hier können motivationale Mängel eine Rolle spielen: Die Bewertung zum Abschluß der SZE schloß diesen nicht immer einfachen Prozeß ab und verhalf dem Kind zu einer klareren Orientierung auf die Therapie als Veränderungsmöglichkeit. Die abschließenden Bewertungen erfüllen einen solchen Zweck dagegen nicht; die Prozedur hat keinen Neuigkeitswert mehr. Hinzu kommt, daß zum Ende einer Therapie das Ausmaß der Kooperationsverpflichtung gegenüber dem Therapeuten für das Kind nur noch gering ist. Aber auch die Unschärfe einzelner Kriterien, etwa „Wichtigkeit für die Zukunft“, kann für die Konsistenzmängel verantwortlich gemacht werden: Während „Wichtigkeit“ bei Therapiebeginn ein Aufmerksamkeit forderndes Kriterium ist, bei dessen Beurteilung emotionale Faktoren ausschlaggebend sind, ist dies am

Ende der Behandlung, wo die vereinbarten Ziele ihre Aktualität teilweise eingebüßt haben, bei der Frage der „Wichtigkeit für die Zukunft“ keineswegs mehr selbstverständlich.

Die Rangreihen aus Paarvergleich und Ranking korrelieren jeweils in einem Maße, daß annähernd 50% gemeinsame Varianz als untere Grenze der Übereinstimmung vorliegen.

Betrachtet man die absteigenden Rankings unter dem Gesichtspunkt, daß es sich um Meßwiederholungen unter veränderten Bedingungen handelt, ist die gefundene Korrelation zwischen den Rangreihen als *Zuverlässigkeitsprüfung* der Bewertung anzusehen. Eine so ermittelte Reliabilität wäre aufgrund des geringen zeitlichen Abstands zwischen den beiden Erhebungsmethoden (in der Regel nur wenige Minuten) durch Gedächtniseffekte in ihrer Höhe überschätzt; andererseits sorgen die geringe Itemzahl (8 Ziele) sowie die intendierte Bedingungsvariation der Rangordnungsmethoden für eine Minderung der Zuverlässigkeit. Was die Höhe der Korrelation angeht, läßt sich von einer Bewertungsmethode mit zufriedenstellender Zuverlässigkeit sprechen.

Als Faktoren, die mit den Konsistenzmaßen zusammen hängen könnten, sollen Alter, Intelligenz und die Prüfung der Konsistenz von Spielbewertungen herangezogen werden, außerdem eine Grobklassifikation der vorliegenden Störungsbilder nach externalisierenden und internalisierenden Störungen.

Korrelationen zwischen einem der Konsistenzparameter und dem **Alter** der Kinder existieren oberhalb der Signifikanzgrenze von 5% nur mit dem Kriterium der Vollständigkeit ($r = .37$ auf der Basis der Paarvergleiche, .33 in der Korrelation der Rangreihen). Mit wachsendem Alter scheinen Kinder also ein wenig stimmiger über die Ergebnisse ihrer Therapien zu urteilen.

Statistische Zusammenhänge zur **Intelligenz** der Kinder finden sich mit der Paarvergleichs-Konsistenz der Erreichbarkeit ($r = .40$). Die Vermutung, daß zu einer konsistenten Einschätzung der Erreichbarkeit weniger emotionale als intellektuelle Faktoren ausschlaggebend sein könnten (s.o.), wird durch dieses Ergebnis erhärtet. Etwas geringer sind die Zusammenhänge mit der Rangreihen-Konsistenz der Wichtigkeit (.31) und der Vollständigkeit (.32). Hier kommt es vor allem auf einen guten Überblick über die Reiz-Vorlagen an.

Übereinstimmungen mit der **Konsistenz** von **Spielzeug**-Bewertungen aus der Voruntersuchung zur SZE zeigen sich bei der darauf folgenden Bewertung der Therapieziele nach Wichtigkeit nur schwach (.32); etwas höher ist dagegen der Zusammenhang mit der Erreichbarkeit auf der Basis der ζ (.47). Noch deutlicher ist der Zusammenhang mit den abschließenden Zielbewertungen zu erkennen: Die Koeffizienten ζ von Spiele-Bewertung und Vollständigkeit (.50) einerseits sowie Wichtigkeit für die Zukunft (.62) andererseits zeigen Gemeinsamkeiten in der Konsistenz (bei „Wichtigkeit für die Zukunft“ zudem zwischen den Rangreihen-Konsistenzen). Hier können neben anderen auch *situative* Faktoren wirksam sein: So könnte es bei einigen Kindern in der abschließenden Bewertung der Therapieziele zu Aufmerksamkeitsmängeln kommen, weil sie diese Bewertung als ähnlich unverbindlich erleben wie die Frage nach ihren Spiel-Vorlieben. Andere Kinder können eben diese Unverbindlichkeit als Ansporn interpretieren, klare Urteile über ihre Ziele abzugeben, weil nun erst einmal keine weiteren Fragen nach deren Realisierung aufgeworfen werden.

Der 9 Jahre alte Jacob, von dem bereits die Rede war, zeigte mit einem ζ von 1.0 (Rangreihen-Korrelation .85) eine gute Konsistenz in der Spiele-Bewertung. Die Bewertung seiner Therapieziele ergab folgende Koeffizienten: Wichtigkeit .85 (r = .86), Erreichbarkeit .65 (r = .69), Vollständigkeit 1.0 (r = .84), Wichtigkeit für die Zukunft 1.0 (r = .76). Jacobs Zielbewertungen wurden also mit abnehmender Verpflichtung zur Realisierung widerspruchsfreier und glichen in ihrer Konsistenz den anfänglichen Spielbewertungen. Umgekehrt zeigte der gleich alte Kevin bei der Bewertung seiner Spiel-Vorlieben wenig Stimmigkeit (ζ = .25, r = .26), nahm dagegen die Zielentwicklung und ihre abschließende Bewertung positiv und mit viel Interesse auf (Wichtigkeit: ζ = 1.0; r = .98; Erreichbarkeit: ζ = .90; r = .87). Bei Ende der relativ kurzen Behandlung zeigte das Kind sich wiederholt enttäuscht über die bevorstehende Entlassung. Die Konsistenzen der abschließenden Bewertungen waren wieder schwächer (Vollständigkeit: ζ = .40; r = .89; Wichtigkeit für die Zukunft: ζ = .40; r = .25).

Die Konsistenz der Spiele-Bewertung zeigt also teilweise deutliche Zusammenhänge zur Konsistenz von Zielbewertungen. Erkennbar ist aber auch, daß der Anteil der gemeinsamen Varianz jeweils nicht hoch ist. Es kann also von intraindividuell recht unterschiedlichen Konsistenzleistungen unserer Patienten ausgegangen werden, je nachdem, welche Bewertung vorzunehmen ist. Auch Alter und Intelligenz erweisen sich in unserer Stichprobe als insgesamt eher einflußlos auf die Konsistenzleistungen.

Allerdings dürfte bei Intelligenz wie Alter ein Extremgruppenvergleich in einer größeren Population zu abweichenden Ergebnissen kommen. So finden sich beispielsweise auch in dieser Stichprobe Anhaltspunkte für deutlich geringere Konsistenzleistungen der Kinder unterhalb eines IQ von 80.

Die beiden Fallskizzen belegen, daß das Ausmaß der potentiellen *Verpflichtung*, die sich aus einer Bewertung ergibt, einen moderierenden Einfluß auf die Höhe der Konsistenz haben könnte: Einige Kinder werden durch einen verpflichtenden Charakter eher zu einer konsistenteren Bewertung veranlaßt, für andere wiederum ist dies ein Grund, weniger Aufmerksamkeit und Motivation für die Bewertung aufzubringen.

Die Frage eines Zusammenhangs von Bewertungskonsistenz und der **Störungsart** kann hier aufgrund der Stichprobengröße nur vorläufig beantwortet werden, wenngleich die hier gefundenen Ergebnisse zum Teil deutlich ausfallen. Die 45

Patienten teilen sich auf in 16 Kinder mit internalisierenden, 21 Kinder mit externalisierenden sowie 8 Kinder mit kombinierten Störungen (s.o.).

Beide Störungsgruppen unterscheiden sich deutlich im Alter (M = 9,5 Jahre bei den externalisierenden und 10,9 Jahre bei den internalisierenden Störungen). Die Intelligenzmaße liegen dagegen nicht weit auseinander (M = 96,1 bei den internalisierenden, 93,4 bei den externalisierenden Störungen).

Die einzelnen Unterschiede zeigen, daß Kinder mit seelischen Störungen, die auf einen Mangel an Selbstkontrolle und ein eher ausagierendes Verhalten weisen, in mehreren Kriterien schwächer konsistente Bewertungen abgeben.

Während bei der Wichtigkeits-Bewertung vor allem geringere Übereinstimmungen der Rangreihen festzustellen sind, sind bei der Erreichbarkeit sowohl die Ergebnisse der Paarvergleiche, als auch die Übereinstimmungen der Rangreihen deutlich different. Bei den abschließenden Therapiebewertungen liegt der Schwerpunkt der Unterschiede in der Bewertung der Vollständigkeit.

Auch die hier vorliegenden Ergebnisse sprechen also dafür, daß bei seelischen Erkrankungen mit externalisierendem Charakter geringere Konsistenzleistungen erbracht werden als bei internalisierenden Störungen. Unsere internalisierenden Patienten waren offensichtlich gewissenhafter, also motivational und kognitiv stärker auf eine Widerspruchsfreiheit in der Bewertung ihrer Therapieziele ausgerichtet.

Bei der Suche nach Zusammenhängen sei schließlich die Frage nach der **Übereinstimmung der Bewertungskonsistenzen** untereinander behandelt. Hier läßt sich zunächst summarisch von niedrigen Zusammenhängen sprechen. Demnach ist jede Bewertung eines Kindes in ihrer Konsistenz als eine singuläre Messung ohne Vorhersagewert für andere Beurteilungen anzusehen. Es muß daher von starken Einflüssen des Beurteilungskriteriums oder der Situation auf die Bewertung durch das Kind ausgegangen werden.

Im einzelnen zeigt sich eine signifikante Übereinstimmung von Wichtigkeit und Vollständigkeit, dies sowohl in den Paarvergleichen (.41), als auch bei den Rangreihen (.45). Eine entsprechende Korrelation findet sich bei den ζ von Vollständigkeitsbewertung und der Frage der Wichtigkeit für die Zukunft (r = .55). Hat ein Kind also seine Therapieziele in ihrer Wichtigkeit relativ stimmig bewertet, ist es auch mit einer größeren Chance in der Lage, eine konsistente Bewertung darüber abzugeben, wie vollständig es welches Ziel erreicht hat, und was danach von Bedeutung ist. Wer zunächst weiß, was er will, kann später etwas genauer beurteilen, ob bzw. inwieweit es eingetreten ist.

Zum Schluß sei der **praktische Wert** der Erfassung von Konsistenzen und Inkonsistenzen hervorgehoben: Die Frage, wie klar und widerspruchsfrei ein Kind seine Ziele einschätzen kann, zeigt die Möglichkeiten und Grenzen einer Verpflichtung des Kindes zur Mitarbeit an konkreten Veränderungen auf. Zirkuläre

Triaden oder große Differenzen zwischen Rangreihen sollten zum Anlaß genommen werden, auf Motivationsprobleme zu achten, die sich aus Zielkonflikten ergeben können. So mancher Verhaltensvertrag mit einem Kind dürfte an der Realität gescheitert sein, weil sein Stellenwert in der subjektiven Wichtigkeitsskala des Kindes ungeklärt geblieben war.

C.1.4. Was ist herausgekommen? - Zielbewertungen bei Therapieende

Als Teil der therapeutischen Intervention ist die Strukturierte Zielentwicklung bereits längere Zeit beendet, wenn es zur abschließenden Bewertung der Ziele kommt. Da, wo es sich um relativ kurze Interventionen handelt, deren Inhalte im wesentlichen in einer Präzisierung von Zielen bestehen, oder wo begleitende psychosoziale Schwierigkeiten abseits einer genuinen psychischen Erkrankung beseitigt werden sollten, und wo sich zugleich eine SZE als Element einer Kurzzeitintervention anbietet, sollte eine abschließende Zielbewertung nicht vorgenommen werden. Hierfür sprechen mehrere Gründe: Zum einen dürfte der Zeitraum zwischen Zielentwicklung und abschließender Zielbewertung zu kurz sein, um in der Abschlußbewertung eine Veränderung zu erfassen; zum anderen nähme in einem kurzen Interventionszeitraum die Zielbewertung einen insgesamt zu großen Raum gegenüber den Veränderungsprozeduren ein; schließlich entstünde bei den Betroffenen leicht der Eindruck, der bei vielen Kindern mit externalisierenden Störungen ohnehin vorherrscht: Daß Ziele zur Veränderung des Verhaltens relativ kurzfristig und leicht erreichbar seien. Gerade die externalisierenden Störungen sind praktische Belege dafür, wie mühselig und lang der Weg der Veränderung sein kann, verglichen etwa mit der Beseitigung einer Phobie, des „therapeutischen Leckerbissens" in jeder Intervention.

Für die SZE als Methode hat die abschließende Zielbewertung eine untergeordnete Bedeutung; als Evaluationsinstrument ist sie in der hier vorgeschlagenen Weise sicherlich nicht suffizient, aber eine relativ einfache Möglichkeit, Daten über den Therapie-outcome zu gewinnen; in ambulanten Therapien stellt sich zudem auch nicht das Problem einer Zeit-versetzten Befragung der Angehörigen, da das Kind während der Zeit seiner Behandlung weiterhin in der Familie lebt.

Aufgrund eben dieser Problematik sei bei unseren stationären Patienten auch lediglich die Bewertung der Ziele durch die Kinder referiert: Bei den Eltern hatte die Abschlußbesprechung des Therapieergebnisses Behandlungsnotwendigkeiten zu folgen, so daß teilweise die Zielbewertung bei Behandlungsende (Entlassung des Kindes), teilweise aber auch erst wenige Wochen später erfolgte. Bei den Betreuern zeigte sich in den Abschlußbewertungen häufig das Problem einer mangelnden Kenntnis über die Veränderungen im familiären Bereich. Auch die Zielbewertungen aus dieser Gruppe sollen daher nicht weiter Verwendung finden.

Die Therapie-immanente Bedeutung der Abschlußbewertung ist didaktischer Natur. Wenn es mir gelingt, einem Kind zu vermitteln, daß die Entwicklung von Zielen zu einer positiven Veränderung der Lebenssituation führen kann, kann ich dieses Prinzip durch ein zweites Prinzip in seiner Bedeutung stützen: Habe ich mir ein oder mehrere Ziele gesetzt, sollte ich in einem gewissen Abstand hierzu überprüfen, was daraus geworden ist.

Bei 28 der behandelten Kinder war bis zum Abschluß der Datenerhebung der Therapiezeitraum für eine Zielbewertung bei Therapieende genügend groß; in 27 Fällen war eine vollständige Ausbalancierung der Zielbereiche gegeben.

Die Frage, von welchem der anfänglichen Ziele das Kind jeweils am meisten erreicht habe, weist auf das Kriterium der **Vollständigkeit**. Hier gibt es eine eindeutige Dominanz in den Antworten der Kinder: In 52% der Fälle wird im Ranking ein Ziel aus dem *Leistungsbereich* auf den ersten Platz gestellt, in 22% ein Ziel aus dem Bereich des Sozialverhaltens, in nur 11% aus dem emotionalen sowie in 15% dem familiären Bereich. Diese Ungleichverteilung ist überzufällig (p.02). Die durchschnittlichen Rangplätze der Zielbereiche fallen entsprechend aus: der Leistungsbereich hat mit 3,7 den niedrigsten, der emotionale Bereich mit 4,9 den höchsten mittleren Rangplatz; hier hat sich demnach in der Einschätzung der Kinder am wenigsten verändert. Der soziale (4,7) und der familiäre Bereich (4,5) nehmen die mittleren Plätze ein. Betrachtet man die Ausgangslage nach Abschluß der SZE, so lag der Leistungsbereich in der Bewertung der Ziele nach Wichtigkeit deutlich hinter dem familiären Bereich; in der Bewertung durch die Erwachsenen nahmen diese Ziele im Durchschnitt sogar den untersten Platz auf der Wichtigkeits-Skala ein. In der Einschätzung der Erreichbarkeit fanden alle Bewertergruppen Ziele aus dem Leistungsbereich besonders gut erreichbar.

Die Ergebnisse aus den Abschlußbewertungen legen den Schluß nahe, als hätten die Kinder ihrer eigenen Einschätzung nach vorwiegend solche Ziele erreicht, die nach Abschluß der Zielentwicklung keine vorrangige Bedeutung hatten und zudem als relativ leicht erreichbar angesehen wurden. Folglich müßte dies auch in einer negativen statistischen Beziehung zwischen Wichtigkeit und Vollständigkeit sowie in einer positiven Beziehung zwischen Erreichbarkeit und Vollständigkeit erkennbar sein. Dem ist aber nicht so: In beiden Fällen besteht eine sehr geringe positive Korrelation, und zwar zwischen

Wichtigkeit und Vollständigkeit: $M_r = .19$ (Ranking .21)

Erreichbarkeit und Vollständigkeit: $M_r = .21$ (Ranking .16)

In den Rankings der Vollständigkeits-Bewertung ist also keinesfalls von einer größeren Übereinstimmung mit der Erreichbarkeit als mit der Wichtigkeit auszugehen. Entsprechend zeigt sich bei der individuellen Analyse der Ziele mit der höchsten Vollständigkeits-Bewertung, daß nur 4 der 10 Ziele aus dem Leistungsbereich, die ursprünglich für besonders gut erreichbar gehalten wurden, auch am Ende auf Platz 1 des Rankings für Vollständigkeit landen; die übrigen 6 Ziele waren zuvor also weiter unten in der Erreichbarkeit eingestuft.

Die Einschätzung der Therapieziele nach Erreichbarkeit sollte nicht als Versuch zur Prognose-Fähigkeit verstanden werden: Unabhängig davon, wie realistisch das Urteil der einzelnen Bewerter ist, hängt die Frage, ob ein Ziel tatsächlich erreicht wird, nur zum Teil von seiner Erreichbarkeit ab. Dringlichkeit und persönliche Bedeutung eines Ziels sowie familiäre und soziale Einflüsse spielen die entscheidende Rolle; die Erreichbarkeit wird von den bei Therapiebeginn gesehenen Schwierigkeiten oder Hindernissen her beurteilt. Insgesamt sind von den 28 Patienten 7 Ziele, die zuvor auf Platz 1 der Erreichbarkeit plaziert wurden, auch nachher auf Platz 1 der Vollständigkeit gesetzt worden. Diese Häufigkeit ist etwas unterhalb der Signifikanzgrenze.

Es ist davon auszugehen, daß der Leistungsbereich im Laufe der Behandlung an Bedeutung zunimmt. Hierfür gäbe es gute Gründe: Möglichkeiten für Erfolgserlebnisse, die die Patienten bei Beginn ihrer Behandlung nicht erwarteten, das Bearbeiten von Teilleistungsstörungen und die hiermit einhergehende Verbesserung der Motivierbarkeit, nicht zuletzt auch der Stellenwert der Leistungsthematik in pädagogischen und therapeutischen Gesprächen. In jedem Fall ist die Bedeutung von Zielen aus dem Leistungsbereich für die Ergebnisse stationärer Therapien nicht zu unterschätzen.

Das letzte Bewertungskriterium für die Therapieziele ist die Frage nach ihrer **Wichtigkeit für die Zukunft**: die Zeit nach Beendigung der Behandlung. Anders als zu Beginn der Intervention dominiert hier kein Zielbereich; die gemittelten Rangplätze liegen nahe beieinander, wobei dem emotionalen Bereich (mittlerer Rangplatz: 4,3) der Vorrang vor dem sozialen Bereich (4,5) gegeben wird. Dieser liegt praktisch gleichauf mit dem familiären Bereich (4,4), während der Leistungsbereich hier den niedrigsten Durchschnittswert aufweist (4,7).

Auch die Erstplazierungen der Ziele lassen wenig Unterschiede erkennen: Der soziale Bereich hat mit 32% hier den höchsten Anteil vor dem emotionalen Bereich (25%); es folgt der familiäre Bereich (21%) vor dem Leistungsbereich (18%).

Im Unterschied zur ersten Zielbewertung nach Wichtigkeit ist die Zielbewertung bei Therapieende ohne „Trend". Der ursprünglich dominante Bereich des familiären Interaktionsverhaltens steht nicht mehr im Vordergrund einer „Rest-Thematik", nachdem in der Behandlung – inter- wie intraindividuell sehr unterschiedliche – Zielannäherungen stattgefunden haben. In Kontrast zur anfänglichen Priorität der familiären Änderungsziele läßt sich bei Therapieende von einer Individualisierung der residualen Probleme sprechen.

Bei der Frage der Wichtigkeit für die Zukunft der Ziele drängt wegen der Ähnlichkeit der Kriterien die Frage nach der rechnerischen Beziehung zur ursprünglichen Wichtigkeits-Bewertung auf: Was wurde aus ihr nach Abschluß der Therapie? Auf der Basis der Paarvergleiche bzw. ihrer Rangreihen korrelieren beide Bewertungen im Durchschnitt um +.30, auf der Basis der absteigenden Rankings +.29; beide Korrelationsreihen zeigen vergleichsweise geringe Streuungen (s = .34 bzw. .39). Dies sind die höchsten mittleren Korrelationen zwischen zwei Kriterien.

Es gibt auf der einen Seite also eine gewisse Stabilität der Konzeption von „Wichtigkeit", die sich in den mittleren Korrelationen beider Bewertungen widerspiegelt. Andererseits ist festzustellen, daß im Therapieverlauf der meisten Kinder eine Verschiebung der Bedeutung auf andere Ziele und in andere Zielbereiche stattgefunden hat. Der familiäre Bereich dominiert nicht mehr die Bewertungen. Mit der Verabschiedung aus der stationären Behandlung rücken Ziele in den Vordergrund, die eine Außenorientierung des Kindes erleichtern könnten: emotionale Selbstkontrolle und Veränderung im Sozialverhalten werden nun von den Kindern als ebenso wichtig angesehen wie andere Ziele.

Gänzlich unabhängig voneinander zeigen sich die Kriterien „Wichtigkeit für die Zukunft" und Vollständigkeit: Auf der Basis der Paarvergleichs-Rangreihen korrelieren sie im Mittel .01 (s = .59), auf der Basis der Rankings -.08 (s = .57). Die vergleichsweise hohen Streuungsmaße weisen darauf hin, daß stark positive und stark negative Zusammenhänge häufiger vorzufinden sind. Dies spricht dafür, in der Analyse des *Einzelfalls* nach der möglichen Bedeutung dieses Zusammenhangs zu suchen.

Einerseits muß man davon ausgehen, daß Ziele, die zu einem großen Teil erreicht wurden und trotzdem eine weiterhin hohe Wichtigkeit haben, häufig eine überdauernde Verhaltenskontrolle erfordern und so als Ziele bestehen bleiben; es kann in einer weiterhin hohen Bewertung ausgedrückt werden, daß der Erfolg der Veränderung als so wichtig angesehen wird, daß demgegenüber andere Zielsetzungen auch zukünftig keinen Zuwachs an Wichtigkeit erfahren sollen.

Liegt dagegen eine deutlich negative Beziehung zwischen den Kriterien vor, kann dies u.a. mit der Einstellung zusammenhängen, daß Ziele, bei denen viel erreicht wurde, „erledigt" sind, und daß das Kind sich nun den nicht - oder weniger - erreichten Zielen zuwenden will. Insbesondere wenn Ziele eher statisch und mit fest definierten Kriterien (etwa: Schwimmabzeichen, Bewältigung des Schulgangs ohne Hilfe) formuliert waren, ist eine negative Korrelation zwischen Vollständigkeit und Wichtigkeit für die Zukunft als „Aufbruch zu neuen Ufern" interpretierbar.

Eine Nicht- Beziehung zwischen den Kriterien für die abschließende Zielbewertung, wie sie sich in unserer Stichprobe herausgestellt hat, bietet unter inhaltlichen Gesichtspunkten keine Interpretationsprobleme. Die Varianz der Korrelationskoeffizienten (range -.99 bis +.95 bei den Paarvergleichen, -.88 bis +.90 bei den Rankings) läßt eine Klärung dieses Zusammenhanges in der Einzelfallanalyse der Therapiebewertung lohnend erscheinen.

Mit diesen Ergebnissen sei die quantitative Darstellung der Zielbewertungen beendet. Führt man im Rahmen einer Kinderpsychotherapie eine Strukturierte Zielentwicklung durch, lassen sich aus den Ergebnissen Orientierungshilfen für die *individuelle* Therapieplanung und die Analyse des Therapieverlaufs entnehmen.

Grundlage der **individuellen Zielanalyse** ist die innere Stimmigkeit der Bewertung: Wird das jeweilige Kriterium inkonsistent angewendet, muß sich die Einzelfallanalyse mit der Feststellung dieser Inkonsistenz als wesentlichem Faktum begnügen. Weiter gehende Schlußfolgerungen über den Stellenwert einzelner Ziele im Urteil des Kindes lassen sich in einem solchen Fall nicht ziehen. Daß Inkonsistenz in einem negativen Zusammenhang zu Therapiemotivation und konzentrierter Kooperation steht, dürfte außer Zweifel sein. Weitgehend unbekannt sind damit aber noch das Ausmaß und die Moderatoren dieses Zusammenhang; erschwerend kommt hinzu, daß ein Konstrukt wie „Therapiemotivation" selbst eine hohe Komplexität aufweist und als „ein dynamisches Phänomen" anzusehen ist, „das sich permanent ändern kann" (MEICHENBAUM und TURK, 1994). Mit der Konsistenzmessung der Zielbewertungen eines Kindes ist eine Grundlage geschaffen, um über die Klarheit des Urteils gewisse Hinweise auf die Akzeptanz des Zielkatalogs und seiner Elemente, aber auch der SZE-Prozedur insgesamt zu erhalten. Gerade ein Therapieelement, in dem kurzzeitig relativ hohe Anforderungen an die Kooperation des Kindes gestellt werden, bedarf einer Überprüfung seiner Akzeptanz beim Patienten, die über bloße verbale Bewertungen hinausgehen sollte.

Insbesondere als zu hoch empfundene Anforderungen, die Einschätzung, selbst keine Probleme zu haben, sowie die Wahrnehmung fehlender eigener Entscheidungsmöglichkeiten stellten in einer Untersuchung von ADELMAN und TAYLOR (1986, vgl. MEICHENBAUM und TURK, 1994) die wesentlichen Faktoren dar, die bei Kindern eine negative Einstellung zu ihrer Therapie begründeten.

Die statistischen Beziehungen der Bewertungskriterien untereinander erlauben weitere Hypothesen über Komponenten der kindlichen Einstellung zur Therapie:

- Das Verhältnis von Wichtigkeit zu Erreichbarkeit läßt die Einschätzung der erforderlichen Veränderung im Sinne eines rudimentären *strategischen Konzeptes* auf seiten des Kindes deutlich werden: Ist beispielsweise besonders schwer erreichbar, was für besonders wichtig gehalten wird, und welche Bewertung hat die jeweils andere Bewertung beeinflußt? Oder wird etwas für besonders leicht erreichbar gehalten, nachdem – und vielleicht weil – es für besonders wichtig erklärt wurde? Aus der Klärung derartiger Fragen läßt sich eine positive Beeinflussung der kindlichen Erwartungen an das zukünftige Therapiegeschehen entwickeln.

- Das Verhältnis von Wichtigkeit zur Abschlußbewertung nach Vollständigkeit liefert einen wichtigen Hinweis auf die *Therapiezufriedenheit*: Je positiver die Beziehung zwischen diesen beiden Kriterien, umso eher dürfen anfängliche Erwartungen an eine erfolgreiche Therapie als erfüllt angesehen werden.

Gerade der letztgenannte Zusammenhang kann im Abschlußgespräch noch einmal die Aufmerksamkeit auf den „Veränderungsauftrag" lenken, der ja nicht von seiten des Kindes an den Therapeuten gerichtet wurde. Im Falle eines positiven Zusammenhangs von Wichtigkeit und Vollständigkeit wird die Therapieprozedur nachträglich erneut legitimiert, was zu einer Festigung der erzielten Effekte beitragen kann.

C.2. Konsistenzmängel: Zum Umgang mit widersprüchlichen Zielbewertungen

Daß eine Hierarchiebildung von Therapiezielen anhand ihrer Wichtigkeit für den Patienten zu einer größeren Durchschaubarkeit und Konkretisierung der Ziele (SCHULTE, 1996) beiträgt, kann als zweifelsfrei angesehen werden. Eine solche Hierarchiebildung erfolgt im Goal Attainment Scaling über eine einfache Bewertungsskala, bei der Strukturierten Zielentwicklung in Paarvergleich und Ranking. Diese Art von Ziel-Elaborierung ist als wesentliche Voraussetzung für die Mitarbeit des Patienten anzusehen.

Die Realisierbarkeit einzelner Ziele einzuschätzen und mit den therapeutischen Möglichkeiten abzugleichen, ist in der Behandlung Erwachsener Aufgabe des Therapeuten (KANFER und GRIMM, 1980). Auswahl und Formulierung der Ziele werden vom erwachsenen Patienten entscheidend beeinflußt. Im Rahmen einer SZE dagegen ist dieser Selektionsprozeß unter größerem Einfluß des Therapeuten. Umgekehrt ist hier die Einschätzung der Erreichbarkeit eine Aufgabe für das Kind. Durch die Einschätzung soll es veranlaßt werden, erste Vorstellungen von der aufzubringenden Anstrengung zu entwickeln.

Ein konstruktiver **Umgang mit Konsistenzmängeln** in der Bewertung ist als Teil der therapeutischen Motivationsarbeit zu sehen. Dabei ist die Frage, inwieweit der Inkonsistenz ein Motivationsmangel als *Antecedens* zugrunde liegt, lediglich durch Verhaltensbeobachtungen während der Zielauswahl, -formulierung und -bewertung näher zu klären. Wichtiger für die therapeutische Arbeit ist aber der mögliche Motivationsmangel als *Consequens* der Inkonsistenz: Das Kind kann zu dem Schluß kommen, der Stellenwert einzelner Ziele sei unerheblich. Dieser Mangel an Klarheit beim Übergang von der Zielentwicklung und -bewertung zur Veränderungsarbeit kann eine Therapie als zielorientiertes Vorgehen in Frage stellen.

Dabei versteht es sich von selbst, daß Ziele nicht jederzeit kognitiv präsent sind, und daß auch nicht jedes Verhalten vom Individuum im Hinblick auf seine Zielnähe und Zieltauglichkeit überprüft wird (SCHMELZER, 1983), erst recht nicht von Kindern. Ebenso wie ein handelnder Mensch nicht ständig seine Handlungsziele vor Augen haben muß, um zielgerichtet zu handeln, ist auch im Prozeß der Zielbewertung nicht mit einer kontinuierlichen Aufmerksamkeit des Kindes zu rechnen.

Der Begriff „Konsistenzmangel" schafft normative Probleme: Ein Cut-off-Wert, von dem an eine Inkonsistenz als „erheblich" anzusehen ist, läßt sich nur willkürlich bestimmen. Dieses Problem ist derzeit nur kasuistisch zu lösen, indem man die numerisch auffälligsten Unstimmigkeiten von Bewertungen aus der Stichprobe heraussucht.

Aus dem Gesagten ergibt sich, daß die Feststellung von Konsistenzmängeln in der Zielbewertung ein wesentlicher Teil der **Therapiediagnostik** sein kann. Es sollen in diesem Abschnitt einige besonders *prägnant* erscheinende Inkonsistenzen kasuistisch aufbereitet werden. Mit „prägnant" ist gemeint, daß Beispiele ausgesucht werden, bei denen diese Mängel nicht nur inter-, sondern auch intraindividuell herausragen. Als besonders prägnant sollen demnach Konsistenzmängel gelten, die einer oder beiden folgenden Kategorien zuzuordnen sind:

- mangelnde Paarvergleichs-Konsistenz: Ein ζ, welches vor allem in Kontrast zu guten oder hinreichen Rangreihen-Korrelationen niedrig ausfällt. Dabei ist zu beachten, daß beide Koeffizienten weder im Hinblick auf die Stichprobe, noch in ihrer statistischen Wertigkeit direkt vergleichbar sind. Zur groben Orientierung können hier die in C.1. dargestellten Standardabweichungen dienen.

- mangelnde Rangreihen-Konsistenz: das Gegenstück zu dem eben genannten Konsistenzmangel, bei dem also die Korrelation zwischen den Rangreihen deutlich niedriger erscheint als die Konsistenz des jeweiligen Paarvergleichs.

Das *Ziel* einer Intervention, die sich auf Konsistenzmängel bezieht, sollte nicht eine nachträgliche Verbesserung der Konsistenzleistungen sein, indem man beispielsweise die Bewertungsprozedur wiederholt. Vielmehr geht es um eine Unterstützung der offensichtlich defizitären Zielorientierung des Kindes, wie sie in der unstimmigen Bewertung offensichtlich wurde. Eine Wiederholung der Bewertung würde die Motivationsprobleme und den Widerstand des Kindes eher vergrößern. Sie wäre auch nicht ökonomisch, da mit Abschluß der SZE weitere Interventionsschritte anstehen.

Von dieser Regel sollte allerdings abgewichen werden, wenn nach guter Mitarbeit des Kindes bei Auswahl und Formulierung der Ziele lediglich die Bewertung zu einer Art spielerischer Machtprobe wird, etwa weil sie in ihrer Aufgaben-Stereotypie an eine Testsituation erinnert und daher bei einzelnen Kindern Widerstände weckt. Hier kann eine Wiederholung der Bewertung als Verhaltenskonsequenz wirken.

Krasse Konsistenzmängel können die grundlegende Intention der SZE, nämlich den Aufbau einer stabilen Motivation zur Kooperation, gefährden. Hier gilt es, vorrangig zugunsten der *Ziele* zu intervenieren.

C.2.1. Instabile Bewertungen in Paarvergleichen

Mit den folgenden Beispielen sei nicht der Anspruch erhoben, diagnostische Kriterien zur Erfassung der kindlichen Motivation während einer Zielbewertung zu entwickeln. Vielmehr sollen die kasuistischen Konsistenzmängel dazu genutzt werden, Hypothesen über motivationale Zusammenhänge zu bilden, die durch Verhaltensbeobachtungen gestützt oder verworfen werden. Die Interpretationen zu den Fallskizzen stellen also Vorschläge dar. Beispiele solcher Interpretationen seien Indifferenz, Ambivalenz und Unaufmerksamkeits-korrelierte Motivationsschwankungen.

Tab. 9 zeigt die Wichtigkeits-Bewertung einer 12;2 Jahre alten Patientin.

	A+	B+	C+	D+	E+	F+	G+	H+
A-	0	0	0	1	1	0	1	0
B-	1	0	1	0	0	0	0	0
C-	1	0	0	1	1	1	1	0
D-	0	1	0	0	1	0	0	0
E-	0	1	0	0	0	0	1	0
F-	1	1	0	1	1	0	0	1
G-	0	1	0	1	0	1	0	0
H-	1	1	1	1	1	0	1	0
Σ	4	5	2	5	5	2	4	1
Rpl	4,5	2	6,5	2	2	6,5	4,5	8

Tab. 9: Dominanzmatrix eines indifferent bewertenden Kindes („Theresa“)

Es fällt auf, daß die Wichtigkeits-Hierarchie zu nur 4 unterschiedlichen Rangplatzinformationen führt, daß sich 3 Ziele (B, D, E) den ersten Rangplatz teilen, und daß nur ein Ziel als das Letztplazierte (H) einen ungeteilten Rangplatz einnimmt. In diesem Paarvergleich finden sich 12 zirkuläre Triaden (Konsistenz .40); in ¾ dieser Triaden ist zumindest je eines der erstplazierten Ziele enthalten, und 4 der 12 Triaden enthalten 2 der 3 erstplazierten Ziele. Wir haben es demnach mit einer Zielbewertung zu tun, bei der in der Frage der Wichtigkeit keine eindeutigen Prioritäten gesetzt werden. Im Vergleich zu der niedrigen Paarvergleichs-Konsistenz korrelieren die Rangreihen relativ hoch ($r_S = .80$)

Bei Theresa handelt es sich um ein durchschnittlich begabtes Mädchen mit erheblichen Schulleistungsproblemen bei sehr geringer Kooperation im Unterricht, sozialen Umgangsschwierigkeiten im Sinne eines völligen Rückzuges und abwehrend-aggressiver Kontaktverweigerung. Das pubertierende Mädchen geriet innerfamiliär in heftige Autonomie-Konflikte und nutzte Differenzen zwischen den Eltern erfolgreich, um sich schulbezogenen Arbeitsanforderungen zu entziehen. Zugleich bestand eine diffuse Somatisierungsstörung, auf die die Mutter mit der Konsultation jeweils verschiedener Fachärzte derselben Fachrichtung reagierte, ohne die jeweiligen Ausschlußdiagnosen zu akzeptieren. Auf diese Weise bot sich dem Kind eine indirekte Unterstützung für eine ausgeprägte Rückzugs- und Vermeidungsproblematik.

Zu den erstplazierten Zielen gehörten Verhaltensweisen, mit denen die Patientin positiv auf innerfamiliäre Konflikte, insbesondere mit Schwester und Mutter, einwirken konnte (B und E) sowie die Selbstbehauptung unter Gleichaltrigen (D). Das Einüben oder Verbessern sozial konstruktiver Verhaltensweisen, mit denen Freundschaft geschlossen (H) und die Gefahr der Ablehnung durch andere verringert werden könnten (F), wurde demgegenüber auf die letzten Plätze gesetzt.

Das Bewertungsmuster ist als Beispiel für die **Indifferenz** der Patientin gegenüber einer Reihe von Zielsetzungen, aber auch gegen die Behandlung insgesamt angeführt. Neben anderen Ursachen war hier ein wachsender Loyalitätskonflikt des Mädchens mit ihren Eltern ausschlaggebend, da im Laufe der Therapie die schulische Förderung und damit die Frage der geeigneten Beschulungsform (Wechsel vom Gymnasium zur Realschule) zunehmend in den Vordergrund rückten. Indifferenz erscheint hier als Ergebnis einer kontinuierlich nachlassenden Motivation zur Kooperation. In der Bewertung kommt es auf diese Weise zu "Augenblicks-Eingebungen“, ähnlich der Suche nach geeigneten Zahlen für einen Lottozettel. Im Verhalten zeigten sich diese Motivationsmängel in häufigerem Klagen über „Wiederholungen“ von Reizdarbietungen im Paarvergleich, über die Dauer der Bewertungsprozedur sowie bereits bei der endgültigen Auswahl der Ziele in der eingestreuten Frage: „Weshalb bin ich noch hierher gekommen?“ Dabei war die Patientin nicht durchgehend unmotiviert, Bewertungen abzugeben; es erschienen ihr aber plötzlich einige Ziele einer Abwertung würdig.

Indifferenz gegenüber den Therapiezielen stellt die Therapie insgesamt in Frage. Ihr muß mit Interventionen begegnet werden, die einerseits das Recht des Kindes konzedieren, die Therapie in Frage zu stellen, andererseits auch die resultierende Konsequenz zum Gegenstand machen: Eine Reduktion der Behandlungsziele auf das für eine verantwortbare Beendigung Notwendige bzw. eine Beendigung der Behandlung im Konsens mit den Auftraggebern. Zuvor sind allerdings unbedingt folgende Punkte zu klären:

- Klärung und Ausschluß alternativer Ursachen der Konsistenzmängel

- Problematisierung der Inkonsistenz zur Klärung der Frage „Was ist mir besonders wichtig?"/ „Was halte ich für besonders schwer erreichbar?"

- Aufforderung zu konzentrierterer Mitarbeit

Die folgende Dominanzmatrix der Wichtigkeit (Tab. 10) läßt sich als Ergebnis einer **ambivalenten** Bewertung interpretieren. Dabei zeigt sich, daß es zwar deutlichere Rangabstufungen und weniger zirkuläre Triaden als im Beispiel Theresa gibt, daß aber am Ende des Paarvergleichs kein Ziel einen ungeteilten Rangplatz aufweist. Bei Petra handelt es sich um ein 10;10 Jahre altes Mädchen mit Lernschwierigkeiten, welches in seiner Schule unter heftigem Mobbing zu leiden hatte, sich der Unterstützung durch die Eltern sicher sein konnte, aufgrund einer massiven Rivalität zur älteren Schwester aber immer wieder das Gefühl von Benachteiligung und Zurückweisung durch die Mutter entwickelte. In Reaktion hierauf hielt Petra mit spektakulären Wutausbrüchen und Ankündigungen selbstgefährdender Aktionen durch Anrufe aus einem öffentlichen Fernsprecher die Familie in Atem.

	A+	B+	C+	D+	E+	F+	G+	H+
A-	0	1	1	0	1	1	1	1
B-	0	0	0	0	0	0	0	1
C-	0	1	0	1	1	0	1	0
D-	1	1	0	0	1	1	1	1
E-	0	1	0	0	0	0	1	1
F-	0	1	1	0	1	0	0	1
G-	0	1	0	0	0	1	0	1
H-	0	0	1	0	0	0	0	0
Σ	1	6	3	1	4	3	4	6
Rpl	7,5	1,5	5,5	7,5	3,5	5,5	3,5	1,5

Tab. 10: Dominanzmatrix eines ambivalent bewertenden Kindes („Petra")

Auch in dieser Wichtigkeits-Bewertung finden sich – wie im Beispiel zuvor - nur 4 unterschiedliche Rangplatzinformationen. Die Bewertung läßt dennoch klarere Prioritäten erkennen, was auch an der etwas geringeren Inkonsistenz (.60) als im Beispiel Theresa ersichtlich ist. Demnach finden sich 8 zirkuläre Triaden, von denen 3 jeweils eines der beiden erstplazierten Ziele enthalten, in einer Triade finden sich beide (B, H). Da aber keines der Ziele einen ungeteilten Rangplatz einnimmt, läßt sich die hier zu erkennende Unsicherheit in der Bewertung – in Analogie zu KUHLs Wortschöpfung „Verhaltensflimmern" (KUHL, 1983 b) – als „Bewertungsflimmern" bezeichnen, bei welchem widerstreitende Tendenzen im Laufe der Bewertung eine Eindeutigkeit unmöglich machen. Hieraus kann man auf eine **Ambivalenz** in der Einstellung gegenüber den Zielsetzungen schließen: Jede Entscheidung für ein Ziel als „wichtiger" gegenüber einem anderen hat zur Folge, daß das soeben noch als vorrangig erachtete Ziel zumindest einmal geringer bewertet wird und umgekehrt. Demnach können die zirkulären Triaden aus einer Unsicherheit gegenüber zuvor abgegebenen Urteilen entstehen („postdecision dissonance"; FESTINGER, 1957). Daß Petra dennoch ein relativ klares kognitives Set über ihre Wichtigkeits-Prioritäten hat, belegt auch die vergleichsweise gute Korrelation der Rangreihen ($r_s = .93$).

Die Ambivalenz des Kindes gegenüber der Therapie wurde gefördert durch innerfamiliäre Stigmatisierungen als Psychotherapie- bzw. Psychiatrie-Patientin seitens der älteren Schwester, was zugleich eine Verbesserung von Petras Position bei den Eltern bewirkte; diese sahen ihrerseits durch die hervorgerufenen Konflikte die Berechtigung ihrer Forderungen an Petra, ihr Verhalten zu ändern, gefährdet. Das Mädchen war erleichtert, durch eine stationäre Aufnahme der verhaßten Schule zu entkommen und auf eine Verbesserung ihrer psychosozialen Situation durch eine institutionell geförderte Umschulung hoffen zu können, fühlte sich im stationären Setting offensichtlich auch wohl. Sie blieb aber in dem inneren Zwiespalt, durch ihre Einwilligung zu einer stationären Behandlung implizit das Eingeständnis zu geben, daß ihr Verhalten sich ändern müsse.

Die erstplazierten Ziele (B, H) waren ein Vorschlag seitens der Patientin (Befolgen von Aufforderungen der Eltern) sowie ein von den Eltern in den Familiengesprächen formuliertes Anliegen an Petra (Ehrlichkeit im Sinne einer Selbstkontrolle des Vermeidungslügens), mit dem die Patientin sich einverstanden erklärt hatte. In der Folgezeit allerdings war sie nur begrenzt in der Lage, an der Bearbeitung entsprechender Situationen konstruktiv mitzuwirken. Es schien, als habe Petra mit der „Hochplazierung" von Ziel H ihre Pflicht zur Veränderung erfüllt, und als sei damit das Problem für sie gelöst, weitere Veränderung damit also nicht erforderlich - eine Fortsetzung des ambivalenten Umgangs mit eigenen Zielen.

Während Indifferenz zu willkürlichen Augenblicks-Bewertungen führt, so daß letztlich kaum Prioritäten gesetzt werden, resultiert Ambivalenz bei der Bewertung aus der Sorge, sich durch eine Bewertung festzulegen. Ambivalenz führt daher zu unklaren Prioritäten. Anders als Indifferenz stellt die Ambivalenz gegenüber Therapiezielen nicht die gesamte Behandlung in Frage. Vielmehr finden sich positive Einstellungsanteile gegenüber einer Veränderung, die aber sehr rasch durch inkompatible Verhaltensweisen konterkariert werden. Therapeutisch sollte der Ambivalenz daher durch *affirmative* Techniken begegnet werden, mit deren Hilfe das Kind auf seine bereits geleistete Arbeit hingewiesen und zugleich zur Weiterarbeit ermuntert werden kann. Verhaltensrückmeldungen können dem Kind helfen, die aktuelle Annäherung oder Distanz zu bestimmten Zielen einschätzen zu üben. Die Bestätigung der Ziele als wichtige Vereinbarungen für alle Beteiligten sowie die Voraussage, auf diese Weise eine Lösung der in der Vergangenheit aufgetretenen Probleme zu erreichen, gehören ebenfalls hierher.

Motivationsprobleme in Zusammenhang mit einem Paarvergleich zeigen sich nicht selten in „**Wiederholungsillusionen**", die teils in Form von Klagen, teils als Fragen oder Feststellungen vorgetragen werden. Hier besteht das Kind für kurze Zeit darauf, das vorgelegte Zielepaar bereits verglichen zu haben. Zumeist nehmen die Kinder die Versicherung, daß jede Paarkombination nur einmal vorgelegt werde, eher unzufrieden oder auch ungläubig zur Kenntnis.

Eine solche Situation ähnelt der Déjà vu-Erfahrung, von der HERRMANN (1960, S.63f.) sagt, sie trete „im Zustand der Ermüdung, der Überreizung, der Zerstreutheit und dergleichen" auf und gehe mit einer „abgeschwächten intentionalen Zuwendung" – d.h. zu den vorliegenden Umweltreizen - einher. Allerdings ist, so wiederum HERRMANN, mit der Déjà vu-Erfahrung das paradoxe Wissen verbunden, daß „in Wirklichkeit" die Situation neu ist. Dies läßt sich für unsere Patienten nicht unbedingt postulieren, so daß der Begriff Wiederholungsillusion eher angebracht ist. Andere Begriffsvorschläge wie „reduplizierende Paramnesie" (vgl. WOLFRADT, 2000) erscheinen weniger treffend. HERRMANNs Charakterisierungen des Motivationsgemenges einer Déjà vu-Erfahrung korrespondieren recht gut mit dem Verhaltenseindruck, der sich in der Paarvergleichs-Situation einstellt, wenn das Kind der Meinung ist, einen vorgelegten Vergleich bereits vorgenommen zu haben.

Während der Untersuchungen entstand der Eindruck, als wiesen Patienten mit häufigeren Äußerungen über Wiederholungen im Paarvergleich geringere Konsistenzkoeffizienten auf als die übrigen Kinder. Dieser Zusammenhang erscheint plausibel, ist aber noch nicht systematisch untersucht.

Das letzte Beispiel zu diesem Thema soll zeigen, daß auch bei Vorliegen deutlicher Konsistenzmängel eine erkennbare Bewertungshierarchie zustande kommen kann (Tab.11). Es handelt sich um einen soeben 9 Jahre alten Jungen mit einer gravierenden Störung von Aufmerksamkeit und Aktivität („Hyperkinetisches Syndrom") bei anteilig bestehenden Auffälligkeiten des Sozialverhaltens, der - für eine Störung dieser Art in diesem Alter keineswegs selbstverständlich- über eine zeitweilig gute Änderungsmotivation verfügt, die allerdings störungstypisch schwankt.

	A+	B+	C+	D+	E+	F+	G+	H+
A-	0	0	1	1	0	1	0	1
B-	1	0	0	0	1	0	1	0
C-	0	1	0	0	1	1	0	1
D-	0	1	1	0	1	1	0	1
E-	1	0	0	0	0	1	0	0
F-	0	1	0	0	0	0	0	0
G-	1	0	1	1	1	1	0	1
H-	0	1	0	0	1	1	0	0
Σ	3	4	3	2	5	6	1	4
Rpl	5,5	3,5	5,5	7	2	1	8	3,5

Tab. 11: Dominanzmatrix (Wichtigkeit) eines aufmerksamkeitsgestörten Kindes („Oliver")

Wie im ersten Beispiel findet sich auch hier eine hohe Zahl (12) zirkulärer Triaden, entsprechend einem Koeffizienten von .40. gleichwohl liegen für eine Hierarchie der Ziele 6 unterschiedliche Rangplatzinformationen vor. Demzufolge sind die Häufigkeiten so verteilt, daß auf den beiden ersten und den beiden letzten Rangplätzen eindeutige Zuordnungen vorgenommen werden können.

Unter den zirkulären Triaden findet sich eine, die sich als typischer kognitiver „Ausrutscher" eines aufmerksamkeitsgestörten Kindes interpretieren läßt: Das erstplazierte Ziel (F) wird dominiert von Ziel B, das seinerseits wiederum vom letztplazierten Ziel (G) dominiert wird. Bei F handelt es sich um ein Ziel, in dem der „gute Wille" zur vermehrten Selbstkontrolle des impulsiven Verhaltens gegenüber den Eltern dokumentiert wird; B thematisiert die Bewältigung von Gefühlen der Langeweile aus eigener Kraft, während G auf eine zunehmende Reduktion im Äußern von Wünschen abzielt; hier vor allem dem ständigen Drängen, sich sofort mit Olivers Angelegenheiten zu befassen.

Oliver, der zu Beginn seiner Behandlung davon ausging, daß nur die Therapeuten in der Klinik – und nicht er selbst – etwas gegen seine, von ihm „Zappelkrankheit" genannte Störung tun könnten, lernte im Laufe der Behandlung seine eigenen Fähigkeiten, positiv auf Umweltpartner zu wirken, besser kennen. Bei ihm war es gerade die Strukturierte Zielentwicklung, mit deren Hilfe ihm seine

Möglichkeiten vor Augen geführt wurden, selbst etwas zu verändern. Exemplarische Erfahrungen von Erfolg im schulischen und sportlichen Bereich und die hieraus resultierende Anerkennung durch Gleichaltrige verschafften ihm einen besseren Gruppenstatus, was wiederum positive Rückwirkungen auf die Kooperation in der Therapie hatte.

Hier liegt der Zielbewertung weder eine Indifferenz, noch eine Ambivalenz zugrunde. Vielmehr haben wir es mit einer Lenkung der Aufmerksamkeit auf die für das Kind bedeutsamsten Inhalte zu tun: Die in besonderer Weise hervorzuhebenden und die abzulehnenden Ziele. Hier erhält das Urteil des Kindes Eindeutigkeit, was sich auch darin zeigt, daß das erstplazierte Ziel in lediglich 3, das letztplazierte Ziel in 4 Triaden enthalten ist. Ein Großteil der Unstimmigkeiten findet sich bei den Zielen mit mittleren Rangplätzen, besonders krass in Ziel B (Rangplatz 3,5): 9 der 12 zirkulären Triaden enthalten dieses Ziel als Element.

An der Bewertung von Oliver läßt sich die Ablenkbarkeit von Kindern mit **Aufmerksamkeitsmängeln** in ihrer Wirkung auf Paarvergleiche beispielhaft aufzeigen: Wenn eine Reizkonfiguration „wenig wirkliches Interesse“ (VERNON, 1974, S.99) findet, liegt einer der wesentlichen Gründe zur Ablenkung vor. Da der Paarvergleich naturgemäß eine Prozedur mit Wiederholungscharakter ist, bei dem sich wichtigere und weniger wichtig bewertete Reize unregelmäßig abwechseln, läßt sich auch von einer „Folge irrelevanter Reize in unregelmäßigen Abständen“ (VERNON) sprechen: ein weiterer Auslöser von Abgelenktheit. Der motivationale Kern der Aufmerksamkeit, bereits 1906 von STUMPF als „Lust am Bemerken des Folgenden“ treffend definiert, scheint besonders gut bei Untersuchungen hervorzutreten, bei denen abgestuft relevante Reize wiederholt miteinander verglichen werden. Aufgrund dieser Überlegungen ist (bei Vorliegen einer größeren Stichprobe) auch eine schwächere Konsistenzleistung der aufmerksamkeitsgestörten Kinder in den Wichtigkeits-Bewertungen zu erwarten.

Eine Bewertung wie die von Oliver erfordert keine weiteren Interventionen zugunsten einer stärkeren Zielorientierung. Im Rahmen seiner Möglichkeiten hat das Kind in der Bewertung erkennbare Schwerpunkte gesetzt. Bei der nachfolgenden Arbeit an den Zielsetzungen ist allerdings aufgrund der Störungsart mit Motivationsschwankungen und impulsiven Reaktionen auf therapeutische Interventionen zugunsten einer Aufrechterhaltung der Zielsetzungen zu rechnen.

Inkonsistenz in den Paarvergleichen, hier am Beispiel der Wichtigkeits-Bewertungen demonstriert, läßt sich also Therapie-diagnostisch verwerten, sofern weitere Datengeber herangezogen werden: Ohne die entsprechenden Verhaltensbeobachtungen im Zielsetzungsprozeß und in der Bewertungsprozedur sowie ohne den Bezug zur zugrunde liegenden Störungskategorie läßt die Feststellung von Inkonsistenz allein keine eindeutigen Interpretationsmöglichkeiten zu.

C.2.2. Motivkonflikte oder fehlender Überblick: Mangelnde Übereinstimmung von Rangreihen

Als denkbar einfache Meßmethode erscheint ein Ranking verlockend: Es liefert exakte Rangplatzinformationen und ist damit einem Paarvergleich, bei dem Inkonsistenzen (und damit gemeinsame Rangplätze) auftreten können, an numerischer Genauigkeit überlegen, ohne allerdings entsprechend zuverlässig zu sein.

Für die methodischen Probleme eines Rankings gilt, was FASSNACHT (1979) kritisch über Ratingverfahren bzw. die „Einstuf-Methode" äußert: Die Einfachheit der Handhabung täuscht über die Kompliziertheit und Undurchsichtigkeit des beteiligten Urteilsprozesses hinweg: Unklar bleibt, welche Einflüsse auf die Urteilsbildung wirken.

Den Paarvergleich kennzeichnet, daß er die „maximale Differenzierung der Aussagen intendiert, wobei allerdings zuweilen die Frage offenbleibt, ob dieses Ausmaß an Differenzierung im Hinblick auf die Unterscheidungsfähigkeit des Beurteilers gerechtfertigt ist" (SÜLLWOLD, 1969, S. 490). Das Ranking verlangt dieselbe Differenzierungsleistung wie der Paarvergleich, läßt aber keine Schlüsse auf seine Reliabilität zu. Die numerische Genauigkeit einer Rangreihe täuscht über die Mängel ihrer Erhebung hinweg. Gerade *weil* Konsistenzmängel im Paarvergleich auch ein Hinweis auf Überforderung eines Menschen in seiner Unterscheidungsfähigkeit sein können, läßt sich die Zuverlässigkeit eines Paarvergleichs durch den Konsistenzkoeffizienten nicht nur besser bestimmen; der Koeffizient zeigt an, daß es überhaupt so etwas wie eine Zuverlässigkeit der Methode gibt.

Neben den Methoden-bedingten Schwächen des Rankings sind **individuelle** Faktoren ausschlaggebend dafür, daß die Übereinstimmung der Rangreihen im Einzelfall sehr niedrig ausfällt:

1. Die zu verarbeitende Zeichenmenge ist beim Paarvergleich konstant: je zwei Ziele sind zu vergleichen. Beim Ranking beginnt die Prozedur mit 8 simultan vorgegebenen Zielen, die sukzessive reduziert werden. Somit ist zu Anfang die Gefahr einer *Überforderung der kognitiven Kapazität* von Kindern – nicht selten auch von Erwachsenen – gegeben (s.o.).

2. Letzteres trifft in besonderem Maße zu, wenn eine *Aufmerksamkeitsstörung* Reizaufnahme und Wiedergabe des Gespeicherten beeinträchtigt. Neben den

für die Bewertung notwendigen Abwägungs- und Entscheidungsprozessen sind für eine Reizauswahl bei einer wachsenden Zahl von Elementen auch zunehmend Aufmerksamkeits- und Gedächtnisleistungen als stützende Prozesse erforderlich. Impulsivität, Ablenkbarkeit und verlangsamte sprachliche Reizverarbeitung, aber auch eine durch den Paarvergleich entstandene Ermüdung können dazu führen, daß ein Ziel voreilig gewählt wird, oder daß es – umgekehrt – übersehen wird und länger liegen bleibt, als es bei einer geringeren Zahl auszuwählender Ziele vom Kind gewertet worden wäre.

3. Ein weiterer möglicher Verursacher von Inkonsistenzen zwischen den Rangreihen sind *Motivkonflikte* im Kind, die durch die Verdeutlichung des „Präferenzerlebens" beim Ranking hervorgerufen werden können: Im Paarvergleich ist es für den Beurteiler nicht offen erkennbar, welchen resultierenden Stellenwert ein Therapieziel hat. Da das Kind immer nur je zwei Ziele miteinander vergleicht, stellt sich eine *latente* Rangordnung heraus. Hier ist es dem Kind leichter möglich, die Bewertungen ehrlich abzugeben, weil es nicht durch das Gewahrwerden des Stellenwertes eines Ziels im Gesamtkontext beeinflußt wird. Das Ranking dagegen erzwingt eine offene und dem Therapeuten ersichtliche Bewertung. Hier können Einflüsse der sozialen Erwünschtheit (die im konkreten Fall auch eine „familiäre Erwünschtheit" sein kann) wirksam werden.

Zum letztgenannten Punkt ein Fallbeispiel, bei dem die Plausibilität für einen zugrunde liegenden Motivkonflikt spricht:

Der 9-jährige Tobias leidet an der Kombination einer ausgeprägten depressiven Symptomatik mit einer Aufmerksamkeitsstörung, die zeitweilig auch mit deutlicher Unruhe einher geht und somit Merkmale eines hyperkinetischen Syndroms aufweist. Er ist Kind einer Mutter mit Depressionsneigung und eines beruflich erfolgreichen, wenig anwesenden Vaters, der sich aber sehr für Schulleistungen des Sohnes interessiert. Tobias wurde eingeschult, als sein kleiner Bruder erstmals erhebliche Beschwerden mit einem allergischen Asthma hatte und die Aufmerksamkeit der Mutter in starkem Maße (vor allem nachts) beanspruchte. Tobias leistet in der Schule unterhalb seines intellektuellen Niveaus, ist sehr kränkbar, wenig bereit, sich für kleinere schulische Zielsetzungen anzustrengen, zugleich aber resignativ und in seinen Äußerungen häufig voller Selbstvorwürfe; gelegentlich kommt es zu suizidalen Ideen. In der SZE ist er kooperativ, solange es nicht zu Forderungen an sein Verhalten in Richtung auf Eigeninitiative und Selbstverantwortung kommt. Hier akzeptiert er die Notwendigkeit bestimmter Veränderungen, verharrt aber regressiv in einer Anspruchshaltung an die Mutter, wenn es etwa um die Übernahme kleinster häuslicher Verpflichtungen geht.

Das Ziel, „meinen Eltern zeigen, daß ich bei der Erledigung meiner Aufgaben immer selbständiger werde" (Ziel G; vgl. Tab. 12), wird von ihm in der endgültigen Auswahl für den Zielkatalog akzeptiert, vielleicht auch, um ein unattraktiveres Ziel zu verhindern. In der Bewertung nach Wichtigkeit setzt er es, in Paarvergleich und Ranking übereinstimmend, auf den letzten Platz: Selbständigkeit erscheint ihm unattraktiv. Gleichermaßen konsistent wird das Ziel in der *Erreichbarkeit* zum schwierigsten Ziel überhaupt gewertet. Größere Probleme scheint Tobias mit dem zweiten auf die Familie gerichteten Ziel (C) zu haben: „in der Familie offen ansprechen, wenn ich mich ungerecht behandelt fühle". In der Wichtigkeits-Bewertung hatte Tobias dieses Ziel im oberen Bereich (Paarvergleich: Platz 3; Ranking: Platz 1) eingestuft. Bei der Erreichbarkeit dagegen (Tab. 12) zeigt sich, daß das Ziel im Einzelvergleich als recht schwer zu erreichen angesehen wird (Platz 7); im absteigenden Ranking erhält es Platz 2.

	Paar-vergleich	**Ranking**
A (emo)	4	6
B (Lei)	6	7
C (fam)	7	2
D (soz)	5	3
E (soz)	2	5
F (emo)	2	4
G (fam)	8	8
H (Lei)	2	1

Tab.12: Rangreihen der Erreichbarkeit von Zielen („Tobias")

Während das Kind im Paarvergleich eine Konsistenz von .95 erzielte, beträgt die Übereinstimmung beider Rangreihen r_s = .41. Seine Wichtigkeits-Bewertung war in der Übereinstimmung der Rangreihen dagegen deutlich konsistenter ausgefallen: Bei einem ζ von .90 entsprachen sich die Rangreihen mit r_s = .86.

Sofern die Rangplatzunterschiede in Tab. 12 nicht auf kognitive Überforderung oder Aufmerksamkeitsmängel des Kindes zurückzuführen sind, bietet sich als Interpretation ein Motivkonflikt von Tobias an: Seine Gewissenhaftigkeit in der Zielbewertung drückt sich in der guten Konsistenz des Paarvergleichs aus; offensichtlich ist er um eine stimmige Einschätzung der Erreichbarkeit bemüht. Ziel C wird von ihm als recht schwer zu erreichen eingestuft, der Methode entsprechend in 7 Einzelvergleichen mit anderen Zielen. Im absteigenden Ranking hätte dieses Ziel recht lange „liegenbleiben" müssen, um eine entsprechende Bewertung zu erhalten. Dadurch aber wäre deutlich geworden, welch große Schwierigkeiten der Junge auf dem Weg zu einer offeneren Kommunikation in der Familie sieht. Tobias' Motivation zu einer realistischeren Bewertung kollidierte mit einer Vermeidungsmotivation: offenzulegen, daß es in dieser Familie gar nicht so einfach ist, zu seinem Recht zu kommen – insbesondere nicht gegenüber dem Vater, der schnelle Lösungen in Gesprächen anstrebt und Diskussionen hierzu gern autoritär „abkürzt".

Der Vater stuft in seiner Bewertung Ziel C erwartungsgemäß als das leichteste überhaupt ein; aber auch die Mutter des Jungen teilt - in einem separaten Gesprächskontakt - diese Einschätzung: mit einer Einstufung auf Platz 2 der Erreichbarkeit. Sie führt zu Begründung an, Tobias könne ihr gegenüber seinen Standpunkt gut vertreten und habe keinerlei Probleme damit, seine Rechte durchzusetzen. Daß mit der Formulierung des Ziels die Selbstbehauptung in der gesamten Familie, also auch gegenüber dem Vater, angesprochen sei, habe sie so nicht gesehen – auch wenn der Zieltext dies zum Inhalt hat.

In diesem Fall war die Inkonsistenz der Rangreihen aus Tobias' Bewertung diagnostische Grundlage für ein ergiebiges Beratungsgespräch mit den Eltern, wo die Frage im Vordergrund stand: Welche Hindernisse stehen der Selbstbehauptung des Kindes in seiner Familie entgegen?

Das folgende Fallbeispiel läßt sich am ehesten als Rangreihen-Inkonsistenz infolge mangelnder bzw. nachlassender Aufmerksamkeit interpretieren. Alternativ wäre an kognitive Überforderung im Umgang mit sprachlichem Material eines ansonsten durchschnittlich begabten Kindes zu denken. Die Übereinstimmung der Rangreihen ist – beim Kriterium Wichtigkeit – die niedrigste der gesamten Stichprobe.

Der 10;10 Jahre alte Christoph gilt im Unterricht als häufig verträumt und nicht bei der Sache. Wegen seiner „langen Leitung", aber auch seines Äußeren (divergentes Schielen) wird er von Mitschülern gehänselt. Er reagiert hierauf mit Wutausbrüchen, bei denen er keine Rücksicht auf die – teilweise 2 Jahre jüngeren – Klassenkameraden nimmt, und geht mit Schubsen, Treten, gelegentlich auch Würgen gegen sie vor. Aufgrund einer Verzögerung der Sprachentwicklung (verlangsamte Sprachproduktion und Artikulationsstörungen)war der Junge für ein Jahr von der Einschulung zurückgestellt worden und mußte wegen erheblicher Schwächen in Deutsch die 2. Klasse wiederholen. Christoph, im Bereich des logischen Denkens und bei optischen Abstraktionsleistungen knapp überdurchschnittlich begabt, kommt nach einer Suspendierung vom Unterricht in die Behandlung. Ausschlaggebend für die Suspendierung waren neben seinen aggressiven Ausbrüchen auch die Beschwerden zweier Klassenkameradinnen, Christoph habe sie in der Genitalzone berührt. Der in Mimik und Körperhaltung hypotone Junge hat Mängel in der grobmotorischen Koordination und leidet an einem hartnäckigen sekundären Einnässen. Innerfamiliär besteht eine ausgeprägte Rivalität zum knapp 3 Jahre jüngeren Bruder, der ihm in seiner Wendigkeit und Kommunikationsfreude oft „die Show stehle".

Folgende Ziele werden von Christoph im Paarvergleich zu den wichtigsten erklärt (vgl. Tab. 13):

- Den Mut haben, Spiele und Aktivitäten mitzumachen, für die ich geschickter werden muß (Ziel C)

- Mich beim Arbeiten konzentrieren und an den Erfolg denken, damit ich mich hinterher gut fühle (Ziel A)

- Meine Leistungen im Lesen und Schreiben verbessern (Ziel H)

Bei C handelt es sich um ein Ziel aus dem emotionalen Bereich: Abbau des Vermeidungsverhaltens, das aus Insuffizienzängsten und Inferioritätsgefühlen genährt wird. Die Ziele A und H sind dem Leistungsbereich zugeordnet. Dabei thematisiert A den raschen Intentionsverlust sowie die damit einher gehende mangelnde Aufmerksamkeitssteuerung und Ausdauer bei Arbeiten, die mehr Zeit beanspruchen als beispielsweise ein „Rechenturm". H dagegen zielt auf die Bereitschaft des Kindes, in kürzeren, über den Tag verteilten Lerneinheiten Defizite abzubauen, die mit dem Begriff „Legasthenie" zusammengefaßt sind.

	Paar-vergleich	**Ranking**
A (Lei)	2,5	8
B (fam)	6	2
C (emo)	1	6
D (soz)	7,5	5
E (fam)	4	4
F (soz)	7,5	7
G (emo)	5	3
H (Lei)	2,5	1

Tab. 13: Rangreihen-Diskrepanz einer Wichtigkeits-Bewertung („Christoph")

Christophs Paarvergleich hat eine Konsistenz von .75; demnach liegen 5 zirkuläre Triaden vor. Sämtliche Triaden resultieren aus einer Bevorzugung des Zieles F (in dem es um eine Konfliktlösung ohne Aggression geht, und das er ansonsten in der Wichtigkeit gering einstuft) gegenüber dem (ansonsten hoch bewerteten) Ziel H. Auf diese Weise werden die Ziele A, B, D, E und G, im direkten Vergleich mit H als weniger wichtig bewertet, hierdurch indirekt höher eingestuft. Bereits hier entsteht der Eindruck eines kurzfristigen Aussetzens der Aufmerksamkeit.

Vollends widersprüchlich werden nach dem Paarvergleich die Ziele A und C im Ranking zu weniger wichtigen Zielen erklärt; Ziel B (bei dem es um Christophs Ärgerkontrolle in der Familie geht) erfährt dagegen eine gewisse Aufwertung. Die „Übereinstimmung" der Rangreihen beträgt $r_s = -.01$.

Die diagnostischen Befunde, aber auch der Verlauf der Zielentwicklung und der Bewertung lassen diese Inkonsistenz als Ergebnis einer kognitiven Überforderung von Christoph erscheinen: angesichts der Aufgabe, eine komplexe Menge sprachlicher Reize - zusammengefaßt zu 8 Zielthemen, dargeboten in schriftlicher Form - einer sukzessiven Selektion, zu unterziehen, wie es das Ranking vorsieht, kommt es zu impulsiven, voreiligen Auswahlentscheidungen. Nachlassende Aufmerksamkeit, da die 28 Paarvergleiche beendet waren und nun ein weiteres Bearbeiten der Ziele erwartet wird, mag diese Tendenz noch verstärkt haben.

Christoph, bei dem eine Kinderärztin zuvor eine „Aufmerksamkeitsstörung mit Hyperaktivität" diagnostiziert und ohne sichtbare Effekte mit Ritalin behandelt hatte, zeigt tatsächlich erhebliche Aufmerksamkeitsmängel, allerdings 1.) ohne Hyperaktivität. 2.) hauptsächlich bei länger dauernder Beanspruchung und 3.) vorwiegend gegenüber sprachlichen – und logischerweise damit auch schriftlich dargebotenen – Reizen.

Es erscheint im Falle dieser Inkonsistenz der Rangreihen am wahrscheinlichsten, daß Christoph angesichts der Aufgabe zum Ranking, als anstelle von je 2 nun 8 Ziele vor ihm in schriftlicher Form lagen, keinen Überblick über die einzelnen Texte und ihre Bedeutung erlangt hat. Die in der folgenden Sitzung durchgeführte Erreichbarkeits-Bewertung zeigt dann, daß der Junge sich die Zieltexte offensichtlich zunehmend angeeignet hat und mit der Ranking-Aufgabe adäquat umzugehen versteht ($\zeta = .95$, $r_s = .95$).

Andere Erklärungen für diese Verbesserung der Konsistenzleistung können einerseits den eher rationalen Charakter der Erreichbarkeits-Bewertung gegenüber der „emotionaleren" Wichtigkeits-Bewertung hervorheben: Zweifellos ist Christoph ein Junge, der mit Unsicherheit auf Fragen nach emotionalen Bewertungen reagiert. Zum anderen sei auch nicht unerwähnt, daß Christoph während der Erreichbarkeits-Bewertung zur Aufmerksamkeit angehalten wurde.

Christoph bietet ein Beispiel dafür, daß Kinder in einer umfangreichen Prozedur wie der SZE wiederholt „den Faden verlieren“ und keinen Bezug mehr zu dem haben, was in der Sitzung zuvor noch für den Zielkatalog vereinbart worden ist; ja, was überhaupt mit ihnen in einer Kinderpsychotherapie geschehen soll. Erst die Bewertungsprozedur und die anschließende Dokumentation seiner Ziele festigten sein „Zielbewußtsein“ und damit die Grundlage einer Zielorientierung.

Die angeführten Kasuistiken sollen als Hinweise auf den Therapie-diagnostischen und therapeutischen Stellenwert der Zielbewertung sowie einer Analyse ihrer Ergebnisse genügen.

C.2.3. Zusammenfassung: Vorschläge zur Verwendung der Konsistenzparameter

Die Ermittlung und Interpretation von Bewertungskonsistenzen ist Teil einer Therapie-geleiteten Diagnostik. Sie weist somit über die Inhalte der Strukturierten Zielentwicklung hinaus. Da die SZE als Therapiebaustein aber zu einem wesentlichen Teil eine Motivations-fördernde Funktion hat, sollten Indikatoren einer Minderung oder Gefährdung der Therapiemotivation eines Kindes - als solche sind die Bewertungs-Inkonsistenzen anzusehen – eingehender analysiert werden.

Für die **quantitative** Feststellung der Inkonsistenz von Zielsetzungen bei Kindern lassen sich aus den Stichprobendaten vorläufig nur einfache Parameter heranziehen, beispielsweise Quartilwerte. Tab. 14 zeigt die entsprechenden Verteilungswerte aus der Therapiestichprobe. Erreicht oder unterschreitet eine Bewertungskonsistenz den Wert des 1. Quartils, kann die Inkonsistenz als auffällig genug gewertet werden, um eine Interpretation lohnend zu machen. Zusätzlich sind die 3. Quartile aufgeführt, um die Grenze zur hohen Konsistenz zu markieren.

	ζ		$r_{spearman}$	
	Q_1	Q_3	Q_1	Q_3
Wichtigkeit	.65	.95	.61	.93
Erreichbarkeit	.75	1.0	.60	.92
Vollständigkeit	.68	.96	.64	.91
Wichtigkeit für die Zukunft	.74	.95	.57	.84

Tab. 14: Quartilgrenzen der Konsistenzmaße

Ausschlaggebend für die Feststellung einer Bewertungs-Inkonsistenz sollte zunächst der *intra*individuelle Vergleich sein: Findet sich bei einem Kind innerhalb der erhobenen Konsistenzen ein „Ausreißer", sollte dies Anlaß zur Interpretation sein. Die Höhe eines Konsistenzkoeffizienten ist also immer in **Relation** zu den übrigen Koeffizienten zu sehen. Zwar sind die gefundenen Zusammenhänge zwischen den Koeffizienten im Durchschnitt (bei ζ mit .39, r_s mit .24) niedrig, so daß sich keine hinreichende *statistische* Begründung für dieses Vorgehen findet. Es ergeben sich andererseits viele Hinweise darauf, daß Konsistenz eine Leistungskomponente hat, daß diese Leistung durch Faktoren wie Aufmerksamkeit, Gewissenhaftigkeit und Interesse am Thema beeinflußt wird (SCHMITT, 1990), und daß es zur Erbringung dieser Leistung auch einer intellektuellen Untergrenze bedarf, die allerdings nicht scharf festzulegen ist.

Vor allem die Wichtigkeits-Bewertung ist ein potentieller **Indikator** für die **Kooperations-Motivation** eines Kindes, als alleiniger Indikator aber nicht ausreichend. Entscheidend ist der diagnostische Kontext mit Vorbefunden und dem Verhalten des Kindes während der SZE. Bei Motivationsproblemen lassen sich Indifferenz/Interessemangel, Ambivalenz/Interessenkonflikte sowie Unaufmerksamkeits-korrelierte Motivationsschwankungen unterscheiden. Die Bewertung der Erreichbarkeit von Zielen ist dagegen eher von rationalen Prozessen abhängig. Zwar ist auch die Frage der eigenen Änderungsmöglichkeiten von Annäherungs- und Vermeidungsmotiven sowie von Beziehungsproblemen beeinflußt, sicherlich aber weniger beeinflußt als die Frage der Wichtigkeit von Zielen für die Person.

Dennoch können Erreichbarkeits-Einschätzungen inkonsistenter sein, wenn sie durch Aufmerksamkeitsmängel gemindert sind. Ursachen hierfür können zum einen Monotonie-Reaktionen des Kindes sein, weil es sich – nach der Bewertung der Wichtigkeit – um eine Wiederholung der Bewertungsprozedur handelt; zum anderen hat die Frage der Erreichbarkeit eine geringere emotionale Valenz als die Frage der Wichtigkeit von Zielen.

Es ist davon auszugehen, daß Rangplätze der Ziele im Erleben eines Kindes eine unterschiedliche kognitive Präsenz einnehmen, je nachdem, welche Methode angewendet wird: Während das absteigende Ranking die Wertigkeit der Ziele entsprechend dem Kriterium offenlegt, bilden sich Rangplätze in Paarvergleichen **latent** aus der Summe aller Einzelvergleiche. Hieraus können sich Inkonsistenzen zwischen den Rangreihen ergeben, die aus Motivkonflikten während der Bewertung resultieren.

Als weiterer Indikator der Therapiemotivation kann der rechnerische **Zusammenhang** zwischen **Wichtigkeit und Erreichbarkeit** gelten. Wenn Wichtigkeit und Erreichbarkeit hoch übereinstimmen, liegt der Schluß auf eine stereotype, Kriterien-unabhängige Bewertung nahe, bei der die Einschätzung der Erreichbarkeit durch die Wichtigkeits-Bewertung, die zuvor durchgeführt wurde, bestimmt ist. Bisherige Erfahrungen mit dieser „dysfunktionalen Konsistenz" zwischen den Rangreihen lassen bei den betreffenden Kindern erhebliche Probleme in der Motivierung zur konkreten Verhaltensänderung erwarten. Umgekehrt läßt sich auch von einer „Inkonsistenz" sprechen, wenn Wichtigkeit und Erreichbarkeit negativ oder auch mit 0 korrelieren: Bewertet eine Person ihre Ziele nach zwei Kriterien auf divergente Weise, kann es zu kognitiver Dissonanz kommen, sofern die Person sich während der zweiten Bewertung an die erste Bewertung erinnert. Um einen negativen Zusammenhang oder eine Korrelation nahe 0 zwischen Wichtigkeit und Erreichbarkeit zu erreichen, bedarf es einer gewissen **Toleranz gegen Inkonsistenz.** Es sei die Hypothese aufgestellt, daß eine solche Toleranz gegen Inkonsistenz, die bei Patienten mit internalisierenden Störungen höher zu sein scheint, wichtige Grundlage einer guten Therapiemotivation ist.

Die Interpretation von Inkonsistenzen hat die typischen Probleme eines normativen Konstruktes: Der Maximalwert von 1.0 gilt als wünschenswert, so daß Interpretationsbedarf erst bei deutlicher Abweichung von dieser Idealnorm gesehen wird. Ob ein derart klares Bewertungsmuster eines Kindes für seine Therapieziele tatsächlich die ideale Voraussetzung für Veränderungen in der Therapie bietet, muß vorerst unbeantwortet bleiben. Umso deutlicher sei zum Schluß angemerkt: Nicht jede negative Abweichung eines Koeffizienten bedarf einer Interpretation, und nicht jede ist zufriedenstellend erklärbar.

Schlußbemerkung

Mit der Strukturierten Zielentwicklung wurde ein methodisches Gerüst vorgestellt, welches als Therapieelement in einer Mittlerrolle zwischen Problemanalyse und Veränderungsprozeduren steht. Die Methode, die für die Behandlung von Kindern entwickelt wurde, wäre bei einer Ausweitung der Klientel auf das Jugendalter im Hinblick auf die Zielbereiche, aber auch das Ausmaß der Kooperation, welches von den Patienten zu erwarten ist, zu modifizieren. Vor allem Auswahl und Formulierung der Therapieziele können von Jugendlichen schon mit weniger Hilfe vorgenommen werden, als dies von Kindern zu erwarten ist.

In der Funktion eines Mittlers zwischen Problemanalyse und einzelnen Veränderungsprozeduren hat die SZE keine eigenständige Bedeutung. Anders stellt sich die Frage nach dem Stellenwert einer Zielentwicklung als Grundlage eines Verhaltenskontraktes im Rahmen einer Kurzzeitbehandlung. Für eine solche Funktion müßte die SZE als eigenständige therapeutische Einflußnahme evaluiert werden. In einem knappen Drittel der hier vorgestellten Stichprobe war eine SZE in der Funktion eine Problemklärung und nachfolgenden Entwicklung und Bewertung von Zielen durchgeführt worden, um den Patienten deutlicher als in den ambulanten Vorgesprächen den Zweck der (in unserem Falle stationären) Intervention zu vermitteln. Mit der Bewertung der Ziele durch alle Beteiligten sowie einer Beratung für das weitere Vorgehen wurden die Kinder aus der Behandlung entlassen und entweder in ambulante Behandlungen niedergelassener Therapeuten bzw. Beratungsstellen übergeleitet, oder es wurde dazu geraten, die weitere Entwicklung zunächst abzuwarten und/oder stützende Maßnahmen im sozial-, förder- oder schulpädagogischen Bereich anzunehmen. In diesen Fällen war die Methode also angewendet worden, um entweder eine kurzfristig eingetretene Besserung des Symptombildes zu stabilisieren, oder um eine Begründung für nachfolgende Maßnahmen zu schaffen. Für ein solches Vorgehen bleibt im Hinblick auf eine Klärung der Wirksamkeit von SZE noch einiges zu tun.

Ziele erleichtern Menschen das *Wollen von Veränderung*. Insofern ist das Aufstellen von Zielen in der Therapie eine praktische Selbstverständlichkeit. Geht es um die Einbeziehung des Kindes in diesen Prozeß der Zielbestimmung, ist es mit der Selbstverständlichkeit vorbei. Dabei lehrt die Erfahrung, daß gerade mit Kindern, die einer Therapie „zugeführt" werden, besonders intensiv an Zielen gearbeitet werden muß, um die Kooperation nicht nur herbeizuführen, sondern auch aufrechtzuerhalten. Dies allein schon aus dem Grund, daß Kinder wesentlich mehr inhaltliche Elemente aus Therapievereinbarungen vergessen, als es uns Therapeuten lieb sein kann. Wenn wir in der Behandlung eine Kooperation erzielen wollen, die auf dem Einverständnis des Kindes und seinem Bewußtsein beruht, mit einem speziellen Verhaltenstraining, einem Konflikt-orientierten Gespräch oder auch dem Erleben von Grenzsetzungen in einer Spieltherapie („limits are therapy"; BIXLER, 1949) etwas für die eigene Veränderung zu tun, bedarf es einer häufigeren Festigung von Zielbewußtsein und Zielorientierung. Eben deshalb sind die Bewertung von Therapiezielen und ihre nachfolgende Dokumentation als Elemente einer Strukturierten Zielentwicklung erforderlich.

Spätestens vom Grundschulalter an ist Kinderpsychotherapie *ohne* gemeinsam definierte Zielsetzungen „diesseits des Sollens", da die Zielvorstellungen der Auftraggeber und der Fachleute allein ausschlaggebend für das Vorgehen sind, und da viele Veränderungen, die vom Kind erwartet werden, den Charakter von „Anpassungsleistungen" haben: Sie sind erforderlich für seine Integration in den pädagogischen Alltag. Umso notwendiger erscheint in dieser Entwicklungsphase eine gemeinsame Zielfestlegung als Bestandteil therapeutischer Intervention. Es wäre erfreulich, wenn über verschiedene Therapierichtungen hinweg eine Einigung zu erzielen wäre, daß es gilt, dem Anspruch kindlicher Patienten auf ein Wissen um ihre Belange in der Therapie zu genügen.

Literatur

Ach, N. (1910): Über den Willensakt und das Temperament. Leipzig: Quelle und Meyer.

Ach, N. (1926): Zur Lehre von der Perseveration. In: Ach, N., Kühle, E., Passarge, E.: Beiträge zur Lehre von der Perseveration. Z. f. Psychologie, Ergänzungsband 12. Leipzig: Barth.

Achenbach, T.M., Edelbrock, C.S. (1978): The Classification of Child Psychopathology: A Review of Empirical Efforts. Psychological Bulletin, 85, 1275 – 1301.

Ambühl, H., Strauß, B. (1999): Therapieziele. Göttingen: Hogrefe.

Aronson, E. (1968): Dissonance Theory: Progress and Problems. In: Abelson, R.P., Aronson, E., Newcomb, T.M., McGuire, W.J., Rosenberg, M.J., Tannenbaum, P.H. (eds.) : Source Book on Cognitive Consistency. New York: Rand-McNally

Baumann, U. (1984): Psychotherapieforschung: Unterschiedliche Perspektiven. In: Baumann, U.: Psychotherapie: Makro-/Mikroperspektive. Göttingen: Hogrefe.

Bereiter, C. (1967): Some Persisting Dilemmas in the Measurement of Change. in: Harris, C.W. (ed.): Problems in Measuring Change. Madison: The University of Wisconsin Press.

Bixler, R.H. (1949): Limits are Therapy. J. Consult. Psychol. 13, 1 – 11.

Blom, G.E. (1979): Psychoeducation in the Clinical Setting. In: Noshpitz, J.D. (ed.): Basic Handbook of Child Psychiatry. Vol III, p. 314 – 333. New York: Basic Books Inc.

Borg-Laufs, M., Merod, R. (2000): Verhaltenstherapie mit Kindern und Jugendlichen jenseits der Störungsorientierung. Verhaltenstherapie 10, Heft 2, 67 – 75.

Bühler, C. (1975): Die Rolle der Werte in der Entwicklung der Persönlichkeit und in der Psychotherapie. Stuttgart: Klett.

Cranach, M.v., Kalbermatten, U., Indermühle, K., Gugler, B. (1980): Zielgerichtetes Handeln. Bern: Huber.

Cytrynbaum, S., Ginath, Y., Birdwell, J., Brandt, L.(1979): Goal Attainment Scaling – A Critical Review. Evaluation Quarterly, Vol. 3 No 1, 5-40.

Dörner, D. (1974): Die kognitive Organisation beim Problemlösen. Bern: Huber.

Dörner, D. (1979): Problemlösen als Informationsverarbeitung. Stuttgart: Kohlhammer.

Dörner, D. (1984): Denken, Problemlösen und Intelligenz. Psychol. Rdsch. Band XXXV, Heft 1, 10-20.

Dörner, D., Kreuzig, H.W., Reither, F., Stäudel, T. (1983): Lohhausen – Vom Umgang mit Unbestimmtheit und Komplexität. Bern: Huber.

Dsubanko-Obermayr, K., Baumann, U. (1999): Informed Consent in der Psychotherapie: Anspruch und Wirklichkeit. In: Ambühl, H., Strauß, B.: Therapieziele. Göttingen: Hogrefe.

Dührssen, A. (1954): Psychogene Erkrankungen bei Kindern und Jugendlichen. Göttingen: Verlag für Medizin. Psychologie.

D'Zurilla, T.J., Goldfried, M.R. (1971): Problem Solving and Behavior Modification. Journal of Abnormal Psychology 78, 107-126.

Faßnacht, G. (1979): Systematische Verhaltensbeobachtung. München: Reinhardt (UTB).

Festinger, L. (1957): A Theory of Cognitive Dissonance. Stanford: Stanford University Press.

Fliegel, S., Heyden, T. (1994): Verhaltenstherapeutische Diagnostik I – Problemanalyse und Methoden der Informationsgewinnung. Tübingen: DGVT.

Fliegel, S., Groeger, W.M., Künzel, R., Schulte, D., Sorgatz, H. (1998): Verhaltenstherapeutische Standardmethoden. Weinheim: Psychologie Verlags Union. 4.Auflage

Gardner, R.A. (1979): Helping Children Cooperate in Therapy. In: Noshpitz, J.D. (ed.) : Basic Handbook of Child Psychiatry. Vol. III, p. 414 – 433. New York: Basic Books Inc.

Gjesme, T. (1982): Psychologische Zieldistanz: Die verlorengegangene Dimension in der Leistungsmotivationsforschung. In: Hacker,W., Volpert, W., Cranach, M.v. : Kognitive und motivationaleAspekte der Handlung. Bern: Huber.

Goldfried, M.R., Davison, G.C. (1979): Klinische Verhaltenstherapie. Berlin: Springer.

Goldstein, A.P., Sherman, M., Gershaw, N.J., Sprafkin, R.P., Glick, B. (1978): Training Aggressive Adolescents in Prosocial Behavior. Journal of Youth and Adolescence, Vol. 7, No.1, 73-92.

Graumann, C.F. (1969): Denken im vorwissenschaftlichen Verständnis. In: Graumann, C.F. (Hrsg.): Denken. Köln: Kiepenheuer und Witsch.

Graumann, C.F. (1987): Heterogonie des Wollens: Eine phänomenologisch-psychologische Anregung zur Neubearbeitung der Psychologie des Wollens. In: Heckhausen, H., Gollwitzer, P.M., Weinert, F.E. (Hrsg.): Jenseits des Rubikon: Der Wille in den Humanwissenschaften. Berlin: Springer.

Grawe, K. (1998): Psychologische Therapie. Göttingen: Hogrefe.

Grawe, K. Donati, R., Bernauer, F. (1994): Psychotherapie im Wandel – von der Konfession zur Profession. Göttingen: Hogrefe.

Grawe, K., Caspar, F.M. (1984): Die Plananalyse als Konzept und Instrument für die Psychotherapieforschung. In: Baumann, U. : Psychotherapie: Makro-/Mikroperspektive. Göttingen: Hogrefe.

Heckhausen, H. (1965): Leistungsmotivation. In: Thomae, H.: Handbuch der Psychologie. 2. Band: Allgemeine Psychologie. II: Motivation. Göttingen: Hogrefe.

Heckhausen, H. (1987a): Intentionsgeleitetes Handeln und seine Fehler. In: Heckhausen, H., Gollwitzer, P., Weinert, F.E.: Jenseits des Rubikon: Der Wille in den Humanwissenschaften. Berlin: Springer.

Heckhausen, H. (1987b): Perspektiven einer Psychologie des Wollens. In: Heckhausen, H., Gollwitzer, P., Weinert, F.E.: Jenseits des Rubikon: Der Wille in den Humanwissenschaften. Berlin: Springer.

Heckhausen, H. (1988): Motivation und Handeln. Berlin: Springer.

Heckhausen, H., Kuhl, J. (1985): From Wishes to Action: The Dead Ends and Short Cuts on the Long Way to Action. In: Frese, M., Sabini, J. : Goal Directed Behavior: The Concept of Action in Psychology. Hillsdale, N.J.: Lawrence Erlbaum Ass.

Herrmann, T. (1960): Das Déjà vu-Erlebnis. Eine erlebnispsychologische Untersuchung. Psyche 1, 60 – 76.

Hobrücker, B. (1979): Interaktionsstrategien in der Psychotherapie – dargestellt am Beispiel depressiver Jugendlicher. Praxis der Kinderpsychologie und Kinderpsychiatrie, 28.Jg., Heft 5, 169 -176

Hobrücker, B., Kühl, R. (1991): Entscheidungsverhalten und Aufgabenorientierung bei jugendpsychiatrischen Patienten. Ztschr. f. Kinder- und Jugendpsychiatrie 19, 151-157.

Hofstätter, P.R., Wendt, D. (1967): Quantitative Methoden der Psychologie. München: Barth.

Jones, E.E., Gerard, H.B. (1967): Foundations of Social Psychology. New York: Wiley Sons.

Kanfer, F.H., Grimm, L.G. (1980): Managing Clinical Change – a Process Model of Therapy. Behavior Modification 4, 419-444

Kazdin, A. (1996): Dropping Out of Child Therapy: Issues for Research and implications for Practice. Clinical Child Psychology and Psychiatry, 1, 133-156.

Kendall, M.G., (1948): Rank Correlation Methods. London: Griffin.

Kiresuk, T.J., Sherman, R.E. (1968): Goal Attainment Scaling: A General Method For Evaluating Comprehensive Community Mental Health Programs. Community Mental Health Journal, Vol. 4, 443-453.

Klinger, E. (1987): Current Concerns And Disengagement from Incentives. In: Halisch, F., Kuhl, J.: Motivation, Intention and Volition. Berlin: Springer.

Kottje-Birnbacher, L., Birnbacher, D. (1999): Ethische Aspekte bei der Setzung von Therapiezielen. In: Ambühl, H., Strauß, B.: Therapieziele Göttingen: Hogrefe.

Kuhl, J. (1983 a): Motivation, Konflikt und Handlungskontrolle. Berlin: Springer.

Kuhl, J. (1983 b): Handlungs- und Lageorientierung als Vermittler zwischen Intention und Handeln. In: Hacker, W., Volpert, W. Cranach, M.v. (Hrsg.). Kognitive und motivationale Aspekte der Handlung. Bern: Huber.

Kuhl, J. (1987 a): Motivation und Handlungskontrolle: Ohne guten Willen geht es nicht. In: Heckhausen, H., Gollwitzer, P.M., Weinert, F.E. (Hrsg.): Jenseits des Rubikon: Der Wille in den Humanwissenschaften. Berlin: Springer.

Kuhl, J. (1987 b): Action Control: The Maintenance of Motiational States. In: Halisch, F., Kuhl, J. (eds.): Motivation, Intention and Volition Berlin: Springer.

Lauth, G.W., Schlottke, P.F. (1997): Training mit aufmerksamkeitsgestörten Kindern. Weinheim: Beltz PVU.

Lazarus, A. (1977): Problem Identification in Behavioral Counseling. deutsch: Die Problemfindung in der Verhaltensberatung. In: Süllwold, L.: Verhaltenstherapie in Klinik, Beratung und Pädagogik. Darmstadt: Wiss. Buchgesellschaft.

Lazarus, A. (1978): Verhaltenstherapie im Übergang. München: Reinhardt.

Löwnau, H.W. (1964 a): Störungen der Intentionalität am Beispiel des Suicids im Kindes- und Jugendalter. Acta Paedopsychiatrica 31. Jg., 12 – 19.

Löwnau, H.W. (1964 b): Über den neurosenpsychologisch bedeutsamen Begriff „Intentionalität". Fortschr. Med. 82. Jg., 377 – 380.

Martin, M. (1997): Stationäre Psychotherapie. In: Remschmidt, H. : Psychotherapie im Kindes- und Jugendalter. Stuttgart Thieme.

Mattejat, F. (1997): Indikationsstellung und Therapieplanung. In: Remschmidt, H. : Psychotherapie im Kindes- und Jugendalter. Stuttgart: Thieme.

Mattejat, F., Remschmidt, H. (1993): Evaluation von Therapien mit psychisch kranken Kindern und Jugendlichen: Entwicklung und Überprüfung eines Fragebogens zur Beurteilung der Behandlung (FBB). Zeitschrift für Klinische Psychologie Band XXII, Heft 2, 192-233.

Meichenbaum, D., Turk, D.C. (1994): Therapiemotivation des Patienten. Bern: Huber.

Miller, G.A., Galanter, E., Pribram, K.H. (1973): Strategien des Handelns – Pläne und Strukturen des Verhaltens. Stuttgart: Klett.

Moser, K. (1991): Konsistenz der Person. Göttingen: Hogrefe.

Nedelmann, C., Ferstl, H. (1989): Die Methode der Balintgruppe. Stuttgart: Klett-Cotta.

Petermann, F., Petermann, U. (1997): Training mit aggressiven Kindern. Weinheim: Beltz PVU.

Remschmidt, H., Schmidt, M.H. (1994): Multiaxiales Klassifikationsschema für psychische Störungen des Kindes- und Jugendalters nach ICD-10 der WHO. Bern: Huber.

Roecken, S., Weis, J. (1987): Erfahrungen bei der Anwendung von Goal Attainment Scaling (GAS) in der Evaluation einer psychiatrischen Übergangseinrichtung. Zeitschrift für Klinische Psychologie, Band XVI, Heft 2, 158-173.

Rogers, C.R. (1973 a): Entwicklung der Persönlichkeit. Stuttgart: Klett.

Rogers, C.R. (1973 b): Die Klient-bezogene Gesprächstherapie. München: Kindler.

Schmelzer, D. (1983): Problem- und zielorientierte Therapie: Ansätze zur Klärung der Ziele und Werte von Klienten.Verhaltensmodifikation 4, 130-156

Schmidtchen, S., Baumgärtel, F. (1980): Methoden der Kinderpsychotherapie. Stuttgart: Kohlhammer.

Schmidtchen, S., Wörmann, D., Hobrücker, B. (1977): Verlaufsanalyse des Spielverhaltens in der Kinderpsychotherapie. Praxis der Kinderpsychologie und Kinderpsychiatrie 4, 117-125

Schulte, D. (1996): Therapieplanung. Göttingen: Hogrefe

Schultz-Hencke, H. (1951): Lehrbuch der analytischen Psychotherapie. Stuttgart: Thieme.

Schweickhardt-Langer, B. (1994): Rangreihenbildung in der Entwicklung von Kindern. Unveröffentlichte Diplomarbeit. Kiel.

Shapiro, D. (1981): Autonomy and Rigid Character. New York: Basic Books.

Shaw, M.E., Constanzo, P.R. (1970): Theories of Social Psychology. New York: McGraw-Hill.

Siegel, S. (1956): Nonparametric Statistics for the Behavioral Sciences. New York: McGraw-Hill.

Sixtl, F. (1982): Meßmethoden der Psychologie. Weinheim: Beltz.

Steinhausen, H.C., (2000): Psychische Störungen bei Kindern und Jugendlichen – Lehrbuch der Kinder- und Jugendpsychiatrie. München: Urban und Schwarzenberg.

Steinhausen, H.C., Aster, M.v. (1999): Handbuch Verhaltenstherapie und Verhaltensmedizin bei Kindern und Jugendlichen. Weinheim: Psychologie Verlags Union.

Süllwold, F. (1969): Theorie und Methodik der Einstellungsmessung. In: Graumann, C.F., Handbuch der Psychologie, 7. Band, Sozialpsychologie, S. 475 - 514

Volpert, W. (1983): Das Modell der hierarchisch-sequentiellen Handlungsorganisation. In: Hacker, W., Volpert, W., Cranach, M.v., Kognitive und motivationale Aspekte der Handlung. Bern: Huber.

Wendisch, M. (1999): Therapieziele – Unterschiede im stationären und ambulanten Setting. In: Ambühl, H., Strauß, B., Therapieziele. Göttingen: Hogrefe.

Willutzki, U. (1999): Menschenbild und Therapieziele in der kognitiven Verhaltenstherapie. In: Ambühl, H., Strauß, B., Therapieziele. Göttingen: Hogrefe.

Wolfradt, U. (2000): Déjà vu-Erfahrungen: Theoretische Annahmen und empirische Befunde. Zeitschrift für Klinische Psychologie und Psychotherapie, Jg. 48, 359 –376.

Wyss, D. (1973) : Beziehung und Gestalt. München: Barth.

Anhang

Beispielgeschichten zur Konzeptbildung „Problem“

1. Leistungsbereich

Anne sitzt vor ihren Hausaufgaben. Heute hat sie viel in Mathe auf. Schon in der Schule hatte sie gemerkt: „Aufgaben wie diese hier kann ich nicht lösen.“ Dabei hatte die Lehrerin heute gesagt: „Diese Aufgaben sind zum Üben für die Mathearbeit. Wenn ihr die alle gelöst habt, kann morgen nichts mehr schiefgehen.“ Anne denkt mit Sorgen an die 2.Stunde morgen; da soll die Mathearbeit geschrieben werden.

Man kann sagen: Anne hat ein Problem. Was ist Annes Problem?

< Wenn man nicht weiß, wie man eine Aufgabe lösen kann, hat man ein Problem >

Verallgemeinerung (analog für jeden Zielbereich anzuwenden):

Ein Problem ist also eine Situation, in der man erst einmal nicht weiter weiß. Was glaubst du, könnte .... tun?

Manchmal schafft man es selbst, ein Problem zu lösen. Meistens muß man sich dazu ziemlich anstrengen. Manchmal muß man sich Hilfe holen.

Wie fühlt man sich, wenn man ein Problem hat? Was glaubst du, wie sich ..... fühlt, wenn es ihr/ihm öfter so geht?

< Wenn ein Problem öfter auftritt, oder wenn es ganz wichtig ist, hat man ein *großes* Problem >

< Wenn man ein größeres Problem hat, fühlt man sich oft unzufrieden, manchmal auch traurig, manchmal ängstlich. Man kann auch ärgerlich darüber sein, daß man dieses Problem hat >

2. Emotionaler Bereich

Peter wohnt mit seiner Familie in einem alten Haus im 3. Stockwerk. Er will sich heute mit seinem Freund treffen; die beiden wollen Inliner fahren. Peters Inliner sind noch im Keller des Hauses, und da mag er nicht hin: Das Licht geht schnell aus, und es ist ihm unheimlich da. Nun ist außer ihm niemand von der Familie zu Hause; und in 5 Minuten ist der Freund am Treffpunkt.

Peter hat ein Problem. Was ist sein Problem?

< Wenn man etwas tun möchte, es aber nicht kann, weil man Angst hat, hat man ein Problem >

Angst gehört zu den Gefühlen. Meistens haben wir mit unseren Gefühlen nicht viele Probleme, manchmal aber schon. Ein anderes Gefühl ist z. B. Langeweile/ Traurigkeit/ Ärger/ Neid (neidisch sein). Kannst du dir z.B. vorstellen, was man mit Langeweile/ ... für ein Problem haben kann?

< Immer wenn man wegen eines Gefühls nicht weiter kommt, hat man ein Problem >

3. Familiärer Bereich

Sven hat häufig Ärger in der Familie. Seine kleine Schwester ärgert ihn, weil sie ständig in sein Zimmer kommt und nach etwas fragt. Seine Mutter mag es nicht, wenn Sven die Schwester aus dem Zimmer wirft. Abends ist der Vater ärgerlich, wenn er hört, daß Sven sich mit der Mutter über die Fernseh-Zeiten gestritten hat, und daß es Streit mit der kleinen Schwester gab.

Sven hat ein Problem. Was ist sein Problem?

In der Familie leben mehrere Menschen zusammen. Dabei kommt es öfter vor, daß jeder mal etwas möchte, was der andere nicht möchte. Was glaubst du, möchte Sven an einem Nachmittag wie heute gern? Was weißt du, was seine Schwester möchte? Was möchte seine Mutter? Und was möchte sein Vater, wenn er nach Hause kommt?

< Wenn man etwas nicht so möchte, wie die anderen in der Familie es wollen, hat man ein Problem. >

4. Sozialer Bereich

Nadine spielt gerne draußen mit anderen Kindern. Die Kinder spielen aber nicht so gerne mit ihr. Die Kinder sagen: „Nadine will immer nur herumtoben, das macht keinen Spaß. Und manchmal ist sie auch fies und macht uns was kaputt.“ Nadine hatte auch schon öfter eine Freundin. Aber die Freundinnen haben sich dann immer andere Kinder zum Spielen gesucht; dann war Nadine wieder allein.

Nadine hat ein Problem. Was ist ihr Problem?

< Wenn man gern mit anderen zusammen ist, und wenn die das dann nicht wollen, hat man ein Problem. >

Nadine kann sehr nett zu anderen Kindern sein. Sie hat aber oft keine Idee, was sie mit den anderen machen kann. Die anderen spielen Spiele, die sie nicht so richtig kann, und sie reden über Sachen, von denen Nadine nichts weiß. Was kann Nadine tun?

< Wenn man gern mit anderen zusammen ist, muß man sich für etwas interessieren, was andere auch interessant finden. >

Wichtigkeit

Name: .... **Datum:** ....

Therapiebeginn: ....

A B	**A E**	**H A**	**G D**
C D	**C G**	**C B**	**F H**
E F	**E H**	**F D**	**B G**
G H	**C F**	**A C**	**D A**
D B	**H B**	**B E**	
E G	**G A**	**H D**	
H C	**B F**	**F A**	
G F	**E D**	**E C**	

			Rangreihen			
	Ziel-bereich	**Paar-vergleich**	**Ranking**	**BetreuerIn**	**Vater**	**Mutter**
A						
B						
C						
D						
E						
F						
G						
H						

Therapieziel-Bogen

Erreichbarkeit

Name: .... **Datum:** ....
Therapiebeginn: ....

A B	A E	H A	G D
C D	C G	C B	F H
E F	E H	F D	B G
G H	C F	A C	D A
D B	H B	B E	
E G	G A	H D	
H C	B F	F A	
G F	E D	E C	

Rangreihen

	Ziel-bereich	Paar-vergleich	Ranking	BetreuerIn	Vater	Mutter
A						
B						
C						
D						
E						
F						
G						
H						

Zusammenhang Wichtigkeit-Erreichbarkeit:

Paarvergleich: Ranking: BetreuerIn:

Vater: Mutter:

Name: Datum:

Zielbewertung bei Therapieende

Vollständigkeit

A B	B F	**Paar-Vergleich**		**Rangreihen**			
C D	D E			PatientIn	BetreuerIn	Vater	Mutter
E F	A H	A					
G H	C B	B					
B D	F D	C					
E G	A C	D					
H C	B E	E					
G F	H D	F					
A E	F A	G					
C G	C E	H					
E H	G D						
C F	F H						
G A	B G						
H B	A D						

Wichtigkeit

A B	B F	**Paar-Vergleich**		**Rangreihen**			
C D	D E			PatientIn	BetreuerIn	Vater	Mutter
E F	A H	A					
G H	C B	B					
B D	F D	C					
E G	A C	D					
H C	B E	E					
G F	H D	F					
A E	F A	G					
C G	C E	H					
E H	G D						
C F	F H						
G A	B G						
H B	A D						

Konsistenz von ZIELBEWERTUNGEN

Name des Patienten: ....

WICHTIGKEIT I

	A+	B+	C+	D+	E+	F+	G+	H+
A-								
B-								
C-								
D-								
E-								
F-								
G-								
H-								

$\zeta =$ $r_s =$

ERREICHBARKEIT

	A+	B+	C+	D+	E+	F+	G+	H+
A-								
B-								
C-								
D-								
E-								
F-								
G-								
H-								

$\zeta =$ $r_s =$

VOLLSTÄNDIGKEIT

	A+	B+	C+	D+	E+	F+	G+	H+
A-								
B-								
C-								
D-								
E-								
F-								
G-								
H-								

$\zeta =$ $r_s =$

WICHTIGKEIT II

	A+	B+	C+	D+	E+	F+	G+	H+
A-								
B-								
C-								
D-								
E-								
F-								
G-								
H-								

$\zeta =$ $r_s =$

Eva Rass

Kindliches Erleben bei Wahrnehmungsproblemen

Möglichkeiten einer selbstpsychologisch ausgerichteten Pädagogik und Psychotherapie bei sublimen und unerkannten Schwächen in der sensorischen Integration

Frankfurt/M., Berlin, Bern, Bruxelles, New York, Oxford, Wien, 2002. IV, 248 S., zahlr. Abb. und Tab.
Erziehungskonzeptionen und Praxis.
Herausgegeben von Gerd-Bodo Reinert. Bd. 51
ISBN 3-631-38813-6 · br. € 40.40*

Heranwachsende mit neuropsychologisch bedingten Schwächen in der Motorik und Wahrnehmung bedeuten eine Herausforderung an das betreuende Umfeld, das heißt Eltern, Berufspädagogen, Ärzte und Therapeuten. Diesen Defiziten und den daraus resultierenden Folgeerscheinungen wird bislang immer noch wenig Beachtung geschenkt. Die Vernachlässigung führt häufig zu unglücklichen Lebensläufen. Wichtigstes Anliegen dieser Arbeit ist, das diesbezügliche Verstehen der verantwortlichen Erzieher und Behandler zu sensibilisieren und zu erweitern. Anhand langjähriger eigener klinischer Erfahrung und Untersuchungen werden die pädagogischen und therapeutischen Möglichkeiten aufgezeigt, um trotz der bestehenden Schwächen Voraussetzungen für eine zufriedenstellende und lebensfrohe Entwicklung zu schaffen.

Aus dem Inhalt: Erscheinungsformen neuropsychologischer Belastungen im Alltag des Kindes · Anpassungsschwierigkeiten bei der Begegnung mit dem sozialen Umfeld · Erkennen der Ausdrucksformen der funktionalen Beeinträchtigungen · Falldarstellungen · Mehrdimensionaler Zugang · Früherkennung · Verstehen als Erziehungs- Beziehungsziel